# 中国能源展望 2018–2019

国家发展改革委能源研究所中国能源展望课题组◎著

CHINA ENERGY OUTLOOK 2018-2019

中国经济出版社
CHINA ECONOMIC PUBLISHING HOUSE
北 京

**图书在版编目（CIP）数据**

中国能源展望2018—2019/国家发展改革委能源研究所中国能源展望课题组著.
—北京：中国经济出版社，2019.10
ISBN 978-7-5136-5432-6

Ⅰ.①中… Ⅱ.①国… Ⅲ.①能源经济—经济展望—中国 Ⅳ.F426.2

**中国版本图书馆CIP数据核字（2018）第252136号**

组稿编辑　张潇匀
责任编辑　葛　晶
责任印制　马小宾
封面设计　久品轩

**出版发行**　中国经济出版社
**印 刷 者**　北京科信印刷有限公司
**经 销 者**　各地新华书店
**开　　本**　710mm×1000mm　1/16
**印　　张**　20.25
**字　　数**　322千字
**版　　次**　2019年10月第1版
**印　　次**　2019年10月第1次
**定　　价**　78.00元
**广告经营许可证**　京西工商广字第8179号

**中国经济出版社** **网址** www.economyph.com **社址** 北京市东城区安定门外大街58号 **邮编** 100011
本版图书如存在印装质量问题，请与本社销售中心联系调换（联系电话：010-57512564）

# 课题组成员名单

**课题组组长：** 高世宪

**课题组副组长：** 姜克隽

**课题组成员**（按章节排序）：

| | | |
|---|---|---|
| **全球篇** | 第一章 | 朱跃中　蒋钦云　刘建国 |
| | 第二章 | 刘建国　蒋钦云　朱跃中 |
| | 第三章 | 朱跃中　蒋钦云　刘建国 |
| **中国篇** | 第四章 | 张有生　杨　晶　高　虎　肖新建 |
| | 第五章 | 张有生　杨　晶　高　虎　肖新建 |
| | 第六章 | 姜克隽　冯升波　王　娟 |
| **行业篇** | 第七章 | 肖新建 |
| | 第八章 | 安　琪 |
| | 第九章 | 王　娟　姜克隽 |
| | 第十章 | 王　娟　姜克隽 |
| | 第十一章 | 任东明　刘　坚　郑雅楠 |
| | 第十二章 | 郁　聪　田智宇 |
| **专题篇** | 第十三章 | 张建国　苏　铭　谷立静　肖新建等 |
| | 第十四章 | 裴庆冰 |
| | 第十五章 | 刘建国　蒋钦云　朱跃中 |
| | 第十六章 | 谭琦璐　高　翔 |
| | 第十七章 | 姚明涛 |
| | 第十八章 | 刘　坚 |

# 目录

## 全球篇



## 中国篇

## 行业篇

## 专题篇

# 全球篇

# 第一章
# 全球能源发展年度评述

## 一、全球能源发展年度现状评述（2017）

### （一）经济复苏带动能源需求增长，供给变化冲击全球既有格局

2017 年世界经济呈整体复苏增长态势。据国际货币基金组织（IMF）最新发布的数据，2017 年世界经济增速为 3.7%，比 2016 年提高了 0.5 个百分点。2017 年，约 120 个经济体（占全球 GDP 的 3/4）的经济年同比增速都有所提高，这也是 2010 年以来最广泛的全球经济增速同步上扬。数据显示，2017 年全球主要经济体都取得了较好成绩，欧元区取得了自 2011 年以来 2.5% 的 GDP 最高增速，日本取得了自 2014 年以来 1.5% 的 GDP 最高增速，美国在 2016 年经济较大幅下滑的基础上显著提升 GDP 增速达到 2.3%，中国则在 GDP 增速连续六年下滑的情况下首次增速反弹到 6.9%。

从需求端看，在全球经济整体性增长的驱动下，全球能源需求也有较大幅度增长，其中非经合组织国家是需求增长主力。据国际能源署（IEA）初步测算，2017 年全球能源需求增长 2.1%，较 2016 年提高了 0.9 个百分点，也比前五年均值高了 0.9%。全球能源需求在 2017 年达到 140 亿吨油当量，而 2000 年只有 100.35 亿吨油当量。2017 年中国和印度推动了能源增长的 40%；能源增长中化石燃料占 72%，可再生能源占 25%，其余则是核能。按品种看，2017 年，世界石油需求增长 1.6%（合计 150 万桶/天），是过去十年年均增长率的两倍多；全球天然气需求量增长了 3%，主要是因为天然气供应的丰富性和廉价性。其中，中国天然气需求的增长就占全球增长的近 30%。过去的十年中，全球天然气需求增长的一半来自电力部门，但 2017 年，超过 80% 的增长来自工业和建筑。2017 年全球煤炭需求增长约 1%，扭转了过去两年的下降趋势。这一增长主要是由于亚洲的需求，几乎完全是由燃煤发电量的增加造成的。2017 年可再生能源占全球总能源需求增长的 1/4。中国和

美国带动了这一前所未有的增长，二者约占可再生能源发电量增长的 50%，其次是欧盟、印度和日本。风力发电占可再生能源发电量增长的 36%。

从供给端看，美国已成为全球化石能源供应增量的最重要的一极。特朗普政府推出“美国优先能源计划”，放松油气开采限制及重振煤炭业，鼓励和扩大化石能源出口的政策导向，2017 年美国已初步实现能源独立。在政策导向和技术进步支撑下，美国页岩油产量节节攀升，油气出口也创历史新高，2017 年 9 月单周原油出口量达到 150 万桶/天，该数据超过了多个欧佩克成员国的产量，凸显了美国在全球石油市场作为供给方的重要地位。据美国能源信息署（EIA）数据，2017 年，美国石油日均出口 627 万桶，日均净进口 380 万桶，2016 年则分别为 526 万桶/日和 479 万桶/日。2017 年美国原油进口量下降到约 800 万桶/日，其中，美国从加拿大进口量从 200 万桶/日增加至 350 万桶/日，进口占比也从 20% 增加至 40%，而从沙特和其他国家或地区的原油进口量有所减少。天然气方面，美国于 2016 年 11 月实现天然气净出口，2017 年每日平均净出口约 4 亿立方英尺天然气，这是美国自 1957 年以来首次成为天然气净出口国。EIA 数据显示，2017 年美国煤炭产量为 7.73 亿短吨（short ton，又称美吨，合 907.18474 千克），比 2016 年增长 4500 万短吨，同比增长 6%。美国煤炭生产增加主要是因为煤炭出口量的大幅度增长，2017 年美国煤炭出口总量为 8900 万短吨（8073.9 万吨），同比增长高达 48%。总体而言，在油价回升、减税法案获批准、技术进步以及能源出口政策支持等多种因素影响下，美国页岩油气产量将保持较快增长，美国化石能源供给增加，无疑对全球能源既有格局造成了一定冲击。

### （二）能源技术进步和投资双重驱动，全球能源绿色低碳转型加速

2017 年全球范围内清洁能源投资力度加大。据 2018 年 1 月彭博社发布的《2017 年清洁能源投资报告》数据，2017 年全球清洁能源投资额达到 3335 亿美元，较 2016 年修正后的 3246 亿美元增长 3%，仅与 2015 年历史峰值 3603 亿美元相差 7%。以光伏为例，2017 年全球光伏投资总量达到 1608 亿美元，较 2016 年增长 18%。总体上，在技术进步驱动下，2017 年，典型的电站级光伏系统的单位成本（每兆瓦）比两年前下降了 1/4。在成本下降和投资强度增加的双重叠加作用下，2017 年全球清洁能源和可再生能源产业快速发展，据 2017 年 6 月欧洲光伏产业协会（Solar Power Europe）发布的《2017—2021 全球市场展望》报告预测，2017 年全球光伏装机达到 387 吉瓦，全球能源绿

色转型取得显著成效。

从主要国别看，2017 年，中国可再生能源发电装机容量达到约 6.56 亿千瓦，新增装机规模占全球增量 40% 左右，风电和光伏发电建设成本分别下降 20% 和 60%。水电、风电、太阳能发电装机和核电在建规模稳居世界第一，成为全球非化石能源发展的引领者。中国光伏投资总量达 865 亿美元，较 2016 年增长 58%，占全球总投资的 50% 以上。而据美国能源经济和金融分析研究所（IEEFA）统计数据，2017 年中国参与和并购的大型国际清洁能源项目总金额达到 440 亿美元，比 2016 年的 320 亿美元有很大增幅。对美国而言，尽管特朗普政府对可再生能源的态度相对消极，但美国仍是全球第二大清洁能源投资国，投资总量为 569 亿美元，较 2016 年增长 1%。据英国国家电网公司（National Grid plc）和世界自然基金会（WWF）数据，2017 年英国可再生能源发电打破了 13 项纪录，其中包括：风能、太阳能与核能联合发电量首次超过煤炭和天然气，实现了自工业革命以来英国没有煤炭发电时间持续时间达到 40 小时 35 分钟的纪录。据法国风能行业协会（France Energie Eolienne）数据，2017 年法国新增风电装机容量达到 1692 兆瓦，从而使得该国的总累计装机容量达到 13760 兆瓦。德国能源与水务协会（Association of Energy and Water Industries）的初步统计数据显示，2017 年德国可再生能源发电量达 216.6 万亿瓦时，约占德国总发电量的 33.1%，而 2016 年这一比例为 29%，发电量和占比均创历史新高。在 33.1% 的可再生能源发电比例中，陆上风电为 13.3%、海上风电 2.8%、水电 3.0%、生物质 7.0%、太阳能 6.1%、垃圾 0.9%。陆上风电与海上风电合计占比 16.1%，首次超过了硬煤发电（14.4%）、天然气发电（13.1%）、核电（11.6%）。当然，德国褐煤发电占比仍高达 22.6%。

总体上，2017 年，全球清洁能源和可再生能源呈快速发展态势。在技术进步驱动下，可再生能源发电成本持续下降，与传统的核电、煤电、气电相比，部分国家的离岸风电和大规模光伏发电在成本上已具有一定的竞争优势，全球能源绿色低碳转型取得显著成效。

### （三）国际油气市场供需平衡调整，油气价格先抑后扬企稳回升

2017 年国际原油市场从供大于求向供需相对均衡方向调整，供需平衡仍相对脆弱，原油库存趋于下降，但仍明显高于 5 年均值。欧佩克和俄罗斯等传统产油国减产与美国增产并扩大出口成为影响供需平衡调整的重要因素，

进而影响国际油气市场价格。从油价看，2017 年国际油价先抑后扬呈 V 形走势，其中布伦特和 WTI 原油期货均价分别为 54.7 美元/桶和 50.9 美元/桶，同比分别上涨 21.3% 和 17.0%，两者价差明显扩大。总体而言，2017 年国际油价整体保持宽幅振荡走势，WTI 油价全年运行区间 40 ~ 60 美元/桶。受欧佩克和俄罗斯等非欧佩克国家实施减产的影响，国际原油价格出现一定程度反弹，WTI 原油价格从 45 美元/桶上涨到 50 美元/桶以上。然而随着特朗普就任美国总统并推出“美国优先能源计划”，美国鼓励油气出口的贸易政策，以及实施天然气管道等出口便利化基建计划，美国挤占世界其他产油国的市场份额，冲击本已宽松的国际油气市场，对欧佩克和非欧佩克国家减产形成一定程度的对冲。资源国减产的部分产量被美国页岩油产量跟进对冲，主要有两个方面的原因：一是随着美国低成本区域的页岩油气不断开发，以及开采区对外运输通道不断完善和加码，低成本页岩油产量对冲传统产油国的减产；二是特朗普政府放松非常规油气开采限制，促进页岩油气技术进步，美国页岩油厂商的成本在整个生产环节全线降低，美国页岩油气企业的生产盈亏平衡点降低，45 美元/桶的价格水平驱使部分关停的厂商复产，美国与传统油气出口国的价格博弈下限下移，一定程度抑制国际油价涨幅。受美国因素影响，2017 年 4 月中下旬，国际原油价格跌破 50 美元/桶关口后，呈持续下行态势。为调节国际原油市场平衡，2017 年 5 月 31 日，欧佩克与非欧佩克产油国同意将日均减产约 180 万桶原油的减产协议延长 9 个月至 2018 年 4 月 1 日。尽管如此，但国际原油价格并没有立即扭转颓势，WTI 原油价格在 50 美元/桶下持续徘徊 5 个月之久，2017 年 9 月下旬油价才重新站上 50 美元/桶。为了进一步推动油价回升，2017 年 11 月 30 日，欧佩克与部分非欧佩克产油国决定将原油减产协议延长至 2018 年年底，并于 2018 年 6 月根据市场条件和平衡原油市场取得的进展，考虑是否采取进一步调整行动。受减产因素以及世界经济继续向好影响，预计 2018 年国际油价将进一步回升。当然，资源国减产和美国增产博弈依然是影响供需平衡的重大变数。

对天然气而言，作为能源转型进程中重要的过渡能源，需求上升是提振全球天然气价格的重要因素。2017 年，全球天然气市场走出疲软困境，气价触底反弹。据 EIA 数据，2017 年美国天然气年均价格达到 3.02 美元/百万英热单位，同比增长 18.6%。从每日价格看，美国天然气价格从 2016 年 12 月底开始呈下行态势，并于 2017 年 2 月 21 日，触底至全年最低点 2.564 美元/百万英热单位，然后反弹回升，之后全年气价维持在 3 美元/百万英热单位上下波动。2017 年，日本天然气进口价格年均达到 8 美元/百万英热单位，同比增长 16%。2017 年 12 月，受欧洲天然气主干道大爆炸事件影响，欧洲天然气价格大幅上升，意大利天然气价格上涨 97%，英国即时交货的天然气价格上涨了 35%，达四年来最高水平。另外，作为欧洲最大的天然气市场，英国遭遇一波寒潮席卷，天然气价格亦大幅攀升，2017 年 12 月英国天然气价格大涨 20%，创 2011 年以来最大涨幅。

### （四）全球煤炭消费下降趋势生变，需求回暖，价格向好迹象显现

近年来，由于国际煤炭价格大幅下跌，全球主要产煤国产能均呈收缩态势，再加上金融对煤炭行业的支持相对低迷，进而导致各国煤炭投资持续下滑。与此相对应，自 2011 年以来，全球煤炭消费量增速呈持续下滑趋势，2015 年和 2016 年世界煤炭消费量分别为 37.85 亿吨油当量和 37.32 亿吨油当量，同比增速分别为 -2.7% 和 -1.4%，世界煤炭消费量降速放缓，但 2017 年世界煤炭消费则骤然生变，出现了增长。据 IMF 数据，2017 年全球煤炭需求增长约 1%，显著不同于过去两年的下降趋势，这一增长主要是由于亚洲的需求驱动，尤其是以中国为代表的主要煤炭消费国需求企稳向好。数据显示，2016 年中国煤炭消费量同比下降 4.7%，而 2017 年中国煤炭消费增速由负转正，据 2017 年国民经济和社会发展统计公报数据，尽管 2017 年中国煤炭消费量占能源消费总量的比重下降（在能源结构中占比为 60.4%，比 2016 年下降 1.6 个百分点），但 2017 年中国煤炭消费量增长 0.4%，这也是自 2013 年以来煤炭消费量首次增长。2017 年中国共进口煤炭 27111 万吨，同比增长 6.1%。其中，75%左右的进口煤直接或者间接供应我国东南沿海地区。进口煤主要用于调剂国内煤炭市场、平抑煤价和保障供需平衡。

从煤炭价格看，国内方面，2016 年下半年，煤炭价格开始快速上涨，2016 年 11 月，秦皇岛港 5500 大卡/公斤煤炭价格达到 700 元/吨，之后价格略有下跌，至 2017 年 6 月，5500 大卡/公斤煤炭价格跌至 565 元/吨的低点。但 2017 年下半年后，随着电力、化工、建材等高耗煤行业的复苏推高煤炭需求，由此导致煤炭价格回升，并维持高位震荡。2017 年动力煤主力期货合约价格整体呈现上涨后下跌再上涨的趋势，主力合约价格从年前的 492.6 元/吨涨至 2017 年 12 月高点 698.8 元/吨，年度涨幅高达 41.86%。国际方面，澳大利亚纽卡斯尔港动力煤价格由 2017 年年初的不到 50 美元/吨，6 月中旬上涨到超过 80 美元/吨，8 月则达到 100 美元/吨，然后持续维持于 100 美元/吨

水平波动。总体而言，2017 年，国际煤炭市场开始转暖，主要煤炭进出口国家和主要煤炭港口煤价整体呈现上涨趋势。

## 二、全球主要国家与地区能源政策重大变化

### （一）美国从能源独立到谋求能源主导权

特朗普一就任美国总统，旋即于 2017 年 1 月 20 日推出“美国优先能源计划”，旗帜鲜明地指出了特朗普执政时期的能源发展重点，其核心内容主要包括：放松能源环境监管、大力开发美国本土的页岩油气、尽量开发本土资源，降低石油对外依存度、重振煤炭工业等。“美国优先能源计划”是特朗普政府能源政策顶层设计的核心，意在依托美国自身化石能源资源，摆脱能源开采和利用的环境束缚羁绊，加快美国能源独立进程，服务经济发展目标。从“美国优先能源计划”具体内容看，与奥巴马政府限制传统化石能源、支持新能源、重视环境保护与应对气候变化为特征的能源政策不同。表面上，优先发展化石能源和否定气候行动计划，是特朗普能源政策区别于奥巴马能源政策的最鲜明之处；实质上，特朗普偏好化石能源的政策取向，意在加快实现能源独立，从能源净进口国向能源净出口国转变，同时为美国制造业回归和实体经济发展提供较低的用能成本。

围绕“美国优先能源计划”这一总纲，特朗普政府大刀阔斧调整美国能源政策，主要包括：一是特朗普签发《关于促进能源独立和经济增长的总统行政命令》，重启备受争议的“拱心石”XL 输油管道项目和达科他管道项目；二是特朗普签署名为《美国优先海上能源战略》的总统行政命令，扩大在当前受保护的国家保护区内的油气开发；三是特朗普宣布退出《巴黎协定》，停止落实不具有约束力的《巴黎协定》，包括停止执行国家自主贡献和绿色气候基金；四是废除奥巴马《清洁电力计划》，《清洁电力计划》是奥巴马政府气候政策的核心，该计划旨在减少发电厂碳排放，以应对气候变化；五是大幅削减能源科技预算和补贴，针对可再生能源与能源科技的政策调整，主要体现在财税支持政策退坡和科研支持力度减弱两方面；六是复兴核能和扩大煤炭出口，要求美国财政部“解决障碍”，为海外高效煤炭工厂提供资金，通过鼓励在国外建厂的方式来加大美国的煤炭出口。

特朗普对美国能源政策进行重大调整，还有更深层次的战略目的——谋求“美国能源主导权”。2017 年 6 月 29 日，特朗普在美国能源部发表题为

"美国能源主导权"的演讲，强调美国在依赖外国能源供应数十年后，美国即将成为油气净出口国。同年 8 月 17 日，在白宫发布的年度科技与研发经费计划中，将美国主导能源供给作为主要支持的五大领域之一，特朗普重新定位美国能源政策，并寻求美国世界能源主导地位，扩大能源出口是美国实现能源主导权的重要途径之一。特朗普政府重启美加"拱心石"XL、达科他原油管道项目，启动通向墨西哥的成品油管道项目，试图以整个北美地区的油气资源为基础，加快"美国能源主导权"进程，为"美国能源主导权"夯实了战略基础。在特朗普偏好化石能源的政策强力支持下，2017 年美国原油出口创历史新高，这是自 1957 年以来美国首次成为天然气净出口国。美国从能源净进口国向能源净出口国转变。在世界能源版图上将出现集能源生产大国、能源消费大国和能源出口大国三重属性于一身的"新美国"，美国从能源独立到谋求"能源主导权"或成为现实。

### （二）欧洲多层次多举措推进能源绿色转型

欧洲能源绿色低碳转型已走在世界前列，总体上，欧洲正从多层次多举措推进能源绿色低碳转型，2017 年以来，尤其是在能效、可再生能源、交通能源替代等多方面推进能源结构优化和能源转型。

2017 年 6 月，欧盟委员会确认将 2030 年能效目标由 27% 提升至 30%，并在"能效指令"中欧盟提出了一系列新措施，旨在减少对能源进口的依赖并创造就业。在更新版"能效指令"中修订的主要措施包括：提高欧盟能效目标到与 2030 年气候和能源框架目标同步；增加企业节能义务，要求能源供应商和分销商从 2021 年至 2030 年每年实现 1.5% 的节能义务；通过提高碳排放门槛逐步淘汰老旧煤电厂等。此外，欧洲议会投票通过了支持 2030 年可再生能源占比目标设为 35%，同时投票通过了支持成员国提交的国家能源和气候行动计划以及成员国为可再生能源提供 5 年政策支持的硬性指标。考虑到欧洲能源委员会和欧盟委员会支持的 2030 年可再生能源占比目标为 27%。接下来，欧洲议会、欧盟委员会和欧洲能源委员会将通过三方谈判，协调 8 个百分点的可再生能源目标差异。2017 年 12 月，欧盟委员会批准了波兰政府价值 110 亿美元可再生能源扶持政策，这一举措将进一步提高波兰绿色能源结构比例，有助于国家能源转型。

英国以法案促电动汽车发展，以禁售燃油车助力实现零排放。英国宣布将于 2040 年起全面禁止汽油与柴油汽车的销售，英国政府计划到 2050 年几乎所有汽车和货车都将实现零排放。此外，英国提出《自动化和电动汽车法案》（Automated and Electric Vehicles Bill）来鼓励人们使用电动汽车。该法案已被纳入“女王文告”（英国政府希望在未来两年获得议会通过的法律清单），法案要求英格兰、威尔士和苏格兰加油站安装电动汽车充电桩。法国推出多项能源新政，法国计划在 2050 年前实现碳中性，即通过排放多少碳就采取等量的抵销措施，使总碳释放量为零。此外，法国政府宣布将在 2040 年前禁止销售汽油和柴油汽车，在 2022 年前终结燃煤发电，以及在 2025 年前将核电占比从当前的 75% 削减至 50%。德国《可再生能源法》（2017）出台了一系列新规，最重要的一项变化是，将可再生能源补贴国家定价制度转换为公开竞争的招投标程序，以确定对风能、太阳能和生物质能发电的资助额度。另外，德国能源环境政策或生变，在默克尔领导的基民盟及其姊妹党基社盟与马丁·舒尔茨领导的社民党试探性组阁谈判中，能源与环境政策方面，各方一致同意把 2020 年减排目标推后数年，但仍维持 2030 年减排 55% 的计划。各方还同意修订另一目标，即 2030 年可再生能源发电量在德国用电量的占比从目前的大约 30% 提升至 65%，而原计划为 2025 年可再生能源电量占比 45% ~55%。意大利发布面向 2020—2030 年期间的新能源战略计划（SEN），意大利将大力发展太阳能和可再生能源，可再生能源的份额将从目前的 17.5% 左右（欧盟 2020 年的 17% 的目标已经实现）提高到 2030 年的 27%。明确到 2025 年逐步消除煤电。立陶宛推出《国家能源独立战略》，战略明确，立陶宛未来将实现电力自给自足，并主要依赖新能源发电，2020 年、2030 年、2050 年新能源发电占比分别达到 30%、45% 和 80%；2020 年发电容量达到 250 兆瓦，风力为主要电源；2025 年，立陶宛国家电网将接入欧盟电网网络，彻底与俄罗斯电力系统分开；2020 年新能源运输将达到 10%，2030 年达到 15%，2050 年达到 50%，汽油和柴油汽车在 2030 年降至 50%，2050 年彻底取消。瑞士决定弃核，并举行了全民公投，通过了新的能源法案《能源战略 2050》，该法案从 2018 年 1 月 1 日起生效，此后瑞士将不再新建核电站，并在未来彻底退出使用核能。

### （三）日本重启核电和抢占氢能源利用制高点

日本瞄准了氢能源战略，并致力于抢占未来利用制高点。2017 年 12 月 26 日，日本政府正式发布《氢能源基本战略》，通过制定氢能源发展战略推动氢能源技术进步和商业化利用，主要目标包括：到 2030 年左右实现氢能源发电商用化，未来通过技术创新等手段把氢能源发电成本降低至与液化天然气发电同等水平。为了推广氢能源在电力领域的利用，战略明确，日本政府将重点推进可大规模生产、运输氢的全球性供应链建设。尽管日本意识到实现氢能源型社会绝非坦途，但日本将率先向这一目标发起挑战，力图在氢能源利用方面引领世界，抢占制高点。

2017 年日本在新标准下恢复重启了部分核电站。2017 年 5 月 17 日和 6 月 6 日，日本关西电力高滨核电站两台机组分别重启运行。2017 年 11 月 27 日，福井县政府同意重启关西电力公司大阪核电站的两座反应堆，至此，重启核电站所需的当地程序完成。此次重启的大阪核电站 3、4 号机组曾在 2012 年 7 月因夏季供电能力不能满足当地用电需求而重启，这也是 2011 年东电福岛核电站发生核泄漏事故、日本政府下令关闭全部在运的核电站之后，唯一启用过的核电机组，但又于 2013 年 9 月再次关停。2017 年 12 月 27 日，东京电力柏崎刈羽 6、7 号机组获准重启，为首次放行的沸水堆，之前获批的均是压水堆。2017 年同时通过日本原子能规制委员会审查的九州电力公司玄海核电站 3、4 号机组，其中 3 号机组已于 2018 年 3 月 23 日正式重启（4 号机组计划于 5 月重启），这是根据核电安全措施更为严格的新安全标准，所重启的第 5 座核电站第 7 个机组。尽管日本审核重启了部分核电机组，但全面恢复核电的路还很远。据日本经济产业省资源厅数据，截至 2018 年 4 月 3 日，日本恢复重启运行的核电站机组 7 台，7 台通过了新标准审查，12 台机组还在审查中，尚有 16 台机组未提出重启申请。基于日本的国情，重启核电或是不得已的选择。日本火电占比高达 80%，按理可再生能源是最佳替代能源，但由于气象条件和地形原因，日本可再生能源成本远高于世界平均水平，需要高额的财政补贴，短期内可再生能源难以胜任基荷大任。因此，发展核电是一种较现实的选择。

实际上，2017 年 7 月，日本原子能委员会制定了《关于原子能利用的基本观点》，紧接着又发布了因福岛事故而暂停 7 年之久的《原子能白皮书》。上述文件已大致勾勒出日本核电政策未来的主要内容和方向，意味着日本“第五次能源基本计划”将不会改变发展核电的基本方针。日本现行能源基本计划提出要“尽可能减少对核电的依存度”，同时又将核电定位为“重要基荷电源”，并明确提出到 2030 年核电占比要达到 20% ~22%。而 2017 年日本核电占比仅为 2%，与 2030 年的目标相差甚远，考虑到日本核电站的服役寿命，除了尽快恢复重启核电站，未来或许还要新建。

### （四）新兴市场制定可再生能源发展蓝图

印度制定发布可再生能源发展规划。2017 年 11 月，印度政府发布可再生能源发展三年规划，按照规划，到 2020 财年末，印度将新增超过 80 吉瓦的太阳能发电项目和 30 吉瓦的风力发电项目，预计到 2022 年总装机规模达到 200 吉瓦。规划明确给出了未来三年内太阳能和风能项目的具体时间表。其中，本财年内将新增太阳能发电能力 16.4 吉瓦，未来两个财年将分别新增太阳能发电能力 30 吉瓦。风电方面，截至本财年末将新增风电 4 吉瓦，未来两个财年分别新增风电 10 吉瓦。未来三年还将新建 5 吉瓦的海上风电项目，并计划建设风力与太阳能混合发电项目。同时，印度新能源和可再生能源部（MNRE）宣布，通过可再生能源制造项目拍卖方案推动印度国内可再生能源制造业大力发展的计划。其中，2017—2018 年 20 吉瓦地面太阳能公园的投标计划，2018—2019 年和 2019—2020 年还将各招标 30 吉瓦。

巴西发布新的能源计划。根据巴西矿业及能源部批准的一个新的能源计划，2026 年，巴西国家互联系统的装机容量将突破 212.5 吉瓦，其中超 50% 来自非水电资源。到 2026 年，实现 48% 的可再生能源份额，其中，风电将达 28.4 吉瓦，太阳能约 9.6 吉瓦，生物质能 16.9 吉瓦，小型水电 8.1 吉瓦，大型水电达 103 吉瓦。

## 三、全球十大能源事件及简要评述

本文选取的全球十大能源事件（不纳入中国国内事件），主要从国别重大能源政策调整、重大能源地缘政治事件、重大国际能源合作、能源产业重大事件等几个维度遴选，重点考虑了该事件现在或将来对本国、区域、全球，以及行业带来重大影响。

### （一）特朗普政府推出“美国优先能源计划”

2017 年 1 月 20 日，特朗普正式就任美国第四十五任总统，在特朗普宣誓就职当天，白宫网站列出了包括六大重点领域的特朗普政府施政纲领，其中位列第一的是“美国优先能源计划（An America First Energy Plan）”。“美国优先能源计划”的核心内容主要包括五个方面：一是降低能源价格，尽量开发本土能源，减少对国外石油进口依赖；二是为美国能源工业松绑，取消对美国能源有害的“气候行动计划”；三是继续页岩革命，充分利用其国内能源资源，为基础设施建设提供资金；四是支持清洁煤技术，重振美国煤炭工业；五是能源政策将致力于保护环境与资源。

特朗普打着“让美国再次伟大”的大旗当选美国总统，秉持“美国优先”的内顾战略倾向，行“逆全球化”之道，意欲从“多边”走向“双边”，力图实现美国利益最大化。特朗普上任伊始就推出“美国优先能源计划”，是其推行“美国优先”战略思想的具体体现，目的是通过开发利用美国丰富的化石能源资源，加快实现美国能源独立并扩大能源出口，推动经济增长，增加就业。“美国优先能源计划”是特朗普政府能源政策顶层设计的核心，充分体现了特朗普优先考虑经济利益、重能源轻环保的发展思路，也体现了共和党向来重视化石能源的党派色彩。虽然特朗普能源政策沿袭了美国追求能源独立的一贯立场，但其显然与当前全球能源转型大势相背离，更与限制传统化石能源、支持新能源、重视环境保护与应对气候变化为特征的奥巴马能源政策背道而驰。“美国优先能源计划”付诸实施，必将对区域和全球能源格局带来重大冲击，对国际油气价格、国际油气贸易流向、能源地缘博弈、全球能源治理等诸多方面带来重大影响。

### （二）美国宣布退出《巴黎协定》

2017 年 6 月 1 日，特朗普在白宫玫瑰园宣布，美国将退出应对全球气候变化《巴黎协定》。特朗普称，《巴黎协定》让美国处于不利位置，而让其他国家受益，认为《巴黎协定》损害美国经济而去“赢得外国和全球活动家的赞扬”，削弱了美国的竞争力，阻碍了美国经济的发展，而其他国家则从中获益，退出《巴黎协定》目的是保护美国和美国人民的利益。因此，特朗普宣布美国将停止落实这份他声称“不具有约束力”的协议，包括停止落实国家自主贡献目标和停止为联合国“绿色气候基金”提供资金。

特朗普“一意孤行”宣布退出《巴黎协定》，美国“退群”“中途下车”的行为令国际社会惊愕。美国退出《巴黎协定》，充分体现了特朗普自竞选以来提出的“美国优先”理念和“逆全球化”内顾倾向，更体现了其兑现“让美国再次伟大”的竞选目标，为美国经济发展营造宽松的碳环境，以此重塑美国的国际竞争力，不择手段的短视行为。因为，特朗普政府明显倾向于传统化石能源的能源政策，放开化石能源管制，促进油气和煤炭产业发展，需要一个相对宽松的碳环境，美国想大力发展传统化石能源，需要摘掉《巴黎协定》这个“紧箍咒”。

美国宣布“中途下车”退出《巴黎协定》，不仅对美国国内温室气体减排进程产生明显负面影响，同时难免将对全球应对气候变化带来一定负面冲击，主要包括三个方面：一是美国“退群”或将动摇全球气候治理的信心，特别是可能动摇伞形集团国家履约信心，未来凝聚应对气候变化共识的难度将进一步加大；二是延缓全球低碳发展、新能源和可再生能源等领域的技术进步和创新的步伐；三是损害协定的普遍性，进一步影响协定的合法性，最终对协定的执行有效性带来负面影响。当然，即使美国最终退出《巴黎协定》，也不足以逆转国际社会应对气候变化的共同努力和决心，更不能阻挡全球能源绿色低碳转型和可持续发展的世界潮流。尤其是考虑到特朗普即使获得连任，任期最长也只有八年，因此，未来的美国政府对全球气候治理的态度仍存变数。

### （三）卡塔尔“集体断交”致中东能源地缘生变

卡塔尔遭遇“集体断交”。2017 年 6 月 5 日，中东地区的沙特、阿联酋、巴林、埃及、也门等阿拉伯国家突然宣布与同属欧佩克成员国的卡塔尔断交，理由是卡塔尔支持恐怖主义活动并破坏地区安全局势。随后，利比亚、马尔代夫也宣布与卡塔尔断交。

卡塔尔遭遇“集体断交”，对油气市场影响有限。一方面，卡塔尔本身的石油产量非常有限，每天只有 190 万桶，只占全球产量的 1.8% 。卡塔尔即便撕毁协议，不再冻产，它的能力也非常有限。另一方面，卡塔尔虽然原油产出规模小，但它是全球第四大天然气生产国和最大的液化天然气出口国。尽管卡塔尔国内很多部门受到断交事件的冲击，但油气行业未受波及，尤其是阿联酋、埃及等国明确表示不会切断与卡塔尔的天然气关系，按照商业规则行事，“断交不断气”。事实上，断交危机发生后，伦敦和纽约原油价格一度应声上涨，但短期上涨之后，国际油价就下跌并恢复平稳，市场的紧张情绪并未持续，油价波动有限。总体上，此次针对卡塔尔的断交危机对国际油价的影响较为有限，也并没有破坏欧佩克和部分非欧佩克国家减产计划及协议的达成。但是，卡塔尔遭遇“集体断交”，却可能导致中东能源地缘生变。断交事件本身属于地缘政治博弈，不管事态如何发展，这场发生在中东产油国核心区的冲突，造成海湾产油国内部裂痕短期内将难以弥合，对沙特、海湾国家及欧佩克地位带来的冲击或将有较长远的影响，中东地区能源地缘博弈的复杂性，以及中东地区未来的不确定性增加，对区域和全球能源格局的影响不容小觑。

## （四）沙特强力推进经济和能源转型

2016 年沙特阿拉伯王国正式发布“沙特阿拉伯 2030 愿景”（Saudi Arabia’s Vision 2030，简称“2030 愿景”）和“国家转型计划”（简称 NTP）。沙特制定实施“2030 愿景”，旨在降低和摆脱对石油的依赖，为沙特打造一个繁荣、可持续现代化经济体系。沙特推进经济和能源转型是应对能源转型国际大趋势、国际油气市场新变化，以及国内经济结构单一，经济遭受低油价重创等新形势做出的战略抉择。尽管沙特推进转型的决心很大，愿景美好，但挑战也不小，尤其是在低油价的经济萧条期，转型容易激发社会矛盾。考虑到沙特以往的政策首先要照顾的是王室和宗教阶层的利益。“2030 年愿景”的实施恰恰要打破这种利益结构，要将更多的利益让渡于民众、让渡于投资人，因此将受到利益阶层的反对和阻挠。为此，2017 年沙特掀起旋风般“反腐风暴”行动，沙特打破了数十年来“刑不上亲王”的规定，逮捕了包括 11 个王子和诸多重臣在内 200 多人，成立国家最高反腐败委员会，由王储穆罕默德·本·萨勒曼领衔。2018 年年初，11 名王子因抗议国王不给交水电费而被抓。由此足见沙特政府坚定处理腐败问题，继续推动实施“2030 愿景”，减少国家经济对石油依赖的决心和行动。此外，沙特为推进经济和能源转型出台了新的举措。2017 年 1 月，沙特能源工业和矿产资源大臣法力赫宣布，沙特将于 2032 年前在新能源领域投资 300 亿 ~ 500 亿美元，计划在未来十年内推出 30 个太阳能和风力发电项目，在 2023 年之前实现可再生能源发电量占全国总发电量的 10%。2017 年 10 月，沙特阿拉伯宣布了一项价值 5000 亿美元的计划，旨在打造一个富有创新性的“沙特未来之城”，将集中发展新能源和水、生物技术、食品、先进制造和娱乐等行业，以帮助沙特逐步摆脱对石油出口的依赖，同时，这座坐落在红海和阿盖拜湾之滨的这一新都市，其能源将主要来自风能和太阳能。

沙特强力推进经济和能源转型，各项改革工作正在有序推进，减少低油价对国民经济的冲击已取得了初步成效。据国际货币基金组织（IMF）报告，由于非石油经济部分增长以及石油出口量与价格的上升，2018 年沙特 GDP 增速预测将达到 2.2%。据沙特公布的 2018 年财政预算，2018 年沙特预算支出同比增长 5.6%，预算收入同比增长 12.5%，赤字规模 1950 亿沙特里亚尔，比上一年度降低 15%。其中石油收入仍将是 2018 年沙特财政收入的最主要来源，预计将达到 4920 亿沙特里亚尔，同比增长 11.8%，占预算财政收入的 62.8%，非石油收入预期增加 13% 达到 2910 亿沙特里亚尔。但也要看到，沙特正经历物价上涨、失业率上升等问题，短期内仍需要通过提振油价来解决。一旦欧佩克和非欧佩克减产无法扭转油价颓势，沙特经济恐将面临严峻的挑战。

## （五）欧佩克与部分非欧佩克国家减产继续

国际原油价格从 2008 年的每桶 140 多美元下降到 2016 年年初每桶不足 30 美元，低油价是多方博弈的结果，更是供大于求的反映。面对美国页岩油革命带来的重大冲击，传统产油国为了抢占国际原油市场份额，同时试图以低油价打击美国页岩油的崛起，疯狂扩张产能，欧佩克和非欧佩克传统产油国与美国非传统油气生产商博弈，再加上世界经济持续低迷，能源需求相对不足，从而进一步加剧了国际原油市场供大于求的局面，国际油价持续处于低位，低油价不但没有拖垮美国非传统油气生产商，反而重创沙特和俄罗斯等高度依赖油气出口的传统产油国经济。在进退两难的现实困境下，为缓解原油市场供过于求的局面，2016 年 11 月 30 日欧佩克和俄罗斯等非欧佩克产油国达成减产协议，欧佩克与非欧佩克产油国同意将日均减产约 180 万桶原油，从 2017 年 1 月 1 日执行为期 6 个月的减产协议，这是欧佩克八年来达成的第一个限产协议，设置的产量限制目标为 3250 万桶/日，相当于 2016 年欧佩克的平均产量水平。以俄罗斯为首的 11 个非欧佩克产油国宣布配合欧佩克限产，将减产 60 万桶/日，其中俄罗斯承诺减产 30 万桶/日。限产协议的有效期为 6 个月，并且根据市场环境以决定是否继续延期 6 个月。

尽管限产协议对国际油价起到了一定的稳定左右，但国际原油供大于求的局面仍然持续，尤其是随着特朗普推出的“美国优先能源计划”实施，美国能源出口猛增，原油价格又逐渐降至 50 美元/桶之下，甚至有向40 美元/桶下行的趋势。2017 年 5 月 26 日，欧佩克在维也纳会议后宣布，在为期 6 个月的限产协议到期后，于 7 月 1 日起继续延长 9 个月，参会的非欧佩克产油国也一致同意相应延长限产期限。受延长限产协议和库存不断减少影响，国际油价有所反弹。限产协议生效后，对国际油价形成有力支撑，油价逐渐维持在 50 美元/桶以上。然而国际油价回升后，美国页岩油生产商加大马力开工上产，美国页岩油成为最主要的国际原油供给增量。

总体而言，自 2017 年 1 月减产协议开始执行，对油价反弹提供了支撑，虽然 OPEC 和俄罗斯等部分非 OPEC 市场份额被美国等国家部分取代，但高油价带来的红利使得大部分 OPEC 和俄罗斯等产油国财政平衡得到了一定改善，其中以沙特和阿尔及利亚两国最为显著。为巩固减产成效，推动国际石油市场再平衡，促进油价进一步回升，2017 年 11 月 30 日，欧佩克部长级会议以及欧佩克和俄罗斯等 10 个非欧佩克产油国部长级会议决定，将原油减产协议延长至2018 年年底，欧佩克与非欧佩克产油国将于2018 年6 月根据市场条件和平衡原油市场取得的进展，考虑是否采取进一步调整行动。事实上，欧佩克与部分非欧佩克国家减产继续，欧佩克、美国、俄罗斯等产油国仿佛陷入了“囚徒困境”，各方整体利益最大化行动应该是“限产提价”，但考虑到夹杂着能源地缘博弈因素，整体一致行动不太现实，尤其是在价格回升后，对于美国“搭便车”的行为，欧佩克已缺乏有力的反制措施。因此，在传统产油国经济不堪持续低油价重创的背景下，欧佩克和俄罗斯等部分非欧佩克国家被动减产是不得已的选择。

### （六）特朗普访华中美能源合作成重点

美国总统唐纳德·特朗普于2017 年 11 月 8 日至10 日成功访问中国，特朗普访华随行的 29 位企业代表中有 11 人来自能源环保企业，占比近四成。特朗普访华期间，中美签约项目 34 个，总金额高达 2535 亿美元，创历史纪录（见表 1 -1）。合作项目中，金额最大的集中在能源领域，总额超过 1600 亿美元，成为合作重点。中国企业与西弗吉尼亚州政府（West Virginia）、美国第一个液化天然气（LNG）出口终端开发商 Cheniere 能源公司、LNG 公司 Delfin Midstream、阿拉斯加管线开发公司（Alaska Gasline Development Corp.）、核电巨头西屋电气（Westinghouse）等签署了能源合作框架协议、意向文件或谅解备忘录。尽管签署的并非最终合同，不具约束力，但无疑凸显了未来中美能源合作的巨大潜力。

特朗普就任美国总统后，推出“美国优先能源计划”，减少对中东地区原油进口依赖，扩大油气出口是该计划的重要内容。事实上，美国页岩油气革命以来，美国能源独立进程加速，目前，美国基本实现能源独立，解除原油出口禁令，扩大对外油气出口是美国推动经济发展的现实选择。扩大油气出口需要一个庞大的国际市场支撑，在全球能源转型和油气市场相对供过于求的宽松环境下，中国作为油气进口大国，较长时期内，油气进口仍将增长，并高度依赖进口。中美油气等能源领域的贸易投资合作，具有较强的互补性，双方在能源领域开展务实合作，既能实现互利共赢，同时也有利于缓解中美贸易逆差。

**表 1－1　特朗普访华中美能源领域项目合作情况**

| 美方 | 中方 | 项目说明 | 金额（亿美元） |
|---|---|---|---|
| West Virginia | 中国神华集团有限责任公司 | 签署《页岩气全产业链开发示范项目战略合作框架协议》，将向西弗吉尼亚州的页岩气、电力和化工生产项目投资 | 837 |
| Alaska Gasline Development Corporation（AGDC） | 中国石油化工集团公司、中国投资有限责任公司、中国银行 | 签署中美联合开发阿拉斯加 LNG 项目意向文件。该项目由 ADGC 主导，将建设由北坡气田供应到阿拉斯加尼基斯基港的长输管线，以及 2000 万吨/年的液化厂设施 | 430 |
| American Ethane Company | 山东南山集团 | 每年从美国墨西哥湾沿岸码头向南山集团供应 250 万吨液体乙烷 | 260 |
| Cheniere Energy | 中国石油天然气集团公司 | 签署关于 LNG 长约购销的谅解备忘录 | 110 |
| Delfin Midstream | 中国燃气控股有限公司 | 在项目投入运营之后 15 年内，从 2021 年起每年向中国燃气控股有限公司出售 300 万吨液化天然气 | 80 |
| Air Products | 兖矿集团有限公司 | 在陕西省榆林市建设煤制气生产设施 | 35 |
| GE | 中国大唐集团公司 | GE 将向中国大唐集团公司供应燃气轮机、燃气轮机部件、汽轮机部件以及中国国内项目的服务和物联网解决方案 | 10 |
| Honeywell | 东华能源股份有限公司 | 东华能源在五个新的丙烷脱氢（PDH）项目中将采用 UOP 的 C3 Oleflex™ 装置，帮助将丙烷转化为丙烯 | 2.1 |
| Caterpillar | 中国能源投资有限公司 | 签署五年战略性合作框架协议 | 未披露 |
| Westinghouse Electric Company | 国家核电技术公司及其子公司 | 未来几年将在海阳（3 号和 4 号），三门（3 号和 4 号）建设六座新的 AP1000 核电站，在陆丰（1 号和 2 号）建设两座核电站 | 未披露 |

资料来源：作者整理。

## （七）中俄北极合作亚马尔项目首期建成投产

2017 年 12 月 8 日，中俄能源合作重大项目——亚马尔液化天然气项目首期建成投产。亚马尔液化天然气项目由中国石油天然气集团公司、俄罗斯诺瓦泰克公司、法国道达尔公司和中国丝路基金共同合作开发。天然气可采储量达到 1.3 万亿立方米，凝析油可采储量 6000 万吨；项目将建成 3 条年产量 550 万吨液化天然气生产线，全部建成后每年可生产液化天然气 1650 万吨，凝析油 100 万吨。亚马尔项目是中国提出“一带一路”倡议后实施的首个海外特大型能源项目，也是中俄在北极圈的首个全产业链合作项目，亚马尔项目更是中俄联手打造“冰上丝绸之路”的重要支点。亚马尔液化天然气项目位于俄罗斯境内的北极圈内，是目前全球范围在北极地区开展的最大型液化天然气工程项目，也是集天然气勘探开发、液化、运输、销售于一体的世界特大型能源项目，被誉为“镶嵌在北极圈上的一颗能源明珠”。

亚马尔项目，对俄罗斯而言，将有利于带动其能源产业和边疆地区发展；对我国而言，不仅为我国新增了北部海上天然气来源，有利于增加我国清洁能源供应，同时开辟的北极航道成功实现北冰洋运输，为“冰上丝绸之路”战略的实施提供了重要的支点。另外，该项目成功带动了中国装备和制造走出去，一定程度对带动和促进国内钢铁、电缆等产业技术创新和转型升级提供了助力。

### （八）多国宣布禁售燃油车时间表

2017 年 7 月，英国、法国宣布 2040 年禁止销售柴油和汽油汽车，自此，欧洲已有多个发达国家相继发布禁售燃油车时间表。事实上，早在 2015 年的联合国气候变化大会上，包括德国、英国、荷兰、挪威，以及美国多个州在内的国家和地区，组成“国际零排放车辆同盟”（International Zero - Emission Vehicle Alliance），承诺到 2050 年，该联盟内成员将不再销售燃油车。此后部分国家明确给出了具体的计划，其中，德国联邦参议院通过了 2030 年后禁售传统内燃机汽车的提案；挪威的四个主要政党一致同意从 2025 年起禁售燃油汽车；荷兰劳工党提案要求 2025 年开始禁售传统的汽油车和柴油车；印度到 2030 年将只卖电动汽车，全面停售以石油燃料为动力的车辆。英国将于 2040 年起全面禁售汽油车与柴油车；法国计划从 2040 年开始，全面停售汽油车和柴油车。此外，比利时、瑞士、瑞典初步计划在 2030 年禁售燃油车，美国加州可能在 2030 年禁止传统燃油车上市销售。

面对不可阻挡的汽车电动化趋势，在多国宣布禁售燃油车时间表的同时，多家汽车巨头宣布电动化战略（见表 1 - 2）。玛莎拉蒂、沃尔沃电动化时间节点最早为 2019 年，捷豹路虎、阿斯顿 · 马丁为 2020 年，奔驰为 2022 年，

PSA 集团到 2023 年旗下 80% 的车型都将会推出电动版。保时捷 2023 年前旗下销售的半数车款都采用纯电动。通用（别克、雪佛兰、凯迪拉克）为 2025 年，大众、马自达为 2030 年，丰田为 2050 年。

**表 1-2　部分车企巨头电动化战略时间表**

| 车企 | 电动化战略时间节点 |
|---|---|
| 沃尔沃 | 从 2019 年起只生产三种汽车：纯电动、插电式混合动力和混合动力汽车，到 2024 年，公司将全面终止内燃机或柴油机汽车业务 |
| 菲亚特克莱斯勒 | 自 2019 年起玛莎拉蒂品牌下的所有车型实现电动化 |
| 大众 | 计划 2030 年实现全系电动化，届时大众旗下的所有品牌车型将都拥有电动版本 |
| 奔驰 | 2022 年所有车型都只提供混合动力或纯电动版本 |
| 保时捷 | 2023 年前旗下销售的半数车款都采用纯电动 |
| 宝马 | 到 2025 年，纯电动和插混车型销量占到 15% ~25% |
| 马自达 | 2030 年旗下所有车型推出电动版本（包括纯电动和混动） |
| 丰田 | 2050 年停售纯燃油车 |
| 捷豹路虎 | 2020 年起所有新发布车型均实现电动化（包括纯电动和混动） |
| 阿斯顿·马丁 | 到 2020 年，产品线将全部由混动和电动车组成 |
| 通用 | 到 2025 年，别克、雪佛兰和凯迪拉克三大品牌都采用不同程度电气化技术 |
| 福特 | 到 2020 年，旗下所有品牌车的 40% 将拥有电动版本 |
| PSA 集团 | 2021 年将推出七款插电式混合动力汽车和四款全新电动车，2023 年旗下 80% 的车型都将推出电动版本 |

资料来源：作者整理。

总体上，从宣布停售燃油车时间表的国家看，欧洲是最早制定全面禁售燃油汽车计划的地区。欧洲宣布禁售燃油车，一方面，是为了谋求未来汽车产业竞争制高点。欧洲具有传统汽车竞争优势，汽车产业是欧洲的支柱产业，在技术革新的驱动下，汽车电动化是大势所趋。为了把握未来竞争制高点，欧洲宣布禁售燃油车时间表，对市场传递一个强烈的信号，必将加快车企电动化转型发展的步伐，赢得发展先机。另一方面，也是应对气候变化和加速能源绿色低碳转型的必然选择。欧洲积极应对气候变化，制定了 2050 年温室气体减排 85% ~95% 的目标。无论是先前成立的“国际零排放车辆联盟”，还是发布具体的禁售燃油车时间表，一定程度是着眼长远应对气候变化的重要举措。同时，欧洲能源绿色低碳转型已走在世界前列，交通部门是消耗化石能源（油气）的主要用能终端领域，推行交通领域汽车去燃油化，将进一步加快可再生能源和清洁电力替代液体燃料，进而加快欧洲能源绿色低碳转型进程，实现绿色低碳可持续发展。当然，禁售燃油车一时间成为全球热议焦点，但大部分禁售燃油车时间表只是官方公开表态，尚未上升到法律层面，并不具备法律上的强制力，只是释放出一个明确的"电动化"信号，未来推进的速度和效果，依赖于各国具体制定实施的政策和执行力度，也依赖于电动汽车关键领域技术革命性突破的程度。

### （九）飓风肆虐重创美国石化业

2017 年 8 月 25 日至 9 月 1 日，飓风"哈维"登陆美国墨西哥湾并重创美国炼油行业的心脏地带——得克萨斯州，得克萨斯州石油和天然气产量分别占全美产量的约 1/3 和 1/4，炼油能力占全美的 1/3。飓风"哈维"的袭击，对该地区石油生产、炼油加工、原油进出口及国际油价等产生了重要影响，造成美国近 1/4 的炼油产能关停，美国墨西哥湾沿岸地区近 25% 的炼油和石化产能遭到破坏。飓风"哈维"来袭，一度使得包括休斯敦港、科珀斯等 11 个主要油港关闭，对美国的原油和成品油进出口造成了严重影响。埃克森美孚关闭了位于休斯敦郊区贝城（Baytown）的全美第二大炼油厂。美国汽油期货一度飙升近 7%，美国取暖油期货亦上涨，一度涨幅达 3%。这次飓风发生在美国页岩油革命方兴未艾、美国原油和成品油出口如火如荼、美国不断迈向能源独立的新背景之下。飓风"哈维"对美国经济造成了巨大影响，据美国天气预测机构 AccuWeather 估计，"哈维"造成的全部损失或将高达 1900 亿美元，约占美国 GDP 的 1%，成为美国历史上经济代价最为高昂的自然灾害。

虽然飓风"哈维"对美国墨西哥湾海上油田和得州页岩油生产造成一定影响，但总体影响远小于炼油业。飓风"哈维"对油价造成了较大影响，但汽油价格与原油价格冰火两重天。汽油期货（2017 年 8 月 28 日）曾一度飙升近 7%，而"哈维"登陆的一周之内，WTI 原油价格由 8 月 25 日的 47.87 美元/桶一度跌至 8 月 31 日的 45.59 美元/桶，跌幅 4%。汽油涨原油跌，究其原因，或许是炼油厂被迫关闭将令市场对美国原油的需求减少，大大抵消了飓风天气对美国原油供应的负面影响。为减少飓风带来的影响，美国能源部释放了 100 万桶战略石油储备，其中，包括 40 万桶低硫原油和 60 万桶高硫原油，这是美国自 2012 年飓风"艾萨克"以来首次紧急释放战略石油储备，这也凸显了飓风"哈维"带来的重大冲击。

### （十）油服行业进入寡头竞争新时代

2017 年 4 月 14 日，威德福（Weatherford）和斯伦贝谢（Schlumberger）

宣布达成一项协议，双方联合创建合资公司 OneStim，斯伦贝谢和威德福将分别拥有 70% 和 30% 的合资企业股份。2017 年 11 月 28 日，美国司法部批准了斯伦贝谢与威德福成立的合资公司 OneStim。该合资公司重点为美国和加拿大市场开发非常规资源的完井产品和服务，将提供市场上最广的多级别完井解决方案，以及行业内最大的水力压裂队伍之一，将和目前世界上压裂实力最强的哈里伯顿形成强大竞争。

2017 年 7 月 3 日，通用电气公司（General Electric，GE）完成对美国第三大油服公司贝克休斯（Baker Hughes）并购。由 GE 旗下石油天然气板块及贝克休斯合并组建的新公司——BHGE（Baker Hughes，a GE company），总部位于美国休斯敦和英国伦敦，将在超过 120 个国家开展业务，拥有约 7 万名员工。GE 和贝克休斯分别持有新公司 62.5%、37.5% 的股权。对贝克休斯而言，该交易有助于其实现规模上的扩张。事实上，2014 年，哈里伯顿宣布计划以 346 亿美元价格收购贝克休斯，若合并完成，将超越斯伦贝谢，成为世界第一大油服公司。2015 年 8 月，在哈里伯顿和贝克休斯尚未完成合并的情况下，斯伦贝谢又宣布以 127 亿美元价格收购石油设备制造巨头卡梅隆国际。然而，2016 年，哈里伯顿和贝克休斯的合并因未通过反垄断审查，并购以失败告终。

长期以来，斯伦贝谢、哈里伯顿、贝克休斯是业内公认的世界三大油服公司。然而在国际油价低迷的三年里，为提升竞争力，世界油服行业进行了一系列重大并购重组，油服行业的竞争格局发生了剧烈的变化。譬如，2016 年 Technip 和 FMC 两家公司宣布进行合并，成为油服技术装备领域的新巨人，二者总营收额曾一度位列世界第三，规模超过了巨头哈里伯顿。尤其是随着 2017 年威德福与斯伦贝谢成功联手、GE 成功并购贝克休斯，油服行业正式进入寡头竞争新时代。

执笔人：朱跃中　蒋钦云　刘建国

## 参考文献

［1］IMF. 世界经济展望 .
［2］OECD. 经济展望 .
［3］世行 . 全球经济展望 .

[4] IEA. 世界能源展望 2017.
[5] IEA. 2017 天然气市场报告 .
[6] BP. 世界能源统计年鉴（2017）.
[7] BP. BP Energy Outlook 2017.
[8] BP. BP Energy Outlook 2018.
[9] XMO. 2017 Outlook for Energy：A View to 2040.
[10] 欧洲光伏产业协会 . 2017—2021 全球市场展望 .
[11] 彭博社 . 2017 年清洁能源投资报告 .

# 第二章
# 全球能源近中期展望综述

## 一、主要机构全球近中期能源发展趋势的研判

### （一）全球经济下行风险增加

全球经济复苏迹象明显，主要机构对近中期预测持乐观态度，但全球增长的下行风险开始上升。国际货币基金组织（IMF）在2018年10月份发布的《世界经济展望》中指出2017年全球经济增速为3.7%，是2012年以来增长最快的一年，同时预测2018年和2019年全球经济增速均为3.7%，比2018年4月份的预测下调了0.2个百分点。IMF认为世界经济复苏已趋于稳定，预计2018—2019年的全球增长率仍将保持在2017年的水平，但增长快于预期的可能性已经下降。经济合作与发展组织（OECD）于2018年9月发布的《经济展望》数据显示，2017年全球经济增速为3.6%，预测2018年和2019年经济增速均为3.7%，两者均较2018年5月的预测数据分别下调了0.1个百分点和0.2个百分点，OECD认为全球经济增长的不确定因素在增加。世行认为全球经济将在2018年迎来金融危机后的全面复苏，在其2018年6月发布的《全球经济展望》报告中预计，2017年全球经济估计增长3.1%，为2011年以来的最强劲增长，2018年全球经济增速将维持在3.1%，比2018年1月预测增加0.1个百分点，对2019年预测维持在3%。各国表现方面，IMF预测美国2018年和2019年经济增速分别为2.9%和2.5%，维持了2018年4月对2018年的预测，但对2019年的预测下调了0.2个百分点，主要原因是考虑到美国随着财政刺激继续扩大，经济增长势头仍然强劲，但由于其宣布的一系列贸易措施，包括对从中国进口的2000亿美元商品征收关税，因此下调了2019年的增长预测。IMF同样下调了欧元区、日本和英国的增长预测，原因是2018年初一些意外情况抑制了经济活动。欧元区2018年和2019年经济增长预测分别为2.4%和2.1%，其中对2019年的预测比2018年4月版下调0.1

个百分点，而对2018年的预测维持不变。日本2018年和2019年经济增长预测分别为1.1%和0.9%，其中对2018年的预测比2018年4月版下调0.1个百分点，而对2019年的预测维持不变。英国2018年和2019年经济增长预测分别为1.4%和1.5%，比2018年4月版均下调0.1个百分点。对于新兴市场和发展中经济体，IMF认为由于石油价格上涨，许多能源出口国的增长前景有所改善，但鉴于金融环境收紧、地缘政治紧张局势以及石油进口成本上升等因素，下调了对阿根廷、巴西、伊朗和土耳其等国的经济增长预测。考虑到未来不确定风险的增加，OECD同样下调了未来两年多国的经济增速，他们预估和预测欧元区2017年、2018年和2019年经济增长分别为2.5%、2.0%和2.9%；美国2017年、2018年、2019年经济增速分别为2.2%、2.9%和2.7%；日本2017年、2018年、2019年的经济增长预期分别为1.7%、1.2%和1.2%。

**表2-1 主要机构对经济增速预估和预测**

| 机构 | 2017年经济增速 | 2018年经济增速 | 2019年经济增速 |
| --- | --- | --- | --- |
| IMF | 3.7% | 3.7% | 3.7% |
| OECD | 3.6% | 3.7% | 3.7% |
| 世行 | 3.1% | 3.1% | 3.0% |

数据来源：本研究整理。

虽然全球经济复苏趋稳，但依然存在诸多隐忧。IMF认为特朗普政策调整、贸易保护主义抬头以及潜在的地缘政治风险都可能对脆弱的全球经济产生冲击。特朗普执政的核心是以“美国优先”的全球利益再分配，或将推动贸易保护主义抬头、损害投资者信心，对全球经济复苏造成较大损害。特别是，潜在贸易战已经打响第一枪，未来贸易限制和报复的升级将对二战后形成的贸易体系产生较大冲击。此外，贸易保护主义抬头、地缘政治紧张局势加剧、国内政治纷争以及治理薄弱和腐败带来的冲击也将对全球经济复苏产生不利影响。OECD认为，当前商业投资和贸易的复苏水平仍然较低，难以维持健康的生产率增长水平，同时，薪资增长水平较低也将影响经济稳定增长，未来新兴经济体深层改革的成败将对全球经济发展至关重要。世行也发出警告，发达经济体可能加快货币政策正常化步伐，从而引发全球金融条件突然收紧。同时，贸易保护主义抬头以及地缘政治紧张将损害企业和消费者信心，拖累经济复苏。

## （二）能源供应相对宽松

未来一段时期，全球能源供应仍相对宽松。供应方面，特朗普鼓励发展化石能源的政策取向，将进一步增加美国油气产量。同时，随着页岩油的生产成本下降、技术不断进步、停产和复产的灵活度增加，一旦油价上涨，页岩油的产量就会随即上升，可以说，美国已成为石油输出国组织（OPEC）之外最重要的石油市场供应调节阀。美国能源信息署（EIA）2018 年《短期能源展望》数据显示，2017 年美国原油产量平均每天约为 940 万桶，由于钻机效率和开采井生产水平的提高，预计 2018 年将达到 1090 万桶/天，2019 年进一步增加至 1210 万桶/天。2017 美国天然气年平均产量为 748 亿立方英尺/日，预计 2018 年天然气产量将增长 85 亿立方英尺/日，达到 833 亿立方英尺/日，2019 年进一步增长至 900 亿立方英尺/日。

面对美国油气产量的增加，OPEC 减产协议的实施力度和效果或将大打折扣。自 2016 年 10 月 OPEC 和非 OPEC 产油国达成减产协议后，此后多次宣布延长减产协议。2018 年 12 月 OPEC + 达成新的减产协议，25 个主要产油国的原油产量将减少 120 万桶/日，其中 15 个 OPEC 减产 80 万桶/日，10 个非成员国减产 40 万桶/日。本轮减产从 2019 年 1 月起生效，为期 6 个月，并将于 2019 年 4 月进行审核。自 OPEC + 宣布减产以来，各国执行力度较好，加之受能源地缘政治冲突影响，国际油价曾一度上涨，2018 年 10 月初，WTI 原油价格超过 76 美元/桶。但由于全球石油供应宽松的基本面仍未改变，国际油价冲高后迅速回落，12 月初，WTI 原油价格降至 50 美元/桶左右，两个月间油价降幅超过 30%。从国际油价冲高回落可以看出，各方对于全球石油供应宽松的认识基本一致。

消费方面，全球能源消费增速疲软。随着全球应对气候变化一致行动的强化、能效技术提升以及可再生能源替代效果逐步显现，可以预见未来一段时期全球能源消费量仍将保持较低速度增长。石油方面，由于机动车燃油经济性水平的提高以及燃料替代作用的初显，未来石油消费增加量将有所下降。天然气方面，由于在环境保护和应对气候变化中，天然气具有对煤炭、石油等化石能源较好的替代作用，近中期，天然气特别是运输较为灵活的液化天然气（LNG）的消费量将有较大增长。EIA《短期能源展望》数据显示，2018 年全球石油及其他液体燃料消费比 2017 年增加 170 万桶/天，高于 2017 年 140 万桶/天的增量，其中美国石油消费增加 48 万桶/天，比 2017 年的增量增加 33 万桶/天。因此，除美国外的其他国家 2018 年石油消费增量低于 2017 年的增量。2018 年，除美国外的 OECD 国家石油消费甚至出现负增长。

## （三）油气价格仍将在合理区间运行

由于产油国限产以及中东出现一定程度的地缘政治紧张，2017 年 6 月开始，国际油价持续上涨（见图 2－1），但全球能源供应相对宽松的基本面仍未改变，未来全球能源价格仍将在合理区间运行。IMF 在 2018 年 10 月预测，2018 年石油平均价格为 69.38 美元/桶，比 2017 年的 52.81 美元/桶高出约 16 美元/桶，但 2019 年石油价格微降至 68.76 美元/桶。EIA 在 2018 年 11 月的《短期能源展望》中预测，2018 年和 2019 年 Brent 平均油价分别为 73.12 美元/桶和 71.92 美元/桶，而 2017 年为 54.15 美元/桶，2018 年和 2019 年 WTI 平均油价分别为 66.79 美元/桶和 64.85 美元/桶，而 2017 年为 50.79 美元/桶；OPEC 预测，2018 年一揽子油价为 66.1 美元/桶，比 2017 年高 13.7 美元/桶；世行在 2018 年 10 月版《大宗商品市场前景》中认为由于需求稳步上升、石油出口国达成减产协议以及伊朗和委内瑞拉等国石油供应的减少，2018 年油价预测将从 2017 年的平均每桶 52.8 美元涨至 72.0 美元，2019 年进一步增加至每桶 74.0 美元。摩根大通发布的《2018 年全球大宗商品展望报告》预测 2018 年 WTI 油价为 54.6 美元/桶，Brent 油价为 58 美元/桶；天然气价格方面，EIA 预测，2018 年 Henry Hub 天然气现货平均价格为 3.25 美元/MMBTu，略高于 2017 年的 2.99 美元/MMBTu 的平均价格，而 2019 年则将至 2.98 美元/MMBTu。世行预测，2018 年 Henry Hub 天然气现货平均价格为 2.9 美元/MMBTu，比 2017 年平均价格下降 0.1 美元/MMBTu，2019 年进一步下降至 2.7 美元/MMBTu。

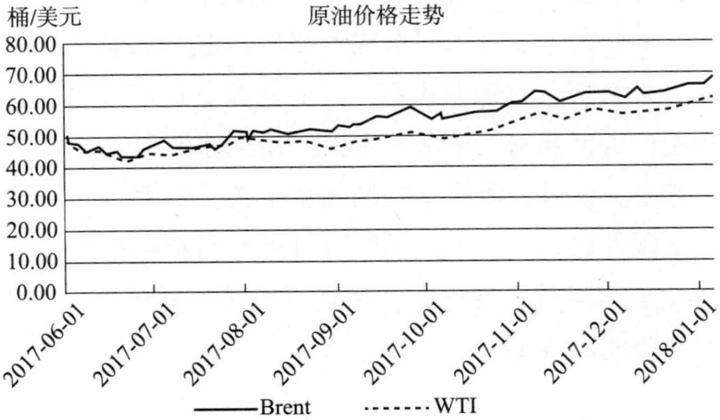


**图 2－1 原油价格走势**

数据来源：EIA。

## （四）能源低碳转型加速

绿色低碳成为各国能源发展的重要考量。在 2016 年底生效的《巴黎气候协定》（简称《协定》）中，各缔约方一致通过以国家自定贡献的方式应对全球气候变化，并制定了较为积极的能源清洁发展目标。按照《协议》要求，在 2023 年将进行第一次各缔约方承诺落实情况的全球盘点。为此，各国都在积极寻求具有经济性的清洁能源发展方案，包括鼓励可再生能源发展、取消低效化石能源补贴、完善碳交易机制、化石能源外部成本内部化等。

今后一段时期，可再生能源与化石能源仍处于竞争过渡时期的早期阶段。但全球能源清洁化发展趋势不可逆转，在相关政策支持下，可再生能源发展将进一步加速，全球风能理事会（GWEC）2017 年 4 月发布的《2016 年全球风电发展展望报告》预测，到 2021 年，全球风电年新增装机将达到 75GW，累计装机将达到 800GW。欧洲光伏产业协会（Solar Power Europe）2017 年 6 月发布的《2017—2021 全球市场展望》中预测，2017 年全球光伏装机将达到 387GW，2018 年超过 400GW，此后到 2021 年，每年增加 100GW。除风电、光伏等可再生能源快速发展外，天然气作为较为清洁的化石能源，将在能源转型中发挥重要的替代作用。IEA 在 2017 年 7 月发布的《2017 天然气市场报告》预测，到 2022 年全球天然气需求将以每年 1.6% 的速度增长，与 2016 年预测的 1.5% 相比略有上升。经测算，全球天然气消费量将从 2016 年的 3.63 万亿立方米左右增长到 2022 年的接近 4 万亿立方米。

主要经济体已将能源转型作为推动经济复苏和可持续增长的重要内容。美国拟借助非常规能源革命带来的低成本能源，进一步提升经济竞争力和国力。欧盟拟通过扩大可再生能源份额，降低能源贸易逆差。沙特、俄罗斯等传统化石能源生产国也开始注重多元发展，在全球低碳发展大背景下加速推进转型发展。未来，针对能源技术领域的竞争将日趋激烈。主要经济体已经开始加快制定低碳发展相关标准，同时通过资本创新降低低碳发展成本，支持低碳和可再生技术发展，并确定了风电、光伏、清洁煤、高效电力、CCS 以及新能源汽车等发展路线图。

## 二、全球近中期展望中的中国因素以及中国对全球近中期能源发展的影响

### （一）经济稳健增长

随着中国国内改革的深入，经济领域调整结构和转型升级取得初步成果，经济发展方式由投资驱动开始向消费驱动转变，国际主要机构纷纷看好中国近期经济发展。2018 年 10 月 IMF 维持 4 月对中国 2018 年经济增长为 6.6% 的预测，但是将对 2019 年经济增速下调 0.2 个百分点至 6.2%。2018 年 6 月，世行在其发布的《全球经济展望》中预测 2018 年和 2019 年中国经济增速分别为 6.5% 和 6.3%，比该机构 1 月份对中国 2018 年经济预测上调了 0.1 个百分点；OECD 预计 2018 年和 2019 年中国经济增长 6.7% 和 6.4%，维持了之前的判断。2018 年 6 月，亚洲开发银行（ADB）在《2018 亚洲发展展望》中预测，2018 年和 2019 年中国经济增长分别为 6.6% 和 6.3%，其中对 2018 年的预测比 2017 年 12 月预期的 6.4% 高 0.2 个百分点。此外，2018 年 1 月德意志银行发布的《2018 中国经济展望研究报告》预计，2018 年中国经济增速为 6.3% 左右，并与 4 月上调 0.3 个百分点至 6.6%，预测 2019 年中国经济增速为 6.3%。

**表 2－2 主要机构对中国 2018 年经济增速预测**

| 机构 | 2018 年经济增速 | 2019 年经济增速 |
|---|---|---|
| IMF | 6.6% | 6.2% |
| OECD | 6.7% | 6.4% |
| 世行 | 6.5% | 6.3% |
| ADB | 6.6% | 6.3% |
| 德意志银行 | 6.6% | 6.3% |

数据来源：本研究整理。

### （二）能源消费量继续增加

尽管中国经济发展进入中高速，但能源需求持续增长，特别是油气等优质能源消费量将继续增加。EIA 预测，2018 年和 2019 年中国液体燃料消费增速将分别为 3.8% 和 3.4%，且由于中国汽油和燃料油消费的增加，未来一段时间中国是非 OECD 国家中石油消费增加最多的国家，预计 2018 年中国石油消费将比 2017 年增加 51 万桶/天，达到 1387 万桶/天，2019 年比 2018 年增

长 47 万桶/天，达到 1434 万桶/天。IEA 预计中国天然气消费量增长将占到 2017 年到 2023 年之间世界天然气增长量的 37%，到 2019 年中国将成为世界最大的天然气进口国。

### （三）能源结构进一步调整

未来一段时期，中国能源消费结构将发生变化，能源低碳转型步伐加快。EIA、IEA 等机构在预测中都注意到了中国政府发布的《能源发展“十三五”规划》（简称《规划》）、《能源生产和消费革命战略（2016—2030）》（简称《革命》）等文件。因此在预测中都较为重视中国能源消费结构的变化，认为中国将加速能源转型步伐。IEA 认为，中国经济和能源政策正在向绿色低碳方向转变，将对全球能源市场和世界能源投资产生重要影响。世行认为，由于环境约束越来越严格，近中期中国煤炭消费量将保持下降趋势。

### （四）在全球能源市场中的地位和作用将得到强化

海关总署数据显示，2017 年，中国进口原油 4.2 亿吨、天然气 6857 万吨，煤炭 2.7 亿吨，分别比 2016 年增长 10.1%，26.9% 和 6.1%，中国已成为全球能源市场最大的买家。与此同时，相比化石能源，新能源和再生能源是环境友好型能源，但在技术、经济等多方面面临制约。核电仍存安全性争议，风电和太阳能发电大规模推广也存在诸多挑战。由此可见，近中期，油气是改善中国能源消费结构的重要选项。按照《规划》和《革命》中的目标测算，今后一段时期，中国石油、天然气消费量仍将继续增加，而国内石油供应量基本保持在 2 亿吨左右的水平，天然气供应量短期内也将在 1700 亿立方米左右。中国新增油气需求将主要依靠从国际市场购买来解决。EIA 预测显示，2018 年中国石油消费增量占当年全球石油消费增量的 20% 以上。IEA 预测到 2023 年，中国石油消费量将达 1440 万桶/天，其中进口量达到 1080 万桶/天；天然气消费量将达到 3750 亿立方米，进口量将达到 1710 亿立方米，其中大部分为 LNG。能源咨询机构 Wood Mackenzie 预测，中国将在 2018 年取代日本，成为全球最大天然气进口国。世行预测，由于中国开展淘汰煤炭落后产能工作，近中期煤炭进口量将有所增加。随着页岩油气革命的成功，美国能源对外依存度将逐渐下降。此消彼长，今后一段时期，中国在全球能源市场中所占份额将进一步增加，中国在全球能源市场中的最大买家的地位将进一步强化。特别是，在全球能源供需相对宽松的背景下，争夺向中国出口能源份额将成为主要能源出口国的战略选择，将有利于增加中国在全球能源定价中的话语权和影响力，并逐步消除亚洲能源溢价。

执笔：刘建国　蒋钦云　朱跃中

## 参考文献


1. IMF，《世界经济展望》

2. OECD，《经济展望》

3. 世行，《全球经济展望》

4. EIA，《短期能源展望》

5. IEA，《世界能源展望2018》

6. IEA，《2018天然气市场报告》

7. IEA，《2018石油市场报告》

8. BP，《世界能源统计年鉴（2018）》

9. BP，《BP Energy Outlook 2018》

10. 摩根大通，《2018年全球大宗商品展望报告》

11. 世行，《大宗商品市场前景》

12. 世行，《东亚与太平洋地区经济半年报》

13. 国家能源局，《2018年能源工作指导意见》

14. 国家发展改革委，国家能源局，《能源发展“十三五”规划》

15. 国家发展改革委，国家能源局，《能源生产和消费革命战略（2016—2030）》

16. 全球风能理事会，《2016年全球风电发展展望报告》

17. 欧洲光伏产业协会，《2017—2021全球市场展望》

# 第三章
# 全球能源中长期展望综述

## 一、主要机构对全球中长期能源发展趋势的研判

### （一）一次能源总量仍将持续增长，但增速明显放缓

关于世界能源需求总量的展望，各机构判断总体方向一致，认为未来世界能源需求总量仍将保持继续增长态势，但增长速度将明显放缓。其中，据国际能源署（IEA）发布的《World Energy Outlook 2017》报告，展望2040年，全球能源需求将增长30%，量上相当于目前中国和印度能源消费量之和。IEA按照新政策情景、当前政策情景和可持续发展情景三种情景进行了预测，新政策情景下，2025年、2030年、2040年世界一次能源需求总量分别为15182百万吨油当量、16011百万吨油当量、17584百万吨油当量；当前政策情景下，2025年、2030年、2040年世界一次能源需求总量分别为15690百万吨油当量、16891百万吨油当量、19299百万吨油当量；可持续发展情景下，2025年、2030年、2040年世界一次能源需求总量分别为13921百万吨油当量、13836百万吨油当量、14084百万吨油当量。从复合年均增长率看，新政策情景、当前政策情景和可持续发展情景下，2016—2040年世界一次能源需求复合年均增长率分别为1.0%、1.4%和0.1%。（见表3－1）

**表3－1 IEA基于不同情景对世界一次能源总量预测（百万吨油当量）**

| 情景 | 新政策情景（NPS） | 当前政策情景（CPS） | 可持续发展情景（NDS） |
|---|---|---|---|
| 2025 | 15182 | 15690 | 13921 |
| 2030 | 16011 | 16891 | 13836 |
| 2040 | 17584 | 19299 | 14084 |
| 2016—2040年<br>复合年均增长率（%） | 1.0 | 1.4 | 0.1 |

资料来源：IEA World Energy Outlook 2017。

据《BP Energy Outlook 2017》报告，2035 年世界一次能源消费将达到 17157 百万吨油当量，相对于 2015 年消费 13147 百万吨油当量，增长 31%，2015—2035 年年均增长率为 1.3%，而 1995—2015 年年均增长率为 2.2%。显然，世界能源消费增速将相对放缓。据《BP Energy Outlook 2018》报告，渐进转型情景下，2040 年世界一次能源消费量将达到 17983 百万吨油当量，从变化量看，2016—2040 年年均增长 35%，远低于 1990—2016 年的 63%；从年均增长率看，2016—2040 年年均增长 1.3%，低于 1990—2016 年的 1.9%。据埃克森美孚发布的《2017 Outlook for Energy：A View to 2040》报告，2025 年和 2040 年世界一次能源需求总量分别达到 15977 百万吨油当量和 17640 百万吨油当量，2015—2025 年年均增长率 1.2%，2015—2040 年年均增长 0.9%，2025—2040 年年均增长 0.7%。（见表 3－2）

**表 3－2　EIA 基于不同情景对世界一次能源消费总量预测（百万吨油当量）**

| 年份 | 2020 | 2025 | 2030 | 2035 | 2040 | 2045 | 2050 |
|---|---|---|---|---|---|---|---|
| 参考情景 | 15243 | 15999 | 16713 | 17572 | 18560 | 19535 | 20505 |
| 高经济增长情景 | 15188 | 16131 | 17103 | 18262 | 19573 | 20891 | 22244 |
| 低经济增长情景 | 15150 | 15858 | 16380 | 17038 | 17824 | 18651 | 19535 |
| 高油价情景 | 14808 | 15768 | 16834 | 18073 | 19475 | 20866 | 22310 |
| 低油价情景 | 15420 | 16224 | 16771 | 17481 | 18351 | 19265 | 20226 |

资料来源：EIA International Energy Outlook 2017。

## （二）一次能源结构持续优化，清洁能源地位大幅提升

展望 2030 年，尽管世界能源向绿色低碳、清洁无碳化方向转型发展是大势所趋，但从各机构对 2030 年世界一次能源消费结构预测情况看，2030 年石油仍将是第一大能源消费品种，并且各机构预测石油占一次能源消费总量的 30% 左右，预测值相对较低的是中国国网能源研究院（SGERI）和国际能源署（IEA），两家机构的预测值分别是 24.2% 和 28.6%。另外，随着非化石能源替代化石能源，作为重要过渡能源的天然气替代煤炭，煤炭占比有所下降，天然气占比提升。（见图 3－1）

展望 2035 年和 2040 年，对比分析 BP 集团、埃克森美孚（XOM）、国际能源署（IEA）和美国能源信息署（EIA）四家机构预测数据，无论是基本情景、参考情景、渐进转型情景，还是新政策情景、可持续发展情景，尽管各机构预测数据迥异，但共同的结论是石油仍然是单一品种的第一大消费能源，

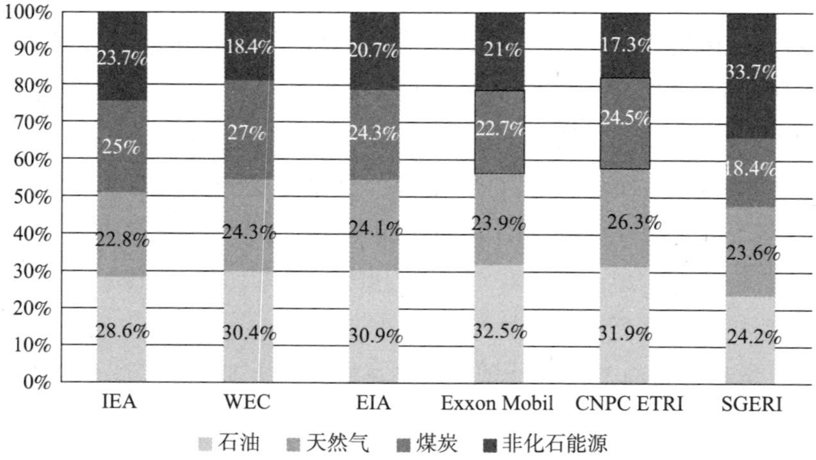


**图 3－1　不同机构对 2030 年世界一次能源结构预测**

资料来源：作者基于各机构预测报告整理。

天然气占一次能源消费总量的比重为 25% 左右，非化石能源占比超过 20%。尤其需要强调的是，IEA 预测，如果维持当前政策不变，当前政策情景下，2040 年世界煤炭消费占比将高达 26%，仅次于石油占比的 28%。由此足见，全球迫切需要加大能源绿色低碳转型力度。（见表 3－3）

**表 3－3　不同机构对 2035 年和 2040 年世界能源结构预测**

| 机构 | BP | XOM | IEA | | | | EIA | |
|---|---|---|---|---|---|---|---|---|
| 年份 | 2040 | 2040 | 2035 | 2040 | 2040 | 2040 | 2035 | 2040 |
| 情景 | ET | BS | NPS | NPS | CPS | SDS | RS | RS |
| 石油 | 27% | 32% | 28% | 27% | 28% | 23% | 31.0% | 30.7% |
| 天然气 | 26% | 25% | 24% | 25% | 24% | 25% | 24.2% | 25.0% |
| 煤炭 | 21% | 20% | 23% | 22% | 26% | 13% | 22.8% | 21.8% |
| 核能 | 5% | 7% | 5.6% | 6% | 5% | 10% | 5.1% | 5.1% |
| 水电 | 7% | 3% | 3% | 3% | 3% | 4% | 16.9% | 17.4% |
| 其他可再生能源 | 14% | 12% | 15.6% | 16% | 13% | 25% | | |

资料来源：IEA 数据来自《World Energy Outlook 2017》，BP 数据来自《BP Energy Outlook 2018 edition》，XOM 数据来自《2017 Outlook for Energy：A View to 2040》。

注：BS 指基本情景，NPS 指新政策情景，CPS 指当前政策情景，SDS 指可持续发展情景，RS 指参考情景，ET 指渐进转型情景。

另外，据国网能源研究院发布的《全球能源分析与展望》（2017）报告，全球石油需求受电动汽车、轨道交通、电气化铁路等交通工具快速发展影响，2030 年前后达到峰值，石油在全球一次能源需求中的比重在 2050 年将降到 20%；全球煤炭需求在 2025 年后脱离峰值平台期进入下行通道，2050 年在全球一次能源结构中占比仅约 16%。天然气需求在 2035 年前持续增长，之后将平缓下降。同样据国网能源研究院预测，高需求情景下，2020 年、2030 年、2040 年和 2050 年非化石能源占一次能源的比重分别为 25%、34%、50% 和 73%；高能效情景下，2020 年、2030 年、2040 年和 2050 年非化石能源占一次能源的比重分别为 25%、33%、49% 和 72%；自主减排情景下，2020 年、2030 年、2040 年和 2050 年非化石能源占一次能源的比重分别为 25%、32%、39% 和 49%；总体而言，2030 年左右，全球非化石能源由增量替代转为存量替代。

### （三）终端用能领域座次分明，交通用能将有所收缩

按主要终端用能领域划分，工业、交通和建筑是三个最主要的能源消耗部门，国际能源署（IEA）按当前政策情景、新政策情景、可持续发展情景对 2025 年、2030 年和 2040 年进行了预测，预测数据显示，工业领域仍将是最主要的能源消耗部门，上述三个情景下能源消耗占比都在 30% 以上，并呈增长趋势；建筑领域是第二大终端用能部门，在当前政策情景和新政策情景下，建筑领域能源消耗总量稳中略有上升，维持在 30% 的占比水平，而可持续发展情景下，则有一定起伏，2025 年、2030 年和 2040 年用能占比分别为 28.6%、27.8% 和 28.7%。对交通领域而言，汽车电动化快速发展，交通能源替代是大势所趋，IEA 预测，在可持续发展情景下，交通部门用能无论是总量，还是占比都将下降，呈收缩态势。（见表 3-4、表 3-5）

**表 3-4　IEA 按用能部门对世界能源消费量预测（百万吨油当量）**

| 情景 | NPS | | | CPS | | | SDS | | |
|---|---|---|---|---|---|---|---|---|---|
| 年份 | 2025 | 2030 | 2040 | 2025 | 2030 | 2040 | 2025 | 2030 | 2040 |
| 工业 | 3270 | 3490 | 3895 | 3340 | 3621 | 4160 | 3120 | 3185 | 3280 |
| 交通 | 3028 | 3191 | 3494 | 3115 | 3361 | 3871 | 2848 | 2829 | 2708 |
| 建筑 | 3227 | 3407 | 3752 | 3332 | 3569 | 4025 | 2837 | 2771 | 2917 |
| 其他 | 1148 | 1218 | 1320 | 1157 | 1237 | 1365 | 1129 | 1186 | 1268 |
| 总和 | 10672 | 11306 | 12461 | 10944 | 11788 | 13420 | 9933 | 9971 | 10174 |

资料来源：IEA World Energy Outlook 2017。

注：NPS 指新政策情景，CPS 指当前政策情景，SDS 指可持续发展情景。

**表 3-5　IEA 按用能部门对世界能源消费结构预测**

| 情景 | NPS | | | CPS | | | SDS | | |
|---|---|---|---|---|---|---|---|---|---|
| 年份 | 2025 | 2030 | 2040 | 2025 | 2030 | 2040 | 2025 | 2030 | 2040 |
| 工业 | 30.6% | 30.9% | 31.3% | 30.5% | 30.7% | 31.0% | 31.4% | 31.9% | 32.2% |
| 交通 | 28.4% | 28.2% | 28.0% | 28.5% | 28.5% | 28.8% | 28.7% | 28.4% | 26.6% |
| 建筑 | 30.2% | 30.1% | 30.1% | 30.4% | 30.3% | 30.0% | 28.6% | 27.8% | 28.7% |
| 其他 | 10.8% | 10.8% | 10.6% | 10.6% | 10.5% | 10.2% | 11.4% | 11.9% | 12.5% |

资料来源：作者基于 IEA《World Energy Outlook 2017》数据测算。

注：NPS 指新政策情景，CPS 指当前政策情景，SDS 指可持续发展情景。

据《BP Energy Outlook 2017》报告，展望 2040 年，建筑能耗将占全球能源增长的 1/3，尽管建筑领域天然气消费也有所增长，但电力将提供几乎所有建筑能源消费的增长。另外，BP 预计，交通用能增长也将放缓，一方面，发展中经济体的日益繁荣导致交通用能需求增长，但其对能源需求影响大部分被效率提升所抵消，包括收紧的车辆效率标准；另一方面，随着禁售燃油车计划实施，在乘用车总量大幅增长的情况下，电动汽车数量也将增加（渐进转型情景下，到 2040 年乘用车总量接近翻倍至 20 亿辆，其中电动汽车超过 3 亿辆），但共享出行和自动驾驶带来出行革命，将部分抵消交通液体燃料需求增长。BP 给出了一种极端情景，假设全球从 2040 年起禁售所有传统汽车（内燃机汽车），每天将会减少约 1000 万桶的石油需求。尽管减少量很大，但也只占目前石油需求量的 10%，也就意味着 2040 年的石油需求仍将高于目前的水平。（见表 3-6）

**表 3-6　BP 按用能部门对世界能源消费预测**

| 部门 \ 指标 / 年份 | 消费量（百万吨油当量） | | | 占比（%） | |
|---|---|---|---|---|---|
| | 2020 | 2030 | 2040 | 2016 | 2040 |
| 工业 | 6335 | 7208 | 7844 | 45 | 44 |
| 非燃烧 | 895 | 1097 | 1277 | 6 | 7 |
| 建筑 | 4157 | 4781 | 5466 | 29 | 30 |
| 交通 | 2890 | 3232 | 3398 | 20 | 19 |

资料来源：BP Energy Outlook 2018。

## （四）化石能源价格趋势不尽相同，油气看涨煤炭趋稳

国际能源署（IEA）按照新政策情景、当前政策情景和可持续发展情景三种情景，预测了中长期化石能源价格。以 2016 年实际价格为基准，新政策情

景下，2025 年、2030 年、2035 年和 2040 年原油价格分别为 83 美元/桶、94 美元/桶、103 美元/桶和 111 美元/桶；当前政策情景下，2025 年和 2040 年原油价格分别为 97 美元/桶和 136 美元/桶；可持续发展情景下，2025 年和 2040 年原油价格分别为 72 美元/桶和 64 美元/桶。另外，IEA 基于不同三种情景预测了美国、欧盟、日本和中国的天然气及动力煤价格，总体上，天然气价格将趋于上涨，煤炭价格趋于相对平稳。（见表 3 –7）

**表 3 –7　IEA 基于不同情景对化石能源价格预测**

| 2016 年实际价格 | | | NPS | | | | CPS | | SDS | |
|---|---|---|---|---|---|---|---|---|---|---|
| | | 2016 | 2025 | 2030 | 2035 | 2040 | 2025 | 2040 | 2025 | 2040 |
| 原油（美元/桶） | | 41 | 83 | 94 | 103 | 111 | 97 | 136 | 72 | 64 |
| 天然气（美元/百万英热单位） | 美国 | 2.5 | 3.7 | 4.4 | 5 | 5.6 | 4.3 | 6.5 | 3.4 | 3.9 |
| | 欧盟 | 4.9 | 7.9 | 8.6 | 9.1 | 9.6 | 8.2 | 10.5 | 7 | 7.9 |
| | 中国 | 5.8 | 9.4 | 9.7 | 10 | 10.2 | 10.4 | 11.1 | 8.2 | 8.5 |
| | 日本 | 7 | 10.3 | 10.5 | 10.6 | 10.6 | 10.8 | 11.5 | 8.6 | 9 |
| 动力煤（美元/吨） | 美国 | 49 | 61 | 61 | 62 | 62 | 62 | 67 | 56 | 55 |
| | 欧盟 | 63 | 77 | 80 | 81 | 82 | 81 | 95 | 67 | 64 |
| | 中国 | 80 | 87 | 89 | 90 | 91 | 90 | 101 | 78 | 77 |
| | 日本 | 72 | 82 | 85 | 86 | 87 | 86 | 101 | 71 | 68 |

资料来源：IEA World Energy Outlook 2017。

注：NPS 指新政策情景，CPS 指当前政策情景，SDS 指可持续发展情景。

另外，美国能源信息署（EIA）对中长期原油价格进行了预测，在其发布的《国际能源展望（2017）》报告中，分别按高油价、参考情景和低油价三种情景进行了展望分析。参考情景下，2040 年布伦特原油价格达到 109 美元/桶，液体燃料占世界能源消费的比重为 31%；高油价情景下，2040 年布伦特原油价格达到 229 美元/桶，液体燃料占世界能源消费的比重为 28%；低油价情景下，2040 年布伦特原油价格达到 43 美元/桶，液体燃料占世界能源消费的比重为 32%。不难发现，三种油价情景下，未来液体燃料在整个能源消费中的比重受油价的影响相对较小。

## 二、主要机构对中国中长期能源展望综述

### （一）中国一次能源需求总量增速放缓

据《BP Energy Outlook 2017》报告，到 2035 年，中国能源需求以年均不

到 2% 的速度增长，而过去 20 年年均能源需求增速高达 6%。BP 预测，中国能源增速放缓，主要有两个方面的原因：一是经济增速放缓，展望期内中国 GDP 年均增长率预计为 5%，约为 2000 年以来年均增速的一半；二是能源消费强度持续显著下降，得益于中国经济结构调整（从能源密集型工业转向更加节能的消费和服务业）和能源效率提升，展望期内中国能源强度年均下降 3%，远高于全球平均水平，2035 年中国能源强度将接近美国的水平。另外，BP 在 2018 年发布的面向 2040 年能源展望报告，到 2040 年，中国能源消费增长 41%，高于全球平均水平（35%），中国在全球能源需求中的占比将从 2016 年的 23% 提升到 2040 年的 24%，占全球净增长量的 27%。

据埃克森美孚发布的《2017 Outlook for Energy：A View to 2040》报告，2025 年和 2040 年中国能源强度分别为 9.3 千英热单位/美元 GDP 和 5.4 千英热单位/美元 GDP，2015—2040 年，中国能源强度年均下降 3.7%，降幅显著，从而驱动能源需求总量增速放缓。据 IEA 发布的《世界能源展望 2017》预测，中国能源需求仍将保持世界最快增长速度，但在未来 20 年内将以每年 1% 左右的速度下降。中国人均能源消耗量也将增长 1/4，并将在 2035 年左右超越欧盟人均能源消耗量。IEA 预测数据显示，不同情景下，中国能源需求总量有较大差异，新政策情景、当前政策情景和可持续发展情景下，2030 年中国一次能源需求分别为 3631 百万吨油当量、3941 百万吨油当量和 3142 百万吨油当量，而 2040 年则分别为 3797 百万吨油当量、4408 百万吨油当量和 3321 百万吨油当量，2016—2040 年复合年均增长率分别为 1.0%、1.6% 和 0.0%。总体来看，由于中国工业化进程趋近完成，以及结合能源效率提升，能源强度下降，各机构较一致认为，尽管中国经济仍将持续较快增长，但中国一次能源需求总量增速将放缓。（见表 3-8、表 3-9）

**表 3-8　IEA 基于不同情景对中国一次能源需求总量预测（百万吨油当量）**

| 情景 | 新政策情景（NPS） | 当前政策情景（CPS） | 可持续发展情景（NDS） |
|---|---|---|---|
| 2025 | 3439 | 3617 | 3146 |
| 2030 | 3631 | 3941 | 3142 |
| 2040 | 3797 | 4408 | 3321 |
| 2016—2040 年复合年均增长率（%） | 1.0 | 1.6 | 0.0 |

资料来源：IEA World Energy Outlook 2017。

表 3-9 EIA 基于不同情景对中国一次能源消费总量预测（百万吨油当量）

| 年份 | 2020 | 2025 | 2030 | 2035 | 2040 | 2045 | 2050 |
|---|---|---|---|---|---|---|---|
| 参考情景 | 3689 | 3929 | 4062 | 4203 | 4347 | 4483 | 4576 |
| 高经济增长情景 | 3717 | 3969 | 4183 | 4407 | 4629 | 4838 | 4995 |
| 低经济增长情景 | 3725 | 3924 | 3992 | 4082 | 4198 | 4344 | 4486 |
| 高油价情景 | 3659 | 3916 | 4155 | 4407 | 4657 | 4894 | 5073 |
| 低油价情景 | 3767 | 3977 | 4042 | 4128 | 4239 | 4380 | 4523 |

资料来源：EIA International Energy Outlook 2017。

## （二）中国一次能源需求结构持续优化

据《BP Energy Outlook 2017》报告，到 2035 年，煤炭在中国能源消费结构中的比重降至 42%，大部分减少的煤炭份额被可再生能源、核能和水电替代，这些燃料供应了中国展望期内一半以上的能源新增需求，2035 年可再生能源、核能和水电在中国能源消费结构中的比重将达到 25%，天然气达到 11%。BP 在 2018 年发布的能源展望报告预测，随着中国能源结构持续演变，煤炭在中国能源结构中的比重将从 2016 年的 62% 下降至 2040 年的 36%，可再生能源迅速扩张，将从 2016 年的 3% 攀升至 2040 年的 18%，占全球可再生能源的 31%。（见表 3-10）

表 3-10 BP 对中国能源结构预测

| 指标 能源\年份 | 消费量（百万吨油当量） | | 占比（%） | | 变化量（百万吨油当量） | | 增长率（%） | | 年均增长率（%） | |
|---|---|---|---|---|---|---|---|---|---|---|
| | 2015—2035 | 2015 | 2035 | 2015 | 2035 | 1995—2015 | 2015—2035 | 1995—2015 | 2015—2035 | 1995—2015 |
| 总计 | 3014 | 4425 | 100 | 100 | 2129 | 1411 | 241 | 47 | 6.3 | 1.9 |
| 石油 | 12 | 19 | 18 | 20 | 9 | 7 | 256 | 61 | 6.6 | 2.4 |
| 天然气 | 19 | 55 | 6 | 11 | 17 | 36 | 977 | 186 | >10 | 5.4 |
| 煤炭 | 1920 | 1876 | 64 | 42 | 1259 | -45 | 190 | -2 | 5.5 | -0.1 |
| 核能 | 39 | 288 | 1 | 6 | 36 | 249 | >1000 | 644 | >10 | >10 |
| 水电 | 255 | 352 | 8 | 8 | 212 | 97 | 491 | 38 | 9.3 | 1.6 |
| 其他可再生能源 | 65 | 503 | 2 | 11 | 64 | 438 | >1000 | 673 | >10 | >10 |

资料来源：BP Energy Outlook 2017。

据 IEA《世界能源展望 2017 中国特别报告》预测，中国石油需求增长会持续到 2030 年，2030—2040 年石油需求将保持相对稳定水平。到 2040 年，中国成为仅次于美国的全球第二大市场，也是全球天然气需求增长的最大来源，天然气在中国主要能源结构中的份额也将从目前的不到6%上升至12%以上。就煤炭而言，受能源消费向清洁化发展影响，IEA预测，中国煤炭需求的下降最初将体现在工业领域，从2030年左右开始，电力行业煤炭需求也将减少，煤电在电力总装机中的占比将从2016年的2/3降到40%以下。随着煤电装机达峰，重工业用煤和居民供热用煤出现结构性下滑，煤炭需求水平将下降，2040年煤炭在中国主要能源结构中的比重将降至45%，比现在低20个百分点。另外，IEA预测，电力在中国终端消费领域，尤其是工业、建筑和交通领域的占比不断增加，使得电力将在2030年超过石油而成为中国的主要能源。总体来看，随着中国能源转型持续推进，各机构较一致认为，中国一次能源需求结构的预测将持续优化。（见表3－11）

**表3－11　IEA基于不同情景对中国一次能源需求结构预测**

| 年份 | 2025 | 2030 | 2040 | 2025 | 2030 | 2040 | 2025 | 2030 | 2040 | 2016—2040年复合年均增长率 | | |
|---|---|---|---|---|---|---|---|---|---|---|---|---|
| 情景 | 当前政策情景（CPS） | | | 可持续发展情景（SDS） | | | 新政策情景（NPS） | | | CPS | SDS | NPS |
| 煤炭 | 57.4% | 55.2% | 52.2% | 50.8% | 41.5% | 25.1% | 55.5% | 51.6% | 44.9% | 0.7% | -3.5% | -0.6% |
| 石油 | 19.9% | 19.9% | 19.1% | 20.1% | 19.3% | 14.5% | 19.7% | 19.6% | 18.9% | 1.8% | -0.6% | 1.1% |
| 天然气 | 8.5% | 9.6% | 11.4% | 9.9% | 12.6% | 15.5% | 9.0% | 10.3% | 12.4% | 4.5% | 4.7% | 4.3% |
| 核电 | 4.4% | 5.2% | 6.1% | 6.0% | 9.2% | 11.9% | 4.8% | 6.0% | 7.6% | 6.8% | 8.5% | 7.1% |
| 水电 | 3.0% | 2.9% | 2.9% | 3.6% | 4.0% | 4.2% | 3.1% | 3.2% | 3.4% | 0.9% | 1.3% | 1.0% |
| 生物质能 | 3.4% | 3.5% | 3.8% | 3.6% | 4.8% | 6.6% | 3.8% | 4.1% | 5.1% | 1.7% | 2.8% | 2.3% |
| 其他可再生能源 | 3.3% | 3.8% | 4.7% | 5.9% | 8.7% | 13.1% | 4.1% | 5.2% | 7.8% | 5.7% | 9.0% | 7.3% |

资料来源：IEA World Energy Outlook 2017。

执笔人：朱跃中　蒋钦云　刘建国

## 参考文献

［1］IMF. 世界经济展望.
［2］OECD. 经济展望.
［3］世行. 全球经济展望.

[4] IEA. 世界能源展望 2017.
[5] IEA. 2017 天然气市场报告.
[6] BP. 世界能源统计年鉴（2017）.
[7] BP. BP Energy Outlook 2017.
[8] XMO. 2017 Outlook for Energy：A View to 2040.
[9] 国网能源研究院. 全球能源分析与展望（2017）.

# 中国篇

# 第四章
# 2018 年能源发展形势和 2019 年能源发展形势展望

2018 年既不平凡，也不平静，正值改革开放 40 周年、十九大开局之时、“十三五”承上启下之际，此间世界经济政治形势错综复杂、中美贸易摩擦迅速升级，我国迎来了改革开放至今未有之严峻挑战。在此背景下，宏观经济发挥强韧性，延续稳定增长格局，高质量发展特征逐步显现，带动能源领域实现平稳、向好发展。

## 一、能源消费加速反弹，呈现“电气双快、煤炭回暖、石油稳增”特点

### （一）延续 2017 年反弹趋势，2018 年能源消费较快增长，预计增速比上年提高 0.4 个百分点

宏观经济自 2016 年底企稳回升后，进入比较稳定的发展阶段，截至 2018 年二季度我国 GDP 连续 12 个季度同比增速稳定在 6.7% ~6.9%。宏观经济发挥强韧性，连续两年带动能源消费快速反弹。全国能源消费总量增速从 2016 年的同比增长 1.4% 提高到 2017 年的 3.0%，能源消费年增量止跌回升、重新回到 1 亿吨标准煤以上。进入 2018 年以来，受宏观经济、极端天气、环保政策等因素综合影响，能源和电力消费延续 2017 年快速反弹势头，增速进一步提高。根据国家统计局数据，前三季度全国能源消费总量同比增长 3.4%，同比上年增长 0.4 个百分点。笔者估计，全年能源消费总量有望达到 46.2 亿吨标准煤左右，比上年增加约 1.3 亿吨标准煤（图 4 - 1），继 2013 年经济进入新常态后，连续两年新增超过 1 亿吨标准煤，同比增速达到 3%。同时，节能降耗工作扎实推进。经初步核算，前三季度全国单位 GDP 能耗同比下降 3.1%，预计全年单位 GDP 能耗同比下降 3.4%。

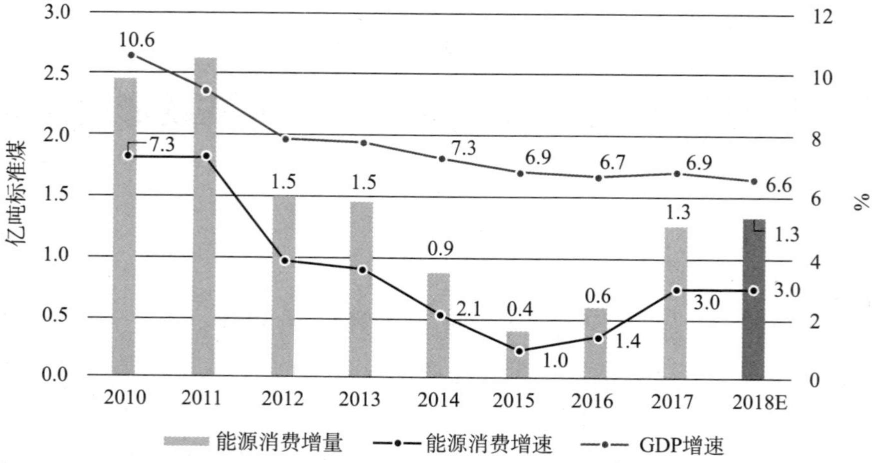


**图 4－1　能源消费总量增长（2010—2018）**

## （二）主要能源品种消费全面增长，呈现“电气双快、煤炭回暖、石油稳增”特点

电力消费超预期快速增长，增速反弹至近七年来最高。根据中国电力企业联合会①数据，前三季度全社会用电量 51061 亿千瓦时，同比增加 4173 亿千瓦时，已超过去年全年增量。笔者估计，2018 年全社会用电量有望达到 6.8 万亿千瓦时，提前两年达到十三五电力规划 2020 年电力需求区间下限值。用电量增速比去年加快约 1 个百分点，同比增长 7.5% 左右，高出 2018 年初中电联 5.5% 的预期值约 2 个百分点。其中，四大高耗能行业用电比重有望比上年同期下降约 0.5 个百分点，三产和居民生活合计用电比重稳步提高约 1 个百分点。电能替代促进终端部门用能结构持续优化，拉动用电量增长约 2.6 个百分点。新兴产业和装备制造业用电增速持续高于制造业用电增速，前三季度高技术及装备制造业用电量同比增长 11.1%，高出制造业增速约 3.6 个百分点，显示出新旧动能转换正在持续稳步推进。

天然气消费受宏观经济持续平稳发展、“煤改气”持续推进、储气库注气需求旺盛等因素影响，延续去年爆发式增长势头，今年以来呈现“淡季不淡、旺季更旺”的特点。预计 2018 年天然气消费继续保持两位数高速增长，表观消费量有望达到 2770 ~ 2800 亿立方米，增加 370 ~ 400 亿立方米，继上一年增

① 下文简称中电联。

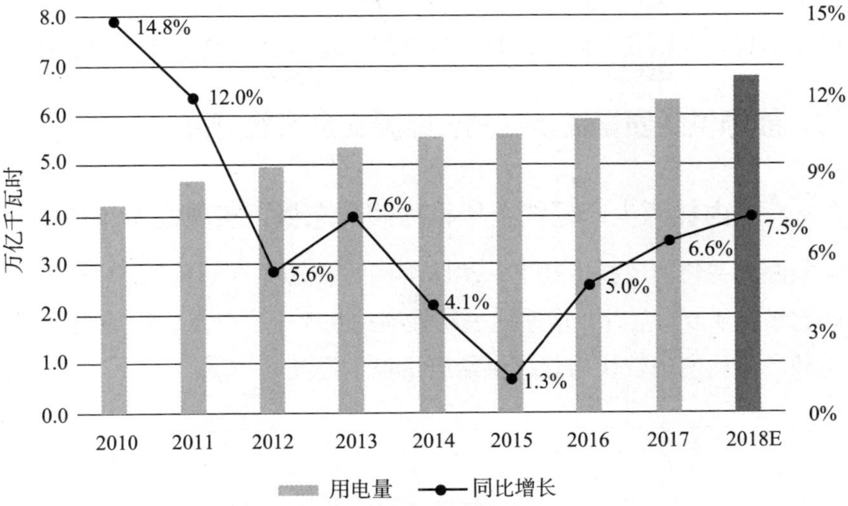


**图 4－2　全社会用电量增长（2010—2018）**

加 350 亿立方米后再创历史新高，同比增长 16.0% 左右。除化工用气小幅下降外，城市燃气、工业燃料和发电用气增速均保持两位数高速增长。

煤炭消费延续 2017 年趋势持续回暖，除建材行业外，电力、钢铁、化工等主要用煤行业煤炭消费量均实现增长，散煤消费量进一步大幅减少。发电用煤是 2018 年煤炭消费增长的主要拉动力。1－8 月，电力行业累计消耗煤炭 14.3 亿吨、同比增加超过 1 亿吨、增长 7.9%，电力行业占煤炭消费比重进一步上升至 54.4%、比上年同期增加 2.5 个百分点。预计全年煤炭消费增量将达到 1.2 亿吨。

相对其他能源品种而言，石油消费基本保持稳定增长。根据国家统计局数据，前三季度，石油表观消费量同比增长约 3.4%，增速与上年同期持平。成品油消费维持中低速增长，其中，汽油消费小幅增长，柴油消费保持平稳，煤油消费快速增长。按发改委口径，2018 年全年成品油表观消费约 3.27 亿吨，同比增长 5.9%，与 2017 年基本持平。

### （三）2018 年下半年宏观经济调整压力增加，能源消费增长出现放缓

2018 年下半年以来经济运行稳中有变，下行压力加大。第三季度 GDP 同比增长 6.5%，比第二季度回落 0.2 个百分点，调整到近 10 年来的低位。2018 年 11 月规模以上企业利润同比下降 1.8%，较 10 月同比增长 3.6% 明显下滑。受此影响，部分能源品种消费增速放缓。2018 年前三季度全社会用电

量同比增长高达 8.9%，但 10 月、11 月下滑至 6.7%、6.3%，华东等部分地区用电量出现较大幅度下降，凸显出这些发达地区已出现经济下行趋势。

## 二、能源供给质量稳步提高，能源安全风险可控

### （一）国内能源生产延续上年止跌回升态势，实现稳步较快增长

在能源消费快速反弹带动下，2018 年一次能源生产总量约 37.3 亿吨标准煤，同比增长 4.0% 左右，增速比去年提高约 0.3 个百分点。除原油外，主要能源品种产量均实现较快增长，供给质量稳步提高。

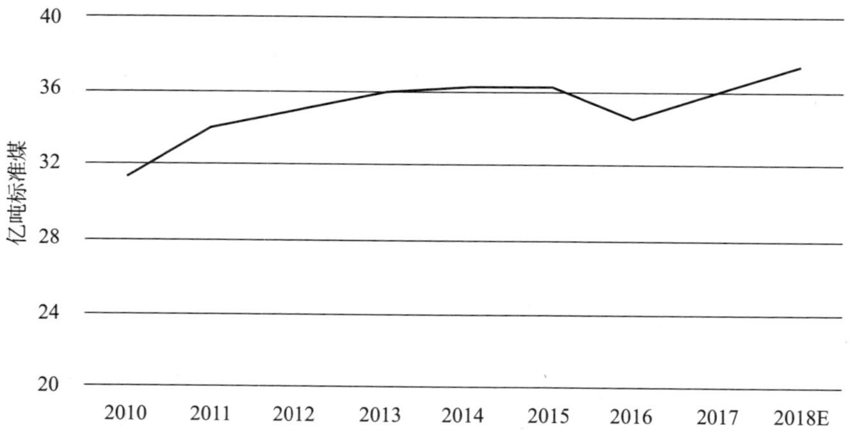


**图 4-3　全国一次能源生产总量（2010—2018）**

### （二）全国发电量加速增长，化解煤电过剩成效显著

根据中电联数据，2018 年前三季度全国发电量 50362 万亿千瓦时，比上年同期增加 3471 万亿千瓦时，超过 2017 年全年增量，同比增速 7.4%，比上年同期提高 1.0 个百分点。化解煤电过剩产能工作深入推进，优化存量，全面梳理 30 万千瓦以下煤电机组，排查能效和环保不达标机组，将提前完成“十三五”淘汰关停落后煤电机组目标。同时，控制新增煤电装机。2018 年前三季度，全国新增煤电装机同比减少近 4 成。供需两侧同时作用下，发电设备利用小时数显著提高，1-11 月全国火电利用小时数比上年同期增加 175 小时，发电企业经营效益有所改善。

### （三）煤炭去产能与释放优质产能“双管齐下”，结构布局持续优化，煤炭产量稳步提升

2018 年前 8 个月，累计化解煤炭过剩产能约 1 亿吨，完成全年任务的 67%。同时，加快释放煤炭优质产能，累计确认新建煤矿产能置换方案 60 处、规模 3.3 亿吨；在建煤矿承担化解过剩产能任务 73 处、规模 4.1 亿吨；核准具备条件的煤矿 17 处、规模 0.6 亿吨。随着煤炭去产能深入推进，煤炭生产结构和布局进一步优化，煤炭生产总体稳定，前三季度，规模以上工业企业原煤产量同比增长 5.1%，增速比上半年快 1.2 个百分点。

### （四）天然气加快推进产供储销体系建设，供应保障能力增强

根据国家统计局数据，2018 年前三季度天然气产量 1162 亿立方米，同比增长 6.2%；根据海关统计数据，天然气累计进口 6477.6 万吨，同比增长 34%。初步估计，扣除地下储气库注气量和少量出口，全年天然气向国内市场供应资源量超过上年消费量约 260 亿立方米，重点增供京津冀及周边和汾渭平原地区。此外，天然气管网互联互通、储气设施建设、气价并轨等工作加快推进，天然气产供储销体系不断完善。

### （五）原油产量降幅趋缓，成品油产量持续增加

根据国家统计局数据，2018 年前三季度，原油产量 1.4 亿吨，同比下降 1.9%，比上年同期收窄 2.5 个百分点。全年原油加工量近 6 亿吨，同比增长 5.8%，较 2017 年加快 1.1 个百分点；成品油产量 3.74 亿吨，同比增长 4.3%，比上年提高 1.5 个百分点。

### （六）虽然近两年油气对外依存度快速攀升，叠加贸易摩擦升级，引发关于国家能源安全的担忧，但基于国内稳定的能源生产能力，我国能源安全风险仍在可控范围内

近两年，天然气进口在市场需求刺激下两位数高速增长，受限于国内产量增长缓慢，消费增量主要依靠进口满足，天然气进口呈现“量价齐升”局面（图 4－4），对外依存度接近 40%。我国天然气资源比较丰富，具备增储上产条件，近年来页岩气等非常规天然气产量快速增长，随着油气体制改革红利不断释放，未来国内天然气产量有望持续较快增长。从一次能源来看，国内能源自给率长期保持在 80% 以上的高水平，国家能源安全风险可控。

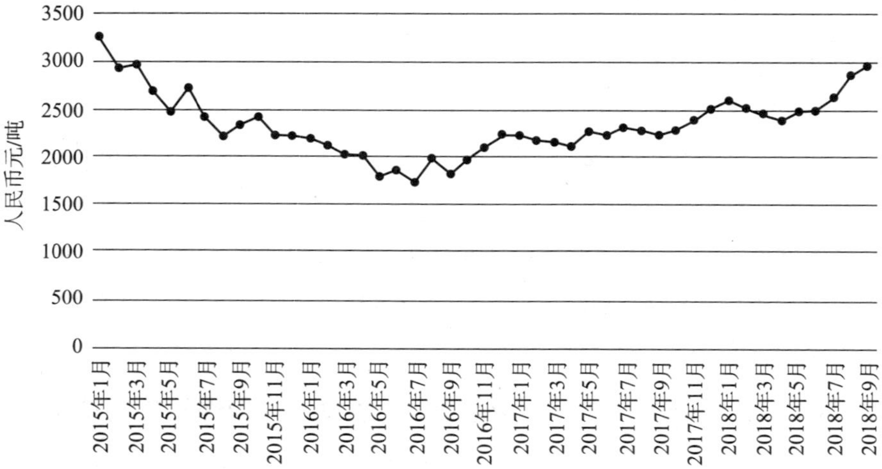


**图 4-4　进口天然气价格走势（2015—2018）**

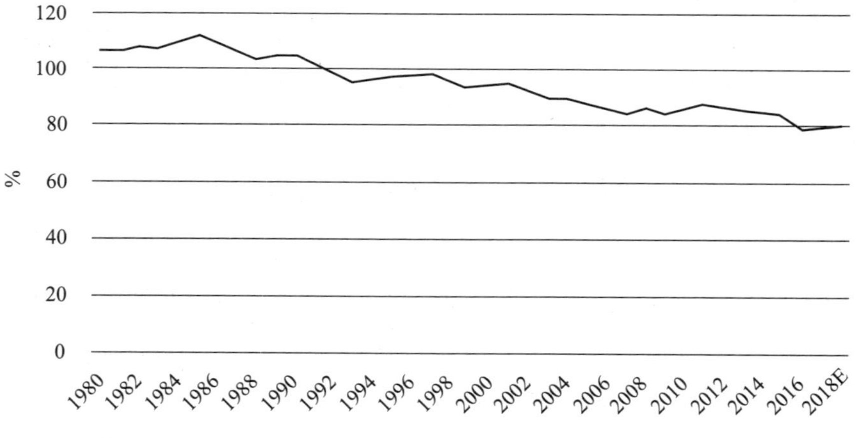


**图 4-5　我国一次能源自给率（1980—2018）**

## 三、市场供需稳中有紧，局部、季节性价格上涨压力增加

能源市场供需从 2014—2016 年趋于全面宽松，2017 年转为宽松与紧张并存局面，进入 2018 年以来，受能源需求快速增长拉动，市场供需保持偏紧态势，主要能源品种在局部地区、部分时段的价格上涨压力增加。

### （一）天然气市场供需全年偏紧，价格上涨压力加大

天然气消费保持两位数高速增长，叠加地下储气库注采量明显增加，造成

天然气需求延续爆发式增长态势。但是国内天然气产量增长滞后,2018 年前三季度天然气产量增速低于表观消费量增速约 10 个百分点,因此增量需求基本依靠进口资源来满足。全年天然气市场供需均保持紧平衡态势,消费淡季的特征趋于弱化,部分时段出现压减用户用气量的现象。尤其第四季度为消费旺季,天然气市场价格会再次走高。

## (二)煤炭价格保持高位,局部地区保供压力上升

煤炭市场供需稳中有紧,价格保持高位水平。2016 年煤炭去产能政策实施以来,煤炭价格快速回升并保持在相对高位水平。2018 年以来,环渤海动力煤价格指数持续在 560~580 元/吨的相对高位波动。随着煤炭化解过剩产能工作持续推进,煤炭生产进一步向晋陕蒙地区集中,三省煤炭产量所占比重超过全国三分之二。区域间煤炭调拨规模不断扩大,加上国家调整运输结构、减少公路运输量、增加铁路运输量的要求,汽车拉运煤炭数量明显减少。由于煤炭铁路运输通道的限制,黑龙江、贵州、重庆等省市煤炭保供压力明显上升。

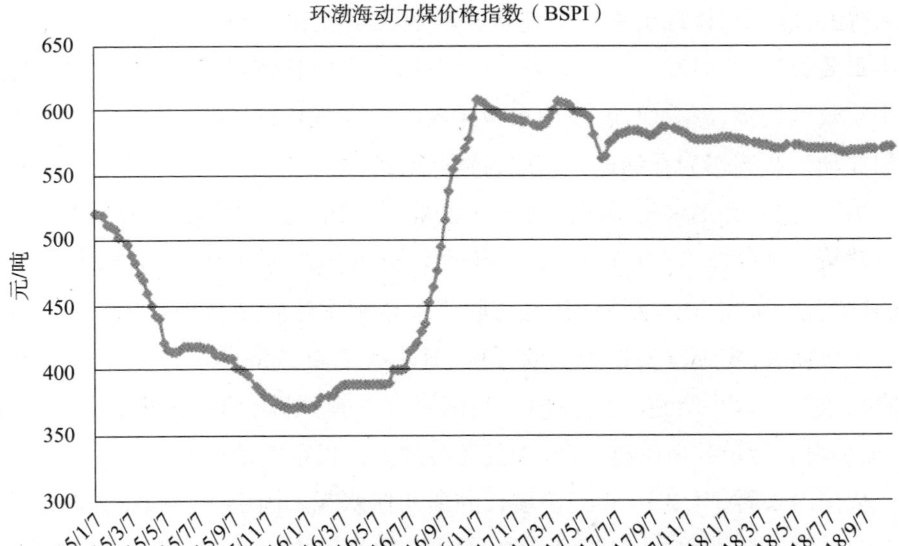


**图 4-6 环渤海动力煤价格指数(2015.1—2018.10)**

## 四、2019 年经济增长压力较大，能源消费可能同步放缓

### (一)内忧外患,宏观经济面临较大下行压力

2019 年外部发展环境继续恶化,对我国经济增长可能产生较大压力。主要表现在三方面:

第一,虽然近几年世界经济持续复苏,但是新一轮贸易保护主义背景下,美国对欧盟、中国、日本、加拿大等主要经济体发动贸易制裁,可能导致世界经济增长速度放缓。2018 年 10 月国际货币基金组织(IMF)发布《世界经济展望》,自 2016 年以来首次下调全球经济增长预期,预计 2018 年、2019 年全球经济增长率为 3.7%,较前期预测值下降了 0.2%;同时,将 2019 年美国经济增长预期从 2.7%下调至 2.5%,对 2019 年中国经济增长预期也从 6.4%下调至 6.2%。在全球分工背景下,世界经济增长整体放缓,将对我国经济增长产生不利影响。

第二,美国对华贸易摩擦不断扩围升级,持续时间长、涉及产品广、征税力度大等特征明显,体现出本轮中美贸易战的长期性和严峻性,对我国产品出口产生重要影响,并引发产业链的连锁反应,影响我国整体经济增长。此外,美国对中东政策调整,制裁伊朗,使中东地缘政治博弈激化,可能引起国际原油价格剧烈波动。我国作为石油进口大国,将深受其害。

第三,主要经济体货币政策实质性收紧,金融市场波动加剧,影响我国宏观经济政策。美联储自 2015 年 12 月启动本轮加息周期以来,已经累计八次加息,其中有三次在 2018 年完成,目前联邦基金利率达到 2.00% ~2.25%,并缩减资产负债表,实施减税措施。欧元区、日本等主要经济体也可能逐步退出量化宽松政策。这些调整不但将加大我国资本外流风险,提高国内企业相对成本,缩小财政货币政策腾挪空间,而且还将加大人民币贬值风险。

从国内来看,对 2020 年经济增长的预期偏悲观。固定资产投资增长乏力。制造业采购经济指数、非制造业商务活动指数可能出现回落。关于经济滞胀、消费降级、金融危机、政策超调等悲观论调有所增多。外部风险开始向国内传导,外贸企业普遍感到压力增加。内部风险仍不容忽视,金融和房地产市场普遍承压。

### (二)经济趋缓叠加环保趋严,能源需求增长可能放缓

2020 年是实现“十三五”规划、完成年度主要目标的关键一年。2019 年全

国能源需求增长可能比2018年略有放缓，这个判断主要是基于以下考虑：一是在外部环境恶化、内部增长动力不足、经济下行压力加大，能源需求将同步放缓；二是为了打赢蓝天保卫战，对主要用能行业的环保督查已经日趋常态化，受此影响，高耗能企业开工率可能下降，从而造成煤炭、电力等主要能源品种消费量减少；三是2018年能源消费增长较快，基数不断增大。但是，不排除因气温异常造成的冬季取暖需求增加、夏季空调负荷升高等带来的能源需求短期快速上升的可能性。

### （三）可再生能源持续快速增长，能源结构将进一步优化

可再生能源发电有望提前实现“平价上网”。2013年以来受国家政策强力引导、规模化发展效应带动、行业激烈竞争等三大驱动因素影响，可再生能源发电成本实现快速下降，大大超过业界预期。特别是光伏发电价格以每年近20%的速度下降，风电项目投资水平与“十二五”初期相比也下降了20%左右。预计2019年可能出现“发电侧”光伏平价上网项目。换句话说，新建的光伏项目在某些地区已经具备与传统煤电竞争的成本优势。我国首批风电平价上网项目已在2017年获批，可能会于2020年前在内蒙古、河北等地出现更多的风电平价上网项目。这表明我国可再生能源开始逐步摆脱依靠补贴发展的模式，正式开启“平价上网”时代。在可再生能源持续快速发展的带动下，我国能源结构将不断优化，非化石能源比重将进一步提高。

执笔人：高虎　杨晶

# 第五章
# 改革取得新进展，推动中国能源进入高质量发展新时代

——2017 年能源发展形势和政策建议

2017 年以来，我国宏观经济延续稳中向好态势，新动能支撑作用显著增强，经济结构不断优化。GDP 连续 10 个季度运行在 6.7% ~6.9%，全年达到 6.9%。经济保持中高速增长，带动能源消费大幅增加，国内能源产量止跌回升，供需形势从全面宽松转为局部、季节性偏紧，部分能源价格波动性上涨。能源供给侧结构性改革深入推进，电力和油气行业体制改革取得重要进展。能源政策调控得力，供给质量和效益明显提高，能源结构进一步优化。在创新战略引领下传统能源与新能源技术全面开花。"一带一路"倡议下能源产能合作成效显著，能源贸易新格局正在形成。

## 一、能源消费增长超预期，增量重回"亿吨"时代

在经历了 2014—2016 年连续三年的能源消费低增速、低增量发展后，2017 年能源消费超预期增长，年增量大幅反弹至 1.26 亿吨标准煤，增速从 2016 年的 1.4% 快速回升至 2.9%，同比提高 1.5 个百分点，达到 2014 年以来的最高值。（见图 5－1）

宏观经济延续稳中向好发展是能源消费增长的主要驱动因素。占全国能源消费总量 2/3 的工业部门实现了平稳增长，带动煤炭、电力、天然气等能源品种消费量显著增加。

煤炭消费在 2014—2016 年连续三年下降后首次出现小幅回升。2017 年 1—11 月，火力发电、粗钢、十种有色金属产量同比分别增长 4.7%、5.7% 和 2.5%，增加 2.2、4.6 和 1.2 个百分点，带动全年煤炭表观消费量增加 2700 万吨左右，同比增长 0.7%，达到约 38.1 亿吨。（见图 5－2）

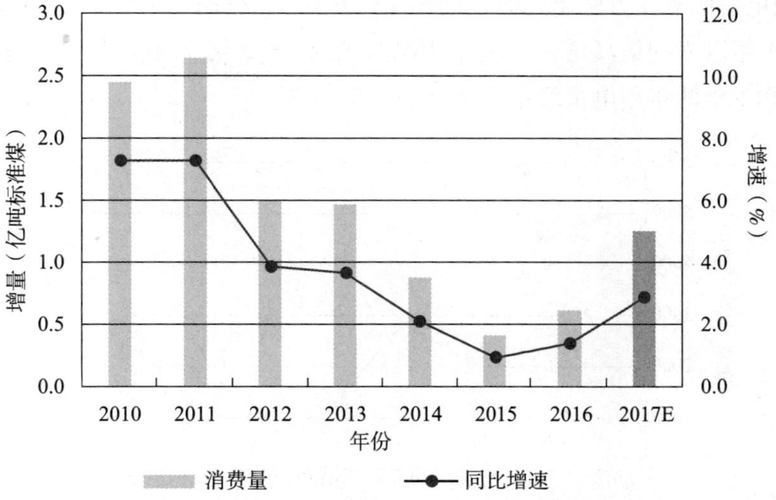


**图 5－1　2010—2017 年中国能源消费增量和增速**

资料来源：2010—2016 年中国能源统计年鉴，2016 年国民经济和社会发展统计公报，2017 年数据为作者估算。

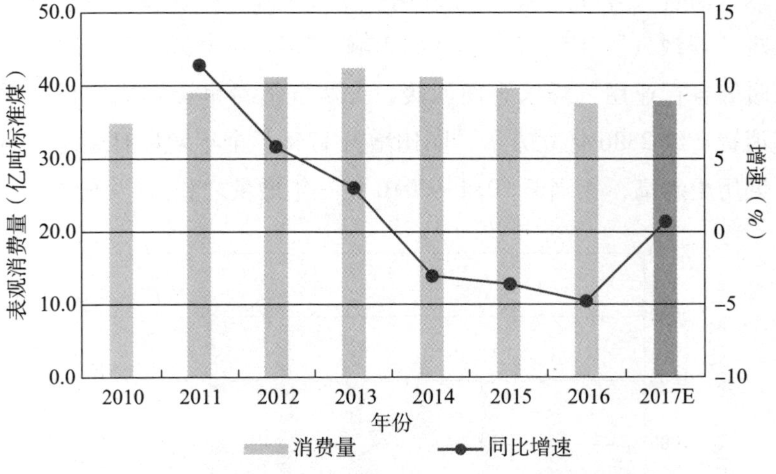


**图 5－2　2010—2017 年中国煤炭表观消费量和增速**

资料来源：2010—2016 年中国能源统计年鉴，2016 年国民经济和社会发展统计公报，2017 年数据为作者估算。

用电量增量、增速回升至四年内高点。2017 年规模以上工业部门增加值同比增长 6.6%，带动全年第二产业用电量同比增长 5.5%，提高了 2.9 个百分点，对全社会用电量增长的贡献率达 60%。在第二产业用电量拉动下，全社会用电量约 6.3 万亿千瓦时，同比增长 6.6%，提高了 1.6 个百分点，实现了 2014 年以来的最高增速。全年用电量增长 3800 亿千瓦时左右，超过 2015 年和 2014 年两年用电量增量之和。（见图 5 -3）

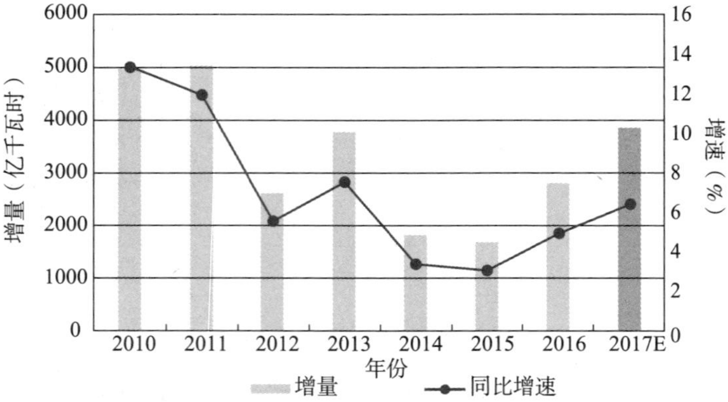


**图 5 -3　2010—2017 年中国全社会用电量增量和增速**

资料来源：2010—2016 年数据来自中电联，2017 年数据来自国家发展改革委.

天然气消费“井喷”，创历史新高。受宏观经济持续改善，以及北方清洁能源供暖“煤改气”工程集中推进的影响，2017 年全国工业燃料、发电、化工、采暖等各行业用气需求全面回暖，天然气消费呈爆发式增长。预计全年天然气消费量约 2386 亿立方米，同比增长 17%。全年增量有望超过 340 亿立方米，创历史新高，相当于 2014—2016 年三年增量之和。（见图 5 -4）

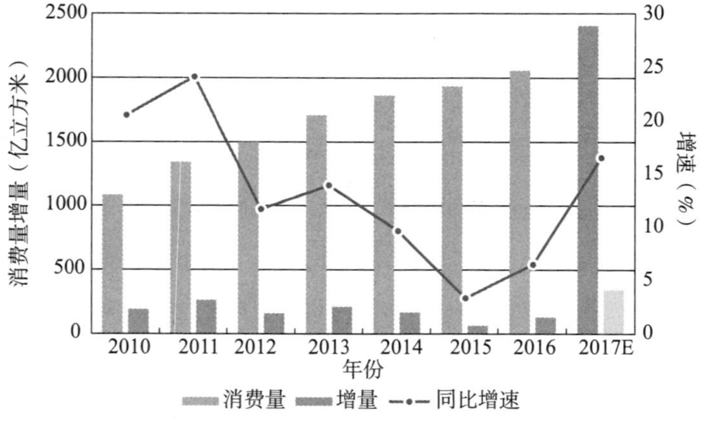


**图 5 -4　2010—2017 年中国天然气消费量增长情况**

资料来源：2010—2016 年中国能源统计年鉴，2016 年国内外油气行业发展报告，2017 年数据为作者估算.

## 二、能源生产总量止跌回升，清洁能源保持良好发展势头

经历了前两年国内能源生产总量持续下降后，2017 年能源需求快速反弹刺激能源生产止跌回升。全年一次能源生产总量达到 35.9 亿吨标准煤，回到 2015 年的水平。同比增加约 1.4 亿吨标准煤，增长 4.0%，同比提高 8.3 个百分点。我国一次能源自给率长期稳定在 80% 以上，始终保持着立足国内能源供给的基本格局。

煤炭产量结束三连降，去产能成效显著。受需求拉动，煤炭产量结束连续三年下降趋势，呈现小幅增长。全年煤炭产量 34.5 亿吨，同比增加 8100 万吨，增长 3.2%。预计全年退出煤炭产能 1.8 亿吨，超额完成年初提出的 1.5 亿吨目标任务，2016 年以来累计退出 4.7 亿吨，尽管去产能成效显著，但煤炭企业债务负担重、人员安置难等挑战依然严峻。2018 年，在政府进一步推进兼并重组转型升级政策的引导下，煤炭企业通过横向、纵向重组提高发展质量将成为重中之重。

光伏发电呈爆发式增长。2017 年光伏组件成本同比下降 10% ~20%，加之上网价格持续下调的政策影响，光伏发电新增装机创纪录超过 5000 万千瓦，相当于 2015 年全球新增光伏发电装机总和。全年光伏发电量首次超过 1000 亿千瓦时，同比增加 51%。可再生能源限电矛盾明显缓解。风电利用小时数全年增加近 200 个小时，弃风电量和弃风率实现“双降”；弃光率也降到 10% 以内。这主要得益于电力消费快速增长、跨省跨区送电量大幅增加、火电灵活性改造、自备电厂与新能源企业的发电权交易及新能源与电力用户直接交易等各种措施。

分布式可再生能源发展迅猛。由于集中式风电光伏新增项目建设受限，分布式光伏迎来爆发式发展。全年新增分布式光伏装机增长近 4 倍，在新增光伏发电中比重超过 1/3，累计超过 2800 万千瓦，占光伏总装机量 1/4。分散式风电也开始在中东部和南方地区逐步发展。

天然气生产再现增长。在旺盛市场需求拉动下，天然气产量结束了前两年止步不前的局面，再次出现快速增长。全年天然气产量 1474 亿立方米左右，同比增长 9.8%①。页岩气延续良好发展势头。涪陵页岩气田新增探明地

① 2017 年国内外油气行业发展报告。

质储量 2202.16 亿立方米，全国累计探明页岩气地质储量 7643 亿立方米。全年页岩气产量有望超过 90 亿立方米，同比增长 29% 左右。

## 三、能源供需从全面宽松转为局部、季节性偏紧

2014—2016 年在能源需求增速明显放缓、能源供应能力充足的背景下，能源供需形势趋于全面宽松化，煤炭、电力、天然气、石油等各能源品种普遍出现供大于求。但是，2017 年受能源需求快速增长的拉动，前三年供需宽松的形势转变为宽松与紧张并存，出现局部地区、季节性的供需失衡。

冬季“气荒”波及范围广，应急调峰能力不足。2017 年天然气需求超预期高速增长，但并未突破“十三五”规划的供应能力，从全年看天然气供需基本平衡。尽管如此，由于应急储气调峰能力长期不足，加之北方清洁能源供暖“煤改气”工程集中超额完成、进口天然气供应量意外减少等影响，进入冬季用气高峰后，河北、山西等地出现供应短缺，部分地区民用供暖和炊事、学校、医院等供气不足，引发民生关切，社会反响强烈。为了腾挪资源供应北方地区民生用气，江苏等地不得不采取限气措施，甚至停止已经良性运转的天然气发电机组，转而重启煤电。

部分地区煤炭供应偏紧。2016 年下半年以来全国煤炭供应偏紧局面在 2017 年年初供暖季结束后得到明显缓解。但在西南地区，由于煤炭资源条件较差，煤矿多、小、散、乱、差，安全事故频发，煤炭产能大规模退出，本地供应量大幅减少，供应紧张局面持续恶化。特别是贵州省，随着煤炭落后产能不断退出，省内电煤紧缺，部分电厂机组停运，发布大面积停电预警。为保证电力供应，2017 年 3 月贵州省采取电煤、中煤等多个品种禁止出省措施。电力整体宽松的背景下，部分地区受电煤供应影响出现电力供应偏紧。虽然全国电力装机能力充足，电力供需整体保持宽松，但在部分地区、个别时段，由于受煤炭资源条件及运输成本制约，出现电厂燃料保供压力，影响火电出力，引发电力供应偏紧。

## 四、能源价格出现上涨势头，综合施策努力降低实体经济用能成本

受能源供需从全面宽松转为局部、季节性偏紧的影响，主要能源产品价

格出现上涨势头，某些能源品种波幅较大，引起市场恐慌，并波及国际市场。采取综合措施缓解煤炭、电力、天然气等能源价格上涨压力，有效降低了实体经济的用能成本。

煤价全年维持高位，行业经济效益改善。与2016年“大起大落”的煤炭价格走势不同，2017年全年受供需关系改善、去产能费用逐步纳入生产成本的影响，煤炭价格整体虽维持高位但也略有下降。炼焦煤价格年初走弱，6月中旬止跌回升，10月受下游限产影响再次下降，整体保持高位运行。动力煤价格仍呈现冬夏季高、春秋季低的规律性变化，波幅不大。环渤海5500千卡动力煤价格指数（BSPI）稳定在560～610元/吨区间。煤炭行业经济效益有所好转，但仍未脱困。受2016年低基数影响，2017年煤炭行业主要经济指标明显改善。1—10月，煤炭开采和洗选业实现主营业务收入23496.3亿元，同比增长32.9%，但全年煤炭行业增加值仍为同比负增长。（见图5－5）

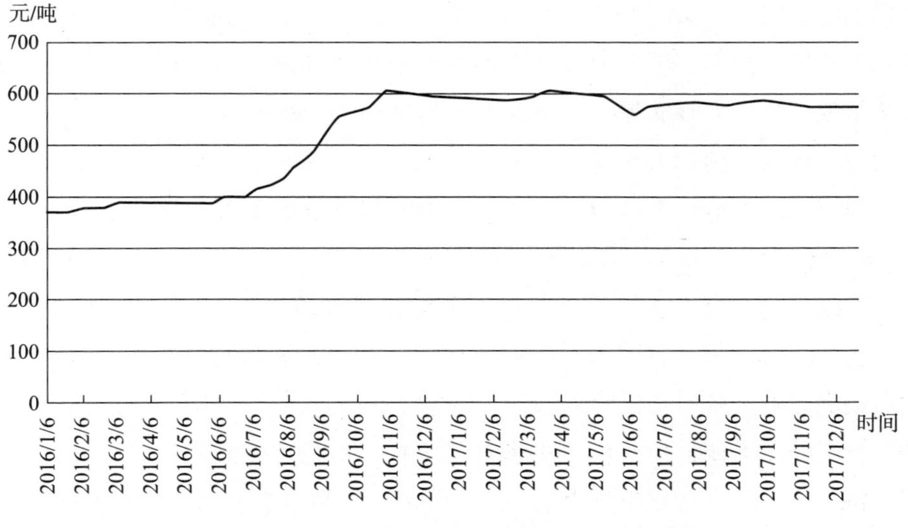


**图5－5 2016—2017年环渤海动力煤价格指数**

资料来源：作者基于秦皇岛煤炭网整理.

合理调整电价结构，进一步降低企业用能成本。2017年年初电煤长协合同取得积极进展，但在动力煤价格持续高位的影响下，煤电企业“入不敷出”、经营困难的问题愈演愈烈。4月，国家取消了城市公共事业附加费，7月将国家重大水利工程建设基金和大中型水库移民后期扶持基金征收标准分别降低25%，并取消了工业企业结构调整专项资金，为发电企业减负约550

亿元，腾出的空间用于提高燃煤发电标杆电价，各地燃煤标杆电价分别提高1～2分/千瓦时不等，燃煤发电企业经营困难有所缓解。各地销售目录电价也不同程度降低，有效助力企业减负，进一步优化了营商环境。

国内天然气价格剧烈波动，带动国际LNG现货价格上涨。受天然气需求高速增长影响，国内天然气价格在9月和11月分别出现两次较大幅度上涨。进入供暖季后，供需紧张造成国内LNG交易价格个别时段由7月初的3000元/吨左右快速上涨至12月中旬的10000元/吨，涨幅较大。国家及时采取保供措施，大幅增加中亚进口管道气，临时调整清洁供暖政策，至12月下旬天然气价格迅速回落到5600元/吨左右。国内天然气供需形势也影响了国际天然气市场，其中亚洲市场LNG现货价格从年中的5～6美元/百万英热单位上涨一倍至2017年12月的11美元/百万英热单位左右，创2014年11月以来最高水平。

国际油价“V”字形反弹，国内原油产量出现回升迹象，但对成品油价格影响明显减弱。2017年在世界石油需求持续复苏的宏观背景下，由于欧佩克减产履约率提高、俄罗斯等非欧佩克产油国协同减产效果明显，国际原油价格呈现“V”字形反弹，市场再平衡初见端倪。2017年1—10月，欧佩克平均减产幅度达到114万桶/日，减产执行率高达98%。WTI和布伦特均价分别为50.0美元/桶和53.6美元/桶，比2016年分别提高7.5美元/桶和9.5美元/桶。尤其2017年12月油价上涨幅度达到13%。此外，美国页岩油产量变化、地缘政治冲突、沙特反腐行动等都对国际油价回升起到重要支撑作用。国际石油市场变化对我国的影响表现在：一方面，国际油价变化对国内成品油市场的影响力减弱。尽管2017年成品油最高零售限价仍随国际原油价格回升进行了同步上调，但是由于供需日趋宽松，市场竞争激烈，成品油实际零售价格持续下降，与政府限价走势出现背离。特别是进入四季度消费淡季后，虽然国际原油价格大幅回升，但并未刺激国内成品油销售价格上涨。另一方面，国际油价持续震荡上行，驱动国内原油产量出现回升迹象，但总体仍处于下降趋势之中。2017年原油产量1.9亿吨，同比下降4.0%。未来欧佩克与非欧佩克产油国持续协同减产存在较大不确定性，伊朗局势动荡可能引发地缘政治危机，委内瑞拉政策调整增产可能性加大，美国页岩油发展势头强劲，在以上多重因素影响下，国际原油价格能否继续回升仍有待观察。因此，国际油价回升带动国内原油产量止跌的支撑因素尚不充分。

## 五、能源结构进一步优化，为蓝天保卫战做出贡献

2017 年清洁能源全面发力，能源结构调整成效显著，超额完成年度目标。但随着能源消费增速反弹，能源结构调整面临更大的挑战。《大气污染防治行动计划》（国发〔2013〕37 号）顺利收官，主要城市空气质量明显改善，能源结构优化为蓝天保卫战做出重要贡献。但我国空气污染形势依旧严峻，生态文明建设对今后能源高质量发展提出更高要求。

天然气和可再生能源齐发力，能源结构调整再创佳绩。经济向好带动各行业用电用气需求显著增加，加之大气污染治理下“煤改气”“煤改电”工程集中落地，天然气消费重回两位数高增长轨道，在一次能源消费中的占比提高至 7%。在光伏发电、风电、核电带动下，非化石能源在一次能源消费中占比提高至 14. 3% 左右。同时，煤炭消费比重继续下降至 60%，能源结构进一步优化。

电力结构持续优化，非化石发电再创新高。2017 年非化石能源发电装机继续大幅增加，在全部新增发电装机中的比重达到 65%，连续五年超过一半，在新增电力装机中的主力地位得到进一步巩固。初步估计非化石能源发电量接近 2 万亿千瓦时，同比增加约 10%，在全部发电量中比重接近 30%，再创历史新高。

能源消费总量快速增长时化石能源同步较快增加。与 2016 年煤炭和石油消费量之和出现下降、能源消费增量全部由清洁能源来满足不同，2017 年受能源消费总量快速增长的影响，煤炭消费止跌回升，煤炭和石油消费之和重新出现增长。全年能源消费增量中，天然气和非化石等清洁能源占 2/3，高碳能源占 1/3。与 2016 年相比，反映出在能源需求快速增长时，高碳能源需求有所反弹。

北方清洁供暖改造超额完成，为蓝天保卫战贡献力量。2017 年在大气污染防治方面中央财政安排专项资金 160 亿元，支持京津冀及周边、长三角、珠三角 13 个省（区、市）大气污染防治，其中 60 亿元专用于北方地区冬季清洁取暖试点。2017 年京津冀及周边“2 + 26”城市“煤改气”“煤改电”任务完成 394. 3 万户，各地计划外主动多改造 79. 5 万户，占比高达 20%。2017 年全国 338 个地级及以上城市平均优良天数比例为 78. 0%；PM2. 5 浓度同比下降 6. 5%，尤其是京津冀地区 PM2. 5 浓度同比下降近 10%。

## 六、能源体制改革取得重要进展，已触及深层次矛盾

2017 年新一轮能源行业体制改革取得重要进展。电力体制改革深入推进，开始触及深层次利益冲突。石油天然气行业体制改革总体方案公布，配套工作稳步推进。能源国企重组工作启动，预计石油天然气企业即将进入第三轮国企混改试点名单。

新一轮电力体制改革取得重要突破，市场化改革方向更加明确。一是多模式试点格局初步形成。截至 2017 年 10 月，电力体制改革试点已经覆盖除西藏以外的所有省（区、市），全国已有 23 个省（区、市）开展电力改革综合试点，12 个省（区、市）开展售电侧改革试点，东北等地区电力辅助服务市场取得良好成效，启动了 8 个地区电力现货市场建设试点。二是输配电价改革实现了省级电网全覆盖，并在此基础上开始全面推进跨省跨区和区域电网输电价格改革，开展跨省跨区输电价格核定工作，促进跨省跨区电力市场化交易。三是交易机构组建工作基本完成，成立 34 家相对独立的电力交易中心，包括区域层面的北京、广州电力交易中心，和省级层面的电力交易中心。四是配售电业务加快放开，推出两批共 195 个增量配电业务试点，全国注册的售电公司约 2600 家，售电侧市场竞争机制初步建立。五是市场化交易规模大幅提升，全年预计市场化交易电量 1.6 万亿千瓦时，同比增长 60%，约占全社会用电量的 25%，为实体经济降低用电成本约 700 亿元。六是规范燃煤自备电厂，开展了燃煤自备电厂规范建设及运行专项督查。与此同时，市场化改革开始进入“深水区”。其一，由于电力产能过剩问题日益凸显，地方政府保增长、降成本压力增大，市场交易过程中难免存在区域壁垒、省间壁垒，有些省份融入全国性、区域性电力市场积极性不高；其二，市场化交易和定价面临行政干预，部分地方采用非市场化手段人为降低电价；其三，虽然限电矛盾明显缓解，但可再生能源消纳问题仍未根本解决，适应可再生能源特点的运行管理体系尚未完全建立。

石油天然气行业体制改革稳步推进。一是总体蓝图绘制完成。2017 年 5 月，国务院印发《关于深化石油天然气体制改革的若干意见》，明确了深化石油天然气体制改革的指导思想、基本原则、总体思路和主要任务。二是放宽原油进口限制与加强监管并重。建立了以规范资质管理为主的原油进口动态管理制度，进一步赋予符合条件的地方原油加工企业非国有贸易进口资质。

同时，监管工作进一步加强，不信守承诺的地方炼油企业进口原油指标被削减。三是原油期货交易准备工作继续积极推进。2017 年原油期货上市筹备工作进入最后阶段，上海国际能源交易中心发布了中心章程、交易规则和 11 个相关业务细则，并进行了 5 次原油期货全市场生产系统演练工作，以人民币计价的原油期货推出的准备工作继续推进。四是按照“放开两头，管住中间”思路在天然气管网环节初步构建起监管制度框架。2017 年 6 月，国家发展改革委《关于加强配气价格监管的指导意见》发布后，湖北、福建、广东、陕西先后出台省级天然气价格管理办法，明确按照“准许成本加合理收益”的原则核定输气价格，各省确定的管道负荷率与投资收益率略有差异。同时，国家发展改革委、国家能源局发布了《中长期油气管网规划》，推进基础设施建设。五是各地积极筹办天然气交易中心。继上海石油天然气交易中心成立后，各地积极谋划建立天然气交易中心。1 月，重庆石油天然气交易中心成立，成为继上海后第二个国家级平台。此外，宁夏中卫、新疆、河北曹妃甸都启动了筹建天然气交易中心的前期研究工作。六是交易中心竞价成为天然气交易的新模式。9 月以来，天然气线上竞价交易日趋活跃，充分体现了需求旺季的供求关系，向市场释放了明确的价格信号。

能源国企重组工作启动。2017 年 11 月，中国国电集团与神华集团正式合并重组为国家能源投资集团。重组后公司资产超过 1.8 万亿元，成为世界最大煤炭生产、火力发电、可再生能源发电和最大煤制油、煤化工公司，打破了原有的“五大”发电企业格局。电力、石油、天然气等能源企业是新一轮国企混改的重点。5 月，石油天然气行业体制改革总体方案的发布为油气领域开展混改工作提供了基础条件，预计石油天然气企业即将进入第三批国企混改试点名单。

此外，2017 年，我国首次发布绿色发展指数；全国碳排放交易体系启动，电力行业率先实施；在浙江、福建、河南、四川等四省开始用能权有偿使用和交易制度试点工作；可再生能源绿色电力证书核发及自愿认购交易制度开始实施，个人和企业可以通过全国绿证自愿认购平台购买绿色电力证书。

## 七、创新驱动传统能源与新能源技术全面开花

2017 年，能源领域践行创新发展理念、实施创新驱动发展战略，在传统能源和新能源技术创新方面取得明显成绩。

煤炭清洁高效利用技术、特高压输电技术达国际领先水平。煤炭行业 5

个项目荣获 2017 年度国家科学技术奖，其中“煤制油品/烯烃大型现代煤化工成套技术开发及应用”项目荣获国家科学技术进步奖一等奖，“矿井灾害源超深探测地质雷达装备及技术”荣获得国家技术发明奖二等奖，另有三个项目荣获国家科学技术进步奖二等奖。此外，“特高压 ±800kV 直流输电工程”荣获国家科学技术进步奖特等奖。

非常规天然气勘探获得重大突破。我国首次海域天然气水合物在南海神狐海域试采成功，实现连续稳产 60 天，累计产气 30.9 万立方米，实现历史性突破。页岩气勘探在湖北宜昌鄂宜页 1 井取得重大突破，填补了中扬子寒武系油气勘探的空白，确立了寒武系水井沱组为新的页岩气勘查开发主力层系，对南方复杂构造区块的资源勘探具有重要的引导作用。

光伏成本持续大幅下降，可再生能源技术进步明显。经过近三年的快速发展，光伏行业作为半导体行业的规模化效应开始显现，技术创新层出不穷，成本不断下降。2017 年，先进单晶硅电池效率已提高到 18% 以上，多晶硅效率也达到 17%，将电池效率普遍提高了 1 个百分点以上。此外，单晶硅电池效率高的优势也开始凸显，市场份额首次超过多晶硅电池。电池成本不断下降使得 2017 年光伏组件成本同比继续下降 10% ~20%，国家进一步将三类资源区上网电价统一下调 0.1 元/千瓦时。此外，低风速风电开始在中东部和南方广泛应用，支撑了我国风电继续从“三北”向其他区域转移。海上风电建设加快，全年开工数十个项目，合计数百万千瓦。2017 年年初，敦煌 10 兆瓦熔盐塔式太阳能光热发电站建成并网发电，标志着我国太阳能热发电产业取得重大进展。

## 八、“一带一路”能源合作成效显著，能源贸易新格局正在形成

2017 年，“一带一路”国际产能合作深入推进，能源合作成效显著。能源贸易量攀升，对国际石油天然气市场的影响力逐渐增加。

能源成为“一带一路”产能合作焦点。2017 年 5 月，第一届“一带一路”国际合作高峰论坛在北京举行，期间我国与瑞士、巴基斯坦等国家签署了一系列能源合作协议。国家发改委等部门联合发布《推动丝绸之路经济带和 21 世纪海上丝绸之路能源合作愿景与行动》，倡议在政策沟通、贸易畅通、能源投资合作、能源产能合作、能源基础设施互联互通、推动人人享有可持续能源和完善全球能源治理结构等七个领域加强合作。截至目前，中巴经济

走廊已开工建设电力项目11个、装机817万千瓦。2017年1月，英国正式批准设立“华龙一号”通用设计审查，标志着我国拥有自主知识产权的三代核电技术，真正落地海上丝绸之路的终点——英国，我国核电“走出去”进入关键操作阶段。

中美能源合作开创新局面。在贸易保护主义抬头、国际贸易摩擦不断的复杂环境中，2017年中美能源合作在最高领导人协商下取得新进展。11月，美国总统特朗普首次访华期间，中美签约合作项目34个。其中能源项目占比65%，总金额超千亿美元，创历史纪录，覆盖天然气、电力、核电等领域。其中包括中国国家能源投资集团和美国西弗吉尼亚州签署837亿美元的投资框架协议、东华能源与特朗普访华团UOP签署合作协议、通用电气与中国合作伙伴签署总价值为35亿美元的商业协议等。

新增两条能源进口战略通道。2017年，我国东北、西北、西南、海上四大油气战略通道进一步巩固和完善。4月，中缅原油管道正式投入运行，设计年输量2200万吨，是第四大能源战略通道。11月，中俄原油管道二线工程全线贯通，进口俄罗斯原油将由现在每年的1500万吨增加到3000万吨。

石油天然气进出口量攀升，对国际市场的影响力逐渐增加。进口政策放开促进原油进口持续增长。受原油进口资质进一步放开的影响，2017年我国原油进口延续了2016年大幅增长的势头。预计全年原油进口量4.2亿吨左右，同比增加约4500万吨、增长12%。成品油出口规模进一步扩大。由于国内成品油市场竞争日趋激烈，“两桶油”不断向国外寻求市场空间。2017年我国成品油出口规模进一步扩大，预计全年出口超过5000万吨，同比增长7.4%。2017年天然气进口量在市场需求刺激下持续大规模增加，预计全年天然气进口量有望超过926亿立方米，对外依存度接近40%，同比增加5.7个百分点。进口LNG凭借较低的现货价格优势和槽车运输方式快速进入国内市场，超越管道天然气成为最大进口来源。预计全年LNG进口量有望达到524亿立方米，同比增长接近50%，使我国超过韩国成为仅次于日本的世界第二大LNG进口国。

## 九、推动能源进入高质量发展新时代

2018年是贯彻党的十九大精神的开局之年，也是改革开放40周年，更是决胜全面建成小康社会、实施“十三五”规划承上启下的关键一年。为打赢蓝天保卫战，实现高质量发展，能源行业面临更严峻的挑战。要加快推动能源发展质量、效率、动力“三大变革”，全力推动能源进入高质量发展新时代。

推动能源发展质量变革。一是加快推进煤炭优质产能释放，保障电煤稳定供应，尤其要重视冬季供暖时期以及西南和南疆等煤炭供应紧张地区的电煤供应，进一步完善电煤市场长效机制，引导电煤价格回归在合理空间。二是规范资质管理、完善原油进口动态管理制度，继续提高成品油一般贸易出口配额占比，引导产业转型升级发展。

推动能源发展效率变革。一是坚持效率优先原则，因地制宜推进电能替代。电能作为二次能源，不能仅从项目层面考虑，应从全系统最节能、社会效益最佳、环保效益最优层面来评价和选择电能替代领域和替代技术，避免为一味解决消纳富余电力、缓解电力过剩矛盾、解决局部环境污染等短期问题，造成系统能耗高、污染排放大、经济代价高的长期矛盾。各地应因地制宜有序推进电能替代，引导电力消费更多地促进电力负荷移峰填谷，促进可再生电力消纳。二是加快构建天然气供应保障的长效机制，避免供气短缺问题重现。完善天然气应急响应机制，从应急组织体系、监测和风险分析、信息报告制度、应急响应分级和措施、处置评估和调查等方面形成制度性保障；完善基础设施投资及回报机制，加快制定与天然气市场发展现状相适应的储气环节的定价机制，出台峰谷差价，体现天然气调峰价值；完善天然气供需预测机制，建立健全天然气供需分析预测数据库，做好政府主管部门、供气企业与大用户之间的数据衔接与共享，及时发现问题、积极应对；建立天然气供应协调保障机制，加强能源主管部门与环保部门间的协调，确保天然气供应能力与需求潜力合理匹配。

推动能源发展动力变革。一是进一步深化电力体制改革，着力打破省间市场壁垒，扩大市场化交易规模，完善电力交易和市场定价机制，重点推动现货市场及辅助服务市场建设，提高火电调峰积极性，缓解企业经营压力。积极培育市场主体，加强电力行业监管，促进煤电行业转型升级。二是协调推进石油天然气体制改革。加快出台油气体制改革相关实施细则和配套政策，在管网改革、石油进出口改革、炼化去产能、成品油价格改革等方面重点推进。尽快出台《石油天然气管道运营机制改革实施方案》，加快管网等基础设施建设进度，落实互联互通，完善管网设施信息公开制度，加强监管，促进公平开放。

执笔人：张有生　杨晶　高虎　肖新建

## 参考文献

[1] 肖新建，杨光，等.2016 年我国能源形势分析和 2017 年形势展望 [J]. 中国能源，2017 (3).

[2] 肖新建.2016 年煤炭供需形势回顾及 2017 年展望和政策建议 [J]. 中国能源，2017 (3).

[3] 高虎，康晓文.2016 年我国非化石能源发展形势及 2017 年展望 [J]. 中国能源，2017 (3).

[4] 李际，康晓文，等.2016 年我国电力发展形势回顾及 2017 年展望 [J]. 中国能源，2017 (3).

[5] 田磊，刘小丽，等.2016 年我国石油市场形势政策分析与展望 [J]. 中国能源，2017 (3).

[6] 杨晶，刘小丽.2016 年我国天然气发展形势、政策及 2017 年展望 [J]. 中国能源，2017 (3).

[7] 国家统计局.11 月份国民经济继续稳中向好　结构调整不断深化 [EB/OL]. http：//www. stats. gov. cn/tjsj/zxfb/201712/t20171214_ 1562713. html.

[8] 中电联行业发展与环境资源部.2017 年前三季度全国电力供需形势分析预测报告 [R/OL]. www. cec. org. cn.

[9] 中电联行业发展与环境资源部.2017 年 1—11 月份电力工业运行简况 [R/OL]. www. cec. org. cn.

[10] 中电联行业发展与环境资源部. 中国电力行业年度发展报告 (2017) 综述部分 [R/OL]. www. cec. org. cn.

[11] 国家能源局.2017 年能源工作指导意见 [Z]. www. nea. gov. cn.

[12] 国家发改委、能源局召开电力体制改革吹风会 [EB/OL]. http：//www. scio. gov. cn/xwfbh/gbwxwfbh/xwfbh/nyj/Document/1559700/1559700. htm.

[13] 2018 年全国能源工作会议在京召开 [EB/OL]. http：//www. nea. gov. cn/2017 - 12/26/c_ 136853428. htm.

[14] 中电联行业发展与环境资源部. 电力改革动态 [Z], 2017 (3).

［15］董秀成．成品油降价背后：谁掀起的价格战？［EB/OL］．中证网．http：//www. cs. com. cn/xwzx/201706/t20170608_ 5315715. html.

［16］煤炭行业 5 项目荣获 2017 年度国家科学技术奖励表彰［EB/OL］．中国煤炭学会网站．http：//www. chinacs. org. cn/news/2015. html.

［17］新华社．中共中央国务院印发《关于深化石油天然气体制改革的若干意见》［EB/OL］．人民网．http：//politics. people. com. cn/n1/2017/0521/c1001 – 29289522. html.

［18］国家环保部．用数据说话！2017 年全国空气质量解读［EB/OL］．http：//www. hebhb. gov. cn/gzhd/zcjd/201801/t20180123_ 60639. html.

［19］张庭婷．能源合作将成中美关系新亮点［EB/OL］．光明网．http：//theory. gmw. cn/2017 – 11/08/content_ 26725079. htm.

［20］李延平，等．中俄原油管道二线正式投入商业运营［EB/OL］．中国石油新闻中心．http：//news. cnpc. com. cn/system/2018/01/02/001673746. shtml.

# 第六章
# 中国中长期能源展望

## 一、研究方法和模型

### （一）能源展望研究方法框架

本报告采用情景分析方法对中国中长期能源进行展望。首先对未来社会经济发展模式和前景进行分析，判断社会经济发展的关键参数，特别是影响未来能源需求的人口、城市化率、经济增长速度、经济结构、主要高耗能产品产量等。之后利用模型定量分析在几个影响未来能源转型发展目标约束下，如温室气体减排目标、大气雾霾治理目标、能源安全目标下，不同政策手段下多种技术发展路径，从而得到不同的能源发展途径。

本报告的目的是在评估现有能源发展和政策的基础上，依据能源研究所对未来能源发展的判断，给出能够实现多种社会发展目标下的能源发展途径，并揭示未来能源政策的可能效果。考虑到未来发展的不确定性，结合近期国内外的相关研究结果，本报告采用两个情景，即能源政策情景和强化能源转型情景，以期能较恰当地对未来中国能源进行展望，为未来能源政策制定提供支持。这两个情景都展示了目前国家能源转型战略下的能源发展，并依据不同的政策力度、技术进展和大气环境、气候变化目标对二者加以区分。

能源展望的目标年为2035年和2050年。涵盖中国大陆31个省市区，不包括香港、澳门特别行政区和台湾省。

### （二）模型

能源展望的情景研究采用了中国综合政策评价模型（Integrated Policy Assessment Model of China，IPAC）。IPAC是由能源研究所开发的对中国的能源和环境政策进行综合评价的模型。自1992年以来，经过25年的研究与开发，IPAC 模型已经构建成为一组模型，包括 CGE 等经济模型、技术经济模型、能源行业模型等模型方法，区域涵盖全球、主要国家和地区、中国、31 个省市、城市、产业区等不同空间尺度，时间段从星期、月度、季度、年度的预警，到五年规划期、2030 年、2050 年，以及到全球综合评估模型要求的 2100 年。这些模型各自有不同的特点和政策分析功能，以满足不同的政策评估需求。

IPAC 模型架构如图 6 - 1 所示。在 IPAC 模型的各个子模型之间，目前采取软连接方法，即一个模型的输出结果作为另一个模型的输入。在 IPAC - 全球模型（IPAC - Emission）中的几个子模型之间以硬连接实现。目前 IPAC 模型已经形成一个较为完善的综合评估模型框架，不仅能分析能源需求和供应，也可以分析温室气体排放、大气污染物排放、水需求和排放、大气温室气体浓度、辐射强迫、升温，以及大气雾霾的浓度和对健康的附加影响。IPAC 模型是全球模型研究中最为复杂的模型之一，多次参与重要模型国际对照研究，国际模型组也将 IPAC 模型作为中国情景的对比标杆模型。

在展望的情景分析中采用 IPAC 模型中的三个子模型进行分析，即IPAC - CGE 模型、IPAC - 全球模型，以及 IPAC - AIM/技术模型。三个模型的关联如图 6 - 2 和图 6 - 3 所示。由于中国的能源需求已经超过全球的 1/4，为最大的石油进口国、主要的天然气进口国，中国能源需求的波动会引发全球的变化，因此中国的能源发展和全球能源供应密切相关，在分析中国能源情景的时候就需要全球的能源格局分析。IPAC - 全球模型的作用是分析全球未来的能源发展，提供全球的能源供应能力、能源价格的变化，同时也分析全球技术进步和流动、气候变化减排目标。IPAC - CGE 模型在 IPAC 模型中的作用是分析未来经济发展结构、高耗能产品的需求，以及评估各种财税政策对社会经济的冲击作用。IPAC - AIM/技术模型是 IPAC 模型组的核心情景分析模型，采用基于线性规划的技术成本最小优化模型，是一个对能源使用包括消费侧和供应侧的仿真模型，利用技术详细描述所有的能源活动，利用工艺过程和能源使用技术的选择确定能源消费量，再确定能源的供应方式和技术，最终得到一次能源需求量。由于三个模型的方法论不同，可以相互传递参数，互为补充，截至目前，这个分析框架是中国能源展望同类研究中较为完善的模型分析框架。

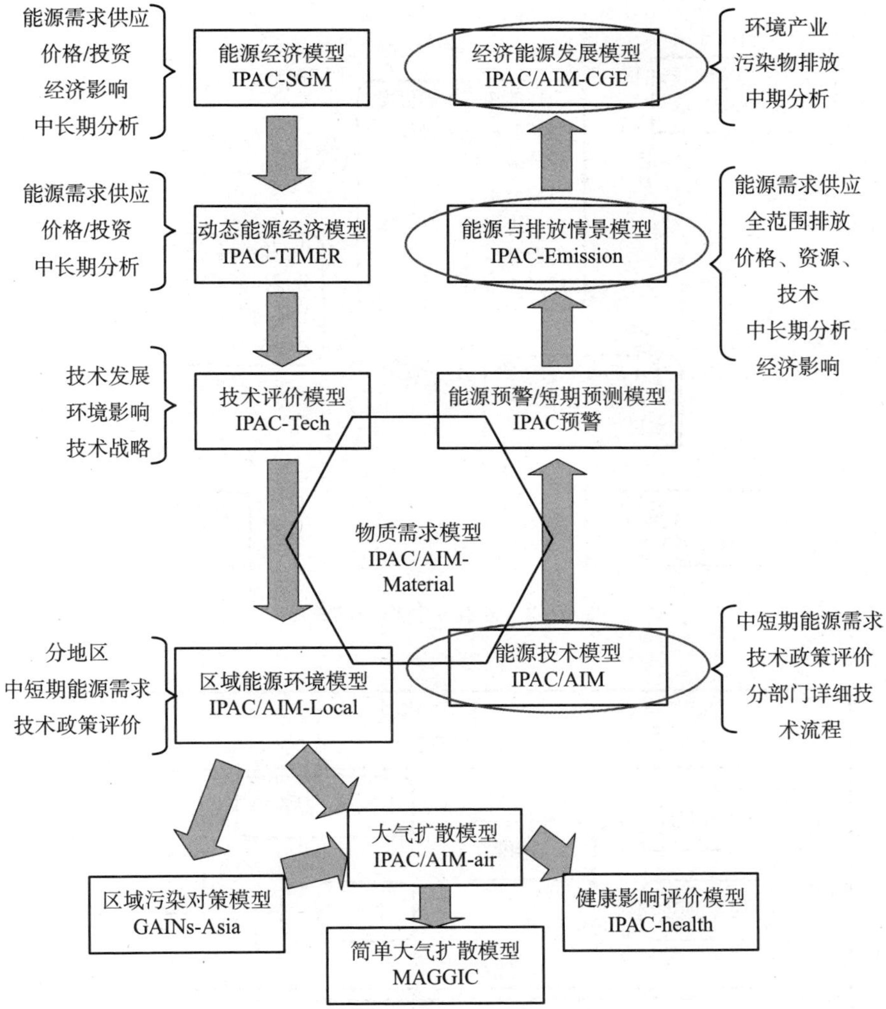


**图 6-1 IPAC 模型架构**

IPAC-全球模型将社会经济发展、能源活动和土地利用活动结合起来，形成全范围的能源和排放分析过程。IPAC-全球模型主要包括四个部分：①社会经济与能源活动模块，主要分析社会经济发展条件下能源的需求和供应，同时得到供需均衡下的能源价格。②能源技术模块，对到 2030 年的中期能源使用过程中的能源利用技术进行不同条件下的应用分析，得到能源的需求量。能源技术模块中的能源需求量对社会经济与能源活动模块中的中期能源需求量进行修正，使宏观经济模型中的能源分析能够更好地反映中期能源活动。③土地利用模块，对土地使用过程中的排放活动进行分析。其主要包

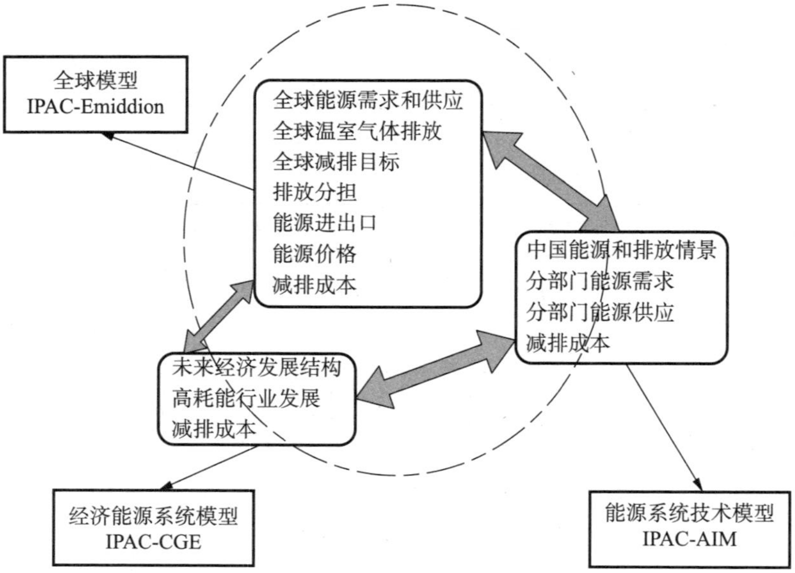


**图 6－2　研究中各模型的关联**

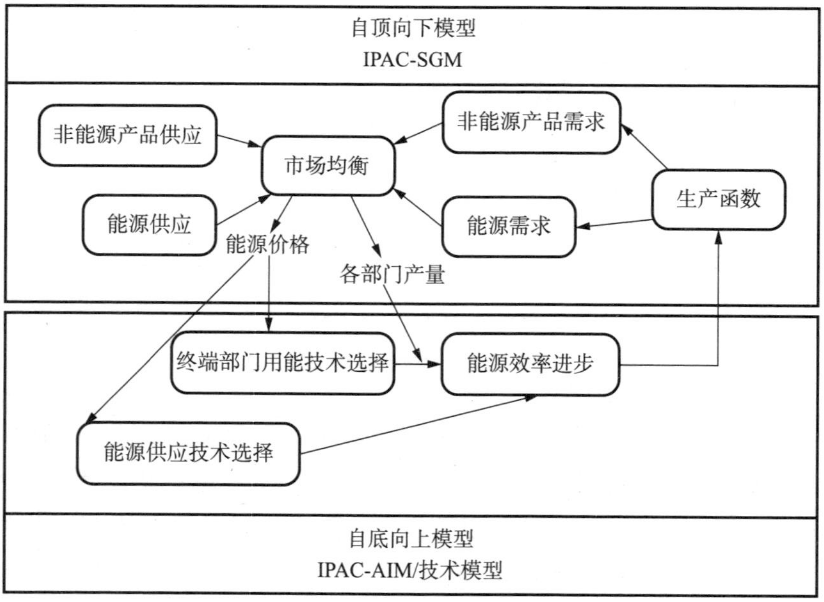


**图 6－3　自底向上模型和自顶向下模型的关联**

括农业粮食生产、畜牧业生产、森林管理和生物质能源生产过程中的排放活动，同时分析生物质能源的供应量。④工业过程排放模块，主要分析各种工业生产过程中的排放活动（不包括能源排放）。模型中的社会经济与能源活动模块是以美国西北太平洋国家实验室开发的 ERB 模型为基础扩展而得到的。能源技术模块则是利用了能源研究所气候变化对策评价研究组与日本国立环境研究所共同开发的 IPAC－AIM/技术模型。土地利用模块是对美国西北太平洋国家实验室开发的 AGLU 模型进行修改扩充得到的。IPAC－全球模型包括九个国家和地区，它们分别是美国、西欧与加拿大、亚太 OECD 国家、经济转型国家、中国、中东、其他亚洲发展中国家、非洲、拉丁美洲。模型区域的划分可以调整，进一步聚合或拆分。作为一个参与全球综合评估模型研究的模型，IPAC－全球模型可以预测至 2100 年，前 50 年的分析较为详细，每 5 年一个时间段，后 50 年为 25 年一个时间段。

IPAC－CGE 模型在 IPAC 模型中的作用是分析各种政策对社会经济的冲击。IPAC－CGE 模型由 IPAC－SGM 模型扩展而来，IPAC－SGM 模型主要用于能源和经济活动引起的温室气体（GHG）排放，其经济学原理为可计算一般均衡（CGE）。它考虑全部经济部门的活动，建立起各部门间的相互影响和联系，体现技术进步对经济发展的影响，在全球范围研究所有重要温室气体的排放问题。IPAC－SGM 可预测多种情景设定下由人类经济活动引起的 GHG 排放，并进行相应的政策分析。由于化石燃料的燃烧是 GHG 的主要排放源，因此 IPAC－SGM 对能源活动进行着重分析，也因此 IPAC－SGM 是针对能源分析的 CGE 模型。

IPAC－SGM 模型将经济系统划分为居民、政府、农业、能源和其他生产部门，部门还可根据需要进一步划分。经济行为的决策者包括居民、政府和生产者。生产部门使用的基本生产要素包括资本、劳动力和土地。生产部门根据要素的组合生产出产品。模型假定居民拥有土地、劳动力和私人资本，人口特征亦由居民部门内部决定。居民基于要素市场的价格决定土地和劳动力的供给水平，又由此影响利润、税收、补贴、居民收入。居民储蓄也在居民部门处理，储蓄的变动由利率决定，该部门也决定最终消费产品的结构。政府从上述经济活动中得到税收收入，这些收入主要用于三个方面的政府服务开支：一般服务、国防和教育。由于 IPAC－SGM 模型重点分析能源活动，因此模型中的能源部门的划分比较详细，包括 10 个能源部门。其中电力部门又依据发电方式划分了 6 个子部门。

IPAC－AIM/技术模型的目的是对能源服务及其设备的现状和未来发展进行详细描述，对能源消费过程进行模拟。它是一个能源系统仿真模型，涵盖所有能源活动，依据流程分析描述能源活动。它主要用来计算未来各种情景下各终端能源部门的分品种能源需求量，并分析满足这些终端需求的能源供应，得到一次能源需求量，进而依据化石燃料消费量，计算出 $CO_2$ 的排放量。

IPAC－AIM/技术模型采用最小成本法进行分析，即所设置的各种成本最小的技术能够被选中以提供能源服务。模型中采用了线性规划方法，模型能够分析一些复杂能源使用过程，从工艺系统进行分析，而不是单个技术。在模型分析中，各种参数的设置可以采取不同的标准与方法，使分析涵盖的范围扩大。如技术运行过程中的各种投入组成了技术的运行成本，这种投入可以根据不同情况包括能源投入、原料投入以及劳动力投入等其他投入，使技术成本分析更接近实际情况。

IPAC－AIM/技术模型的技术选择标准比较简单，这使其分析结论能够比较容易理解，易于被使用者接受，以更好支持决策过程。

## 二、影响中国能源中长期发展的关键因素和趋势

### （一）经济进入高质量发展新阶段

我国经济总体上呈现稳中向好态势，但是长期的经济高速发展伴随着不平衡、不充分、不可持续的矛盾和问题，我国经济发展进入了新时代，已由高速增长转向高质量发展阶段。在这种形势下，由于国内、外需求和市场环境的变化，中国经济结构、产业结构、增长动力均进入调整期，中国产业更加充分的国际化，中国成为国际制造业中心，高端技术出口将长期作为拉动经济增长的重要因素。考虑到中国经济快速发展，GDP 的主要支持因素则变为内需增长为主，国际常规制造业的竞争力由于劳动力成本快速上升而下降。通过采取一系列行之有效的措施，经济结构不断改善，产业结构逐步升级，先进产业的国际竞争力日渐增强，使中国经济仍能在不断调整中以较为正常的速度发展，估计 2015—2030 年，中国经济保持年均 6% 的增长速度。

党的十九大报告明确指出，“分两步走”实现全面建设社会主义现代化国家的新目标。到 2035 年，我国生态环境根本改善，美丽中国基本实现；城乡区域发展差距和居民生活水平差距显著缩小，基本公共服务均等化基本实现；到 2050 年我国物质文明、社会文明、生态文明将全面提升，成为综合国力和国际影响力领先的国家。能源是我国国民经济、人民美好生活的基础，能源

活动的转变将影响国家的实力、人民的生活，也在实现党的十九大2035年和2050年的目标中扮演着至关重要的角色。

尽管我国目前经济增长速度已经从2005—2015年的年均增长9.4%，下降到目前的6.5%～7%。但是根据经济模型分析，我国的经济发展仍然处于良好状态，经济速度之所以降低是由于过去十年以来对一些部门的无效投资减弱了经济投入的回报。这是一个短期现象，在用数年消解完无效产能之后，如果经济政策正确，确保现在的投资走入到应该去的行业，我国的经济在未来近期还会恢复到良好增长态势。

从对未来经济结构转型的分析中可以看出，2030年时工业仍占据GDP中的重要位置，而且工业是能源消费的主要行业，特别是目前高耗能工业占据工业能源消费的70%左右，其未来发展至关重要。经过多种方法分析之后，判断我国的高耗能工业，除了一些基础化学生产还有一些空间以外，其他高耗能工业的产量基本在2020年之前，或者在2020年左右达到峰值。

“十一五”以来高耗能产品快速发展，缩短了我国基础建设达到最终需求目标的时间，就是说原来需要30年到50年建设的时间，现在仅需要15年到30年就可以实现。特别是每年基础设施建设量的峰值，原来我们分析有可能在2020年到2025年之间实现，现在看来很有可能在2020年之前就能实现。

### （二）能源需求增速放缓、能耗结构发生变化

随着我国经济增长动力的转换，能源增速和能耗结构将发生明显变化。过去20年新增能源消费的70%被高耗能工业占据，但在2020年之前，大部分的高耗能工业产品产量将达到峰值。此外，高耗能工业本身具备不小的节能潜力，在强有力的节能政策推动下其能源效率仍将不断提升。可见，我国过去能源消费增长的70%的驱动力已经消失，这是我国未来能源需求增长缓慢的主要原因。

未来一次能源需求总体上增长比较缓慢。即使能源政策情景中，到2050年也仅为61.5亿吨标准煤，与2015年的43.3亿吨标准煤相比，35年期间增加18.2亿吨标准煤，增长42%，年均增长率为1%。在强化能源转型情景中，2050年一次能源需求量为53亿吨标准煤，和2015年相比增长9.8亿吨，增长为23%，年均增长速度仅为0.6%。

对于终端能源需求，除了经济结构调整，节能技术的普及，还有终端能

源结构更多转向电力，使得未来我国终端能源进入一个低需求增长阶段。从2020 年到2030 年开始，终端能源消费量增长速度降低到0.7% ~1.4%，其中强化能源转型情景 2025—2030 年有可能达到峰值，之后缓慢下降。

强化能源转型情景终端能源消费量达峰的主要因素除了经济结构调整和节能外，另外一个重要因素是电力需求在终端部门中的比例提高，终端能源消费利用电力效率远高于化石燃料。我国产业走向高端制造业，更多的工业增加值来自电子产品制造、机械制造、交通设备制造，以及和城市消费相关的行业如食品加工业、医药制造业等。随着生产线自动化水平不断提升，用电水平也随之提高。建筑用能和交通用能用电大比例提高，使得这些部门的终端用能将很快达到峰值。

## （三）推进能源革命成为能源行业的长期战略任务

推进能源革命是我国把握能源发展大势，面向全面建设现代化的必由之路。习近平同志在 2014 年中央财经领导小组第六次会议上提出推动能源生产和消费革命是长期战略，并就推动能源生产和消费革命提出 5 点要求，包括消费革命、供给革命、技术革命、体制革命和全方位加强国际合作。2016 年，国家发展改革委、国家能源局联合印发了《能源生产和消费革命战略（2016—2030）》，明确了能源革命的战略目标和重点任务。我国能源行业发展与能源转型，将沿着能源革命的战略方向全方位系统推进。

我国经济发展进入新阶段，能源相关的新技术出现突飞猛进的变化，我国的城市建设目标在党的十九大的目标下已经变得更加强化。然而我国资源禀赋特点决定了能源生产和消费是以煤为主的多元化能源结构，2017 年煤炭在一次能源消费总量中仍占 60% 以上。能源是否能够转型基本决定着我国的发展是否能够实现生态环境根本改变、是否能够减少城乡差距、是否能够打造基本公共服务均等化。推动能源革命，促进能源高质量发展，是优化能源结构，解决能源发展不平衡不协调问题的关键。

本研究重点分析能源需求的控制和能源结构的优化，其中，煤炭消费基本不增长或者明显下降。在能源政策情景中，2050 年煤炭需求基本和 2020 年持平。考虑到情景中煤化工的发展，煤炭没有出现明显的下降。到 2050 年煤炭在一次能源的比例为 52%。而在强化能源转型情景中，2050 年煤炭在一次能源的比例下降到 21%，为 15.5 亿吨（11 亿吨标准煤）。煤炭在 2020 年之前，甚至目前已经跨越峰值。由于 2020 年之后我国能源增速将进一步降低，从现在起电力的增长将主要依赖可再生能源、核电，以及天然气发电。

天然气近期可以有效替代煤炭，需求将大幅度提高。天然气作为清洁能源，未来将成为我国的基础能源。目前国际上天然气供应能力不断加大，欧洲和美国的天然气由于其能源结构进一步转向低碳能源（可再生能源和核电），对天然气的需求下降，因此全球新增的天然气需求将主要来自中国为主的发展中国家。由于全球天然气会供大于求，同时也由于石油价格下降，未来天然气价格将处于下降通道，为我国大量使用天然气打下基础。

## （四）生态文明建设将对能源转型发展产生深刻影响

党的十九大报告明确提出，要加快生态文明体制改革，建设美丽中国，具体包括要推进绿色发展，着力解决突出环境问题，加大生态系统保护力度，改革生态环境监管体制。生态文明建设的重要性日益提升，而能源行业牵涉面广，能源生产与消费也是污染物排放与碳排放的重要来源。大力度推进生态文明建设，对我国能源的转型发展将产生深刻影响。

国家对大气环境、水环境，以及土地污染的控制已经提到了国家基本战略层次，全球对气候变化的应对、未来能源的发展，也从常规的制约因素，如能源安全，转向了以实现环境目标为核心的因素，包括气候变化减缓的目标，以及我国实现大气雾霾的目标。近期，全球气候变化目标为实现全球到2100年把平均升温控制在和工业化前的1850年相比在2℃以下，这已经成为一个政治共识，我国也已经表明要支持这样的全球气候变化减缓目标。

另外对于大气环境而言，我国尚没有长期目标，近期研究界在讨论2050年实现世界卫生组织的推荐值，即年均PM2. 5的浓度控制在10微克/立方米以内。这是目前发达国家采用的大气质量标准。由于我国的自然环境条件，我国本地PM2. 5的排放导致的浓度就已经在8微克/立方米左右，由于还要给农业的面源以一定的排放空间，能源活动的PM2. 5相关的污染物排放，包括$SO_2$，$NO_x$，一次源PM2. 5，VOC等，基本要接近零排放。这就是未来我国能源发展面临的制约。

由于目前讨论的我国大气雾霾达标时间段在2030年之前，实现全国一级标准的时间在2050年之前，同时全球气候变化升温控制在2℃以内，基本上设定了未来能源系统的走向。经过我们的研究，这些目标都是可以实现的，但是作为两个目标中最受约束的煤炭等化石能源消费，在未来长期将出于现明显的下降途径。

## 三、情景和关键参数

### （一）情景描述

本报告中设计两个能源情景，即能源政策情景和强化能源转型情景，分别描述如下：

能源政策情景：延续目前的能源政策和能源发展趋势。考虑经济转型，但是转型相对较慢；高耗能工业维持一定水平，新技术进展明显，清洁煤技术发展快速；能够实现国家的大气环境目标，给煤炭发展提供空间。同时煤化工发展较为快速，具有竞争力。实现国家提交的气候变化自主贡献的目标。

强化能源转型情景：实现经济转型。大部分高耗能行业基本在 2020 年之前达到其产量峰值，节能政策效果明显，未来能源消费处于增长缓慢状态；终端能源结构优化，电力所占比例加大；实现进一步的大气控制目标，天然气替代散煤进程快，气候变化实现全球 2℃ 升温目标，我国需要在 2020—2022 年实现 $CO_2$ 排放峰值。在全球低碳发展的情况下，油价长期处于低位，煤化工缺乏竞争力。非化石能源、清洁能源发展快速，满足新增能源消费需求。

为了能够描述未来的能源情景，对情景框架进行了描述。这些描述有些是模型的输入参数，有些是模型的输出。从这些描述可以大致了解情景的含义，以及各个情景中的差别。各个情景的主要参数与特征。（见表 6－1）

**表 6－1　各个情景的主要参数与特征**

| 情景 | 能源政策情景 | 强化能源转型情景 |
|---|---|---|
| GDP | 较快经济增长<br>2015—2020 年年均增长速度为 6.8%，2020—2035 年为 5.3%，2035—2050 年为 3.6% | 同能源政策情景 |
| 人口 | 2030—2040 年达到峰值 14.7 亿人左右，2050 年下降到 14.6 亿人 | 同能源政策情景 |
| 人均 GDP | 2020 年达到 1.13 万美元左右（当年价），2035 年达到 3 万美元左右，2050 年为 5 万美元 | 与能源政策情景类似 |

续表

| 情景 | 能源政策情景 | 强化能源转型情景 |
| --- | --- | --- |
| 产业结构 | 经济结构进一步优化，与目前发达国家的格局类似；新兴工业和第三产业发展快速，信息产业占据重要位置。高耗能工业产量在2020年之前达到峰值 | 经济结构进一步优化，与目前发达国家的格局类似；新兴工业和第三产业发展快速，信息产业占据重要位置。高耗能工业产量在2020年之前达到峰值。未来高附加值机械制造占据主要位置，实现国家工业升级版，以用电为主的行业主导，中国成为世界先进制造业国家 |
| 城市化率 | 2035年70%，2050年80% | 与能源政策情景类似 |
| 进出口格局 | 2025年初级产品开始失去国际竞争力，高耗能产品以满足国内需求为主 | 2020年开始初级产品开始失去国际竞争力，高耗能产品以满足国内需求为主；高附加值行业和服务业出口明显增加 |
| 一次能源需求量 | 2020年在49亿吨标准煤左右，2035年55亿吨标准煤左右，2050年61亿吨标准煤 | 2020年47亿吨标准煤左右，2035年52亿吨标准煤左右，2050年54亿吨标准煤 |
| 煤炭需求量 | 2020年42亿吨，2035年32亿吨 | 2020年37亿吨，2035年25亿吨 |
| $CO_2$排放量 | 2020年94亿吨$CO_2$左右，2025—2030年达峰 | 2020年87亿吨$CO_2$，2020—2022年达峰，2035年61亿吨左右，2050年27亿吨，实现全球2℃升温目标下我国的排放空间 |
| 非化石能源占一次能源比重 | 2015年11.6%，2020年15%，2035年23%，2050年28% | 2015年11.6%，2020年17%，2035年34%，2050年52% |
| 大气污染控制目标 | 实现2013—2017年“国十条”的目标，即京津冀25% PM2.5浓度下降，2020年实现“十三五”目标，2030—2035年达标，2050年达到25微克/立方米的标准 | 实现2013—2017年“国十条”的目标，即京津冀25% PM1.5浓度下降，2020年实现“十三五”目标，2025—2030年达标，2035年生态环境根本改善，2040—2050年实现WHO一级标准 |
| 能源使用技术进步 | 2040年先进用能技术得到普遍应用，中国为世界技术领先者，技术效率比目前提高40%左右 | 2020年先进用能技术得到普遍应用，中国工业和其他用能技术成为当时世界领先；同时中国也成为世界制造先进节能技术领先者，技术效率比目前提高40%左右 |
| 非常规能源资源利用 | 2020年之后需要开采非常规天然气，以及非常规石油 | 需要开采非常规天然气，在2020年之前替代散煤，以及一部分电站用煤 |
| 太阳能、风能等发电技术 | 2020年太阳能成本为0.70元/千瓦时，陆上风力田普及。实现国家能源局低位目标，即2020年光伏1亿千瓦，风机2亿千瓦 | 2020年太阳能发电成本为0.5元/千瓦时。陆上风力田普及，近海风力田大规模建设。<br>实现国家能源局高位目标，即2020年光伏1.5亿千瓦，风机3亿千瓦 |

续表

| 情景 | 能源政策情景 | 强化能源转型情景 |
| --- | --- | --- |
| 核能发电技术 | 2030 年大于 1 亿千瓦，生产成本从 2005 年的 0.33 元/千瓦时下降为 2030 年的 0.30 元/千瓦时 | 2030 年大于 1.5 亿千瓦，生产成本从 2010 年的 0.33 元/千瓦时下降为 2050 年的 0.28 元/千瓦时，2020 年之后第四代核电站开始进入建设阶段 |
| 新建煤电技术 | 超临界和超超临界为主 | 2020 年不再新建常规燃煤电站，煤炭富足地区开始建设 IGCC |
| 清洁煤技术 | 普及超洁净燃煤发电技术 | 普及超洁净燃煤发电技术，超洁净锅炉技术 |
| 散煤替代 | 2030 年 70% 城市市区淘汰散煤 | 2030 年 90% 城市市区淘汰散煤，农村 50% 淘汰散煤，用清洁能源供热和炊事 |
| CCS | 不考虑 | 结合 IGCC 电站，全部使用 CCS，同时钢铁、水泥、电解铝、合成氨、乙烯等行业采用 CCS，2030 年之后基本普及 |
| 国际油价 | 高，维持在 80 ~ 100 美元/桶 | 低，长期在 50 美元/桶以下，全球石油消费 2025 年达到峰值，2050 年后逐渐淘汰化石燃料，我国 2030 年前达到峰值 |
| 煤化工 | 有竞争力常规煤化工发展充分，煤制油和煤制气发展快速 | 没有竞争力 |
| 水电利用 | 2020 年装机 3.3 亿千瓦，发电量超过 7000 亿千瓦时，2035 年 4.4 亿千瓦，2050 年 4.5 亿千瓦 | 2020 年装机 3.6 亿千瓦，发电量超过 7700 亿千瓦时，2035 年 4.6 亿千瓦，2050 年 4.9 亿千瓦 |
| 现代生物质能利用技术 | 2035 年利用近 5200 万吨标准煤的生物质能，成本低于 430 元/吨标准煤 | 2035 年利用近 1 亿吨标准煤的生物质能，成本可以低于 370 元/吨标准煤 |
| 居民生活方式 | 充分利用清洁能源，节能家用电器普及，农村生活用能转向商品能源 | 低碳、环境友好住宅广泛利用 |
| 交通发展 | 快速发展，公交出行便利，大城市轨道交通完善 | 100 万以上人口城市以公共交通为主，小城市和农村以非机动车出行为主 |
| 交通技术 | 燃油经济性提高 30% | 燃油经济性提高 70% |
| 碳税 | 不考虑碳税 | 2022 年开始碳税，初始税率较低，之后逐渐增加 |
| 碳贸易 | 2017 年启动碳交易，采用配额免费 | 2017 年开始国内碳交易，2020 年取消免费配额，参与国际碳贸易，体现碳定价作用 |
| 减排目标 | INDC | 2020 年开始总量排放目标控制，2030 年减排 10% 以上，2050 年减排 70% |

## (二) 未来社会经济、部门发展展望

### 1. 社会经济发展

中国未来经济发展、人口发展模式与国家发展目标比较接近。但这里也较多考虑了近期一些比较乐观的经济预测。

目前对于未来经济发展的研究和讨论很多，说明经济发展的不确定性。在参照不同的经济发展研究结果之后，依据 IPAC 模型组的经济分析模型 IPAC – SGM 结果，设置了经济发展参数，主要参数见表 6 – 2。这里经济分析认为中国的经济发展仍然比较健康，依据模型分析结果，2014 年以来的经济发展速度放缓的主要原因是前期的无效投资无法带来产出。这也反映到了目前的经济波动之中，目前的经济调整更多是投资的调整。如果经过这次调整，投资走向合理和理性化，中国的经济增长仍然会处于较高水平。但是由于我国基础设施建设发展迅猛，在短短的十几年期间，已经赶上发达国家水平，很多指标处于世界领先地位，即使人均水平仍有差距，但也处于世界平均水平之上，接近发达国家水平。这样就会导致传统产业的投资明显放缓，而每年的经济增长即使在7%以下，但由于基数变大，又带来每年新增 GDP 的总量较大，其中一半左右要变成投资，这就对投资的去向产生很大压力。高端工业、环保产业、与提升民生相关的交通、教育、医疗、环境，以及科学技术研发等方面将是未来的投资重点，但仍然无法产生与 GDP 增长相匹配的投资需求，因而在 IPAC 的模型分析中，还考虑了中国对海外投资的大幅度增长，一方面与中国经济体量成为世界最大国家相一致，另一方面也符合中国发展中的全球战略。在中国未来发展中，将更加看重 GNP，而不是 GDP。

**表 6 – 2 2015—2050 年中国经济增长情景**

| 年份 | 2015 | 2020 | 2025 | 2030 | 2035 | 2040 | 2050 |
|---|---|---|---|---|---|---|---|
| GDP，亿元 | 685505 | 948053.2 | 1286764 | 1665869 | 2075976 | 2525742 | 3528535 |
| 第一产业 | 61009.95 | 79636.47 | 100367.6 | 121608.5 | 147394.3 | 174276.2 | 229354.8 |
| 第二产业 | 280371.5 | 350779.7 | 437499.9 | 516419.5 | 622792.8 | 732465.3 | 987989.8 |
| 第三产业 | 344123.5 | 517637.1 | 748896.9 | 1027841 | 1305789 | 1619001 | 2311190 |
| 结构（%） | | | | | | | |
| 第一产业 | 8.9% | 8.4% | 7.8% | 7.3% | 7.1% | 6.9% | 6.5% |
| 第二产业 | 40.9% | 37% | 34% | 31% | 30% | 29% | 28% |
| 第三产业 | 50.2% | 54.6% | 58.2% | 61.7% | 62.9% | 64.1% | 65.5% |

续表

| 年份 | 2015 | 2020 | 2025 | 2030 | 2035 | 2040 | 2050 |
|---|---|---|---|---|---|---|---|
| 增长率（%） | 2010—2015 | 2015—2020 | 2020—2025 | 2025—2030 | 2030—2035 | 2035—2040 | 2040—2050 |
| GDP | 11.4 | 7.9 | 6.7 | 6.3 | 5.3 | 4.5 | 4.0 |
| 第一产业 | 1.9 | 9.9 | 5.5 | 4.7 | 3.9 | 3.9 | 3.4 |
| 第二产业 | 8.7 | 6.8 | 4.6 | 4.5 | 3.4 | 3.8 | 3.3 |
| 第三产业 | 7.7 | 16.4 | 8.5 | 7.7 | 6.5 | 4.9 | 4.4 |

在 IPAC 模型分析中，更重要的是分行业的 GDP，以判断未来的产业转型，特别是高耗能工业在未来经济中的地位。细分行业的 GDP 在本章附录中给出。总体上来说，在工业内部也出现明显的产业转型，这是经济发展进程中带来的对能源需求的影响所在。这里采用了一个相关研究中比较高的经济增长，但是如果考虑中国长期发展目标，人均收入明显升高，达到发达国家水平的情况下，中国物质生活的需求在 2030 年之前已经全面达到了现在发达国家的水平，对于物质的需求增长会非常缓慢，基础原材料的生产即使在经济较快增长的情况下也不会有更多增长，出现了明显的经济增长和基础原材料生产脱钩的状态。因此，经济增长的快慢不会很大影响能源的需求，不再是一个决定未来能源需求增长的核心因素。长期来看，高经济增长和低经济增长对于能源需求总量的影响已经不明显，大部分新兴经济体的发展基本属于低能耗部门，并主要用电，对于终端能源需求的影响不明显。

人口情景主要考虑了近期的几个主要规划和研究数据。人口政策全面放开。医疗不断进展，农村人口生育状况也在不断改善，婴儿死亡率大幅度下降，预期寿命明显提升。但是面临的挑战是随着收入的增长，中国也将显现发达国家出现的生育意愿下降的情况，如日本目前的低生育率的情况。这里主要采用了国家卫生健康委的人口发展情景，并利用 IPAC – 人口模型进行了分析。在这种情景下，2030—2040 年中国人口达到高峰，为 14.7 亿人左右，2050 年下降到 14.6 亿人。各时期的人口城市化情况见表 6 – 3。

**表 6 – 3　2005—2050 年中国人口和城市化**

| 年份 | 2005 | 2010 | 2020 | 2030 | 2035 | 2040 | 2050 |
|---|---|---|---|---|---|---|---|
| 人口（百万人） | 1308 | 1360 | 1440 | 1470 | 1470 | 1470 | 1460 |
| 城市化率（%） | 43 | 49 | 63 | 70 | 0.72 | 74 | 79 |

续表

| 年份 | 2005 | 2010 | 2020 | 2030 | 2035 | 2040 | 2050 |
|---|---|---|---|---|---|---|---|
| 城市人口（百万人） | 562 | 666 | 907 | 1029 | 1058.5 | 1088 | 1138 |
| 每户人口（人） | 2.96 | 2.88 | 2.80 | 2.75 | 2.725 | 2.70 | 2.65 |
| 户数（百万户） | 190 | 222 | 288 | 337 | 351 | 365 | 380 |
| 农村人口（百万人） | 745 | 694 | 533 | 441 | 411.5 | 382 | 302 |
| 每户人口（人） | 4.08 | 3.80 | 3.50 | 3.40 | 3.3 | 3.20 | 3.00 |
| 户数（百万户） | 183 | 190 | 181 | 160 | 156 | 152 | 144 |

这里利用 IPAC - 人口模型对人口的年龄分布进行了分析，主要用于劳动力供应和消费模式研究。考虑到未来中国妇女分年龄段的生育率，在收入增高的情况下会下降，这里采用了日本目前的生育率作为中国 2030 年的生育率，并考虑了由于医疗水准的提升导致各个年龄段死亡率的下降，以及预期寿命的明显提高。

另外，这里采用了比较高的城市化率，除了考虑一般的城市化进程外，我们也在分析中研究了农业生产所需要的劳动力数以及相应的农村人口。我国的土地资源和生产条件同美国相比山地较多，同美国等发达国家相比大规模机械化农业生产条件较差，相对需要较多的农业生产劳动力。这样，相应的匹配的农村人口会达到 15% 左右，考虑一定的冗余度，最终我国的城市化率可以达到甚至超过 80%。

### 2. 工业

目前高耗能工业占据工业能源消费的 70% 左右，未来高耗能行业的发展对能源需求的影响至关重要。从对未来经济结构转型的分析中可知，到 2035 年和 2050 年，工业仍占据 GDP 的重要位置，由于工业是能源消费的主要行业，因此在中长期情景中需要对工业进行详细分析。2035 年和 2050 年的工业部门情景是模型分析的重点。

详细的工业部门分析一直是能源情景研究中的一个比较薄弱的地方，过去一般是采取与行业专家讨论的方式得到未来高耗能行业的发展，即高耗能产品产量。由于部门中也缺乏深入的研究，导致偏差较大，成为以前能源需求预测不准的主要原因。为了进一步认识未来工业行业的发展，更好地对未来高耗能行业和其他行业的趋势进行分析，这里采用了几种分析方法，以更好地提供分析数据，不仅为本研究提供模型输入参数，也为其他研究提供研究方法和数据的讨论提供基础。

这里采用的研究方法包括三个：

一是采用 IPAC - CGE 模型对部门的未来经济发展进行分析，从总体经济发展角度解析部门发展，分析高耗能行业的产品产量。这是一个新的研究方法，在此之前国内研究还很有限，因此也存在研究方法上的不确定性。但可以确认的是，这将成为一个重要的研究方法，未来需要更多的研究组进行研究。

利用 IPAC - CGE 模型得到各工业部门的增加值，在这些部门中，可以直接用于计算产品产量的仅有钢铁部门。建材部门的产品比较少，而且有占据优势的产品，因此也可以采取增加值和产品产量相关分析方法得到其产量。

二是使用详细使用途径分析方法，有些类似实物量的投入产出分析方法，也可以说是第一种方法的一种延伸。如钢铁需求量的预测，通过分析其下游行业的发展确定钢铁的需求量。这种方法成为我们情景分析中最为重要的分析方法。这是一个比较理想的研究方法，但是也需要大量的数据，以及对技术进步的判断。目前已经有几个模型组在采用这个方法进行研究，包括行业部门的模型组。

在 IPAC 模型的情景研究中，对于钢铁、水泥、玻璃、砖瓦、石灰、铜、铝、合成氨、乙烯、化肥、烧碱、纯碱等采用了这样的研究方法。

三是参考行业分析以及行业专家讨论，这也是以前常用的方法。课题组参与了大量的各个行业发展的讨论，充分听取行业专家的意见，吸收到研究中。

图 6 - 4 给出了利用 IPAC - CGE 模型分析的工业分行业的增加值。其中的黑色金属制造业和非金属制造业可以用来分析未来钢铁和水泥的需求。

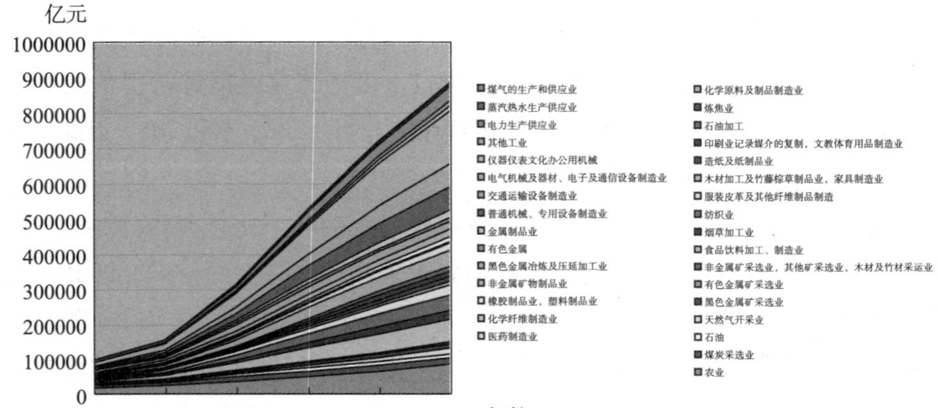


**图 6 - 4　2005—2050 年中国工业分行业增加值**

目前对高耗能产业发展影响较大的是建筑和其他基础设施的建设，以及城市化带来的日常消费水平的提高。图 6－5 给出了我国建筑业企业房屋建筑面积。建筑占据了钢材消费的 50%～58%，水泥消费的 65%～70%，铜铝等有色金属在建筑中的消费量也占主要比重。图 6－6 给出了采用第二种方法我国钢材需求情景。在进行这个分析时，考虑了以下因素：下游部门的发展情景，每年建筑竣工面积、大型基建的体量包括大坝、机场、城市下水道等基础设施、每年新建公路、造船的订单量、汽车产量、能源工业中用钢量大的装备如煤电站、每年新建铁道等；技术进步，如高强钢筋在建筑中的应用，高强钢在汽车中的应用；材料替代，如机动车中和火车车辆中更多使用其他金属和材料等。

从图 6－5 可以看出，2015 年我国每年竣工建筑面积已经超过 40 亿平方米，人均增长基本在 3.3 平方米左右。由此看出，除非每年竣工建筑面积不再增长，甚至开始下降，否则即使考虑现有建筑大幅度拆掉的情况下，到 2050 年既有建筑面积将超过 1200 亿立方米，人均建筑面积会超过美国。现在每年竣工建筑面积超过了英国既有建筑面积的 20%。我们认为，我国的在建建筑面积和每年竣工建筑面积很快达峰或者已经达峰。未来饱和以后，我国每年竣工建筑面积会下降到 10 亿～15 亿平方米。考虑到建筑材料的技术进入如高强钢筋等的发展，以及建筑结构形式的变化，未来建筑对钢材和水泥的需求将明显下降。这仅是一个例子，大部分高耗能产品的生产也都将随着我国构建成为一个发达经济体所需的基础设施建设完成而大幅度下降。一些基础化工产品的生产会平缓增长，主要是由于城市化率的提高，对超市消费品的需求不断增加。图 6－6 给出了钢铁的分部门需求预测。

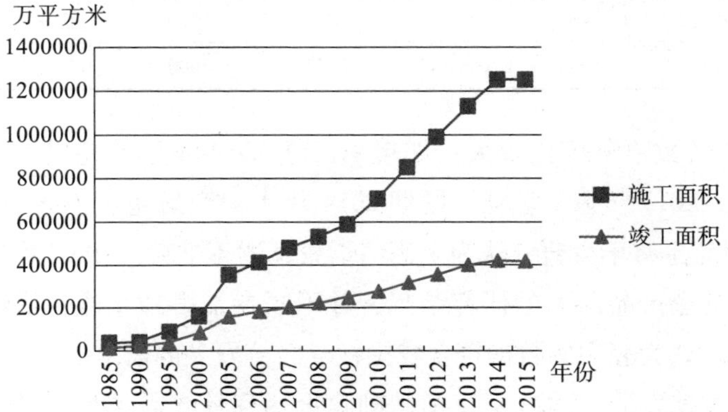


**图 6－5　1985—2015 年中国建筑业企业房屋建筑面积**

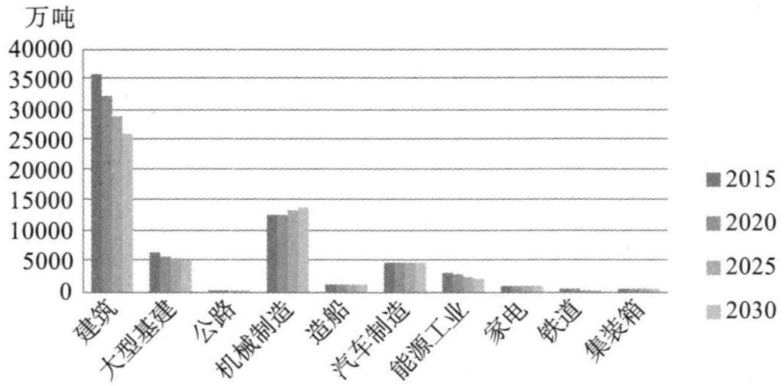


**图 6－6　钢材需求情景**

根据上面几种研究方法，表 6－4 给出了主要高耗能产品产量情景。

**表 6－4　主要高耗能产品产量情景**

| 年份 | 2005 | 2010 | 2014 | 2020 | 2035 | 2050 |
|---|---|---|---|---|---|---|
| 粗钢（亿吨） | 3.55 | 6.27 | 8.13 | 8 | 6.9 | 5.5 |
| 水泥（亿吨） | 10.6 | 18.68 | 24.9 | 23 | 18 | 12 |
| 玻璃（亿重量箱） | 3.99 | 5.8 | 8.31 | 8.5 | 7.8 | 6.5 |
| 铜（万吨） | 260 | 479 | 795 | 850 | 830 | 750 |
| 电解铝（万吨） | 851 | 1695 | 2438 | 3500 | 3000 | 2600 |
| 铅锌（万吨） | 510 | | 1005 | 1100 | 950 | 800 |
| 纯碱（万吨） | 1467 | | 2525 | 2700 | 2550 | 2400 |
| 烧碱（万吨） | 1264 | | 3063 | 3100 | 2900 | 2700 |
| 纸和纸板（万吨） | 6205 | 9270 | 11785 | 12000 | 13000 | 12000 |
| 化肥（万吨） | 5220 | | 6876 | 7100 | 6500 | 6300 |
| 乙烯（万吨） | 756 | | 1696 | 3400 | 3600 | 3300 |
| 合成氨（万吨） | 4630 | | 5699 | 5700 | 5600 | 5000 |
| 电石（万吨） | 850 | | 2447 | 2600 | 2450 | 2300 |

表 6－4 的数值争议比较大，如粗钢产量 2014 年已经超过 8 亿吨，2016 年 8.3 亿吨，2017 年 8.1 亿吨。同期 2014 年水泥产量超过 24 亿吨，2017 年 23 亿吨。因此也有不少研究认为上面的情景预测不准确。IPAC 模型组也在不断检查对高耗能产品需求的研究结果，并不断参加多种交流，最终仍然采用表中的结果，认为表中的数据符合我国社会经济发展的需求。“十一五”以来高耗能产品快速发展，缩减了我国基础建设达到最终需求目标的时间，也就是说，原来需要 30～50 年建设的时间，现在仅需要 15～30 年就可以实现。

特别是每年基础设施建设量的峰值，原来我们分析有可能在2020—2025年实现，现在看来，很有可能在2020年前就能实现。也就是说，按照目前发展，2020年之前不少高耗能工业产品产量将达到生产峰值，之后开始缓慢下降。这样的发展格局，对高耗能工业本身的发展也很不利。高耗能工业自身应该认识到这样的发展格局，避免失误投资的出现。

2000—2014年，我国能源和电力增长的70%由六大高耗能工业所消费（见图6－7）。[①] 因此，一旦高耗能工业的发展趋势和“十一五”期间相比发生明显变化的话，我国能源需求增长的格局也相应发生明显变化。

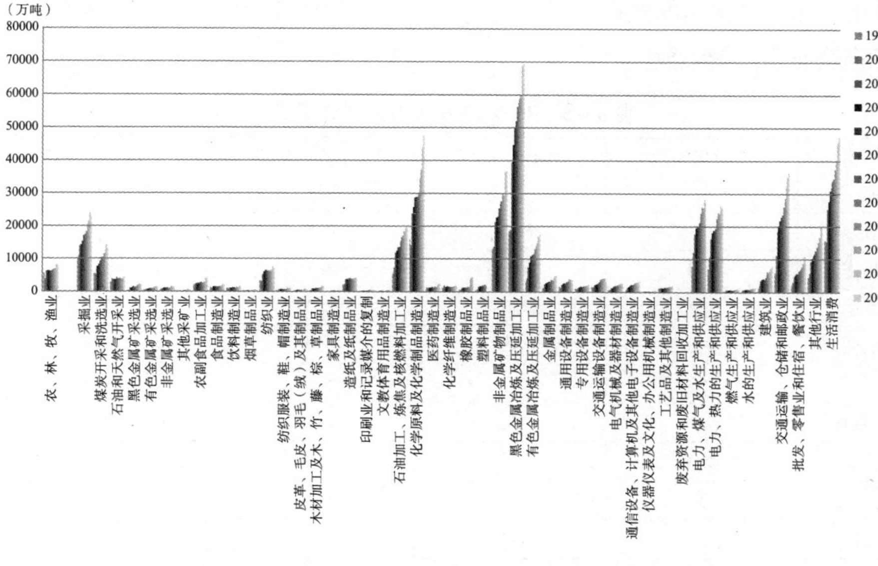


**图6－7 1995—2014年中国分部门能源消费量**

由于中国制造业竞争能力非常强，同时工业生产的产业化和集成度越来越高，自动化水平越来越高，致使在劳动力成本不断上升的情况下，中国产业向外转移的程度远低于原来的估计。因此总体上，这里设定未来中国制造业仍旧比较有竞争力，基础原材料之外的制造业长期保持良好发展状态。

根据目前的发展状况，2020年之前我国大部分高耗能产品产量增长速度缓慢，而且将达到峰值，甚至开始下降。因此，我国在“十三五”期间以及以后的能源上升幅度将明显减缓。但是未来长期工业用能仍将长期保持较高水平。

① 国家统计局．中国统计年鉴2016［M］．北京：中国统计出版社，2016.

### 3. 建筑

建筑发展的主要驱动因素是人口和收入水平。模型分析中将建筑能源需求划分为三个部门：城市居民、农村居民和服务业。城市居民和农村居民的主要驱动因素是户数以及每户的面积，服务业的主要驱动因素是服务业的建筑面积。

这里我们用建筑面积，结合城市化率、全国实现小康以后的生活需求，来分析未来我国的建筑面积。其和相关产品产量，如钢铁、水泥、玻璃等的需求密切相关。

表 6 –5 给出了 2007 年发达国家的居住面积，即使用面积，用于和我国进行对比。而我国给出的数据一般为建筑面积，两者相差 25% ~35% 。表 6 –6 给出了建筑面积情景参数。

**表 6 –5　2007 年发达国家居住面积**

| 指标<br>国家 | 户均房间数（间） | 户均使用面积（平方米） | 户均居住人口（人） | 人均住宅使用面积（平方米/人） |
|---|---|---|---|---|
| 奥地利 | 3.3 | 89.1 | 2.5 | 35.6 |
| 丹麦 | 3.8 | 108.5 | 2.1 | 51.7 |
| 芬兰 | 3.7 | 76 | 2.3 | 33.0 |
| 法国 | 3.8 | 88 | 2.6 | 33.8 |
| 爱尔兰 | 5 | 99 | 3.1 | 31.9 |
| 卢森堡 | 5.1 | 118.4 | 2.7 | 43.9 |
| 德国 | 4.3 | 86.7 | 2.2 | 39.4 |
| 荷兰 | 4 | 98 | 2.4 | 40.8 |
| 匈牙利 | 4.1 | 83 | 2.9 | 28.6 |
| 瑞典 | 3.4 | 89.8 | 2.1 | 42.8 |
| 英国 | 3.6 | 76 | 2.4 | 31.7 |

**表 6 –6　模型建筑面积情景设计**

| 年份<br>指标 | 2005 | 2010 | 2020 | 2035 | 2050 |
|---|---|---|---|---|---|
| 城镇住房建筑面积（平方米） | 146.71332 | 202.86 | 335.664 | 471 | 512 |
| 农村居住面积（平方米） | 217.7 | 232.3 | 202.5 | 162 | 133 |
| 全社会建筑面积（平方米） | 364.4 | 435.1 | 538.1 | 633 | 645 |
| 其他建筑的比例（%） | 10 | 13 | 19 | 26 | 28 |
| 建筑总面积（平方米） | 485 | 588.0 | 657 | 855 | 896 |
| 年均增长速度（%） |  | 3.9 | 2.4 | 1.8 |  |

城镇居民未来能源服务量需求与城镇居民人口和人均居住面积增加、居民收入水平提高、能源消费结构及消费观念变化、耗能家用器具普及率及其能耗效率提高以及能源价格和耗能器具的价格等因素有关。

我国城镇居民未来年份服务量预测的主要依据是：

（1）食品结构与炊事习惯不会有显著变化，炊事用能增加不会过多。但由于热水需求量剧增，将使热水用能大幅度增长。炊事用能燃气化率和各类灶具的效率将有所提高。

（2）人均住房面积的增加和采暖区的扩大，将导致采暖的居民户数增加；室温提高及采暖期延长；燃气热电联产及效率高的集中供热比重增加，锅炉供暖效率提高；户用天然气取暖器将进入居民家庭，小火炉供暖比重逐渐缩小。

（3）家用电器数目增加及使用时间及频率增多；节能型家电将进入市场；居民对空调器的需求日益增长；在照明方面将大力推广高效 LED 灯。

（4）考虑到对减少温室气体和大气环境污染物排放以及改善室内环境等因素，未来居民生活用能源的结构将得到改善。

随着收入的增长，居民对居住室内舒适度的要求将不断提高。对于北方居民而言，延长采暖时间、保持冬季室内的舒适温度、增加夏季空调使用时间等将成为基本需求；对于气候过渡地区及南方居民来说，增加冬季采暖、延长夏季空调使用时间等将成为一般需求。同时居民生活中更多采用节能电器和可再生能源。

表 6－7 为城市居民的模型参数。

**表 6－7 城市居民模型参数**

| 指标 \ 年份 | 2020 | 2035 | 2050 |
|---|---|---|---|
| 居民户数（百万户） | 288 | 347 | 380 |
| 采暖比例（%） | 42 | 45 | 48 |
| 采暖强度指数（2000＝1） | 1.35 | 1.5 | 1.6 |
| 采暖时间指数（2000＝1） | 1.33 | 1.37 | 1.4 |
| 50%及以上采暖节能建筑比例（%） | 20 | 0.5 | 65 |
| 百户空调拥有量（台/百户） | 130 | 200 | 260 |
| 空调强度指数（2000＝1） | 1.3 | 1.45 | 1.6 |

续表

| 指标＼年份 | 2020 | 2035 | 2050 |
|---|---|---|---|
| 空调利用时间指数（2000 = 1） | 1.6 | 1.9 | 2.2 |
| 冰箱拥有率（每百户） | 100 | 122.5 | 130 |
| 冰箱平均容量（升） | 250 | 330 | 390 |
| 冰箱效率（kWh/天） | 0.8 | 0.76 | 0.7 |
| 洗衣机拥有率（%） | 100 | 100 | 100 |
| 每周洗衣机利用次数（次） | 5.4 | 8 | 8 |
| 电视机拥有率（%） | 180 | 237.5 | 290 |
| 电视机平均功率（W） | 320 | 295 | 280 |
| 每台电视机每天观看时间（小时） | 3.5 | 3.1 | 2.9 |
| 照明节能灯普及率（%） | 100 | 100 | 100 |
| 每户照明灯数（40W 荧光灯标准照度）（个） | 14 | 22.5 | 27 |
| 热水器拥有率（%） | 100 | 100 | 100 |
| 太阳能热水器拥有率（%） | 18 | 27 | 33 |
| 百户电炊具拥有率（%） | 130 | 170 | 260 |
| 电炊具每天利用时间（分钟） | 12 | 35 | 50 |
| 其他家电容量（W） | 1500 | 1900 | 1900 |
| 其他家电每天利用时间（分钟） | 50 | 85 | 100 |

考虑到农村居民收入上升，以及农村居民居住模式为独体建筑为主，达到同样用能服务水平需要比城市居民的用能需求要多。2030 年以后，农村居民收入水平达到小康，家用电器基本完全普及，用能服务强度与城市相比相差不大。农村居民模型参数见表 6 – 8。

**表 6 – 8　农村居民技术参数**

| 指标＼年份 | 2020 | 2035 | 2050 |
|---|---|---|---|
| 居民户数（百万户） | 152 | 124 | 101 |
| 采暖比例（%） | 42 | 44 | 45 |
| 采暖强度指数（2000 = 1） | 2.1 | 2.7 | 2.8 |
| 采暖时间指数（2000 = 1） | 1.5 | 1.7 | 1.8 |
| 50% 及以上采暖节能建筑比例（%） | 15 | 43 | 65 |
| 百户空调拥有量（台/百户） | 45 | 100 | 190 |

续表

| 指标 \ 年份 | 2020 | 2035 | 2050 |
|---|---|---|---|
| 空调强度指数（2000 = 1） | 2 | 2.7 | 2.9 |
| 空调利用时间指数（2000 = 1） | 1.7 | 2.0 | 2.1 |
| 冰箱拥有率（台/百户） | 70 | 96 | 99 |
| 冰箱平均容量（升） | 220 | 313 | 380 |
| 冰箱效率（kWh/天） | 0.86 | 0.75 | 0.7 |
| 洗衣机拥有率（台/百户） | 78 | 96 | 100 |
| 每周洗衣机利用次数（次） | 4 | 8 | 12 |
| 电视机拥有率（台/百户） | 130 | 193 | 230 |
| 电视机平均功率（W） | 270 | 267 | 260 |
| 每台电视机每天观看时间（小时） | 3.5 | 3.1 | 2.6 |
| 照明节能灯普及率（%） | 70 | 100 | 100 |
| 每户照明灯数（40W 荧光灯标准照度）（个） | 10 | 19 | 22 |
| 热水器拥有率（%） | 70 | 1 | 100 |
| 太阳能热水器拥有率（%） | 48 | 83 | 90 |
| 百户电炊具拥有率（%） | 55 | 53 | 100 |
| 电炊具每天利用时间（分钟） | 8 | 35 | 56 |
| 其他家电容量（W） | 1000 | 1450 | 1900 |
| 其他家电每天利用时间（分钟） | 30 | 68 | 90 |

建筑业能源需求预测的主要驱动因子是建筑面积和所提供的能源服务。建筑业的建筑根据用途一般分为商业、教育、政府、医院、金融等类型。本报告对不同建筑类型进行分析，见表 6 – 9。表 6 – 10 给出服务业情景参数。

**表 6 – 9 服务业用能主要因素**

| 年份 \ 指标 | 建筑面积（亿平方米） | 大型公共建筑面积（亿平方米） | 大型公共建筑平均电器容量（W/平方米） | 电器节能率（%） | 其他公共建筑面积（亿平方米） | 其他公共建筑平均电器容量（W/平方米） | 电器节能率（%） | 采暖节能率（50% 节能建筑，考虑 65% 和 75%）（%） |
|---|---|---|---|---|---|---|---|---|
| 2005 | 41 | 5.6 | 36.9 | | 35.4 | 11.4 | | |
| 2010 | 69 | 9.8 | 45.4 | 3 | 59.2 | 12.1 | 3 | 5 |
| 2020 | 146 | 22 | 58.7 | 9 | 124 | 13.3 | 8 | 30 |
| 2030 | 245 | 39 | 72.1 | 19 | 206 | 14.9 | 17 | 65 |
| 2035 | 278 | 45.5 | 78.3 | 24 | 232 | 15.7 | 22 | 73 |
| 2050 | 340 | 63 | 95.1 | 41 | 277 | 18.0 | 40 | 95 |

**表 6-10 服务业技术参数**

| 指标 / 年份 | 2020 | 2035 | 2050 |
| --- | --- | --- | --- |
| 服务业建筑面积（亿平方米） | 146 | 269 | 340 |
| 采暖比例（%） | 34 | 39 | 41 |
| 采暖强度指数7（2000 = 1） | | 1.4 | 1.6 |
| 采暖时间指数4（2000 = 1） | | 1.2 | 1.3 |
| 50% 以及上采暖节能建筑比例（%） | 30 | 69 | 80 |
| 复印机拥有率（%） | 12 | 15 | 18 |
| 计算机拥有率（%） | 55 | 66 | 70 |
| 计算机使用时间强度指数（2000 = 1） | | 1.3 | 1.6 |
| 电梯拥有率（%） | 16 | 19 | 20 |
| 其他电器平均容量（$kW/10m^2$） | 1.2 | 1.5 | 1.6 |

### 4. 交通

未来我国交通发展的主要因素是经济增长和收入增长。经济增长是货运周转量增长驱动因子。收入增长则是旅客周转量增长的主要因子。

（1）货物周转量预测。货物周转量和经济增长之间有良好的相关关系，许多研究报告已经确认了这一点（世界银行，2000；朱松丽，2004）。即使在已经高度发达的国家和地区，如美国、日本、欧盟，其货物周转量与 GDP 之间的弹性仍然在 1 左右。

但是考虑到我国目前的货物运输格局，对中国未来货物运输量的发展需要进行更为详尽的分析。我国货物周转量，1990—2016 年年均增长 8%，2000—2016 年年均增长 12.31%。货运量 1990—2010 年年均增长 4.75%，2000—2016 年年均增长 6.5%。2010 年，我国主要高耗能产品和能源的产量为 60.4 亿吨，粗略估计占 2010 年货运量的 27% 左右。2016 年，我国主要高耗能产品和能源的产量均包含在货运量中，如果除去这些产品，其他产品的货物运输增长速度同期分别为 4.1% 和 5.6%，说明这些高耗能产品和能源产品的增长是货物运输的主要驱动因子。如果考虑到 2020 年以后能源和高耗能产品增长有限，因此在分析未来货物交通周转量的情况下需要有针对性地分析。在这种情况下，得到中国未来货物周转量预测。

（2）客运周转量预测。客运周转量预测主要考虑随着收入增长导致的出行需求的增长和出行方式的变化情况。

未来机动车预测在国际和国内已经进行过许多研究。大多研究采用了趋势分析法，即根据过去中国的机动车发展趋势采取一些简单的模型推算出未来中国的机动车拥有量（见图6－8）。大多数结果表明，到2020年，中国的汽车拥有量在9000万辆到1.8亿辆之间，2030年在1.2亿辆到2.5亿辆之间。

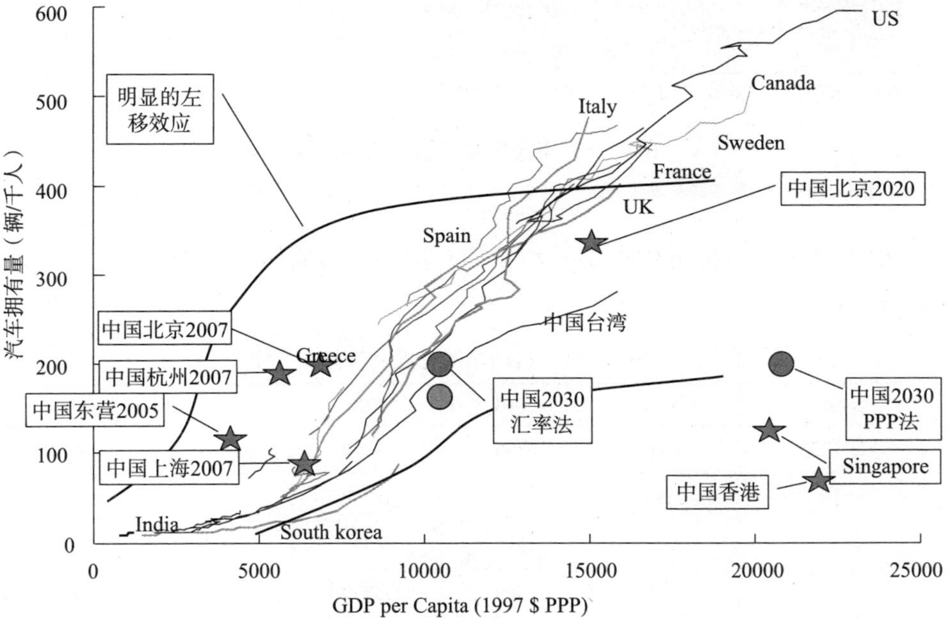


**图6－8　收入与汽车拥有量之间的关系**

为了能够更好地分析未来交通格局，我们又按照人口将城市划分为不同的组别，不同类型城市有不同的城市交通模式。由于不同的城市其出行距离和人口密度很不同，所以不同的城市可以有不同的交通模式。（见图6－9）城市分类的一个主要目的是分析公共交通，特别是轨道交通的发展，以及不同城市控制道路机动车交通的可能对策。

根据城市发展相关研究和规划，未来年份城市分布将走向大型化，2050年将有超过150个人口200万以上的大型城市，承担人口超过5.4亿人。200万以上人口均适合建设轨道交通。500万以上人口城市应以轨道交通为主，轨道交通承担城市出行的相当比重。100万以上人口城市以公共交通为主。小城市则以个体交通为主，包括小汽车和自行车出行。

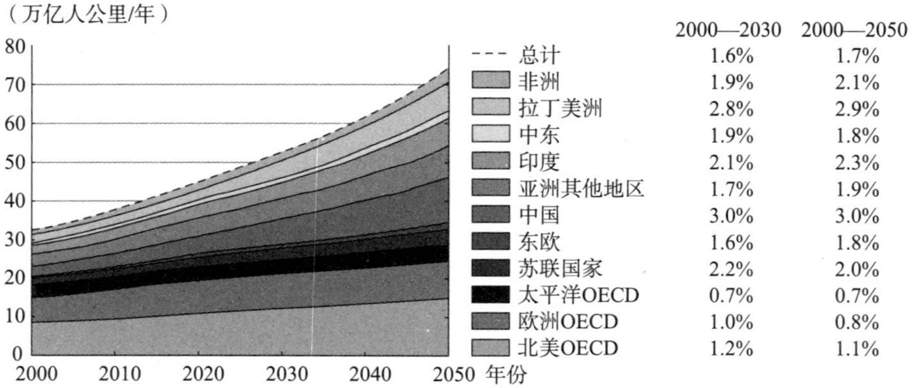


**图 6－9　不同地区的私人交通里程**

资料来源：世界可持续发展商业委员会 . 2030 年机动性：迎接可持续性的挑战 .

根据上面的分析可以得到机动车拥有量和交通周转量情景，见表 6－11 和表 6－12。

**表 6－11　机动车拥有量（万辆）**

| 年份 | 2005 | 2010 | 2020 | 2035 | 2050 |
|---|---|---|---|---|---|
| 汽车总量 | 3160 | 6836 | 19538 | 48022 | 60524 |
| 乘用车 | 2132 | 4869 | 16330 | 42845 | 53117 |
| 货车 | 1027 | 1967 | 3208 | 5177 | 7407 |
| 小汽车 | 1919 | 4589 | 15970 | 42230 | 52217 |
| 家庭小汽车 | 1100 | 3589 | 14770 | 40730 | 50617 |
| 其他小汽车 | 819 | 1000 | 1200 | 1500 | 1600 |
| 小巴 | 131 | 162 | 202 | 324. 5 | 450 |
| 大型客车 | 82. 3 | 117. 6 | 158. 4 | 290. 1 | 450 |
| 小型客车 | 214 | 280 | 360 | 615 | 900 |
| 摩托车 | 6582 | 9947 | 10942 | 12036 | 11434 |

**表 6－12　交通周转量（亿人公里/吨公里）**

| 年份 | 2005 | 2010 | 2020 | 2035 | 2050 |
|---|---|---|---|---|---|
| 客运周转量 | 3446 | 5954 | 9931 | 18664 | 31841 |
| 货运周转量 | 9394 | 14598 | 21699. 9 | 34891. 25 | 48526. 8 |
| 公路客运周转量 | 2628 | 4796 | 7946 | 14064. 5 | 20795 |

续表

| 年份 | 2005 | 2010 | 2020 | 2035 | 2050 |
|---|---|---|---|---|---|
| 铁路客运周转量 | 606 | 790 | 1125 | 1683 | 2453 |
| 航空客运周转量 | 204 | 360 | 853 | 2909. 5 | 8585 |
| 水运客运周转量 | 7 | 7 | 7 | 7 | 7 |
| 公路货运周转量 | 2251 | 3601 | 6922 | 15179 | 22864 |
| 铁路货运周转量 | 2073 | 2746 | 4083 | 6806 | 11040 |
| 航空货运周转量 | 8 | 12 | 29 | 127 | 482 |
| 水运货运周转量 | 4954 | 8029 | 12419 | 22672 | 39885 |
| 管道 | 109 | 209 | 657 | 2457. 5 | 6607 |

## 四、中长期情景结果

### （一）一次能源需求

一次能源消费量如图 6 – 10 到图 6 – 12 所示。从中可以看出，未来一次能源需求总体上增长比较缓慢。即使能源政策情景中，到 2050 年也仅为 61. 5 亿吨标准煤，与 2015 年的 43. 3 亿吨标准煤相比，35 年期间增加 18. 3 亿吨标准煤，增长 42%，年均增长率为 1%。在强化能源转型情景中，2050 年一次能源需求量为 53 亿吨标准煤，和 2015 年相比增长 9. 8 亿吨，增长为 23%，年均增长速度仅为 0. 6%。

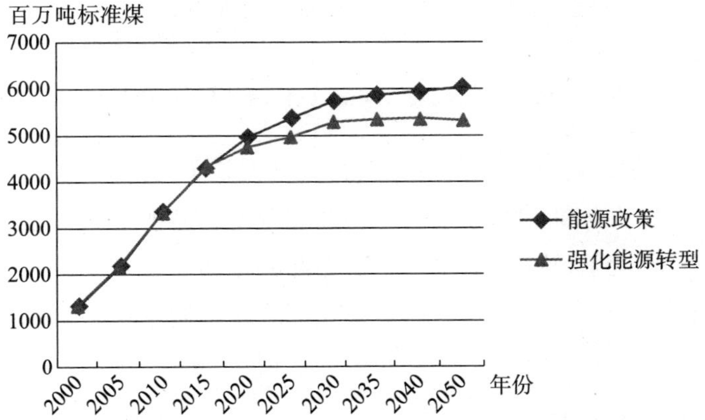


图 6 – 10　分情景一次能源需求量

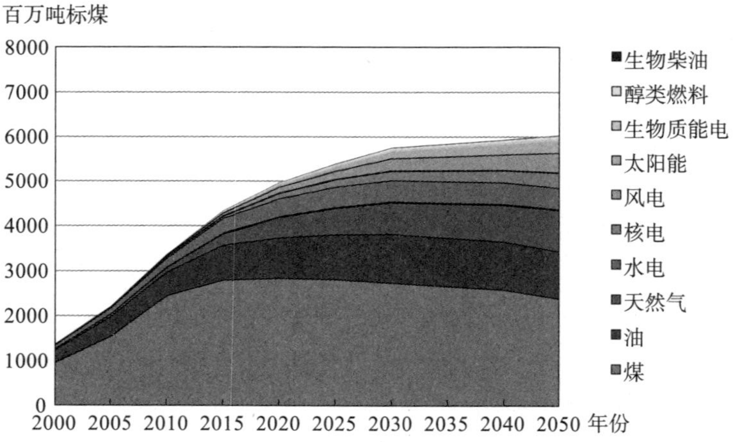


**图 6－11　一次能源需求量（能源政策情景）**

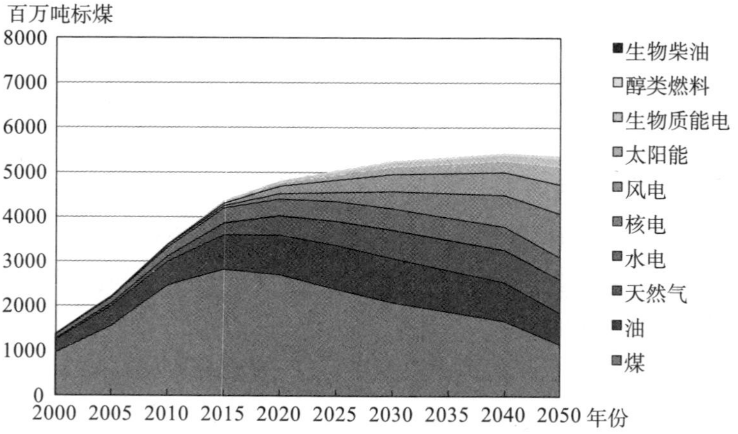


**图 6－12　一次能源需求量（强化能源转型情景）**

能源结构明显优化。煤炭基本不增长或者明显下降。在能源政策情景中，2050 年煤炭需求基本和 2020 年持平。考虑到情景中煤化工的发展，煤炭没有出现明显的下降。到 2050 年煤炭占一次能源的比例为 52%。而在强化能源转型情景中，2035 年、2050 年煤炭占一次能源的比例下降到 21%，为 15.5 亿吨（11 亿吨标准煤）。

## （二）终端能源需求

### 1. 全国终端能源需求

由于经济结构调整、节能技术的普及，以及将终端能源结构更多转向电力，未来我国将进入一个低能源需求增长阶段。从2020年到2030年开始，终端能源消费量增长速度降低到0.7%～1.4%，其中强化能源转型情景至2025—2030年有可能达到峰值，之后缓慢下降。（见图6－13—图6－15）

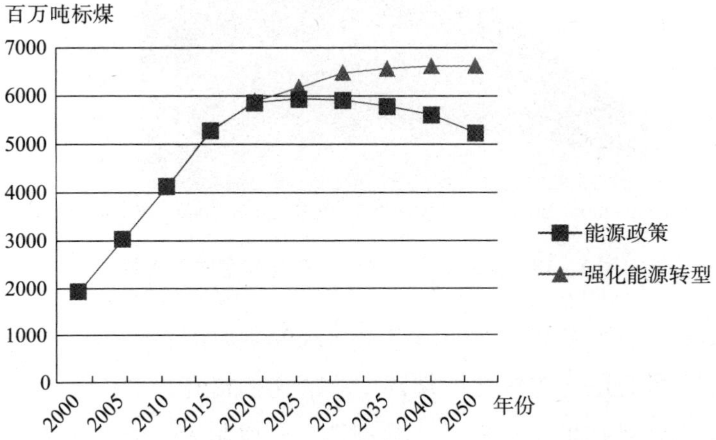


**图6－13　终端能源需求量**

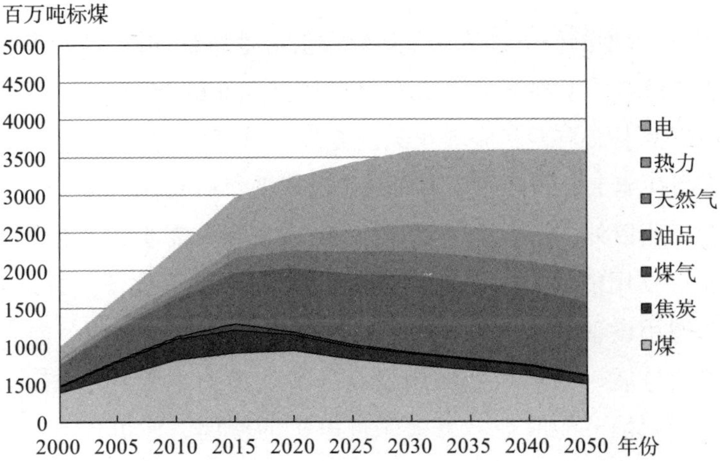


**图6－14　终端能源需求量（能源政策情景）**

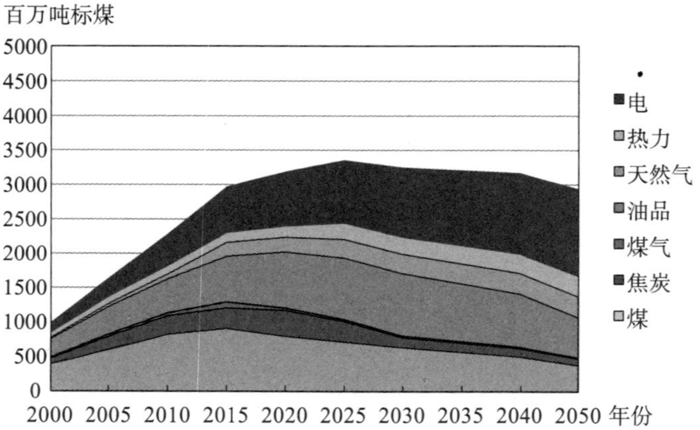


**图 6－15　终端能源需求量（强化能源转型情景）**

强化能源转型情景终端能源消费量达峰的主要因素除了经济转型和节能效果外，核心的是电力需求在终端部门中的比例提高，工业也走向高端制造业，更多的工业增加值来自电子产品制造、机械制造、交通设备制造，以及和城市消费相关的行业如食品加工业、医药制造业等。随着生产线自动化水平不断提升，用电水平也随之提高。

2. 工业

根据 IPAC 模型的研究结论，工业终端能源消费量如图 6－16 所示。由于高耗能工业产量总体上在未来出现下降，新兴工业的能耗水平明显很低，因此，即使在模型中给予了其他工业部门充足的发展空间，工业的终端能源消费量也由于高耗能工业能耗的下降而开始出现平台期或者下降。

高耗能工业以外的其他行业将是工业未来能源需求的主要增长点。其他工业行业主要用能设备为电机、锅炉、照明等通用设备，特别是以电机为主。这些通用设备节能进展很快，通过“十一五”以来的节能政策推动，已经有了较大进展。未来这些通用设备的节能潜力主要在于先进电机的推广使用、中小锅炉节能改造。未来先进电机的使用，还可以有 10% ~12% 的节能空间；中小锅炉的节能改造，也有 8% 左右的节能空间。但是随着国家大气雾霾控制力度的加大，未来将普及中小型锅炉的超清洁排放，超清洁排放会导致锅炉整体效率下降 1% 左右。为实现大气污染物排放的严格控制，以及能源效率的提高，模型中设置了未来工业入园，所有中小型工业都进入产业园，采用集中供热、热点联供，以及余热利用方式，进一步提

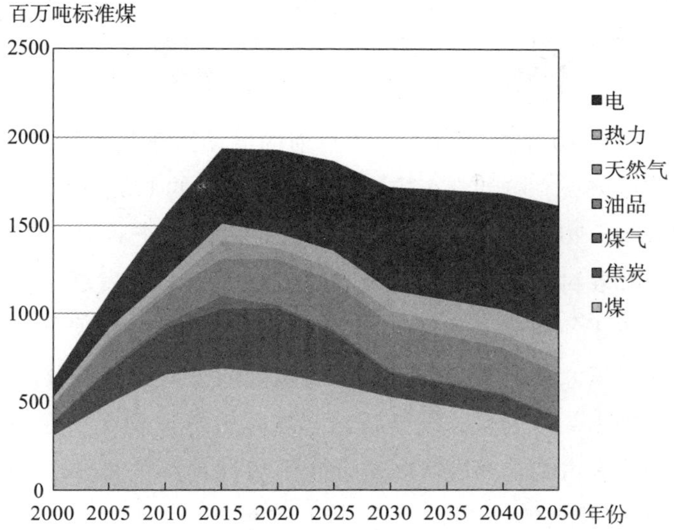


**图 6－16　工业终端能源消费量（强化能源转型情景）**

升能源效率，促进循环经济。

### 3. 交通

强化能源转型情景下我国交通能源需求量如图 6－17 所示。随着我国社会经济发展水平的提高，交通出行的需求也越来越大。但是随着机动车的燃油经济性不断提高、公共交通的发展、非机动车出行的推进、电力驱动交通模式的发展，交通部门的能源需求增长将在 2030 年之后开始明显下降。

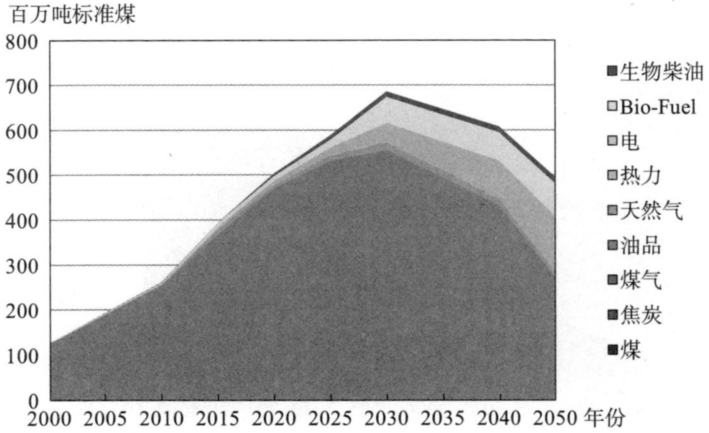


**图 6－17　交通能源需求量（强化能源转型情景）**

机动车电力化是一个重要的因素。2025 年之后，电动小汽车开始占据销售市场的主要部分，2030 年之后燃料电池卡车、船舶开始大规模使用。从终端效率来说，电力可以明显替代汽柴油，同时电动汽车的效率也明显提升，百公里电耗可以在 10 千瓦时以下，比目前的电动汽车效率提升 30% ~60% 。从终端能源角度来说，电动汽车的能耗仅为汽油车的 1/5 到 1/8，从而出现了明显的替代效果，2030 年电动汽车开始普及的时候，交通用油量将明显下降。

同时城市和农村公共交通，以及城市间铁路运输的发展是另外一个重要的节能因素。由于各地节能环保的压力，促进公共交通发展已经成为一个主要的清洁交通政策。在情景中也设计了大幅度的公共交通发展。2050 年中国地铁长度会达到 1.7 万公里，高速铁路和城际轨道达到 5.4 万公里，通过轨道运输输送的旅客占到全部旅客周转量（不包括自行车和步行）的 42% 。城市公共汽车和出租车基本电动化，由于政策推动，公共汽车交通出行占到 27% 。

#### 4. 建筑

建筑部门未来消耗的能源主要为电力、热力和天然气。如果可以应用合适的政策，同时考虑到技术进步，建筑部门能源需求有可能在 2040 年达到峰值，之后开始下降。2030 年之后的增长速度已经很慢，这和 2030 年之前中国经济快速发展、城市化率快速提高，之后则明显放缓相一致。图 6 –18 至图 6 –21 给出了强化能源转型情景下服务业、居民及建筑的能源需求量。

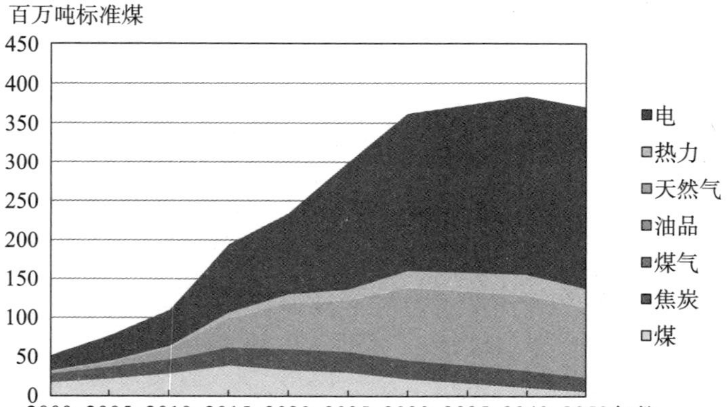


**图 6 –18　服务业能源需求量（强化能源转型情景）**

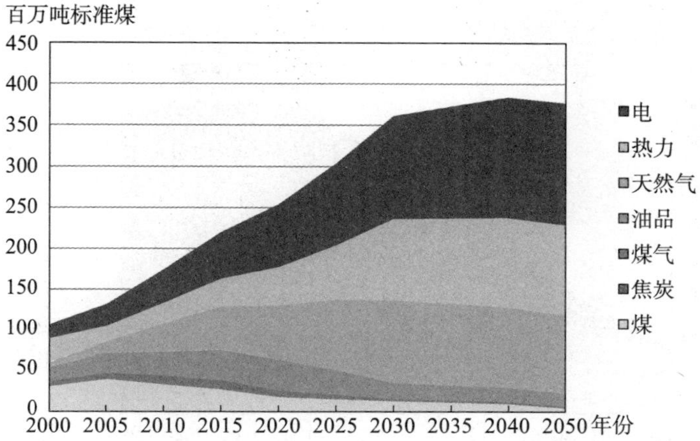


**图 6－19　城市居民能源需求量（强化能源转型情景）**

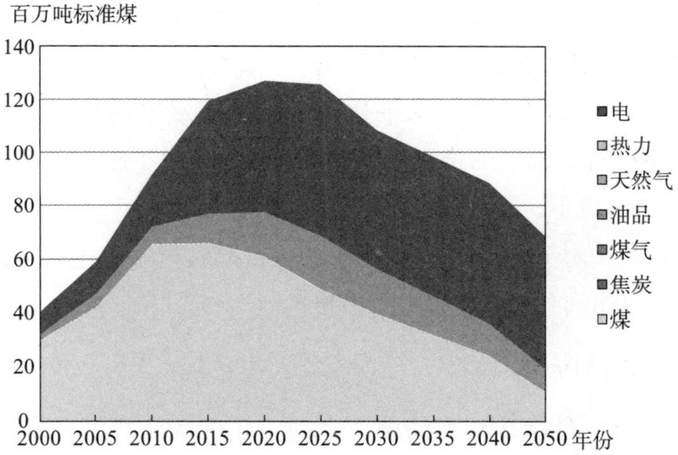


**图 6－20　农村居民能源需求量（强化能源转型情景）**

居民生活中，增加能源需求的主要因素包括人均住宅建筑面积的扩大以及城市化率的提高。居民生活中用能技术能源效率的提高对于抑制能源消费的快速增长提供了强力支持。LED 灯具的成本明显下降，使得 LED 照明可以不再用任何政策推动就已经完全占据市场，导致照明用电出现明显下降。家用电器中高效空调、高效电冰箱、节能洗衣机、节能炊具、LED 电视等，均具有很大的节能潜力，其中很大部分目前已经在市场上普及。空调、电视等家用电器仍然有大的节能空间。太阳能热水器在政策推动以及成本低的因素驱动下，对于减少家庭热水能耗也有显著的贡献。另外，

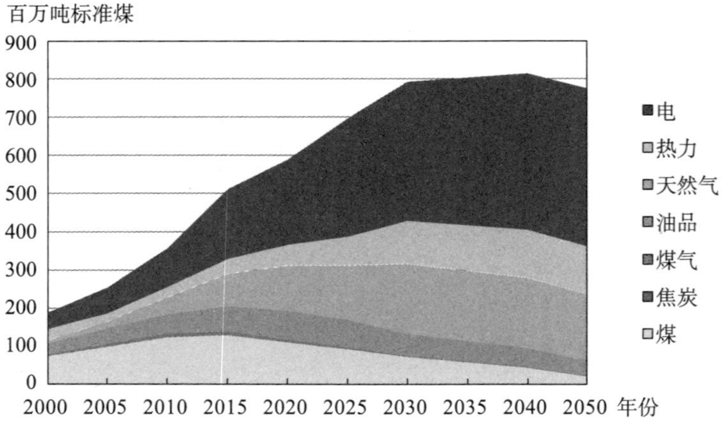


**图 6－21　建筑能源需求量（强化能源转型情景）**

我国在建筑节能方面还有很大的节能空间，如被动式住房，如大力推进，对未来的采暖能耗的增长产生明显影响。考虑到未来的技术进步，多种节能潜力，即使我国在实现收入水平达到发达国家水平的情况下，我国居民建筑能耗也不会有大幅度的增长，到 2050 年的时候，占全国终端能源消费量的比例在 14% 以下。

随着农村收入水平的提高，2030 年之后每户农村家庭用能将超过城市家庭。城市化和城市居住模式是高效和节能的。

## （三）能源供应

能源供应部门是能源转型的核心部门。在一次能源消费量中，非化石能源的增长是实现能源转型的主要因素。图 6－22、图 6－23 给出了两个情景下的发电量，图 6－24 给出了发电装机容量。

在强化能源转型情景下，到 2050 年非化石能源占发电装机容量的 85% 以上，也占发电量的近 80%。也就是说，非化石能源发电量要从目前的 25% 左右，在不到 35 年的时间内增长到近 80%。这需要可再生能源和核电的大力发展。

从发电装机容量图中可以看到，2020 年之后，每年风力发电增加到 3000 万千瓦，光伏增加 2500 万千瓦以上，2030 年之后分别上升到 4000 万千瓦和 3000 万千瓦以上。从这些规模上来看，应该是可以实现的。特别是对于风力发电和光伏发电技术不断进步以后，根据专家的判断，

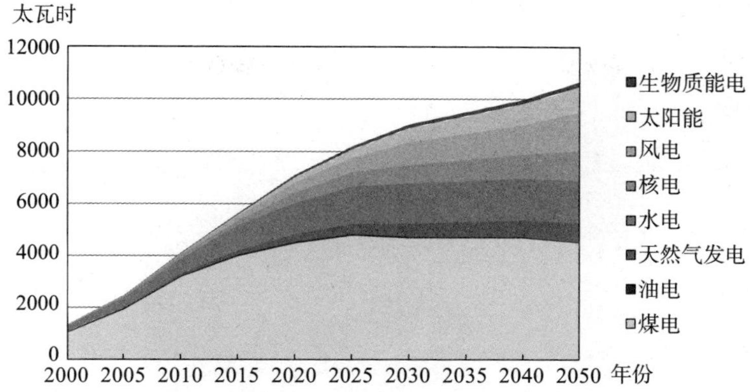


**图 6－22　发电量（能源政策情景）**

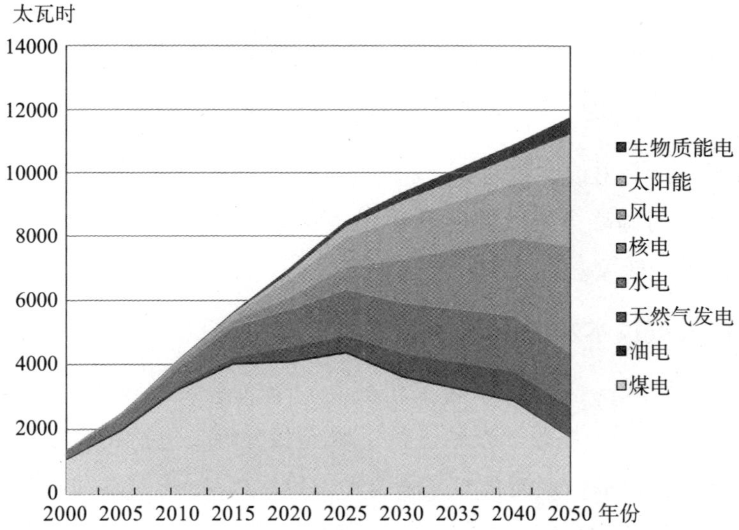


**图 6－23　发电量（强化能源转型情景）**

2025 年可以做到平价上网，这样就有可能在未来每年新增 1 亿千瓦以上的装机。

对于核电，尽管目前还存在一些争议，但是从能源系统角度来看，核电仍然是最为安全和清洁的发电方式之一，因此可以大力推进。特别是在新的堆型如三代堆开始良好运行之后，会有一个大的发展阶段。我们认为，我国可以连续 20 年每年投建 10～14 台核电机组，达到美国建堆高峰的水平。这样我们仍旧采用前期研究中的到 2050 年核电达到 4 亿千瓦以上的装机水平，同时维持高利用小时数。

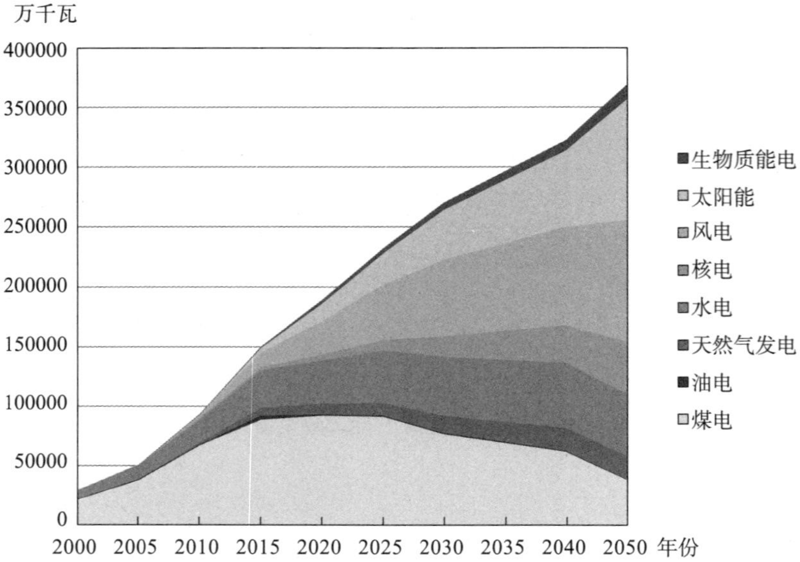


**图 6－24　发电装机容量（强化能源转型情景）**

对于煤电，会出现装机过剩，但是可以考虑将煤电的角色转变为支撑可再生能源发展的调峰方式，同时给予煤电调峰电价，维持煤电的盈利水平，支撑煤电的平稳转型。

## （四）关键技术发展

为了分析未来一些对能源需求和供应有重大影响的技术，自 2005 年以来，IPAC 模型组对一些重要技术进行了研究和分析，包括超高效空调、电动汽车、先进炼钢技术、碳捕获和存储技术（CCS）、先进天然气联合循环技术（NGCC）、燃煤一体化气化发电技术（IGCC）等①。同时 IPAC 模型组还和其他研究机构一起，对城市轨道交通、燃料电池、电池储能、超高效电机、热电冷联供技术、先进风机、先进太阳能光伏和光热发电技术、下一代可再生能源技术（海洋温差、新一代低热技术）、先进核电技术、核供热技术等进行了专门研究。这里给出一些主要技术的研究结论。

① 由于 IPAC 模型组并不擅长于技术，这些技术发展路线图的研究采用邀请技术专家进行分析的方法，如纯电动汽车路线图是邀请在国内的汽车制造企业（包括合资企业）的技术人员共同研究得出。

### 1. 空调能效水平稳步上升，超高效空调普及应用

空调的关键技术进步促进空调总体能效提升。目前空调的平均 EER（Energy Efficiency Ratio）为3.9（2016年），如果空调效率 EER 可以提高到接近8，即使未来制冷需求成倍增加，空调用电需求也不会有明显增加。根据模型预测，EER 达到8的超高效空调将在2050年得到普及。研究中采用了分析空调关键部件的技术进步，对未来的总体效率提升给出判断。图6－25给出了研究结果，对2015年、2020年、2030年、2040年和2050年给出预测额定 EER 和 SEER（Seasonal Energy Efficiency Ratio），并预测其相应能效提高技术的发展情况。

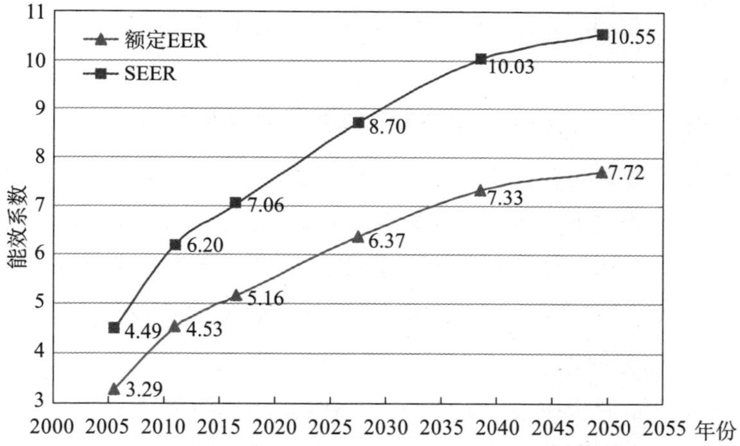


**图6－25 典型年份房间空调器额定 EER 和 SEER 的发展趋势和所采用的技术**

从2010年到2050年，我国房间空调器的能效水平将稳步上升的，尤其是2010年到2030年，能效水平提高幅度较大，额定 EER 将从3.29提高至6.37，提高了近一倍。预测在这20年间，直流调速技术取得重大突破和广泛应用，房间空调器的压缩机和风机都采用了这种技术，额定 EER 和 SEER 都得以较大幅度的提高。同时这20年间，换热器技术也高速发展，换热系数增大至原来的两倍以上，也极大地托高了空调器能效水平。预测2025年，一种新型的高效环保制冷剂大范围推广，带来了一次能效水平的阶梯上升。

2030年以后能效水平增幅有所降低，但仍稳步提高。预测2040年，又一轮制冷剂替代过程发生，房间空调器的能效水平再一次阶跃。同时预测这期间膨胀功回收技术获得实质性突破并用于房间空调器中，进一步提高了空调

器的能效水平。预计到 2050 年，压缩机技术、换热器技术、系统优化技术以及制冷效率都趋于极限，房间空调器的额定 EER 有望达到 7.72，SEER 达到 10.55。

预测结果表明，未来我国房间空调器和冷水机组的能效水平将保持先高速发展，后稳步提升的趋势。其中，2010—2030 年的发展幅度较大，预测到 2030 年，我国房间空调器的额定 EER 和 SEER 分别可达 6.37 和 8.70，冷水机组的额定 COP 和 IPLV 分别可达 7.24 和 10.07。2030—2050 年能效水平的发展放缓，但仍保持稳定提高态势，预测到 2050 年，我国房间空调器的额定 EER 和 SEER 分别有望达到 7.72 和 10.55，冷水机组的额定 COP 和 IPLV 分别有望达到 8.02 和 11.16。冷水机组若采用高温冷水技术方案，其能效水平有望提升一个档次，到 2050 年，其额定 COP 和 IPLV 分别有望突破 13.0 和 18.0。

**2. 技术进步和政策路线推动电动汽车进入快速发展阶段**

我国汽车产业仍有较大发展空间，汽车拥有量将持续增长。汽车拥有量，2010—2020 年年均增长 11%，2020 年接近 2 亿辆；2020—2030 年增速放缓，年均增长 7%，2030 年接近 4 亿辆。其中，小汽车拥有量的年均增长速度更高，2010—2020 年和 2020—2030 年将分别达到 13% 和 8%，在 2020 年和 2030 年小汽车拥有量将达到 1.6 亿辆和 3.5 亿辆。

随着技术进步和低碳发展的推进，小汽车结构将发生很大变化，电动汽车即将进入快速发展阶段。在全部小汽车中，普通汽柴油小汽车占比从目前的 61% 逐步减少到 2030 年的 2%；先进的低能耗汽柴油小汽车占比从目前的 37% 提高到 2030 年的 43%；混合动力小汽车占比从目前的很少量到 2030 年的 27%；电动汽车①从目前的很少量到 2030 年的 27%。强化能源转型情景的结果显示，电动汽车发展在 2020 年之前呈现缓慢增长趋势，2020 年之后进入快速发展阶段。全国电动汽车拥有量在 2020 年和 2030 年将分别增长到 800 万辆和 9500 万辆，详细数据见表 6－13、表 6－14。

① 本报告所指电动汽车包含纯电动汽车和氢燃料汽车。

**表 6－13　汽车发展前景展望（强化能源转型情景）（万辆）**

| 年份 | 2005 | 2010 | 2020 | 2035 | 2050 |
|---|---|---|---|---|---|
| 汽车总量 | 3160 | 6836 | 19538 | 48244 | 60524 |
| 乘用车 | 2132 | 4869 | 16330 | 43068 | 53117 |
| 货车 | 1027 | 1967 | 3208 | 5177 | 7407 |
| 小汽车 | 1919 | 4589 | 15970 | 42453 | 52217 |
| #混合动力汽车 | 0 | 0 | 639 | 6100 | 4800 |
| #先进混合动力汽车 | 0 | 0 | 479 | 3360 | 4800 |
| #先进汽柴油小汽车 | 0 | 0 | 319 | 3400 | 2100 |
| #电动汽车（包括燃料电池汽车） | 0 | 0 | 319 | 12000 | 45317 |
| #先进电动汽车 | 0 | 0 | 479 | 5579 | 41000 |

**表 6－14　电动汽车销售市场展望（强化能源转型情景）**

| 年份 | 2015 | 2020 | 2025 | 2030 | 2035 | 3025 |
|---|---|---|---|---|---|---|
| 全球年均销售市场（万辆） | 130 | 400 | 2000 | 3390 | 5500 | 8500 |
| 中国年均销售市场（万辆） | 25 | 120 | 500 | 941 | 1900 | 2700 |
| 中国占全球比例（%） | 19 | 20 | 25 | 28 | 34 | 32 |

但是实现我国电动汽车市场化是一项复杂而艰巨的系统工程，在未来很长一段时间里，我国电动汽车发展将围绕三大主要任务展开，即提高电池技术水平、降低电动汽车成本和完善充电设施建设。基于上述三大任务，通过详细分析和判断相关影响因素所涉及的技术变化趋势形成了强化转型情景下的电动汽车发展技术路线图展望（见表 6－15）。电动汽车发展技术路线图的绘制，是建立在众多国内外业内专家已有研究成果之上的探索性研究结论。

**表 6－15　电动汽车发展技术路线图展望（强化转型情景）**

| 年份 | 2006—2010 | 2011—2015 | 2016—2020 | 2021—2025 | 2026—2030 |
|---|---|---|---|---|---|
| 电动汽车发展目标 | | | | | |
| 电动汽车拥有量（万辆） | 很少量 | 125 | 800 | 5000 | 9400 |
| 电动汽车年均市场销售量（万辆） | 很少量 | 25 | 135 | 840 | 880 |
| 电动汽车技术进步 | | | | | |
| 最高时速（km/h） | 85 | 120 | 140 | 140 | |

续表

| 年份 | 2006—2010 | 2011—2015 | 2016—2020 | 2021—2025 | 2026—2030 |
|---|---|---|---|---|---|
| 续航距离（km） | 112 | 130 | 200 | 350 | 400 |
| 百公里耗电（kWh/100km） | 16～18 | 14 | 13 | 8 | 8 |
| 电池技术进步 | | | | | |
| 电池能量密度 | 90～125Wh/kg | 150Wh/kg；150Wh/L | 225Wh/kg；200Wh/L | 500Wh/kg；460Wh/L | 700Wh/kg |
| 电池总能量（kWh） | 16 | 24 | 40～48 | 80～93 | 112～124 |
| 电池组寿命（次） | 1000 | 1500 | 3000 | 3800 | 3800 |
| 电池成本（元/kWh） | 5025 | 2513 | 717 | 503 | 200 |
| 充电站技术和建设进程 | | | | | |
| 充电站发展计划（国网和南网） | 新建充电站 325 个；充电站 1.87 万个 | 新建充电站 4325 个；充电站 2.48 万个 | 新建充电站 1 万个；充电站 3 万个 | | |
| 充电站系统建设进程 | 常规充电（充电站）设施建设，更换电池方式试点。布局主要在居民小区或大型办公场所停车场 | 常规充电为主，快充和更换电池示范。布局主要在机场、火车站、医院、购物中心、加油站等公共场所建快充和更换电池站 | 常规充电为主，快充和更换电池为辅，形成充电站网络系统雏形 | 完善充电站网络系统，按电动车单次充电行驶里程布局充电系统。太阳能充电站示范，移动式充电站示范 | 充电集中控制技术使电动汽车成为电网的友好型用电负荷。太阳能充电站占有 5%～10% 的市场份额。移动式充电站得到应用 |

将促进我国电动汽车发展的战略、规划、行动方案以及政策和措施，落实在不同时段上，构成了电动汽车发展的政策路线图（见图 6－27），为政府决策部门制定国家电动汽车产业战略和规划提供了探索性研究结论。

**3. 碳捕获和存储技术（CCS）项目持续推进，应用前景广阔**

CCS 技术促进能源高效使用，在仍以化石能源为主的能源供应结构中实

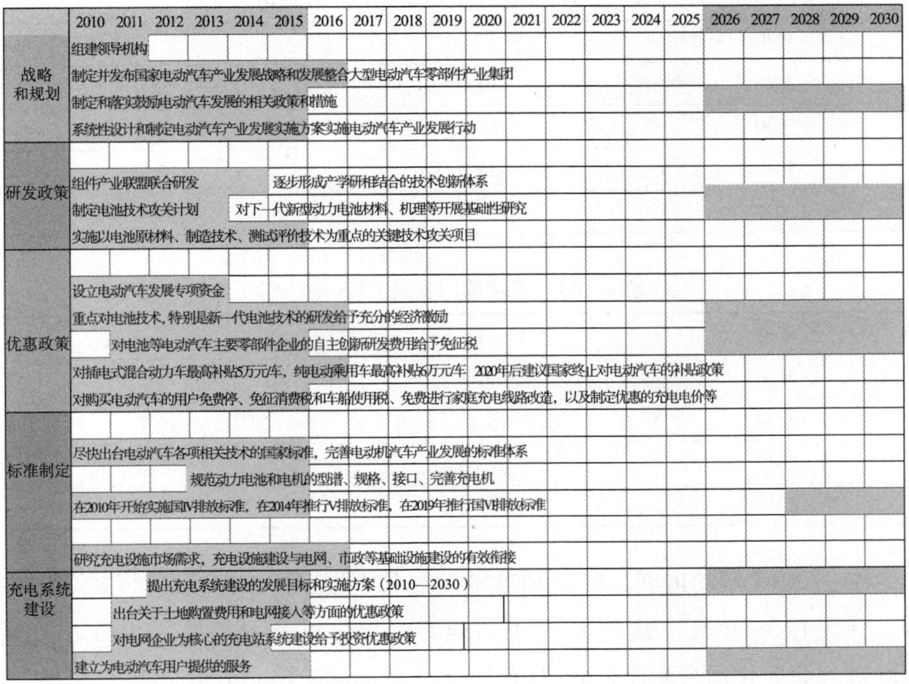


**图 6－27　中国电动汽车发展政策路线图**

现二氧化碳大幅度减排。模型给予 CCS 以充分的关注。由于 CCS 的技术开发尚不明确，因此在情景设计时的争议也最大。为了能够分析 CCS 的发展，我们根据国内关于 CCS 的大型研究和可行性研究，编制了 CCS 发展的路线图（见表 6－16～表 6－19）。

**表 6－16　CCS 的 $CO_2$ 捕获率**

| 年份 | 超临界（%） | 超超临界机组（%） | IGCC（%） | 燃料电池 IGCC（%） | NGCC（%） |
|---|---|---|---|---|---|
| 2020 | 80.0 | 80.0 | 85.0 | 85.0 | 85.0 |
| 2035 | 85.0 | 85.0 | 90.0 | 90.0 | 90.0 |
| 2050 | 85.0 | 85.0 | 90.0 | 90.0 | 90.0 |

**表 6－17　安装 CCS 的发电装机容量（万千瓦）**

| 年份 | 超临界 | 超超临界机组 | IGCC | 燃料电池 IGCC | NGCC |
|---|---|---|---|---|---|
| 2020 | 0 | 0 | 1316 | 0 | 203 |
| 2030 | 217 | 379 | 6310 | 701 | 3411 |
| 2040 | 1319 | 2184 | 12890 | 2275 | 9679 |
| 2050 | 2822 | 8465 | 22045 | 5144 | 21514 |

**表 6-18　终端部门 CCS $CO_2$ 去除率**

| 年份 | 高炉炼钢（%） | 水泥（%） |
|---|---|---|
| 2020 | 80.0 | 80.0 |
| 2030 | 85.0 | 85.0 |
| 2040 | 85.0 | 85.0 |
| 2050 | 85.0 | 85.0 |

**表 6-19　终端部门安装 CCS 的比例**

| 年份 | 高炉炼钢（%） | 水泥（%） |
|---|---|---|
| 2020 | 0.0 | 0.0 |
| 2030 | 5.0 | 10.0 |
| 2040 | 45.0 | 65.0 |
| 2050 | 85.0 | 90.0 |

根据 2015 年的进展，我国 CCS 的发展基本按照这个路线图进行。到 2020 年，我国有 5~6 套全规模 CCS 项目运行，以尝试技术路线。2020 年之后，CCS 进入商业化运行阶段，到 2030 年可以安装 100 套，2050 年基本普及，实现我国的减排需求。

### 4. 节能技术较为成熟，已大规模普及应用

我国自“十一五”开始，大力推进节能技术，已经取得了很大成绩。在技术开发和应用方面，也有了巨大的进步，很多技术的发展和应用远远超出了模型的假设。这里讨论已经对能源需求和供应产生影响并开始大规模普及应用的技术。表 6-20 列出了这些技术。

**表 6-20　已经较为成熟的用能技术**

| 技术 | 效率进步 | 成本变化 | 普及率 | 进一步节能潜力 |
|---|---|---|---|---|
| LED 灯 | 典型灯具 3W，和白炽灯相比节能 93%，和紧凑型节能灯相比节能 56% | 2010 年 110 元/个，2016 年 5 元/个，低于紧凑型节能灯，接近白炽灯价格 | 2013 年 1%，2016 年 65% | |
| LED 电视 | 55 寸 LED 电视功率 110W，相同尺寸液晶电视 370W | 完全市场化，2016 年占据市场 100% | 完全普及 | 未来 LED 电视节能潜力仍然有 25% 以上 |
| 高效冰箱 | 240 升每天耗电 0.3kWh，节能 75% | 市场化，与其他冰箱没有差别 | 普及，和消费者消费行为相关 | 不大 |

续表

| 技术 | 效率进步 | 成本变化 | 普及率 | 进一步节能潜力 |
|---|---|---|---|---|
| 节能洗衣机 | 节能60% | 销售价格相对高于其他冰箱 | 2016年20%的市场占有率 | 15%的节能潜力 |
| 新型干法窑外分解窑+余热回收 | 节能25% | 大型化使得成本具有竞争性 | 2017年全国96%的熟料窑为新型干法，其中配余热回收为65% | 13%的节能潜力 |
| 长流程炼钢节能技术 | 节能35%，包括烧结机节能技术、TRT、负能转炉、热装热送、高效加热炉、NGCC等 | 具有竞争性 | | |
| 先进电机 | 20%~35%节能 | 高 | 政策推进 | |

对于发电技术，光伏电站、风力发电已经在政策促进下进入大规模发展通道，与模型的发展规模相比，已经一致或者超出。

## （五）投资需求分析

投资需求是推动能源转型的重要因素之一。我们对强化能源转型情景下的投资需求进行了分析，并计算了两类投资：一是能源工业的投资需求，包括发电、供热、开采、电网建设、石油加工、煤制气等；二是节能投资，包括农业、工业、居民、服务业、交通节能投资。节能投资的定义是节能技术的投资减去基准技术的投资，为额外投资量。但是，对于交通部门，难以比较基准技术，如地铁的投入，铁路机车、船舶和飞机的投入，这种情况下，对于这些技术的投资就给出为其全部技术投资，见表6－21~表6－24。

**表6－21　能源工业投资（强化能源转型情景2010年价，亿元）**

| 年份 | 投资 |
|---|---|
| 2000 | 2059 |
| 2005 | 7119 |
| 2010 | 10453 |
| 2020 | 11853 |
| 2035 | 12500 |
| 2050 | 13767 |

表 6－22 节能投资（强化能源转型情景，2010 年价，亿元）

| 年份 | 2010 | 2020 | 2035 | 2050 |
|---|---|---|---|---|
| 工业 | 3426 | 2152 | 2061 | 2278 |
| 交通 | 2965 | 7315 | 9347 | 8214 |
| 建筑 | 4453 | 6183 | 5923 | 4470 |
| 合计 | 10844 | 15650 | 17330 | 14962 |

表 6－23 交通投资（强化能源转型情景，2010 年份，亿元）

| 年份 | 2010 | 2020 | 2030 |
|---|---|---|---|
| 地铁 | 1300 | 15000 | 29000 |
| 节能汽车 | 960 | 1740 | 4249 |
| 节能机车 | 72 | 84 | 84 |
| 节能船舶 | 43.4 | 43.4 | 35 |
| 节能飞机 | 1350 | 1350 | 1250 |

表 6－24 能源工业投资（强化能源转型情景，2010 年价，亿元）

| 年份 | 煤电 | 油电 | 天然气发电 | 水电 | 核电 | 风电 | 太阳能 | 生物质能电 | 合计 |
|---|---|---|---|---|---|---|---|---|---|
| 2010 | 3005.9 | 31.1 | 85.9 | 1530.4 | 258.7 | 515.8 | 90.3 | 45.2 | 5563.4 |
| 2020 | 934.7 | 40.3 | 273.7 | 2323.2 | 883.4 | 1682.8 | 1987.5 | 228.0 | 8353.6 |
| 2030 | 312.3 | 26.0 | 160.9 | 1272.1 | 863.6 | 1621.4 | 2063.1 | 80.2 | 6399.6 |

详细分部门的投资和排放量见表 6－25。

表 6－25 分部门投资/节能投资和 $CO_2$ 排放（强化能源转型情景）

| 部门 | 投资分行业分解 | 投资（亿元） | | 排放量（百万吨） | |
|---|---|---|---|---|---|
| | | 2020 年 | 2050 年 | 2020 年 | 2050 年 |
| 电力 | 传统能源 | 1248.7 | 263.8 | 4034 | 3663 |
| | 可再生能源 | 3898.3 | 6690.5 | | |
| | 核电 | 883.4 | 1285.5 | | |
| | CCS | 159.2 | 1044.9 | 114.1 | 1781.4 |
| | 电网 | 3968 | 4426 | | |
| 石油 | | 987.8 | 913.4 | | |
| 煤炭 | | 536.6 | 4.0 | | |
| 农业 | | 327.0 | 465.6 | 95.4 | 112.8 |
| 工业 | 钢铁 | 855.7 | 336.0 | 1069.6 | 452.9 |

续表

| 部门 | 投资分行业分解 | 投资（亿元） | | 排放量（百万吨） | |
|---|---|---|---|---|---|
| | | 2020 年 | 2050 年 | 2020 年 | 2050 年 |
| 工业 | 玻璃 | 83.2 | 89.7 | 31.0 | 17.9 |
| | 有色金属 | 50.3 | 24.7 | 219.4 | 107.4 |
| | 化工 | 260.7 | 217.5 | 497.0 | 311.8 |
| | 锅炉 | 216.15 | 280.5 | | |
| | 电机 | 496 | 1180 | | |
| 交通 | 节能汽车 | 1740 | 4667 | | |
| | 地铁 | 6987 | 4080 | | |
| | 其他 | 1477.4 | 1147.2 | | |
| 建筑 | 新建筑 | 2044.5 | 1848 | | |
| | | 老建筑改造 | 3610.8 | 1693.2 | |

## 五、结论

为了分析我国的能源情景，我们对其关键因素进行了分析，得到了实现这些情景的可行性。研究表明，考虑到我国经济转型、能源效率提升、可再生能源和核电的发展、碳捕获和存储技术（CCS），以及低碳生活方式的变化，我国的能源需求在 2050 年在 53 亿吨标准煤到 60.3 亿吨标准煤之间，2020 年之后我国进入能源消费增长缓慢阶段。

分析了实现这样能源情景的政策需求，我们认为未来我国需要长期持续清晰的能源政策，来支持我国未来在全球温室气体减排中的国际合作路径，以及国内低碳发展政策的制定。实现这样的减排途径，需要在既有的环境和能源政策之外制定针对气候变化减缓的明确和长期的政策。

至 2050 年，不管能源政策情景，还是强化能源转型情景，共同的特点是：

——未来我国都进入缓慢能源需求增长阶段。2015—2050 年年均增长速度为 0.57% ~1.03%。

——即使到 2050 年高低情景差别在近 7 亿吨标准煤左右，也都出现了明显的能源转型，清洁低碳能源比重明显上升。

——对于能源规划来说，无论高低能源情景，未来能源供应的发展都比较缓慢。

——技术发展将走向清洁低碳，也将是未来规划和投资的重点。

——天然气的长期发展存在不确定性，如果要实现气候变化目标的话，天然气在 2050 年也要处于一个比较低的消费水平上。

——都需要实现能源系统的转型，届时非化石能源占据一次能源消费的 48% 到 65% 以上。煤炭消费量下降到 15 亿吨左右。

如果要促进 2050 年的能源系统明显转型，需要在今天就纳入政策之中。考虑到能源基础设施的长寿命期，今天的政策力度会影响 2050 年的能源格局。以下是实现能源转型的途径：

● 实现能源转型的途径

（1）2050 年非化石能源占一次能源消费的 50% 或者以上。

（2）长期持续地发展可再生能源，每年新增风电 3000 万千瓦以上，光伏 2500 万千瓦以上。

（3）2030 年水电开发达到近 5 亿千瓦以上，基本达到可开发的技术容量。

（4）核电将扮演重要角色，2050 年达到超过 4 亿千瓦的装机。

（5）石油需求在 2025—2030 年达到峰值，2050 年下降到 5 亿吨。

● 能源供应

（6）持续长期支持可再生能源发展，构建一个适应于大规模可再生能源利用的能源体系。

（7）核电是一个重要的选择，应规划一个大规模利用核电的系统，开发高安全度的核电技术。

（8）不再新建燃煤电站，IGCC 电厂除外。这样可以让燃煤电站处于自然淘汰阶段。

（9）在未来非化石能源快速发展的格局下，煤电会处于过剩状态，长期来看，发电利用小时数会下降，总体上下降到 4000 小时以下。可以将煤电的角色转变为可再生能源调峰，通过电价保障煤电的盈利。

（10）长期来看，可再生能源的成本会明显下降，到 2025 年之后，基本不需要补贴。

（11）若从现在安排的话，是可以安置煤炭产业逐渐下降带来的就业转型的，需要在“十三五”期间给出明确规划安排。

（12）能源行业是我国的重要经济部门，未来能源转型会带来行业和企业的重大变革。能源企业很多都是央企和国企，它们能否跟上转型的步伐对我国国有经济的发展和稳定至关重要。考虑到央企和国企的特点，它们更多地依赖国家的政策信号，因此要从国家的政策框架和规划上给出明确安排，以避免未来出现损失。

（13）目前就要认清未来能源转型的格局，安排好能源行业投资，避免使能源行业成为未来产能过剩行业。我国经济发展速度变慢，其中一个主要因素是过去近十年的无效投资带来的产能过剩，我国有可能要在几年内消化这些产能过剩。但是一定要避免能源工业成为未来拖累经济发展的另外一个无效投资和产能过剩的行业。

- 工业节能

（14）持续既有的节能政策和力度，确保工业节能不断深入。

（15）在气候变化目标之下，设定一个长期的节能目标，用于引领节能政策和技术走向。

（16）节能需要新的政策构架。持续推进能耗标准，同时引入经济税收手段促进节能。

- 交通

（17）依据不同的城市规模构建不同的城市交通体系。特大规模城市、大城市以轨道交通为主，小城市则以公共交通、小汽车和慢行交通为主。

（18）强化公共交通和非机动车出行交通体系。构建舒适快速的公交系统，在城区形成全面以非机动车和公共交通为主的城市交通体系；建设设施良好的步行道、自行车道和停车场系统；非机动车方式优先，多采用电梯、步行和自行车信号系统，优先停车位，优先步行通道；将目前已经建立的城市快速路改变成为支持公共交通的快速交通体系；提高轨道交通和公共汽车的速度，配备更方便的换乘系统。

（19）鼓励引导电动汽车的普及。在公共设施区域设立优先停车位，鼓励新能源和低能耗汽车的使用。降低对新能源汽车和节能汽车的税收。

（20）加速普及节能型交通工具。重点普及节能型机动车，推动清洁燃料型汽车，加强车辆污染排放的治理和控制。

（21）构建绿色公交车和出租车车队。使北京的公交系统和出租车成为符合绿色低碳发展标准的先锋车队。确定新增车辆中电动公交车和出租车的量化目标，陆续建设满足电动车队的充电桩和大型充电站。开行用于接驳的出租电动车服务体系，主要用于社区和地铁站的短途出行服务，可以给予优惠的票价政策如比较低的起步价格，不仅可以实现低碳发展目标，同时也可以治理黑车等长期难以解决的问题，而且进一步扩展了公共交通的利用程度。

（22）继续发展轨道交通体系。在目前以扩展轨道交通长度的基础上，更加精致化发展轨道交通，改进目前换乘不方便、密度低、相关服务设施不完善（如电梯、地下通道单一）等问题，使得轨道交通成为舒适快捷交通体系。

（23）全面优化公共交通系统。进一步扩展公交优先体系，扩大公交专用道范围。在城市快速道路上全面开行快速公交线，利用现有的城市快速道路，开行快速公交，可以很好地覆盖城市的交通网络。

（24）全面鼓励构建非机动车交通体系。恢复扩展自行车道、行人道，完善行人和自行车过街设施，扩展过街信号灯；采取自行车道变窄约束机动车进入自行车道等方式保护自行车通行。在公共设施、商业设施、政府、酒店设立自行车优先停车设施。

（25）进一步发展减少出行的服务设施，如利用超市等服务网点就近支付、电话会议、网络购物等。

（26）提高小汽车的使用成本，降低使用小汽车的条件。在通过提高停车费的基础上，考虑采用增加公交车道、自行车道、更多设立过街信号灯等设施约束机动车的使用。未来不再以增加机动车的行驶速度作为政府交通发展的目标。

● 建筑

（27）目前我国正处于建设高峰期，每年新增建筑面积约 20 亿平方米，竣工建筑面积达到 37 亿平方米。超过所有发达国家每年新增建设面积总和。现有建筑 80% 以上都是高耗能的建筑，建筑能耗普遍在德国、丹麦等发达国家的 3 倍以上，即使执行"二步"节能标准（50% 节能标准），能耗也是其两倍；建筑节能技术相对落后，在设计水平、建筑技术、设备材料制造及应用上，都与西方发达国家存在较大差距。因此，我国需要尽快采用更加严格的建筑能耗标准，避免技术锁定效应。

（28）需要尽快制定更加领先的建筑能耗标准，如欧洲实施的近零能耗建筑标准，并同步制定相应的设计标准和工程标准，为尽快启动实施新的标准提供基础。

（29）尽快和全面实施新的建筑能耗标准。在"十三五"期间，需要开始执行新的更加严格的建筑能耗标准。新的标准可以在"十三五"的初期开始执行，并确定到 2020 年 10% 的新建建筑达到新的标准。"十四五"期间用新的标准替代原有建筑节能标准。

（30）近期开始制定近零排放建筑标准，争取在"十三五"期间一些省市建设一批近零排放建筑。到"十三五"末，建设 1000 万 ~3000 万平方米的近零排放建筑。“十四五”期间20%以上的新建建筑达到近零排放。

（31）健全经济激励政策。我国已在既有居住建筑节能改造、公共建筑节能监管体系建设、可再生能源建筑应用和绿色生态城区建设等方面，建立了财政资金奖励政策，可适当提高奖励标准，加大补助力度。要积极推进资源税费和环境税费改革，积极推进供热计量改革，改进阶梯电价，充分发挥价格调节作用，减少能源消耗，促进建筑节能。

（32）大力推广应用建筑节能新技术。快速推进被动式建筑等低能耗建筑的建造技术，重点推动外墙保温、节能窗户、新风换气、建筑遮阳等方面的节能技术和施工工艺在新建建筑和既有建筑改造中的应用，大力推广太阳能、地热等可再生能源在建筑领域的应用，通过技术进步带动建筑节能。

（33）加快推进既有建筑改造。以围护结构、供热计量和管网热平衡等为重点，深入开展北方采暖地区既有居住建筑供热计量及节能改造，强化节能改造工程设计、施工、选材、验收等环节的质量控制，节能改造的既有居住建筑实行供热计量收费。以建筑门窗、遮阳、通风等为重点，在夏热冬冷地区进行居住建筑节能改造，确定该地区适宜的改造模式和技术路线。

（34）快速推进建筑内用电器节能标准，设定长期技术目标，使企业能够适应标准的不断提升。根据技术进步的速度应该每三到五年提升一次节能标准，并提供相应政策进行支持。这样可以在2030年达到技术效率的高端，促进近零排放建筑的建设和普及。

（35）尽快制定新的建筑能耗标准，完善建筑节能政策法规。要加快完善建筑节能的政策法规，针对住宅、农村建筑、公共建筑、工业建筑等不同类型建筑，分别制定相关工程建设节能标准，在设计、施工、运行管理等环节落实建筑节能要求。要进一步提高建筑能效标准，严寒、寒冷地区和夏热冬冷地区要将建筑能效水平提高到“三步”建筑节能标准（65%节能标准），有条件的地方要执行更高水平的建筑节能标准和绿色建筑标准。

● 技术创新和研发

（36）技术发展在未来能源转型中扮演重要角色，促进技术创新和研发是一个重要的国家战略。对于低成本可再生能源技术、先进核电技术、电动汽车、氢燃料汽车、氢燃料船舶、先进电网系统、储能系统、新型材料、超高效空调等技术的研发和应用进行促进和支持。

# 附录 模型结果

**表 1 一次能源消费量（能源政策情景，百万吨标准煤）**

| 年份 | 煤 | 油 | 天然气 | 水电 | 核电 | 风电 | 太阳能 | 生物质能电 | 醇类燃料 | 生物柴油 | 合计 |
|---|---|---|---|---|---|---|---|---|---|---|---|
| 2010 | 2430. 7 | 534. 8 | 109. 9 | 196. 5 | 48. 1 | 22. 6 | 0. 4 | 7. 7 | 2. 0 | 1. 0 | 3353. 8 |
| 2015 | 2785. 7 | 775. 7 | 258. 6 | 329. 5 | 55. 9 | 61. 6 | 13. 0 | 18. 6 | 23. 8 | 5. 8 | 4328. 2 |
| 2020 | 2827. 3 | 894. 5 | 463. 5 | 397. 5 | 130. 9 | 128. 6 | 60. 8 | 31. 8 | 14. 9 | 5. 8 | 4955. 5 |
| 2025 | 2802. 1 | 993. 3 | 596. 0 | 457. 2 | 176. 1 | 181. 3 | 97. 2 | 39. 7 | 33. 5 | 9. 8 | 5386. 2 |
| 2030 | 2726. 8 | 1079. 2 | 713. 2 | 478. 7 | 222. 5 | 273. 1 | 163. 3 | 47. 1 | 33. 5 | 12. 0 | 5749. 5 |
| 2035 | 2649. 9 | 1072. 8 | 769. 8 | 483. 0 | 251. 3 | 310. 2 | 200. 4 | 51. 4 | 37. 3 | 12. 5 | 5838. 7 |
| 2040 | 2572. 9 | 1066. 4 | 826. 4 | 487. 3 | 280. 2 | 347. 2 | 237. 6 | 55. 7 | 41. 2 | 13. 0 | 5927. 8 |
| 2050 | 2375. 9 | 1047. 0 | 928. 3 | 478. 7 | 351. 0 | 440. 4 | 284. 0 | 63. 5 | 49. 0 | 14. 0 | 6031. 8 |

**表 2 终端能源消费量（能源政策情景，百万吨标准煤）**

| 年份 | 煤 | 焦炭 | 煤气 | 油品 | 天然气 | 热力 | 电 | 合计 |
|---|---|---|---|---|---|---|---|---|
| 2010 | 827 | 269 | 38 | 499 | 67 | 111 | 478 | 2288 |
| 2015 | 914 | 297 | 82 | 672 | 204 | 134 | 674 | 2976 |
| 2020 | 944 | 204 | 31 | 843 | 237 | 224 | 770 | 3253 |
| 2025 | 830 | 162 | 25 | 926 | 301 | 302 | 888 | 3436 |
| 2030 | 757 | 145 | 21 | 1004 | 321 | 362 | 979 | 3589 |
| 2035 | 687 | 137 | 19 | 992 | 347 | 387 | 1030 | 3598 |
| 2040 | 616 | 128 | 17 | 980 | 372 | 412 | 1081 | 3606 |
| 2050 | 498 | 110 | 14 | 949 | 418 | 452 | 1155 | 3596 |

**表 3 分部门终端能源消费量（能源政策情景，百万吨标准煤）**

| 农业 | | | | | | | | |
|---|---|---|---|---|---|---|---|---|
| 年份 | 煤 | 焦炭 | 煤气 | 油品 | 天然气 | 热力 | 电 | 合计 |
| 2010 | 16. 5 | 2. 2 | 0. 0 | 23. 9 | 0. 0 | 0. 0 | 12. 6 | 55. 3 |
| 2015 | 18. 4 | 2. 9 | 0. 0 | 25. 5 | 0. 0 | 0. 0 | 15. 5 | 62. 4 |
| 2020 | 26. 5 | 3. 6 | 0. 0 | 27. 2 | 0. 0 | 0. 1 | 17. 7 | 75. 1 |
| 2025 | 26. 8 | 3. 8 | 0. 0 | 28. 1 | 0. 0 | 0. 1 | 20. 0 | 78. 8 |
| 2030 | 24. 5 | 4. 9 | 0. 0 | 31. 6 | 0. 0 | 0. 1 | 22. 8 | 83. 9 |
| 2035 | 23. 8 | 4. 9 | 0. 0 | 32. 7 | 0. 0 | 0. 1 | 23. 1 | 84. 5 |
| 2040 | 23. 0 | 4. 9 | 0. 0 | 33. 8 | 0. 0 | 0. 1 | 23. 3 | 85. 1 |
| 2050 | 21. 7 | 4. 8 | 0. 0 | 35. 2 | 0. 0 | 0. 1 | 23. 5 | 85. 2 |

续表

| 工业 | | | | | | | | |
|---|---|---|---|---|---|---|---|---|
| 年份 | 煤 | 焦炭 | 煤气 | 油品 | 天然气 | 热力 | 电 | 合计 |
| 2010 | 658.2 | 267.3 | 30.4 | 160.2 | 37.2 | 58.9 | 364.0 | 1576.2 |
| 2015 | 701.4 | 294.3 | 33.0 | 210.9 | 54.1 | 71.3 | 443.5 | 1808.6 |
| 2020 | 791.9 | 200.8 | 25.6 | 281.7 | 67.5 | 125.4 | 452.4 | 1945.4 |
| 2025 | 720.6 | 158.7 | 22.5 | 298.2 | 74.3 | 149.3 | 488.5 | 1912.1 |
| 2030 | 665.9 | 139.9 | 18.3 | 341.2 | 87.7 | 209.3 | 578.8 | 2041.1 |
| 2035 | 613.3 | 131.7 | 16.5 | 345.2 | 99.6 | 222.8 | 605.7 | 2034.9 |
| 2040 | 560.7 | 123.4 | 14.7 | 349.3 | 111.5 | 236.4 | 632.6 | 2028.6 |
| 2050 | 458.9 | 104.8 | 11.5 | 352.3 | 138.6 | 262.1 | 666.5 | 1994.7 |
| 服务业 | | | | | | | | |
| 年份 | 煤 | 焦炭 | 煤气 | 油品 | 天然气 | 热力 | 电 | 合计 |
| 2010 | 28.4 | 0.0 | 0.3 | 18.1 | 9.0 | 2.9 | 45.5 | 104.2 |
| 2015 | 59.8 | 0.0 | 0.2 | 18.8 | 11.1 | 5.7 | 64.8 | 160.3 |
| 2020 | 54.1 | 0.0 | 0.1 | 32.4 | 53.4 | 13.1 | 106.0 | 259.1 |
| 2025 | 43.8 | 0.0 | 0.0 | 35.2 | 80.1 | 15.8 | 137.7 | 312.6 |
| 2030 | 30.7 | 0.0 | 0.0 | 39.1 | 113.4 | 20.6 | 179.7 | 383.4 |
| 2035 | 23.0 | 0.0 | 0.0 | 40.7 | 117.4 | 21.2 | 189.6 | 391.8 |
| 2040 | 15.3 | 0.0 | 0.0 | 42.3 | 121.3 | 21.8 | 199.4 | 400.3 |
| 2050 | 9.2 | 0.0 | 0.0 | 45.2 | 127.4 | 22.7 | 209.4 | 413.9 |
| 城市居民 | | | | | | | | |
| 年份 | 煤 | 焦炭 | 煤气 | 油品 | 天然气 | 热力 | 电 | 合计 |
| 2010 | 61.4 | 0.0 | 7.0 | 22.8 | 20.3 | 48.7 | 37.8 | 198.0 |
| 2015 | 57.2 | 0.0 | 0.0 | 26.7 | 41.0 | 60.0 | 54.3 | 239.3 |
| 2020 | 38.1 | 0.0 | 7.8 | 35.6 | 61.8 | 57.0 | 76.5 | 276.9 |
| 2025 | 29.0 | 0.0 | 5.5 | 37.4 | 77.8 | 82.7 | 97.2 | 329.6 |
| 2030 | 17.0 | 0.0 | 2.3 | 42.0 | 96.3 | 132.4 | 98.7 | 388.7 |
| 2035 | 13.1 | 0.0 | 2.2 | 42.8 | 105.5 | 143.0 | 103.6 | 410.3 |
| 2040 | 9.2 | 0.0 | 2.2 | 43.6 | 114.6 | 153.6 | 108.6 | 431.9 |
| 2050 | 5.0 | 0.0 | 2.1 | 44.9 | 126.1 | 167.5 | 114.0 | 459.6 |

续表

| 农村居民 | | | | | | | | |
|---|---|---|---|---|---|---|---|---|
| 年份 | 煤 | 焦炭 | 煤气 | 油品 | 天然气 | 热力 | 电 | 合计 |
| 2010 | 65.4 | 0.0 | 0.0 | 6.5 | 0.0 | 0.0 | 19.7 | 91.6 |
| 2015 | 61.5 | 0.0 | 0.0 | 11.7 | 0.1 | 0.0 | 27.5 | 100.8 |
| 2020 | 52.7 | 0.0 | 0.0 | 16.4 | 0.1 | 0.0 | 44.5 | 113.8 |
| 2025 | 35.3 | 0.0 | 0.0 | 19.7 | 0.2 | 0.0 | 49.0 | 104.1 |
| 2030 | 19.3 | 0.0 | 0.0 | 19.6 | 0.2 | 0.0 | 54.3 | 93.4 |
| 2035 | 13.5 | 0.0 | 0.0 | 18.6 | 0.2 | 0.0 | 54.9 | 87.1 |
| 2040 | 7.7 | 0.0 | 0.0 | 17.6 | 0.2 | 0.0 | 55.4 | 80.9 |
| 2050 | 3.5 | | | 16.9 | 0.2 | | 56.0 | 76.5 |
| 交通 | | | | | | | | |
| 年份 | 煤 | 焦炭 | 煤气 | 油品 | 天然气 | 热力 | 电 | 合计 |
| 2010 | 0.0 | 0.0 | 0.0 | 255.9 | 0.4 | 0.0 | 2.1 | 258.5 |
| 2014 | 0.0 | 0.0 | 0.0 | 389.0 | 2.4 | 0.0 | 4.3 | 395.7 |
| 2020 | 0.0 | 0.0 | 0.0 | 444.7 | 11.4 | 0.0 | 20.9 | 477.0 |
| 2025 | 0.0 | 0.0 | 0.0 | 499.2 | 17.0 | 0.0 | 52.3 | 568.6 |
| 2030 | 0.0 | 0.0 | 0.0 | 530.3 | 23.7 | 0.0 | 44.4 | 598.4 |
| 2035 | 0.0 | 0.0 | 0.0 | 512.0 | 24.1 | 0.0 | 52.9 | 589.0 |
| 2040 | 0.0 | 0.0 | 0.0 | 493.6 | 24.6 | 0.0 | 61.3 | 579.6 |
| 2050 | 0.0 | 0.0 | 0.0 | 454.2 | 25.6 | 0.0 | 85.8 | 565.6 |
| 化学原料及制品制造业 | | | | | | | | |
| 年份 | 煤 | 焦炭 | 煤气 | 油品 | 天然气 | 热力 | 电 | 合计 |
| 2010 | 46.7 | 13.9 | 0.0 | 17.4 | 31.0 | 0.0 | 45.3 | 154.2 |
| 2014 | 71.6 | 22.0 | 0.0 | 19.5 | 46.8 | 0.0 | 59.5 | 219.4 |
| 2020 | 165.3 | 23.4 | 0.0 | 19.8 | 61.4 | 0.0 | 60.5 | 330.4 |
| 2025 | 302.5 | 22.9 | 0.0 | 19.8 | 65.2 | 0.0 | 62.6 | 473.0 |
| 2030 | 392.7 | 22.4 | 0.0 | 17.6 | 68.2 | 0.0 | 60.8 | 561.7 |
| 非金属矿物制品业（水泥、玻璃、砖瓦、石灰） | | | | | | | | |
| 年份 | 煤 | 焦炭 | 煤气 | 油品 | 天然气 | 热力 | 电 | 合计 |
| 2010 | 271.5 | 0.0 | 0.0 | 10.3 | 0.0 | 0.0 | 41.2 | 323.1 |
| 2014 | 379.4 | 0.0 | 0.0 | 12.8 | 0.0 | 0.0 | 55.4 | 447.6 |
| 2020 | 345.8 | 0.0 | 0.0 | 13.1 | 0.0 | 0.0 | 45.9 | 404.8 |
| 2025 | 312.6 | 0.0 | 0.0 | 13.0 | 0.0 | 0.0 | 44.0 | 369.6 |
| 2030 | 276.3 | 0.0 | 0.0 | 6.6 | 0.0 | 0.0 | 31.6 | 314.5 |

续表

钢铁

| 年份 | 煤 | 焦炭 | 煤气 | 油品 | 天然气 | 热力 | 电 | 合计 |
|---|---|---|---|---|---|---|---|---|
| 2010 | 74.9 | 245.5 | 30.4 | 8.0 | 0.0 | 6.5 | 51.1 | 416.4 |
| 2014 | 115.3 | 303.6 | 46.7 | 11.0 | 0.0 | 8.0 | 63.2 | 547.9 |
| 2020 | 132.3 | 227.3 | 30.3 | 14.3 | 0.0 | 7.0 | 53.8 | 465.0 |
| 2025 | 135.4 | 199.5 | 29.5 | 14.0 | 0.0 | 6.9 | 57.7 | 442.9 |
| 2030 | 134.9 | 129.0 | 16.9 | 11.9 | 0.0 | 6.9 | 46.1 | 345.6 |

有色金属冶炼及压延加工业

| 年份 | 煤 | 焦炭 | 煤气 | 油品 | 天然气 | 热力 | 电 | 合计 |
|---|---|---|---|---|---|---|---|---|
| 2010 | 27.6 | 0.4 | 0.0 | 6.8 | 0.1 | 4.4 | 36.0 | 75.3 |
| 2014 | 39.2 | 0.5 | 0.0 | 9.4 | 0.0 | 2.1 | 41.5 | 92.6 |
| 2020 | 45.6 | 0.8 | 0.0 | 12.0 | 0.2 | 5.4 | 62.1 | 126.0 |
| 2025 | 44.2 | 0.8 | 0.0 | 11.7 | 0.0 | 2.1 | 58.7 | 117.6 |
| 2030 | 40.6 | 0.8 | 0.0 | 10.8 | 0.2 | 6.3 | 59.7 | 118.4 |

铜

| 年份 | 煤 | 焦炭 | 煤气 | 油品 | 天然气 | 热力 | 电 | 合计 |
|---|---|---|---|---|---|---|---|---|
| 2010 | 2.0 | 0.0 | 0.0 | 1.0 | 0.0 | 1.3 | 0.8 | 5.1 |
| 2014 | 3.2 | 0.0 | 0.0 | 1.7 | 0.0 | 2.1 | 1.3 | 8.3 |
| 2020 | 2.9 | 0.0 | 0.0 | 2.0 | 0.0 | 2.1 | 1.3 | 8.3 |
| 2025 | 2.9 | 0.0 | 0.0 | 2.0 | 0.0 | 2.1 | 1.3 | 8.3 |
| 2030 | 2.3 | 0.0 | 0.0 | 2.1 | 0.0 | 2.1 | 1.2 | 7.7 |

铝

| 年份 | 煤 | 焦炭 | 煤气 | 油品 | 天然气 | 热力 | 电 | 合计 |
|---|---|---|---|---|---|---|---|---|
| 2010 | 19.2 | 0.0 | 0.0 | 2.5 | 0.0 | 0.0 | 28.5 | 50.2 |
| 2015 | 27.4 | 0.0 | 0.0 | 3.3 | 0.0 | 0.0 | 37.1 | 67.8 |
| 2020 | 34.1 | 0.0 | 0.0 | 5.1 | 0.0 | 0.0 | 55.7 | 94.9 |
| 2025 | 33.1 | 0.0 | 0.0 | 5.0 | 0.0 | 0.0 | 54.1 | 92.2 |
| 2030 | 31.4 | 0.0 | 0.0 | 4.5 | 0.0 | 0.0 | 53.4 | 89.3 |

铅锌

| 年份 | 煤 | 焦炭 | 煤气 | 油品 | 天然气 | 热力 | 电 | 合计 |
|---|---|---|---|---|---|---|---|---|
| 2010 | 6.3 | 0.4 | 0.0 | 3.0 | 0.0 | 0.0 | 2.3 | 12.1 |
| 2015 | 8.5 | 0.5 | 0.0 | 4.1 | 0.0 | 0.0 | 3.1 | 16.2 |
| 2020 | 8.6 | 0.8 | 0.0 | 4.6 | 0.0 | 0.0 | 3.5 | 17.5 |
| 2025 | 8.2 | 0.8 | 0.0 | 4.3 | 0.0 | 0.0 | 3.4 | 16.7 |
| 2030 | 6.9 | 0.8 | 0.0 | 3.8 | 0.0 | 0.0 | 3.1 | 14.7 |

续表

| 乙烯 | | | | | | | | |
|---|---|---|---|---|---|---|---|---|
| 年份 | 煤 | 焦炭 | 煤气 | 油品 | 天然气 | 热力 | 电 | 合计 |
| 2010 | 0.0 | 0.0 | 0.0 | 12.6 | 0.0 | 0.0 | 0.1 | 12.6 |
| 2015 | 0.0 | 0.0 | 0.0 | 14.2 | 0.0 | 0.0 | 0.1 | 14.3 |
| 2020 | 0.0 | 0.0 | 0.0 | 16.6 | 0.0 | 0.0 | 0.1 | 16.7 |
| 2025 | 0.0 | 0.0 | 0.0 | 16.5 | 0.0 | 0.0 | 0.1 | 16.6 |
| 2030 | 0.0 | 0.0 | 0.0 | 16.3 | 0.0 | 0.0 | 0.1 | 16.4 |
| 合成氨 | | | | | | | | |
| 年份 | 煤 | 焦炭 | 煤气 | 油品 | 天然气 | 热力 | 电 | 合计 |
| 2010 | 36.6 | 0.0 | 0.0 | 4.7 | 30.8 | 0.0 | 3.7 | 75.7 |
| 2015 | 41.7 | 0.0 | 0.0 | 5.3 | 35.1 | 0.0 | 4.0 | 86.0 |
| 2020 | 32.3 | 0.0 | 0.0 | 3.0 | 42.0 | 0.0 | 3.0 | 80.3 |
| 2025 | 32.3 | 0.0 | 0.0 | 3.0 | 42.0 | 0.0 | 2.8 | 80.1 |
| 2030 | 23.0 | 0.0 | 0.0 | 1.0 | 44.5 | 0.0 | 1.7 | 70.3 |
| 烧碱 | | | | | | | | |
| 年份 | 煤 | 焦炭 | 煤气 | 油品 | 天然气 | 热力 | 电 | 合计 |
| 2010 | 0.0 | 0.0 | 0.0 | 0.0 | 0.0 | 0.0 | 10.1 | 10.1 |
| 2015 | 0.0 | 0.0 | 0.0 | 0.0 | 0.0 | 0.0 | 13.5 | 13.5 |
| 2020 | 0.0 | 0.0 | 0.0 | 0.0 | 0.0 | 0.0 | 9.8 | 9.8 |
| 2025 | 0.0 | 0.0 | 0.0 | 0.0 | 0.0 | 0.0 | 9.7 | 9.7 |
| 2030 | 0.0 | 0.0 | 0.0 | 0.0 | 0.0 | 0.0 | 8.3 | 8.3 |
| 纯碱 | | | | | | | | |
| 年份 | 煤 | 焦炭 | 煤气 | 油品 | 天然气 | 热力 | 电 | 合计 |
| 2010 | 0.0 | 1.2 | 0.0 | 0.0 | 0.0 | 0.0 | 5.9 | 7.1 |
| 2015 | 0.0 | 1.4 | 0.0 | 0.0 | 0.0 | 0.0 | 6.7 | 8.1 |
| 2020 | 0.0 | 1.6 | 0.0 | 0.0 | 0.0 | 0.0 | 6.9 | 8.5 |
| 2025 | 0.0 | 1.5 | 0.0 | 0.0 | 0.0 | 0.0 | 6.8 | 8.3 |
| 2030 | 0.0 | 1.4 | 0.0 | 0.0 | 0.0 | 0.0 | 5.9 | 7.3 |
| 电石 | | | | | | | | |
| 年份 | 煤 | 焦炭 | 煤气 | 油品 | 天然气 | 热力 | 电 | 合计 |
| 2010 | 0.0 | 12.6 | 0.0 | 0.0 | 0.0 | 0.0 | 5.2 | 17.8 |
| 2015 | 0.0 | 20.6 | 0.0 | 0.0 | 0.0 | 0.0 | 8.5 | 29.0 |
| 2020 | 0.0 | 21.8 | 0.0 | 0.0 | 0.0 | 0.0 | 8.6 | 30.4 |
| 2025 | 0.0 | 21.4 | 0.0 | 0.0 | 0.0 | 0.0 | 8.4 | 29.8 |
| 2030 | 0.0 | 21.0 | 0.0 | 0.0 | 0.0 | 0.0 | 8.2 | 29.2 |

续表

| 其他化学制品 | | | | | | | | |
|---|---|---|---|---|---|---|---|---|
| 年份 | 煤 | 焦炭 | 煤气 | 油品 | 天然气 | 热力 | 电 | 合计 |
| 2010 | 10.1 | 0.0 | 0.0 | 0.2 | 0.2 | 0.0 | 20.4 | 30.8 |
| 2015 | 21.3 | 0.0 | 0.0 | 0.0 | 11.7 | 0.0 | 26.5 | 59.5 |
| 2020 | 31.6 | 0.0 | 0.0 | 0.3 | 19.4 | 0.0 | 28.0 | 79.2 |
| 2025 | 32.8 | 0.0 | 0.0 | 0.3 | 23.3 | 0.0 | 27.5 | 83.8 |
| 2030 | 39.1 | 0.0 | 0.0 | 0.3 | 23.7 | 0.0 | 27.5 | 90.6 |
| 水泥 | | | | | | | | |
| 年份 | 煤 | 焦炭 | 煤气 | 油品 | 天然气 | 热力 | 电 | 合计 |
| 2010 | 183.4 | 0.0 | 0.0 | 0.0 | 0.0 | 0.0 | 35.6 | 219.0 |
| 2015 | 249.5 | 0.0 | 0.0 | 0.0 | 0.0 | 0.0 | 48.5 | 298.0 |
| 2020 | 218.9 | 0.0 | 0.0 | 0.0 | 0.0 | 0.0 | 38.8 | 257.7 |
| 2025 | 198.9 | 0.0 | 0.0 | 0.0 | 0.0 | 0.0 | 37.1 | 236.0 |
| 2030 | 171.8 | 0.0 | 0.0 | 0.0 | 0.0 | 0.0 | 26.5 | 198.4 |
| 砖瓦 | | | | | | | | |
| 年份 | 煤 | 焦炭 | 煤气 | 油品 | 天然气 | 热力 | 电 | 合计 |
| 2010 | 54.9 | 0.0 | 0.0 | 0.0 | 0.0 | 0.0 | 4.9 | 59.8 |
| 2015 | 65.9 | 0.0 | 0.0 | 0.0 | 0.0 | 0.0 | 5.9 | 71.7 |
| 2020 | 65.1 | 0.0 | 0.0 | 0.0 | 0.0 | 0.0 | 6.1 | 71.2 |
| 2025 | 60.2 | 0.0 | 0.0 | 0.0 | 0.0 | 0.0 | 5.9 | 66.1 |
| 2030 | 54.1 | 0.0 | 0.0 | 0.0 | 0.0 | 0.0 | 4.3 | 58.4 |
| 玻璃 | | | | | | | | |
| 年份 | 煤 | 焦炭 | 煤气 | 油品 | 天然气 | 热力 | 电 | 合计 |
| 2010 | 6.5 | 0.0 | 0.0 | 10.3 | 0.0 | 0.0 | 0.4 | 17.3 |
| 2015 | 8.1 | 0.0 | 0.0 | 12.8 | 0.0 | 0.0 | 0.5 | 21.5 |
| 2020 | 8.3 | 0.0 | 0.0 | 13.1 | 0.0 | 0.0 | 0.5 | 22.0 |
| 2025 | 8.2 | 0.0 | 0.0 | 13.0 | 0.0 | 0.0 | 0.5 | 21.7 |
| 2030 | 7.9 | 0.0 | 0.0 | 6.6 | 0.0 | 0.0 | 0.3 | 14.8 |
| 石灰 | | | | | | | | |
| 年份 | 煤 | 焦炭 | 煤气 | 油品 | 天然气 | 热力 | 电 | 合计 |
| 2010 | 26.7 | 0.0 | 0.0 | 0.0 | 0.0 | 0.0 | 0.2 | 27.0 |
| 2015 | 55.9 | 0.0 | 0.0 | 0.0 | 0.0 | 0.0 | 0.5 | 56.4 |
| 2020 | 53.5 | 0.0 | 0.0 | 0.0 | 0.0 | 0.0 | 0.5 | 54.0 |
| 2025 | 45.3 | 0.0 | 0.0 | 0.0 | 0.0 | 0.0 | 0.5 | 45.8 |
| 2030 | 42.5 | 0.0 | 0.0 | 0.0 | 0.0 | 0.0 | 0.4 | 42.9 |

续表

| 采掘业 | | | | | | | | |
|---|---|---|---|---|---|---|---|---|
| 年份 | 煤 | 焦炭 | 煤气 | 油品 | 天然气 | 热力 | 电 | 合计 |
| 2010 | 72.7 | 0.0 | 0.0 | 0.0 | 0.0 | 1.1 | 11.3 | 85.2 |
| 2020 | 79.9 | 0.0 | 0.0 | 0.0 | 0.0 | 1.0 | 16.4 | 97.3 |
| 2030 | 56.7 | 0.0 | 0.0 | 0.0 | 0.0 | 1.3 | 18.5 | 76.6 |
| 2040 | 53.3 | 0.0 | 0.0 | 0.0 | 0.0 | 1.2 | 18.5 | 73.1 |
| 2050 | 46.4 | 0.0 | 0.0 | 0.0 | 0.0 | 1.2 | 18.0 | 65.6 |
| 制造业 | | | | | | | | |
| 年份 | 煤 | 焦炭 | 煤气 | 油品 | 天然气 | 热力 | 电 | 合计 |
| 2010 | 582.7 | 267.3 | 30.4 | 128.8 | 37.2 | 57.8 | 348.2 | 1452.4 |
| 2020 | 712.0 | 200.8 | 25.6 | 207.8 | 67.5 | 124.4 | 435.9 | 1774.1 |
| 2030 | 609.2 | 139.9 | 18.3 | 284.2 | 87.7 | 208.0 | 560.2 | 1907.6 |
| 2040 | 507.4 | 123.4 | 14.7 | 294.9 | 111.5 | 235.2 | 614.1 | 1901.1 |
| 2050 | 412.5 | 104.8 | 11.5 | 304.6 | 138.6 | 260.9 | 648.6 | 1881.4 |
| 纺织业 | | | | | | | | |
| 年份 | 煤 | 焦炭 | 煤气 | 油品 | 天然气 | 热力 | 电 | 合计 |
| 2010 | 19.3 | 0.0 | 0.0 | 2.0 | 0.0 | 5.1 | 12.2 | 38.5 |
| 2020 | 22.3 | 0.0 | 0.0 | 2.4 | 0.0 | 4.8 | 15.4 | 44.9 |
| 2030 | 18.2 | 0.0 | 0.0 | 2.7 | 0.0 | 5.9 | 19.6 | 46.3 |
| 2040 | 12.7 | 0.0 | 0.0 | 2.7 | 0.0 | 6.1 | 20.6 | 42.2 |
| 2050 | 6.4 | 0.0 | 0.0 | 2.8 | 0.0 | 6.3 | 21.0 | 36.4 |
| 化学原料及制品制造业 | | | | | | | | |
| 年份 | 煤 | 焦炭 | 煤气 | 油品 | 天然气 | 热力 | 电 | 合计 |
| 2010 | 46.7 | 13.9 | 0.0 | 23.4 | 31.0 | 0.0 | 45.4 | 160.3 |
| 2020 | 43.6 | 11.0 | 0.0 | 29.7 | 56.2 | 0.0 | 48.9 | 189.4 |
| 2030 | 43.2 | 8.1 | 0.0 | 26.8 | 66.6 | 0.0 | 54.4 | 199.1 |
| 2040 | 44.3 | 7.6 | 0.0 | 26.0 | 75.1 | 0.0 | 60.0 | 213.0 |
| 2050 | 42.9 | 4.7 | 0.0 | 23.2 | 79.9 | 0.0 | 65.0 | 215.7 |
| 非金属矿物制品业（水泥、玻璃、砖瓦、石灰） | | | | | | | | |
| 年份 | 煤 | 焦炭 | 煤气 | 油品 | 天然气 | 热力 | 电 | 合计 |
| 2010 | 271.5 | 0.0 | 0.0 | 10.3 | 0.0 | 0.0 | 41.2 | 323.1 |
| 2020 | 263.6 | 0.0 | 0.0 | 9.4 | 0.0 | 0.0 | 37.0 | 310.0 |
| 2030 | 222.6 | 0.0 | 0.0 | 8.1 | 0.0 | 0.0 | 28.3 | 258.9 |
| 2040 | 188.2 | 0.0 | 0.0 | 7.3 | 0.0 | 0.0 | 22.8 | 218.3 |
| 2050 | 155.0 | 0.0 | 0.0 | 6.0 | 0.0 | 0.0 | 18.0 | 179.0 |

续表

| 钢铁 | | | | | | | | |
|---|---|---|---|---|---|---|---|---|
| 年份 | 煤 | 焦炭 | 煤气 | 油品 | 天然气 | 热力 | 电 | 合计 |
| 2010 | 74.9 | 245.5 | 30.4 | 8.0 | 0.0 | 6.5 | 51.1 | 416.4 |
| 2020 | 171.2 | 176.8 | 25.6 | 15.1 | 0.0 | 7.7 | 49.8 | 446.3 |
| 2030 | 164.8 | 98.2 | 18.3 | 11.9 | 0.0 | 9.4 | 43.6 | 346.3 |
| 2040 | 127.1 | 78.9 | 14.7 | 8.1 | 0.0 | 8.0 | 43.7 | 280.7 |
| 2050 | 98.9 | 61.4 | 11.5 | 5.3 | 0.0 | 6.2 | 42.5 | 225.8 |
| 有色金属冶炼及压延加工业 | | | | | | | | |
| 年份 | 煤 | 焦炭 | 煤气 | 油品 | 天然气 | 热力 | 电 | 合计 |
| 2010 | 24.8 | 0.4 | 0.0 | 6.5 | 0.1 | 4.4 | 31.5 | 67.7 |
| 2020 | 25.0 | 0.5 | 0.0 | 7.6 | 1.0 | 5.4 | 40.1 | 79.6 |
| 2030 | 21.4 | 0.6 | 0.0 | 7.3 | 1.4 | 6.4 | 44.4 | 81.5 |
| 2040 | 14.7 | 0.6 | 0.0 | 6.9 | 2.0 | 7.6 | 44.5 | 76.3 |
| 2050 | 8.4 | 0.5 | 0.0 | 5.6 | 3.0 | 8.3 | 43.1 | 69.0 |
| 机械制造业 | | | | | | | | |
| 年份 | 煤 | 焦炭 | 煤气 | 油品 | 天然气 | 热力 | 电 | 合计 |
| 2010 | 49.2 | 0.0 | 0.0 | 1.0 | 6.0 | 0.0 | 63.1 | 119.3 |
| 2020 | 51.3 | 0.0 | 0.0 | 1.0 | 9.8 | 0.0 | 83.9 | 146.1 |
| 2030 | 30.8 | 0.0 | 0.0 | 1.0 | 14.4 | 0.0 | 143.3 | 189.4 |
| 2040 | 20.6 | 0.0 | 0.0 | 0.8 | 17.3 | 0.0 | 164.7 | 203.5 |
| 2050 | 9.3 | 0.0 | 0.0 | 0.6 | 19.8 | 0.0 | 173.0 | 202.7 |
| 其他制造业 | | | | | | | | |
| 年份 | 煤 | 焦炭 | 煤气 | 油品 | 天然气 | 热力 | 电 | 合计 |
| 2010 | 32.9 | 0.0 | 0.0 | 0.0 | 0.1 | 0.0 | 19.0 | 52.0 |
| 2020 | 64.6 | 0.0 | 0.0 | 0.0 | 0.2 | 0.0 | 31.7 | 96.5 |
| 2030 | 36.1 | 0.0 | 0.0 | 0.0 | 2.6 | 0.0 | 52.0 | 90.7 |
| 2040 | 25.2 | 0.0 | 0.0 | 0.0 | 7.4 | 0.0 | 58.2 | 90.9 |
| 2050 | 17.7 | 0.0 | 0.0 | 0.0 | 15.6 | 0.0 | 64.1 | 97.3 |
| 其他工业 | | | | | | | | |
| 年份 | 煤 | 焦炭 | 煤气 | 油品 | 天然气 | 热力 | 电 | 合计 |
| 2010 | 1.0 | 7.5 | 0.0 | 41.3 | 0.0 | 41.9 | 75.7 | 167.3 |
| 2020 | 2.2 | 12.5 | 0.0 | 86.9 | 0.2 | 103.6 | 119.4 | 324.7 |
| 2030 | 2.3 | 33.0 | 0.0 | 152.5 | 2.6 | 178.0 | 164.5 | 533.0 |
| 2040 | 1.6 | 36.3 | 0.0 | 158.2 | 9.6 | 195.8 | 189.2 | 590.7 |
| 2050 | 1.1 | 38.1 | 0.0 | 164.2 | 20.2 | 215.4 | 211.9 | 650.9 |

**表 4　发电量（能源政策情景，太瓦时）**

| 年份 | 煤电 | 油电 | 天然气发电 | 水电 | 核电 | 风电 | 太阳能 | 生物质能电 | 合计 |
|---|---|---|---|---|---|---|---|---|---|
| 2010 | 3220 | 58 | 83 | 580 | 142 | 67 | 1 | 21 | 4172 |
| 2015 | 3979 | 65 | 166 | 996 | 169 | 186 | 39 | 50 | 5650 |
| 2020 | 4477 | 71 | 299 | 1210 | 399 | 391 | 185 | 85 | 7118 |
| 2025 | 4781 | 66 | 402 | 1427 | 549 | 566 | 303 | 107 | 8201 |
| 2030 | 4681 | 63 | 515 | 1536 | 714 | 877 | 524 | 127 | 9037 |
| 2035 | 4685 | 57 | 587 | 1566 | 816 | 1007 | 651 | 138 | 9507 |
| 2040 | 4689 | 50 | 658 | 1596 | 918 | 1137 | 778 | 150 | 9976 |
| 2050 | 4511 | 21 | 768 | 1600 | 1173 | 1472 | 949 | 171 | 10665 |

**表 5　发电装机容量（能源政策情景，万千瓦）**

| 年份 | 煤电 | 油电 | 天然气发电 | 水电 | 核电 | 风电 | 太阳能 | 生物质能电 | 合计 |
|---|---|---|---|---|---|---|---|---|---|
| 2010 | 67528 | 1298 | 1836 | 19575 | 1892 | 3335 | 96 | 464 | 96023 |
| 2015 | 88419 | 3965 | 6637 | 31937 | 2608 | 12900 | 4318 | 1100 | 151884 |
| 2020 | 93274 | 1582 | 6643 | 37773 | 5315 | 18642 | 14236 | 1898 | 179363 |
| 2025 | 99610 | 1458 | 8930 | 43971 | 7326 | 26947 | 23342 | 2369 | 213953 |
| 2030 | 101764 | 1406 | 10302 | 48194 | 9519 | 41742 | 41931 | 2811 | 257669 |
| 2035 | 104164 | 1257 | 11363 | 49400 | 10878 | 47950 | 56336 | 3068 | 284417 |
| 2040 | 106565 | 1108 | 12423 | 50606 | 12238 | 54157 | 70741 | 3325 | 311165 |
| 2050 | 104918 | 474 | 14489 | 50709 | 15643 | 70087 | 86293 | 3792 | 346405 |

**表 6　发电用能源（能源政策情景，百万吨标准煤）**

| 年份 | 煤电 | 油电 | 天然气发电 | 水电 | 核电 | 风电 | Solar | 生物质能电 | 合计 |
|---|---|---|---|---|---|---|---|---|---|
| 2010 | 1102. 5 | 20. 7 | 25. 5 | 198. 2 | 48. 5 | 22. 8 | 0. 4 | 7. 1 | 1425. 7 |
| 2015 | 1341. 3 | 23. 1 | 50. 6 | 334. 7 | 56. 8 | 62. 6 | 13. 2 | 16. 6 | 1898. 8 |
| 2020 | 1485. 1 | 24. 9 | 82. 2 | 397. 5 | 130. 9 | 128. 6 | 60. 8 | 31. 8 | 2341. 7 |
| 2025 | 1560. 4 | 16. 1 | 105. 3 | 457. 2 | 176. 1 | 181. 3 | 97. 2 | 39. 7 | 2633. 2 |
| 2030 | 1488. 6 | 21. 5 | 128. 8 | 478. 7 | 222. 5 | 273. 1 | 163. 3 | 47. 1 | 2823. 6 |
| 2035 | 1477. 4 | 19. 2 | 146. 7 | 483. 1 | 251. 7 | 310. 6 | 200. 8 | 51. 4 | 2940. 9 |
| 2040 | 1466. 2 | 17. 0 | 164. 6 | 487. 3 | 280. 2 | 347. 2 | 237. 6 | 55. 7 | 3055. 8 |
| 2050 | 1386. 8 | 7. 3 | 192. 0 | 478. 7 | 351. 0 | 440. 4 | 284. 0 | 63. 5 | 3203. 7 |

表7 一次能源消费量（强化能源转型情景，百万吨标准煤）

| 年份 | 煤 | 油 | 天然气 | 水电 | 核电 | 风电 | 太阳能 | 生物质能电 | 醇类燃料 | 生物柴油 | 合计 |
|---|---|---|---|---|---|---|---|---|---|---|---|
| 2010 | 2369.7 | 530.8 | 121.3 | 196.1 | 48.0 | 22.6 | 0.4 | 7.1 | 2.0 | 1.0 | 3298.9 |
| 2015 | 2785.7 | 775.7 | 258.6 | 329.5 | 55.9 | 61.6 | 13.0 | 18.6 | 23.8 | 5.8 | 4328.2 |
| 2020 | 2670.3 | 896.3 | 430.8 | 368.3 | 126.5 | 177.5 | 62.1 | 44.4 | 4.5 | 5.8 | 4786.5 |
| 2025 | 2349.9 | 990.4 | 532.3 | 436.0 | 205.2 | 282.1 | 102.6 | 56.4 | 44.6 | 9.8 | 5009.3 |
| 2030 | 2041.7 | 990.8 | 613.4 | 469.0 | 386.3 | 386.3 | 160.0 | 80.0 | 44.6 | 12.0 | 5184.2 |
| 2035 | 1839.1 | 927.1 | 651.4 | 491.0 | 545.8 | 449.6 | 203.4 | 97.7 | 47.3 | 12.5 | 5264.9 |
| 2040 | 1636.5 | 863.4 | 689.3 | 512.9 | 705.3 | 512.9 | 246.8 | 115.4 | 50.0 | 13.0 | 5345.5 |
| 2050 | 1133.2 | 688.0 | 716.8 | 485.4 | 970.8 | 658.7 | 391.8 | 163.0 | 57.5 | 14.0 | 5279.2 |

表8 终端能源消费量（强化能源转型情景，百万吨标准煤）

| 年份 | 煤 | 焦炭 | 煤气 | 油品 | 天然气 | 热力 | 电 | 合计 |
|---|---|---|---|---|---|---|---|---|
| 2010 | 796 | 269 | 40 | 502 | 83 | 85 | 477 | 2252 |
| 2014 | 914 | 297 | 82 | 672 | 204 | 134 | 674 | 2976 |
| 2020 | 789 | 376 | 28 | 833 | 215 | 160 | 803 | 3205 |
| 2025 | 709 | 298 | 23 | 903 | 267 | 213 | 918 | 3333 |
| 2030 | 629 | 145 | 19 | 915 | 278 | 227 | 1015 | 3227 |
| 2035 | 563 | 132 | 17 | 846 | 281 | 243 | 1097 | 3180 |
| 2040 | 498 | 119 | 16 | 777 | 285 | 259 | 1180 | 3134 |
| 2050 | 377 | 93 | 13 | 590 | 282 | 275 | 1275 | 2904 |

表9 分部门终端能源消费量（强化能源转型情景，百万吨标准煤）

| 农业 | | | | | | | | |
|---|---|---|---|---|---|---|---|---|
| 年份 | 煤 | 焦炭 | 煤气 | 油品 | 天然气 | 热力 | 电 | 合计 |
| 2010 | 16.5 | 2.2 | 0.0 | 23.9 | 0.0 | 0.0 | 13.1 | 55.9 |
| 2015 | 19.7 | 0.5 | 0.0 | 21.9 | 0.1 | 0.0 | 12.8 | 54.9 |
| 2020 | 23.7 | 3.6 | 0.0 | 27.2 | 0.0 | 0.1 | 18.5 | 73.1 |
| 2025 | 26.1 | 3.8 | 0.0 | 28.1 | 0.0 | 0.1 | 20.1 | 78.3 |
| 2030 | 27.9 | 3.6 | 0.0 | 29.0 | 0.0 | 0.1 | 21.7 | 82.2 |
| 2035 | 27.9 | 3.6 | 0.0 | 30.0 | 0.0 | 0.1 | 22.4 | 84.0 |
| 2040 | 27.9 | 3.6 | 0.0 | 31.0 | 0.0 | 0.1 | 23.2 | 85.8 |
| 2050 | 27.3 | 3.5 | 0.0 | 32.3 | 0.0 | 0.1 | 24.8 | 88.0 |

续表

| 工业 | | | | | | | | |
|---|---|---|---|---|---|---|---|---|
| 年份 | 煤 | 焦炭 | 煤气 | 油品 | 天然气 | 热力 | 电 | 合计 |
| 2010 | 655. 4 | 267. 3 | 30. 4 | 171. 4 | 37. 2 | 58. 9 | 359. 5 | 1580. 2 |
| 2015 | 689. 5 | 339. 1 | 80. 7 | 214. 8 | 108. 5 | 95. 7 | 426. 5 | 1954. 9 |
| 2020 | 660. 3 | 372. 8 | 23. 6 | 265. 4 | 65. 4 | 86. 6 | 473. 8 | 1947. 8 |
| 2025 | 600. 9 | 294. 5 | 20. 7 | 281. 2 | 71. 9 | 103. 0 | 511. 8 | 1883. 9 |
| 2030 | 527. 7 | 140. 9 | 16. 9 | 272. 0 | 76. 6 | 116. 4 | 585. 9 | 1736. 5 |
| 2035 | 476. 7 | 128. 4 | 15. 2 | 268. 2 | 81. 5 | 125. 7 | 624. 1 | 1719. 7 |
| 2040 | 425. 8 | 115. 8 | 13. 6 | 264. 4 | 86. 3 | 134. 9 | 662. 3 | 1703. 0 |
| 2050 | 328. 8 | 89. 1 | 10. 5 | 245. 4 | 98. 2 | 151. 4 | 710. 6 | 1633. 9 |
| 服务业 | | | | | | | | |
| 年份 | 煤 | 焦炭 | 煤气 | 油品 | 天然气 | 热力 | 电 | 合计 |
| 2010 | 28. 4 | 0. 0 | 0. 3 | 18. 1 | 14. 4 | 2. 9 | 45. 5 | 109. 6 |
| 2015 | 38. 8 | 0. 0 | 0. 0 | 23. 2 | 37. 2 | 7. 3 | 88. 2 | 194. 7 |
| 2020 | 33. 0 | 0. 0 | 0. 1 | 26. 9 | 59. 2 | 10. 8 | 104. 0 | 234. 1 |
| 2025 | 30. 1 | 0. 0 | 0. 0 | 26. 7 | 65. 6 | 14. 1 | 163. 3 | 299. 7 |
| 2030 | 21. 5 | 0. 0 | 0. 0 | 24. 5 | 93. 1 | 21. 4 | 201. 7 | 362. 2 |
| 2035 | 16. 1 | 0. 0 | 0. 0 | 23. 3 | 94. 9 | 23. 9 | 214. 9 | 373. 1 |
| 2040 | 10. 7 | 0. 0 | 0. 0 | 22. 1 | 96. 8 | 26. 3 | 228. 0 | 383. 9 |
| 2050 | 5. 5 | 0. 0 | 0. 0 | 18. 6 | 89. 1 | 24. 7 | 232. 5 | 370. 4 |
| 城市居民 | | | | | | | | |
| 年份 | 煤 | 焦炭 | 煤气 | 油品 | 天然气 | 热力 | 电 | 合计 |
| 2010 | 61. 4 | 0. 0 | 7. 0 | 22. 8 | 20. 3 | 48. 7 | 37. 8 | 198. 0 |
| 2015 | 59. 1 | 0. 0 | 1. 1 | 33. 4 | 46. 8 | 31. 0 | 50. 4 | 172. 5 |
| 2020 | 30. 6 | 0. 0 | 7. 0 | 22. 9 | 58. 8 | 42. 6 | 62. 4 | 224. 3 |
| 2025 | 25. 4 | 0. 0 | 4. 9 | 18. 3 | 76. 5 | 51. 1 | 81. 1 | 257. 3 |
| 2030 | 21. 9 | 0. 0 | 2. 3 | 15. 4 | 96. 3 | 102. 0 | 110. 8 | 348. 7 |
| 2035 | 10. 6 | 0. 0 | 2. 2 | 16. 3 | 88. 7 | 93. 2 | 120. 2 | 331. 3 |
| 2040 | 16. 4 | 0. 0 | 2. 2 | 14. 9 | 106. 0 | 112. 2 | 129. 7 | 381. 3 |
| 2050 | 8. 4 | | 2. 1 | 14. 5 | 107. 0 | 113. 3 | 131. 2 | 376. 5 |
| 农村居民 | | | | | | | | |
| 年份 | 煤 | 焦炭 | 煤气 | 油品 | 天然气 | 热力 | 电 | 合计 |
| 2010 | 65. 4 | 0. 0 | 0. 0 | 6. 5 | 0. 0 | 0. 0 | 19. 7 | 91. 6 |

续表

| 农村居民 | | | | | | | | |
|---|---|---|---|---|---|---|---|---|
| 年份 | 煤 | 焦炭 | 煤气 | 油品 | 天然气 | 热力 | 电 | 合计 |
| 2015 | 65.8 | 0.0 | 0.0 | 10.7 | 0.2 | 0.0 | 42.5 | 113.2 |
| 2020 | 60.9 | 0.0 | 0.0 | 16.4 | 0.1 | 0.0 | 49.6 | 127.0 |
| 2025 | 48.7 | 0.0 | 0.0 | 19.7 | 0.2 | 0.0 | 57.0 | 125.6 |
| 2030 | 39.4 | 0.0 | 0.0 | 16.8 | 0.2 | 0.0 | 51.7 | 108.1 |
| 2035 | 31.7 | 0.0 | 0.0 | 14.2 | 0.2 | 0.0 | 52.0 | 98.2 |
| 2040 | 24.0 | 0.0 | 0.0 | 11.7 | 0.2 | 0.0 | 52.2 | 88.2 |
| 2050 | 10.8 | | | 8.2 | 0.2 | | 49.1 | 68.4 |
| 交通 | | | | | | | | |
| 年份 | 煤 | 焦炭 | 煤气 | 油品 | 天然气 | 热力 | 电 | 合计 |
| 2010 | 0.0 | 0.0 | 0.0 | 255.9 | 0.4 | 0.0 | 2.1 | 258.5 |
| 2015 | 0.0 | 0.0 | 0.0 | 368.4 | 10.7 | 0.0 | 5.7 | 384.8 |
| 2020 | 0.0 | 0.0 | 0.0 | 470.6 | 7.6 | 0.0 | 8.8 | 487.0 |
| 2025 | 0.0 | 0.0 | 0.0 | 532.5 | 12.1 | 0.0 | 16.8 | 561.4 |
| 2030 | 0.0 | 0.0 | 0.0 | 555.8 | 17.7 | 0.0 | 42.9 | 616.4 |
| 2035 | 0.0 | 0.0 | 0.0 | 494.2 | 16.0 | 0.0 | 63.7 | 573.9 |
| 2040 | 0.0 | 0.0 | 0.0 | 432.6 | 14.2 | 0.0 | 84.5 | 531.4 |
| 2050 | 0.0 | 0.0 | 0.0 | 271.3 | 9.9 | 0.0 | 126.8 | 408.1 |
| 采掘业 | | | | | | | | |
| 年份 | 煤 | 焦炭 | 煤气 | 油品 | 天然气 | 热力 | 电 | 合计 |
| 2000 | 33.7 | 0.0 | 0.0 | 0.0 | 0.0 | 0.5 | 3.0 | 37.2 |
| 2005 | 59.0 | 0.0 | 0.0 | 0.0 | 0.0 | 0.9 | 7.8 | 67.7 |
| 2010 | 72.7 | 0.0 | 0.0 | 0.0 | 0.0 | 1.1 | 11.3 | 85.2 |
| 2020 | 72.5 | 0.0 | 0.0 | 0.0 | 0.0 | 1.0 | 17.2 | 90.7 |
| 2030 | 46.5 | 0.0 | 0.0 | 0.0 | 0.0 | 1.3 | 18.5 | 66.4 |
| 2040 | 41.0 | 0.0 | 0.0 | 0.0 | 0.0 | 1.2 | 18.5 | 60.7 |
| 2050 | 31.9 | 0.0 | 0.0 | 0.0 | 0.0 | 1.2 | 18.0 | 51.1 |
| 制造业 | | | | | | | | |
| 年份 | 煤 | 焦炭 | 煤气 | 油品 | 天然气 | 热力 | 电 | 合计 |
| 2000 | 276.8 | 81.5 | 7.3 | 59.1 | 15.3 | 30.2 | 98.2 | 568.3 |
| 2005 | 434.4 | 190.2 | 19.6 | 101.0 | 27.6 | 52.3 | 192.2 | 1017.3 |
| 2010 | 582.7 | 267.3 | 30.4 | 128.8 | 37.2 | 57.8 | 348.2 | 1452.4 |

续表

| 制造业 | | | | | | | | |
|---|---|---|---|---|---|---|---|---|
| 年份 | 煤 | 焦炭 | 煤气 | 油品 | 天然气 | 热力 | 电 | 合计 |
| 2020 | 587.8 | 197.3 | 23.6 | 192.0 | 65.4 | 85.6 | 456.6 | 1608.2 |
| 2030 | 481.1 | 123.1 | 16.9 | 216.0 | 76.6 | 115.2 | 567.4 | 1596.2 |
| 2040 | 384.8 | 101.5 | 13.6 | 210.9 | 86.2 | 133.7 | 643.7 | 1574.4 |
| 2050 | 296.8 | 77.9 | 10.5 | 198.6 | 98.2 | 150.2 | 692.6 | 1524.8 |
| 纺织业 | | | | | | | | |
| 年份 | 煤 | 焦炭 | 煤气 | 油品 | 天然气 | 热力 | 电 | 合计 |
| 2000 | 9.1 | 0.0 | 0.0 | 1.0 | 0.0 | 2.9 | 4.9 | 17.9 |
| 2005 | 15.9 | 0.0 | 0.0 | 1.8 | 0.0 | 4.7 | 8.5 | 31.0 |
| 2010 | 19.3 | 0.0 | 0.0 | 2.0 | 0.0 | 5.1 | 12.2 | 38.5 |
| 2020 | 18.5 | 0.0 | 0.0 | 2.1 | 0.0 | 4.8 | 14.9 | 40.3 |
| 2030 | 19.2 | 0.0 | 0.0 | 2.2 | 0.0 | 4.7 | 17.2 | 43.3 |
| 2040 | 17.3 | 0.0 | 0.0 | 2.2 | 0.0 | 5.0 | 18.9 | 43.4 |
| 2050 | 13.8 | 0.0 | 0.0 | 2.3 | 0.0 | 5.1 | 19.3 | 40.4 |
| 化学原料及制品制造业 | | | | | | | | |
| 年份 | 煤 | 焦炭 | 煤气 | 油品 | 天然气 | 热力 | 电 | 合计 |
| 2000 | 45.1 | 4.3 | 0.0 | 11.1 | 13.0 | 0.0 | 16.9 | 90.3 |
| 2005 | 53.8 | 10.2 | 0.0 | 14.4 | 23.3 | 0.0 | 29.5 | 131.2 |
| 2010 | 46.7 | 13.9 | 0.0 | 23.4 | 31.0 | 0.0 | 45.4 | 160.3 |
| 2020 | 41.3 | 11.0 | 0.0 | 29.7 | 56.2 | 0.0 | 48.0 | 186.3 |
| 2030 | 35.2 | 8.1 | 0.0 | 26.7 | 62.7 | 0.0 | 52.9 | 185.5 |
| 2040 | 35.7 | 7.6 | 0.0 | 25.9 | 65.9 | 0.0 | 62.6 | 197.8 |
| 2050 | 34.8 | 4.7 | 0.0 | 23.1 | 66.5 | 0.0 | 73.8 | 202.9 |
| 非金属矿物制品业（水泥、玻璃、砖瓦、石灰） | | | | | | | | |
| 年份 | 煤 | 焦炭 | 煤气 | 油品 | 天然气 | 热力 | 电 | 合计 |
| 2000 | 141.8 | 0.0 | 0.0 | 3.2 | 0.0 | 0.0 | 14.3 | 159.3 |
| 2005 | 207.4 | 0.0 | 0.0 | 6.9 | 0.0 | 0.0 | 24.0 | 238.3 |
| 2010 | 271.5 | 0.0 | 0.0 | 10.3 | 0.0 | 0.0 | 41.2 | 323.1 |
| 2020 | 218.7 | 0.0 | 0.0 | 7.8 | 0.0 | 0.0 | 33.7 | 260.2 |
| 2030 | 169.8 | 0.0 | 0.0 | 6.6 | 0.0 | 0.0 | 25.3 | 201.7 |
| 2040 | 134.6 | 0.0 | 0.0 | 6.0 | 0.0 | 0.0 | 19.7 | 160.3 |
| 2050 | 103.0 | 0.0 | 0.0 | 4.9 | 0.0 | 0.0 | 15.0 | 123.0 |

续表

| 钢铁 | | | | | | | | |
|---|---|---|---|---|---|---|---|---|
| 年份 | 煤 | 焦炭 | 煤气 | 油品 | 天然气 | 热力 | 电 | 合计 |
| 2000 | 21.7 | 74.1 | 7.3 | 6.3 | 0.0 | 4.4 | 12.7 | 126.5 |
| 2005 | 43.8 | 174.3 | 19.6 | 13.1 | 0.0 | 7.3 | 28.2 | 286.2 |
| 2010 | 74.9 | 245.5 | 30.4 | 8.0 | 0.0 | 6.5 | 51.1 | 416.4 |
| 2020 | 160.9 | 173.2 | 23.6 | 15.1 | 0.0 | 7.7 | 49.8 | 430.4 |
| 2030 | 127.1 | 96.3 | 16.9 | 11.9 | 0.0 | 6.9 | 43.6 | 302.6 |
| 2040 | 98.1 | 77.4 | 13.6 | 8.1 | 0.0 | 5.9 | 43.7 | 246.7 |
| 2050 | 69.4 | 60.2 | 10.5 | 5.3 | 0.0 | 4.6 | 42.5 | 192.5 |
| 有色金属冶炼及压延加工业 | | | | | | | | |
| 年份 | 煤 | 焦炭 | 煤气 | 油品 | 天然气 | 热力 | 电 | 合计 |
| 2000 | 7.9 | 0.2 | 0.0 | 2.8 | 0.1 | 2.7 | 8.1 | 21.7 |
| 2005 | 15.8 | 0.3 | 0.0 | 4.6 | 0.1 | 3.9 | 18.8 | 43.5 |
| 2010 | 24.8 | 0.4 | 0.0 | 6.5 | 0.1 | 4.4 | 31.5 | 67.7 |
| 2020 | 23.6 | 0.5 | 0.0 | 7.6 | 0.2 | 5.4 | 29.6 | 66.9 |
| 2030 | 20.3 | 0.6 | 0.0 | 7.3 | 0.2 | 6.2 | 30.4 | 64.9 |
| 2040 | 19.0 | 0.6 | 0.0 | 6.9 | 0.2 | 7.3 | 28.6 | 62.7 |
| 2050 | 15.4 | 0.5 | 0.0 | 5.6 | 0.3 | 8.2 | 23.8 | 53.8 |
| 机械制造业 | | | | | | | | |
| 年份 | 煤 | 焦炭 | 煤气 | 油品 | 天然气 | 热力 | 电 | 合计 |
| 2000 | 15.4 | 0.0 | 0.0 | 0.3 | 2.2 | 0.0 | 14.6 | 32.5 |
| 2005 | 31.5 | 0.0 | 0.0 | 0.6 | 4.2 | 0.0 | 31.8 | 68.1 |
| 2010 | 49.2 | 0.0 | 0.0 | 1.0 | 6.0 | 0.0 | 63.1 | 119.3 |
| 2020 | 31.6 | 0.0 | 0.0 | 1.0 | 8.5 | 0.0 | 103.0 | 144.1 |
| 2030 | 30.8 | 0.0 | 0.0 | 1.0 | 9.8 | 0.0 | 134.7 | 176.3 |
| 2040 | 26.2 | 0.0 | 0.0 | 0.8 | 10.3 | 0.0 | 157.5 | 194.9 |
| 2050 | 18.3 | 0.0 | 0.0 | 0.6 | 10.8 | 0.0 | 170.2 | 200.0 |
| 其他制造业 | | | | | | | | |
| 年份 | 煤 | 焦炭 | 煤气 | 油品 | 天然气 | 热力 | 电 | 合计 |
| 2000 | 16.2 | 0.0 | 0.0 | 0.0 | 0.1 | 0.0 | 6.2 | 22.4 |
| 2005 | 24.7 | 0.0 | 0.0 | 0.0 | 0.1 | 0.0 | 10.1 | 34.9 |
| 2010 | 32.9 | 0.0 | 0.0 | 0.0 | 0.1 | 0.0 | 19.0 | 52.0 |
| 2020 | 33.0 | 0.0 | 0.0 | 0.0 | 0.2 | 0.0 | 41.1 | 74.3 |

续表

| 其他制造业 | | | | | | | | |
|---|---|---|---|---|---|---|---|---|
| 年份 | 煤 | 焦炭 | 煤气 | 油品 | 天然气 | 热力 | 电 | 合计 |
| 2030 | 39.5 | 0.0 | 0.0 | 0.0 | 1.9 | 0.0 | 82.2 | 123.7 |
| 2040 | 27.7 | 0.0 | 0.0 | 0.0 | 4.2 | 0.0 | 105.2 | 137.1 |
| 2050 | 22.4 | 0.0 | 0.0 | 0.0 | 8.9 | 0.0 | 121.0 | 152.3 |
| 其他工业 | | | | | | | | |
| 年份 | 煤 | 焦炭 | 煤气 | 油品 | 天然气 | 热力 | 电 | 合计 |
| 2000 | 0.3 | 3.0 | 0.0 | 18.8 | 0.0 | 20.2 | 17.5 | 59.9 |
| 2005 | 0.6 | 5.4 | 0.0 | 33.8 | 0.0 | 36.4 | 35.0 | 111.3 |
| 2010 | 1.0 | 7.5 | 0.0 | 41.3 | 0.0 | 41.9 | 75.7 | 167.3 |
| 2020 | 2.2 | 12.5 | 0.0 | 73.0 | 0.2 | 64.7 | 127.7 | 280.3 |
| 2030 | 2.9 | 18.2 | 0.0 | 86.3 | 1.9 | 89.0 | 173.3 | 371.5 |
| 2040 | 3.2 | 16.0 | 0.0 | 76.2 | 5.5 | 97.9 | 199.2 | 398.0 |
| 2050 | 3.5 | 12.5 | 0.0 | 59.9 | 11.6 | 107.7 | 219.2 | 414.2 |

**表 10　发电量（强化能源转型情景，太瓦时）**

| 年份 | 煤电 | 油电 | 天然气发电 | 水电 | 核电 | 风电 | 太阳能 | 生物质能电 | 合计 |
|---|---|---|---|---|---|---|---|---|---|
| 2010 | 3193 | 58 | 83 | 575 | 141 | 66 | 1 | 21 | 4138 |
| 2015 | 3979 | 65 | 166 | 996 | 169 | 186 | 39 | 50 | 5650 |
| 2020 | 4635 | 74 | 383 | 1032 | 405 | 516 | 192 | 133 | 7369 |
| 2025 | 4296 | 66 | 498 | 1410 | 663 | 896 | 315 | 149 | 8293 |
| 2030 | 3635 | 65 | 723 | 1576 | 1298 | 1298 | 501 | 176 | 9272 |
| 2035 | 3210 | 60 | 789 | 1668 | 1854 | 1527 | 691 | 332 | 10131 |
| 2040 | 2832 | 54 | 893 | 1743 | 2396 | 1743 | 839 | 392 | 10893 |
| 2050 | 1742 | 24 | 942 | 1648 | 3296 | 2237 | 1330 | 553 | 11771 |

**表 11　发电装机容量（强化能源转型情景，万千瓦）**

| 年份 | 煤电 | 油电 | 天然气发电 | 水电 | 核电 | 风电 | 太阳能 | 生物质能电 | 合计 |
|---|---|---|---|---|---|---|---|---|---|
| 2010 | 66531 | 1287 | 1839 | 19431 | 1876 | 3153 | 95 | 460 | 94672 |
| 2015 | 82904 | 1444 | 3684 | 32182 | 2252 | 8871 | 3015 | 1111 | 135465 |
| 2020 | 83643 | 1541 | 9554 | 36088 | 5085 | 26416 | 14935 | 3082 | 180343 |
| 2025 | 90086 | 1507 | 11305 | 44382 | 9044 | 44412 | 26088 | 4145 | 230969 |

续表

| 年份 | 煤电 | 油电 | 天然气发电 | 水电 | 核电 | 风电 | 太阳能 | 生物质能电 | 合计 |
|---|---|---|---|---|---|---|---|---|---|
| 2030 | 78016 | 1458 | 13680 | 49812 | 17491 | 62467 | 43477 | 6038 | 272438 |
| 2035 | 71191 | 1334 | 15266 | 52303 | 24721 | 72729 | 59863 | 7376 | 304783 |
| 2040 | 64365 | 1210 | 16853 | 54795 | 31952 | 82991 | 76248 | 8714 | 337128 |
| 2050 | 40515 | 523 | 17768 | 52085 | 43946 | 106501 | 120922 | 12294 | 394554 |

**表 12　发电用能源（强化能源转型情景，百万吨标准煤）**

| 年份 | 煤电 | 油电 | 天然气发电 | 水电 | 核电 | 风电 | 太阳能 | 生物质能电 | 合计 |
|---|---|---|---|---|---|---|---|---|---|
| 2010 | 20. 6 | 25. 2 | 196. 5 | 48. 1 | 22. 6 | 0. 4 | 7. 1 | 1414. 0 | 1093. 4 |
| 2015 | 23. 1 | 50. 6 | 329. 7 | 55. 9 | 61. 7 | 13. 0 | 16. 6 | 1870. 4 | 1320. 0 |
| 2020 | 24. 3 | 118. 2 | 365. 0 | 120. 9 | 175. 9 | 61. 6 | 44. 0 | 2198. 6 | 1288. 8 |
| 2025 | 16. 6 | 133. 3 | 436. 0 | 205. 2 | 282. 1 | 102. 6 | 56. 4 | 2564. 7 | 1332. 5 |
| 2030 | 22. 3 | 171. 0 | 469. 0 | 386. 3 | 386. 3 | 160. 0 | 80. 0 | 2759. 1 | 1084. 2 |
| 2040 | 18. 5 | 223. 3 | 512. 9 | 705. 3 | 512. 9 | 246. 8 | 115. 4 | 3205. 7 | 870. 6 |
| 2035 | 978. 4 | 20. 4 | 197. 2 | 491. 0 | 545. 8 | 449. 6 | 203. 4 | 97. 7 | 2983. 5 |
| 2050 | 8. 0 | 235. 4 | 485. 4 | 970. 8 | 658. 7 | 391. 8 | 163. 0 | 3467. 1 | 554. 0 |

# 行业篇

# 第七章
# 煤炭行业分析与展望（2017—2018）

## 一、煤炭行业回顾

回顾2017年以来，我国煤炭供需态势基本平衡。煤炭生产和净进口均有较大幅度增长，有效供给保障增强，煤炭消费也在三年连降的基础上实现小幅回升，但消费增长的动力较弱；全年煤炭价格在较高位小幅波动，煤炭市场基本稳定；企业经营形势进一步稳固向好，煤炭供给侧改革取得较大进展，煤炭行业脱困前景看好。

### （一）煤炭产量和净进口较大幅度增长，有效供给保障增强

国家统计局公布数据显示，2017年，全国规模以上企业原煤累计产量34.5亿吨，同比增加1.08亿吨，同比增长3.2%；2018年1月至11月，原煤累计生产产量32.1，同比增长54%。从逐月产量来看，2017年4－9月累计生产17.84亿吨，比上年同期增加1.5亿吨、增长9.2%，这一时期是2017年煤炭产量净增的集中期；2018年逐月生产量保持2017年发展势头（图7－1）。

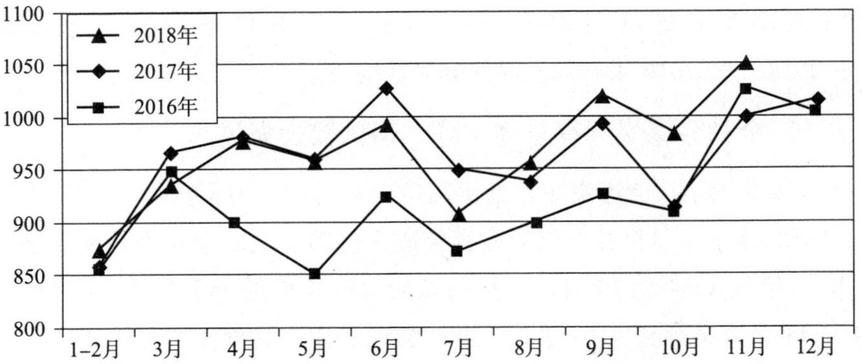


**图7－1　煤炭逐月日均产量**

数据来源：国家统计局。

从主要省份来看，煤炭产量超过 1 亿吨的省份有八个，分别为内蒙古、山西、陕西、贵州、新疆、山东、河南和安徽，全年产量分别为 8.75 亿吨、8.55 亿吨、5.5 亿吨、1.5 亿吨、1.45 亿吨、1.29 亿吨、1.16 亿吨和 1.1 亿吨，合计 29.3 亿吨，占全国总产量的 85.1%。其中，内蒙古、山西和陕西产量之和为 22.8 亿吨，占全国比重为 66.2%，比上一年增加约 4 个百分点，这显示全国煤炭生产不断向晋陕蒙地区集中（图 7－2）。

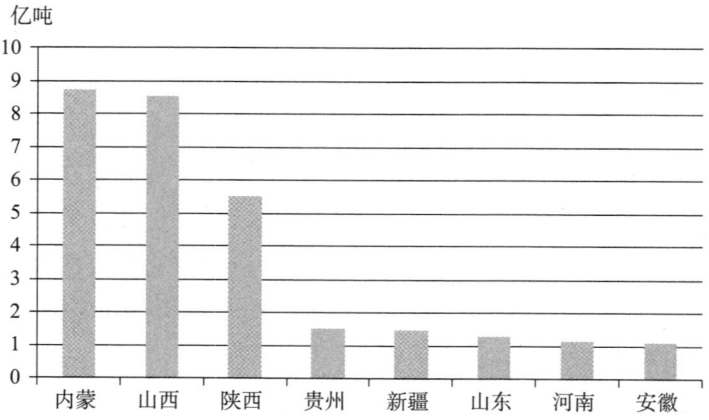


**图 7－2　主要省份煤炭产量**

据海关数据，2017 年全国累计共进口煤炭 27116 万吨，同比增长 6.1%；出口煤炭 817 万吨，同比下降 7.0%，净进口煤炭 26300 万吨，同比增加 1610 万吨、同比增长 6.5%。2018 年 1－11 月，煤炭累计净进口量 2.67 亿吨，同比增长 10.6%。

2017 年全国煤炭总供给量达到 37.1 亿吨，同比增加 1.1 亿吨，增长 3.1%；2018 年 1 至 11 月累计总供应量达到 34.8 亿吨，同比增长 5.8%；2017—2018 年较 2016 年有效供给保障显著增强。

## （二）全社会煤炭库存总体下降，但仍较为充足

近年来我国全社会煤炭库存处于高位波动运行，占全国煤炭产量的 10% 左右。2012 年上半年全社会煤炭库存突破 3 亿吨，之后全年维持在 3 亿吨左右，2013 年至 2014 年 10 月，全社会煤炭库存长期处于 3.5 亿～4 亿吨；自 2014 年 11 月末持续到 2016 年初，全社会煤炭库存均处于 4 亿吨以上。由于实施“去产能、去库存”的政策，2016 年加大了全社会煤炭库存消耗力度，2016 年 1 月至 9 月累计消化库存约 1.2 亿吨。2016 年 9 月中下旬以后，随着

应急响应范围不断扩大、力度不断加强，全国煤炭产量快速提升，全社会库存得到一定的补充，至2016年底，全社会煤库存仍为3.5亿吨左右。2017年以来，随着我国工业经济回暖，全国煤炭消费量有所增长，在大力实施去煤炭产的同时，为保障煤炭供需平衡，全社会煤炭库存进一步得到消化。初步估计，2017年年底，全社会煤炭库存2亿吨左右，较年初减少1.5亿吨。

2017年底全国煤炭企业库存为6300万吨，同比减少2084万吨，下降24.9%。全国主要港口煤炭库存为3459万吨，同比减少100万吨，下降2.81%；环比减少329万吨，下降8.7%。全国重点电厂煤炭库存6499万吨，库存可用天数15天，环比减少6天。

## （三）煤炭消费量在三年连降后小幅回弹，但消费反弹的动力减弱

从上述煤炭生产、净进口及库存变化等数据分析，初步估算全年煤炭表观消费量为38.1亿吨左右。表明我国煤炭消费在2014—2016年的三年连降后，2017年消费同比增加7000万吨左右，同比增长约1.9%；2018年1月至10月，煤炭表观消费量为32.5亿吨，同比增加1.1亿吨，同比增长3.6%（图7－3）。

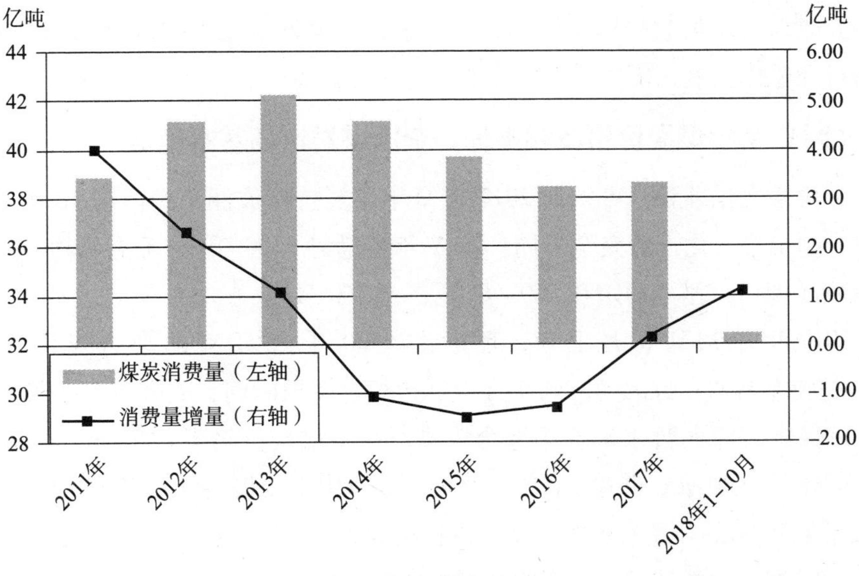


**图7－3　近年煤炭消费量及增量变化**

数据来源：国家统计局。

从主要行业发展看，2017年火力发电和粗钢分别同比增长4.6%和5.7%，分别比上年增加1.1和5.2个百分点，表明了电力、钢铁行业对煤炭

消费增长的支持作用。水泥和平板玻璃分别同比增长 -0.2% 和 3.5%，分别比上年下降 2.4 和 1.0 个百分点，这显示了建材行业的煤炭消费低迷情况。

从主要行业煤炭消费来看，2017 年电力、钢铁、建材和化工行业煤炭消费量分别为 19.9 亿吨、6.4 亿吨、5.1 亿吨和 2.8 亿吨，分别同比增长 5.4%、1.4%、1.4% 和 5.0%。四大行业煤炭消费量为 34.1 亿吨，占煤炭消费总量的约 89%（表 7-1）。

**表 7-1　2017 年主要行业煤炭消费量**

| | 消费量（亿吨） | 增量（亿吨） | 同比（%） |
|---|---|---|---|
| 全国总量 | 38.3 | 1.01 | 2.4 |
| 电力行业 | 19.9 | 1.12 | 5.4 |
| 钢铁行业① | 6.4 | 0.09 | 1.4 |
| 建材行业 | 5.1 | -0.17 | 1.4 |
| 化工行业 | 2.8 | 0.15 | 5.0 |
| 四大行业合计 | 34.1 | 1.19 | 3.6 |
| 四大行业占比 | 88.9% | | |

数据来源：中国煤炭工业协会。

尽管 2017 年煤炭消费受火力发电、钢铁、化工等行业支持，但这些行业当年有时高达两位数的同比增速，仍处于相对较低增长水平，因此，从煤炭消费行业总体上看，煤炭消费增长的动力仍十分弱。

## （四）全年煤炭价格波澜不惊，全国煤炭市场基本稳定

从价格变化来看，可以说 2017 年全年煤炭价格波澜不惊。与 2016 年大幅拉升的价格变化行情完全不同，2017 年环渤海 5500 千卡/千克的动力煤价格指数（BSPI）基本稳定在 560~610 元（图 7-4）。

2017 年年初到 5 月上旬，环渤海 5500 千卡/千克的动力煤价格在 600 元/吨左右的高位波动。到 5 月中下旬短短两周时间，受北方供暖期结束且夏季保供高峰期暂未来临等综合因素影响，煤炭价格下降至 563 元/吨左右，下降了约 40 元，降幅 6.8%。之后到 6 月中下旬很快恢复至 580 元/吨左右，并在 580 元/吨左右小幅波动一直持续到年底。2018 年以来，煤炭价格在 570 元/吨左右小幅波动。这说明全国煤炭市场基本稳定。

① 2016 年以来，我国推动钢铁行业去产能，全面取缔地条钢，取缔的地条钢总产能约 8000 万吨。在 2016 年之前统计钢铁产量时，市场上地条钢的产量也统计进来，但地条钢能耗却没有有效统计进来，导致 2016 年（含）之前的钢铁行业的能耗及煤耗偏低。因此，2017 年在钢铁行业的能耗及煤耗的一定程度增长，有可能是不同统计口径下的数字增长，而实际上全口径统计可能是持平或下降的。

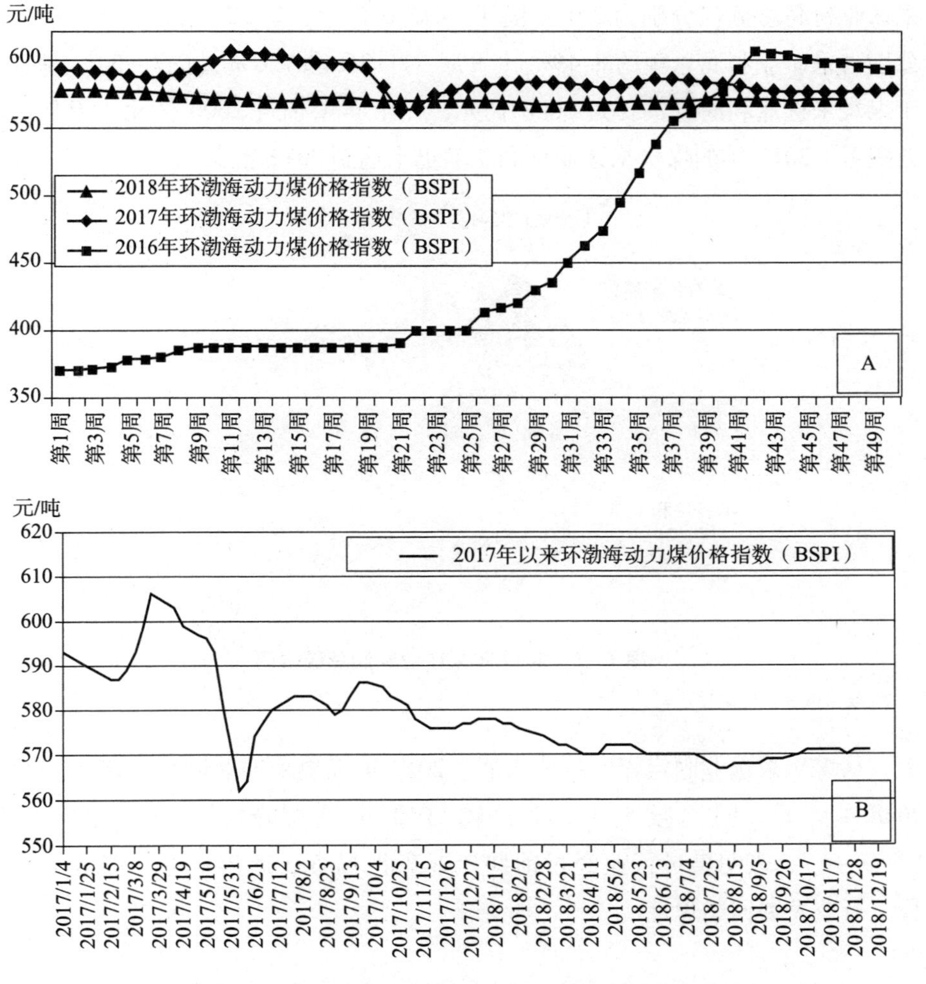


**图7-4　2016年以来环渤海动力煤价格指数（5500千卡/千克）（BSPI）**

数据来源：秦皇岛煤炭网。

## （五）煤炭企业经营形势进一步向好，但煤炭行业固定资产投资进一步减少

自2016年国务院发布《关于煤炭行业化解过剩产能实现脱困发展的意见》（国发〔2016〕7号，以下简称“国务院7号文”）以来，煤炭行业的经营形势得到显著好转。2016年全年累计利润总额为1090.9亿元，同比增长223.6%，煤炭采选业利润总额占采矿业利润总额的60%。2017年延续并扩大了2016年的势头，全年煤炭采选业利润总额达到2959.3亿元，是上年同期的2.71倍，占采矿业利润总额的63.7%。同期，石油和天然气、黑色金属、有色金属和非金属

采选业利润总额仅分别为 391.9 亿元、413.0 亿元、527.2 亿元和 354.0 亿元，分别占采矿业利润总额的 8.4%、8.9%、11.3% 和 7.6%（图7－5）。预计全年煤炭采选业利润总额接近 3000 亿元，比上年增加近 2000 亿元。但从历史数据看，2017 年的煤炭采选业利润总额仍未达到 2012 年水平。

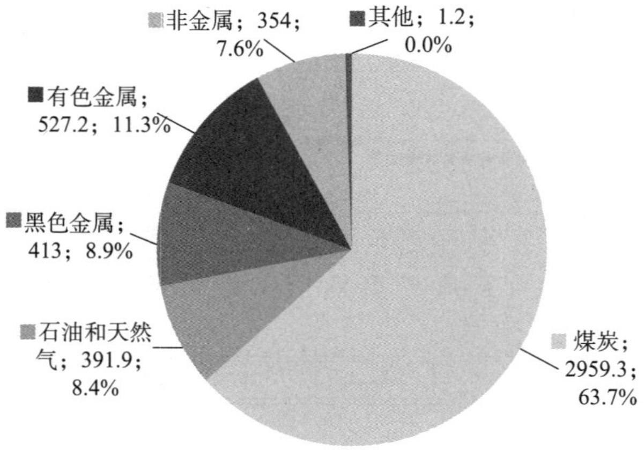


**图 7－5　2017 年采矿业利润总额饼图**

数据来源：国家统计局。

从煤炭采选业固定资产投资来看，2017 年煤炭采选业固定资产投资总额 2648.4 亿元，同比减少 12.3%，较 2012 年最高峰时下降了一半左右（图 7－6），表明煤炭行业经过前些年非理性投资、近年来去产能政策等过程，行业发展回归理性。

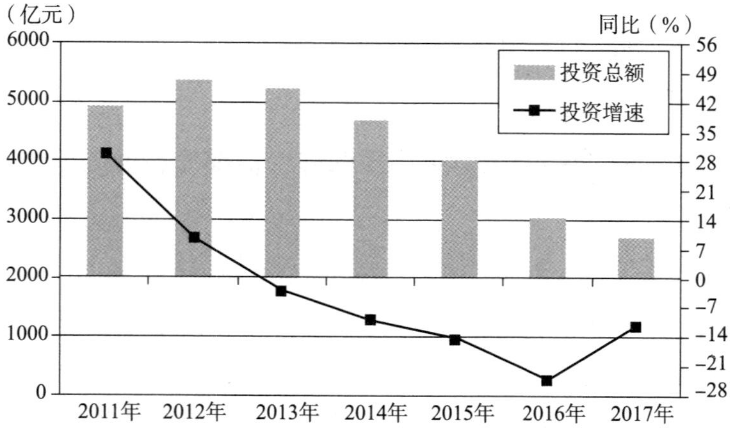


**图 7－6　近年煤炭采选业固定资产投资总额及增速**

数据来源：国家统计局。

## 二、煤炭行业市场热点与重大政策分析

### （一）煤炭去产能仍是多方关注点，总体成效显著，但煤炭产能过剩态势并没有根本改变

自2016年上半年大力推动落实国务院7号文以来，煤炭行业大力实施去产能政策，吸引多方关注。经过努力，2016年全年退出煤炭产能2.9亿吨，比预期目标多退出4000万吨。2017年全年实现退出产能1.8亿吨。两年将累计实现退出产能4.7亿吨，完成“十三五”退出5亿吨产能目标的95%左右，基本实现“十三五”期间煤炭产能退出目标，可谓成效显著。2017年年底，全国煤矿7662座，总产能53.08亿吨/年，其中正常生产煤矿3892座，产能32.64亿吨/年；技术改造及扩建煤矿1600座，产能15.18亿吨/年；长期停产停建煤矿2170座，产能5.26亿吨/年。根据在建和技改进展，可以判断到2020年，全国具备生产能力的煤矿在现有基础上将至少净增4－6亿吨/年，届时全国煤矿有效产能将至少达到37～39亿吨/年，加上2～3亿吨左右的进口规模，2020年全国煤炭有效供给总能力将达到42亿吨左右。根据众多研究预期，到2020年全国煤炭的需求总量将为36～38亿吨。由此可见，届时总有效供给仍将比预期需求多，煤炭总体过剩问题依然存在，局部地区将可能依然突出。

### （二）国家能源投资集团成立，对我国现有能源产业格局带来深刻而巨大的影响

2017年8月，经国务院批准，原神华集团和国电集团合并重组成立国家能源投资集团，成立后的国家能源集团资产规模仅次于国家电网、中石油和中石化，成为目前我国第四大能源央企。合并后的国家能源集团事实上将作为国有资本投资平台，承继国有资本投资公司试点资格，成为大能源领域的公司制、市场化出资人代表。这是自国资委成立以来最大的能源央企重组案，对我国现有能源产业格局将带来深刻而巨大的影响。从国家宏观政策来看，神华国电的合并重组，是推动煤炭行业供给侧结构性改革的重大举措，有助于推动兼并重组去化煤炭产能、防范化解煤电产能过剩风险，且为我国国有企业改革探索了新模式，即国企合并重组与组建国有资本投资运营公司的改革同步开展，提升了产业融合度和资本运营效率。从行业发展来看，原神华集团和国电集团在主业上各有侧重，神华是我国最大的煤炭生产企业。除煤

炭生产销售之外，还涉及火力发电、铁路运输、港口航运、煤制油煤化工等。而国电主营业务涉及发电、煤炭、金融、科技环保四大板块，2016 年年底发电装机容量 1.43 亿千瓦，其中风电装机达到 2583 万千瓦，排名世界第一。两国有企业合并重组，有利于发挥各自比较优势，形成全产业链竞争优势，推动向综合能源企业集团转变。从社会进步来看，火电和煤炭行业之间的供需矛盾一直是制约我国社会发展的问题之一。两企业合并重组，将进一步增强了煤电联营模式，有利于深化双方业务合作，形成长期稳定的煤炭供应关系，大幅提升神华与国电煤电一体化程度，在总公司的协调下，将之前的外部矛盾内部化，降低协调成本、有效平抑煤炭和电力价格波动，一定程度上缓解煤电矛盾。

### （三）煤炭企业兼并重组去产能明显滞后，年底又出台重大政策

前已述及，2016—2017 年煤炭产能退出约完成 4.7 亿吨，基本实现“十三五”退出产能 5 亿吨目标，但煤炭行业化解过剩产能、实现脱困发展，并不仅仅限于 5 亿吨目标。根据国务院 7 号文关于“从 2016 年开始，用 3 ~5 年的时间，退出产能 5 亿吨左右、减量重组 5 亿吨左右”的要求，以及《“十三五”煤炭发展规划》中关于“十三五”期间退出 8 亿吨煤炭产能目标要求，接下来的三年，还要推动兼并重组去产能 5 亿吨，最终通过兼并重组实现产能再退出 3 亿吨。截至 2017 年底，中央企业累计重组煤炭产能 1 亿吨左右，这基本代表了全国煤炭兼并重组去产能规模。这表明“十三五”前两年仅完成了兼并重组目标 20% 任务，这方面工作显得比较滞后了。2018—2020 年这三年时间内，在煤炭价格基本不存在大幅回落态势、煤炭企业存在一定盈利空间状态下，想完成剩余 4 亿吨兼并减量重组的目标将十分艰难。

为加快推动煤炭企业兼并重组转型升级，2017 年底，国家发改委联合其他 11 个部委出台《关于进一步推进煤炭企业兼并重组转型升级的意见》（发改运行［2017］2118 号），进一步明确了兼并重组目标。

## 三、煤炭行业影响因素分析研判（2018—2019）

### （一）宏观经济中高速增长区间基本得到确认，煤炭消费难以快速反弹

煤炭是我国最主要的能源，也是支撑我国经济社会发展的重要物质基础，

反过来说，我国经济社会发展的预期，将对煤炭行业发展起重大影响。从宏观经济来看，2017 年我国经济增长 6.9%，比上一年增加 0.2 个百分点，经济增速为近年来首次回升，经济中高速增长区间基本得到确认。2018 年我国经济发展的风险依然存在。从国际因素来看，当前反全球化的外部环境趋势增强，我国经济发展的全球竞争代价提高，世界一些机构也对我国 2018 年经济发展预期较上一年有所下降，这也表明 2018 年我国经济发展还需谨慎行事。相反，我国的金融机构依托对国内市场发展观察，对 2018 年我国经济发展预期相对乐观，认为好于上一年。从国内因素来看，一是我国地方债、企业债违约发生概率较强，金融风险依然存在，将影响到我国地方经济运行环境。2016 年末，我国中央和地方政府债务余额为 27.33 万亿元，负债率 36.7%，债务风险总体可控。但地方债最大的风险不在账面上，一些看不见的风险还大量存在，如隐性担保、融资平台举债、假借政府购买服务变相举债、虚假 PPP 等披上各种“马甲”的地方债务，其潜在风险和隐患不容小觑。二是为遏制债务而加强对金融和环保领域的监管，短期可能使得现有业务面临停滞，带来流动性冲击，可能会影响到我国住房和基础设施等建设。

尽管 2018 年我国经济发展的风险仍较大，但基本面仍是好的，总体判断，2018 年我国经济发展有望保持平稳运行，增速预期达到 6.5% 或以上。经济发展处于中高速增长区间，使得我国煤炭消费得到一定支撑，但相比前些年高速增长阶段，煤炭消费快速反弹的前景已然不存在。

### （二）国家相关环保政策加大力度，推动煤炭消费向下

从宏观政策层面估计，一是我国要持续落实治理大气环境污染，控制煤炭消费。反思 2017 年“煤改气”发生的问题，一个重要因素就是我国天然气供应配套欠缺，2019 年我国会加大对“煤改气”、“煤改电”等政策的具体落实，大力加强天然气供应基础，提升气代煤的空间，这将进一步推动煤炭消费走低。二是诸多低碳政策也将促进减少煤炭消费。如 2017 年年底，我国开始推行碳排放交易制度，这对煤炭消费具有一定的抑制作用。

### （三）除电力外主要耗煤行业低迷，影响煤炭消费走低

从电力行业来看，2018 年全国电力消费增长强劲，煤电出力增多，从而拉动煤炭消费增长，2018 年 1 月至 9 月电煤消费 17.4 亿吨，同比增加 11230 万吨，增长 6.9%。2019 年煤炭消费增长的主要来源仍将是电煤消费。很多专家预计 2019 年电力消费增长速度将下降，且考虑到近几年我国电力供大于

求态势未变，随着国家稳步发展清洁能源，大力促进清洁电力消纳，2019 年风电、核电等清洁电力消费增速依然保持较高水平，将会大于全社会电力消费增速，全国煤电消费很有可能持平或下降，带动电力行业耗煤量下降。

从钢铁行业来看，“十三五”时期已基本处于发展峰值平台期，钢铁行业的煤炭消费增长有限。2018 年 1 月至 10 月钢铁行业煤炭消费量 5.5 亿吨，同比增加 750 万吨，略增 1.4%。这有可能是在钢铁行业去产能背景下，全面取缔地条钢产能基础上，一种不同统计口径上数字式增长，而实际上 2017 年的钢铁行业煤耗同比是持平或下降的。此外，钢铁行业产业结构转换、技术进步、效率提升等因素，如电转炉数量和比重提升、吨钢煤耗下降等，也有可能使行业煤炭消费呈减量化趋势。

从建材行业来看，2018 年前 10 个月建材行业的煤炭消费量 3.9 亿吨，同比增加 100 万吨、同比微增 0.3%。“十三五”时期，建材行业也处于发展峰值平台期，随着我国大规模基础设施建设基本饱和，房地产市场调控和限购政策继续实施，2019 年我国建材行业的煤炭消费同比也将持平或下降。

从供需基本来面来看，2018 年我国煤炭价格将延续 2017 年走势，体格波动基本不会大。随着煤炭价格已经在相对高位稳定运行，现代煤化工发展的经济性不强，化工行业煤炭消费增长也不容乐观。

## 四、煤炭行业 2019 年展望

从宏观经济走势、国家宏观政策及煤炭消费行业趋势来看，预判 2019 年煤炭需求将总体与上年持平或有所下降。囿于价格相对高位，市场化、法制化推动企业兼并重组的形势不容乐观。

### （一）煤炭需求将总体与上年持平或有所下降

从上文分析来看，宏观经济因素不支持煤炭消费快速增长，国家政策也要落实治理大气环境污染，推动煤炭消费走低；主要耗煤行业的煤炭消费也难于乐观。因此综合判断，2019 年全国煤炭消费难以大幅增长，预计全年全国煤炭消费 39.5 亿吨左右，与 2018 年持平，甚至可能略有下降态势。

### （二）煤炭企业市场化兼并重组去产能工作不容乐观

2016 年初在煤炭行业哀鸿遍野之际，是市场化、法制化兼并重组的最好时机。然而由于煤炭行业背后数百万人的就业、社会稳定等系列问题，国家出台了国务院7号文等推动煤炭行业快速脱困的政策，起到了立竿见影的效果，但同时也对煤炭行业长期可持续发展或长远脱困产生了一些消极影响。一个最大的问题是，在当前煤炭价格相对高位稳定运行之时，企业盈利空间较大且稳定情况下，市场化、法制化推动各企业兼并重组的动力减弱，如果靠外在的行政力量推动企业兼并重组，则又存在非市场化和非法制化的行为，又将会埋下更大的发展隐患。因此，尽管国家12个部委在2017年底联合出台了进一步推进企业兼并重组的指导意见，但未来两年总体预期市场化、法制化的兼并重组将面临较大挑战。

## 五、煤炭行业2018年政策建议

### （一）从政府层面，以企业兼并重组为焦点，全面推进煤炭领域供给侧结构性改革

一是密切关注煤炭市场变化，适时调整政策，创造兼并重组的机会。密切关注宏观经济主要指标的变化情况，及与耗煤产业相关的工业生产情况，研究和判断短期煤炭市场供需态势，及时释放合理的政策信号，促进煤炭市场平稳运行。在此基础上，抓住煤炭市场供求关系改善的有利时机，适时调整或放弃煤炭去产能政策，营造煤炭价格稳中有降的市场预期，增加后续市场化、法制化减量兼并重组的机会。

二是加快推动重点煤炭企业兼并重组，提高产业集中度和融合度。第一，推进煤炭领域上下游产业链强强联合。配合国企改革步伐，鼓励煤炭、电力、冶金等产业链上下游企业进行重组，打造全产业链竞争优势，在行业引领、技术及产品创新升级、信息传递和共享、市场风险应对、价格机制形成、规模成本降低等方面，更好发挥协同效应，提升上下游产业融合度。建议全国打造三、五家煤电化、煤电冶、煤电路港运等上下游一体化企业。第二，积极稳妥开展煤炭企业之间并购重组。鼓励煤炭央企或地方大型煤炭企业围绕发展战略，以获取关键技术、核心资源、知名品牌、市场渠道等为重点，积极开展相互兼并重组和对中小煤炭企业并购重组，培育一批大型煤炭企业集团，提高产业集中度。建议全国朝着三家左右大型央企占全国产能60%、四家左右地方大型企业占全国产能30%的目标推进。

### （二）从行业层面，建议认清发展大势，提前做好谋划和应对未来发展风险

一是煤炭行业要认清发展大势，提前做好战略谋划和转型发展。煤炭工业发展将长期面临减量化、清洁化和产业链延伸发展要求。从我国一次能源发展来看，未来煤炭需求空间减少趋势已经十分明确，煤炭发展空间将长期处于逐步减量化进程。同时，增大煤炭消费中的清洁利用比重也是长期要求，推动煤炭清洁高效利用，是行业内面对外部环境挑战的客观需求。此外，综合利用资源或深加工利用资源，延长产业链和产业附加值，是行业扩展或重生的新的增长点。在认清这些长期发展趋势下，煤炭企业要提前谋划战略发展空间，推动企业转型发展和行业脱困发展。

二是在行业发展走下坡路态势下，需要提升产业集中度，使得行业可以集中面对未来行业收缩带来的系列经营及社会风险。回望煤炭行业发展历程，煤炭行业最困难、受伤害最大时期是1998—2000年和2012—2015年这两个时期，这两个时期都是煤炭生产严重过剩期。研究表明，煤炭产业集中度过低，既是我国煤炭粗放式发展的重要表现，也是造成这两个时期生产无序扩张的重要原因。世界主要煤炭生产国的产业集中度都比较高，这是资源采掘业的本质属性决定的。在我国煤炭行业长期减量发展态势下，产业集中度的提升，可以有效应对或缓解未来行业收缩带来的系列经营风险及社会风险。

执笔人：肖新建

# 第八章
# 电力行业分析与展望（2017—2019）

## 一、2017 年电力行业回顾

随着经济增长换挡与能源转型加速，近年来我国电力供需总体宽松，清洁能源电力装机和发电规模均跃居世界前列，同时也面临着煤电产能过剩、区域性时段性供应紧张、清洁能源消纳不足等问题。2017 年电力供需延续总体宽松态势，全国电力消费增速回升至四年来新高。太阳能发电装机提前完成“十三五”预期目标，清洁能源消纳问题有所缓解。在严控煤电装机增长和煤电去产能有序进行的背景下，火电运行问题仍然严峻，电煤价格维持高位，发电企业经营压力较大。与此同时，电力市场化改革逐步深化，能源国企重组加快，智能灵活电力系统加速发展。

### （一）用电增速持续回升，重工业用电明显反弹

2017 年全国电力消费增速回升至四年来新高。随着我国经济增长换挡，近年来我国总体用电增速明显放缓，全社会用电量增长远低于 21 世纪初水平。经济新常态下，2011—2017 年用电量年均增速下降至 5%，与 2005—2010 年年均增速 11% 相比，增速减半，其中 2015 年仅增长 1%。2016 年以来电力消费明显回暖，2017 年增速达 6.6%，超过 2016 年增长水平，全社会用电量达到 6.3 万亿千瓦时。

2017 年用电增速回升最主要动力为实体经济增长和结构调整，重工业用电出现阶段性反弹。2017 年全球经济增长运行好于预期，增速达到 3%，为 2011 年以来最高水平，约有三分之二的国家经济增长超过 2016 年水平。我国出口增速由负转正，对经济贡献显著增长，全国 GDP 年增速 6.9%，工业产品生产有所回升。近年来高耗能工业对我国用电增长的拉动力明显减弱，其中 2015 年是我国用电增长结构调整的阶段性转折点，当年重工业对我国用电消费增长的拉动力从正向变为负向，城乡居民和第三产业用电的拉动力则逐

年增强。2017 年重工业用电明显回暖，增速从 2016 年的 1.2% 反弹至 5.1%，成为全社会用电量增长的最主要动力，拉动全年用电增速达 3 个百分点。四大高耗能工业用电同比增长 4%。制造业用电量同比增长 5.8%，其中，石油加工炼焦及核燃料加工业、交通运输电气电子设备制造业、通用及专用设备制造业增速均在 10% 以上。高耗能工业产品产量增加部分源于去产能背景下阶段性价格高企。例如受供给侧改革等因素影响，2017 年铝价持续上行，9 月一度逼近 17000 元/吨的阶段性峰值。

2017 年高新技术和服务业对用电增长贡献显著。2017 年对全社会用电增长贡献次之的是第三产业，拉动全年用电增速 1.4 个百分点，同比增长 10.7%，增速比上年略有回落，但仍连续 7 年来保持为用电增速最快的行业。其中，高新技术和服务业的信息传输、计算机服务和软件业用电同比增长 14.6%，交通运输、仓储和邮政业用电量同比增长 13.3%。此外，城乡居民生活用电拉动全年用电增速略高于 1 个百分点，同比增长 7.8%，增速比上年回落接近 3 个百分点；第二产业中轻工业用电量同比增长 6.8%，拉动全年用电增速略低于 1 个百分点。（图 8－1）

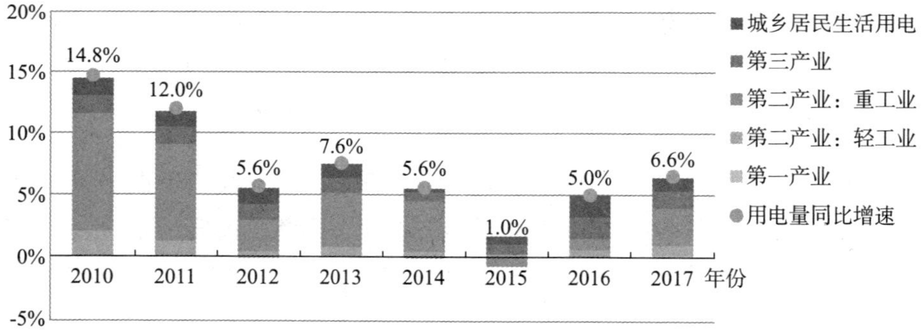


**图 8－1　中国全社会用电量增速与分行业贡献（2010—2017）**

数据来源：国家能源局、中电联。

2017 年制冷用能增长明显。在大气污染治理政策趋严、电能替代步伐加快的背景下，气温因素对我国用电量影响日益明显。2017 年夏季天气持续高温，7 月和 9 月全国平均气温均创 1961 年以来历史同期最高。根据国家电网数据，“迎峰度夏”（6－8 月）降温电量约达 2500 亿千瓦时，同比增长近三分之一。根据中电联估计，三季度气温因素拉高全年用电增速近 1 个百分点。

## （二）电力供需总体宽松，光伏增长创历史新高

2017 年全国电力装机和清洁能源发电保持较快增长，太阳能发电引领装机增长。从装机情况看，2017 年全国发电装机容量近 17.8 亿千瓦，同比增长 7.6%，快于用电量增速。其中，非化石能源发电装机合计达到 6.7 亿千瓦，占总装机容量比重上升至 38%。近年来我国电源投资建设重点持续向非化石能源倾斜，2010 年新增装机中约三分之一来自非化石能源，2017 年新增装机容量 1.34 亿千瓦中，约三分之二来自非化石能源。其中，太阳能发电新增装机达 0.5 亿千瓦，是 2016 年新增装机的 1.7 倍，创历史新高。2017 年底太阳能发电装机总规模达到近 1.3 亿千瓦，提前三年完成了“十三五”电力规划中 1.1 亿千瓦的预期性目标。过去两年以来太阳能发电装机超预期增长的动力既有“领跑者”、分布式、光伏扶贫、前沿技术基地等市场需求增长的原因，也有市场对可再生能源财政补贴下降预期造成的集中抢装因素。从发电情况看，2017 年全国发电量同比增长 6.5%，其中清洁能源发电量同比增长 10%，高于火电 5.2% 的增速。其中，水电、核电、风电、太阳能发电量同比分别增长 1.7%、16.5%、26.3% 和 75.4%。（图 8－2）

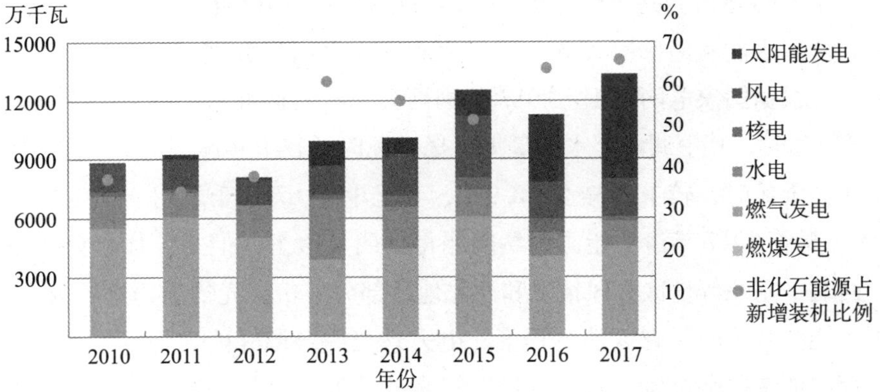


**图 8－2　中国新增发电装机容量与构成（2010—2017）**

数据来源：中电联、国家能源局。

全国总体电力供应保持宽松态势，局部地区出现高峰时段电力紧张。2017 年全国发电设备利用小时数持续下降，总体平均利用小时 3786 小时，同比减少 11 小时，为 1964 年以来最低。尽管总体宽松，但负荷中心需求上升、全国长时间大范围极端高温天气、供需不匹配等因素导致了局部、短期电力紧张问题，给电网应急保障造成了挑战。其中华北区域电力供需平衡偏紧，

华中区域电力供需基本平衡，华东和南方区域电力供需平衡有余，东北和西北区域电力供应能力富余较多。根据国家电网数据，京津唐（天津、冀北）、河北南网、山东、湖南、西藏等 6 省区供应紧张，其中河北南网夏季高峰时段最大电力缺口达 400 万千瓦。

全国跨区跨省电力贸易实现增长。近年来全国大范围资源优化配置能力和清洁能源消纳能力大幅提升。2017 年全国跨省送出电量 1.13 万亿千瓦时，同比增长 12.7%，跨区送电量 4235 亿千瓦时，同比增长 12.1%。其中云南、宁夏、新疆、甘肃、内蒙古、山西、陕西等省份送出电量实现较大幅度增长。

### （三）清洁能源消纳提升，火电运行问题仍严峻

2017 年全国清洁能源消纳问题有所缓解，总体形势仍较严峻。2017 年我国可再生能源发电装机约达 6.56 亿千瓦，占全部电力装机约 37%，新增装机规模占全球增量 40% 左右。水电、风电、太阳能发电装机和核电在建规模稳居世界第一。2017 年可再生能源发电量 1.7 万亿千瓦时，占全国发电量近三分之一。迅速增长的清洁能源电力得益于强有力的可再生能源支持政策、技术进步与成本下降，以及对电力需求增长的较强预期。近年来清洁能源电力消纳不足的问题和迅速增长的装机一样举世瞩目。2017 年这一问题得到明显缓解，全国水能利用率达 95%，弃风率和弃光率同比分别下降 6.7 和 3.8 个百分点。根据国家电网数据，2017 年国网公司经营区弃水、弃光、弃风总量 582 亿千瓦时，其中调峰弃水电量 170 亿千瓦时，较上年减少 8.2%，弃风电量 345 亿千瓦时，较上年减少 12.9%，弃光电量 67 亿千瓦时，较上年减少 2.1%。尽管 2017 年清洁能源消纳问题得到明显缓解，但是总体形势仍不乐观，西北、东北等地区弃风情况和西北地区部分省份弃光情况仍然较为突出。可再生能源基地的跨省区消纳程度、电力系统综合调峰能力仍然不足，省际仍然存在消纳壁垒，风、光发电量近年来持续大幅增长也给进一步提升可再生电力消纳提出挑战。

清洁能源消纳问题的缓解得益于近年来实施的一系列电力改革措施和市场机制建设。我国风电和光伏发电装机规模已双双跃居世界第一，目前对可再生能源发展的政策重点正在从“千瓦”转移到“千瓦时”，更注重并网发电量。2017 年，专项政策方面，国家能源局在 11 月印发《解决弃水弃风弃光问题实施方案》，目标为 2017 年可再生能源电力受限严重地区弃水弃风弃光状况实现明显缓解，到 2020 年在全国范围内有效解决弃水弃风弃光问题。电

力系统运行政策方面，如 2017 年 10 月国家发改委发布《关于促进西南地区水电消纳的通知》，提出加强送受端、区域间协调，充分利用现有跨省（区）通道，加快规划内通道建设，尽快推进云南、四川和“三北”地区等可再生能源基地的跨省区消纳输电通道建设等措施。运用市场机制的支持政策方面，一是跨省跨区电力市场化交易增加。根据初步统计，2017 年跨省跨区清洁能源送出电量 5870 亿千瓦时，占总送电量的一半以上，其中，完成西南水电送出 2638 亿千瓦时，增长 10.2%，减少了西南水电弃水，实现风电、光伏发电跨省外送市场化交易电量 366 亿千瓦时，同比增加 26%，缓解了“三北”地区弃风弃光压力。二是国家发展改革委、财政部、国家能源局共同出台了试行绿色电力证书核发及自愿认购交易的政策，在 7 月 1 日启动了自愿认购。这一举措有助于降低可再生能源补贴成本，促进绿色电力消费市场的发展。但是截至 2018 年 1 月，绿证仅出售 2.6 万余张，筹集资金约 1000 万元，购买量不足核发量的 1%，在配额制尚未启动的情况下，对可再生能源消纳的推进作用较为有限。

煤电去产能有序进行，火电利用小时数处于历史低位。2016 年全国火电设备利用小时数为 52 年以来新低，2017 年增加至 4209 小时，同比小幅增加 23 小时，仍然处于历史低位（图 8－4）。为防止煤电行业产能过剩风险，近年来国家出台了煤电有序发展的系列措施。2017 年发布了包括《关于推进供给侧结构性改革防范化解煤电产能过剩风险的意见》《关于印发 2017 年分省煤电停建和缓建项目名单的通知》等政策，对各省煤电风险和建设计划进行评估。在各项措施下，2017 年淘汰、停建、缓建煤电产能超过 5000 万千瓦，新增煤电装机规模比 2016 年减少 400 万千瓦，煤电建设投资同比下降 25%。

除了电力产能总体过剩，发电企业还面临多重经营困境，局部地区燃料保供压力较大。一是电煤价格高企，燃料成本大幅攀升，2017 年港口 5500 大卡动力煤现货价格绝大多数时间处于 600 元/吨以上的“红色区间”，导致全国煤电行业电煤采购成本比上年提高 2000 亿元左右。二是局部地区出现了燃料保供压力。全年电煤供应平衡偏紧，迎峰度冬期间贵州、安徽、湖南、甘肃等地等个别地区保供压力较大。同时受“煤改气”形成天然气需求超预期增长、调峰能力不足等因素影响，供暖期北方出现了大面积“气荒”，发电用天然气供应紧张。三是可再生能源补贴支付滞后，新能源发电企业面临挑战。多方面困境下发电企业成本快速上涨，全年效益大幅下滑，部分大型发电集团煤电板块整体亏损。

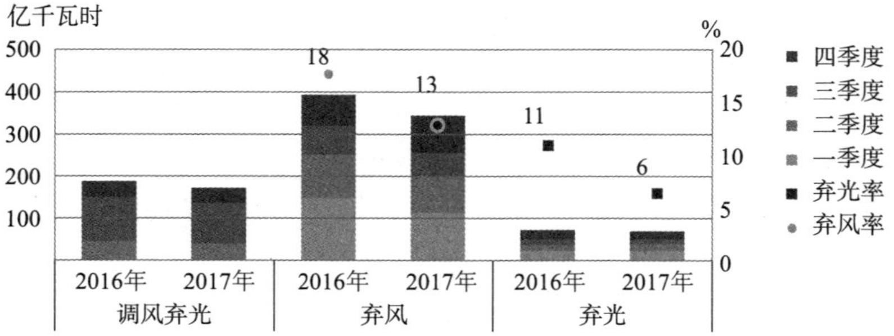


**图 8－3　可再生能源“三弃”电量与弃风弃光率（2016—2017）**

数据来源：国网能源研究院。

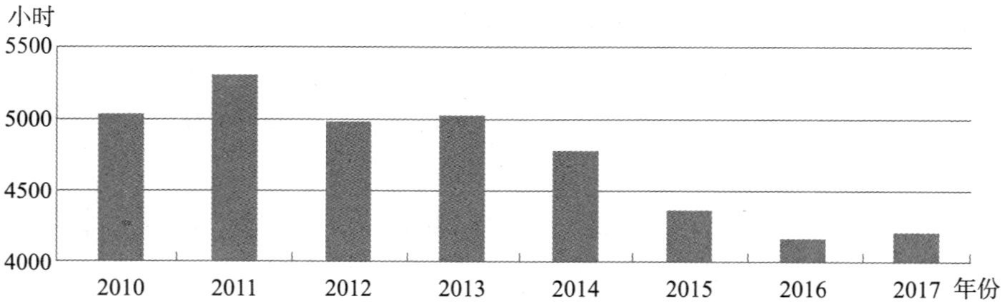


**图 8－4　中国火电利用小时数（2010—2017）**

数据来源：中电联。

## 二、电力行业市场与政策热点

### （一）电力市场化改革逐步深化

2015 年，《中共中央国务院关于进一步深化电力体制改革的若干意见》（以下简称“9 号文”）及配套文件下发以来，按照“放开两头，管住中间”的原则，我国电力体制改革实现了以售电侧改革为标志的实质进展，推进了电力用户和发电企业通过市场化交易方式直接交易，输配电价改革全面覆盖，辅助服务市场规则逐步建立，电力市场建设初具规模，市场化程度不断提高，企业用电成本有所下降。2017 年，通过全面推进省级电网输配电价改革、扩大电力市场化交易规模、取消城市公用事业附加和电气化铁路还贷电价等措施，全年企业用电成本降低约 1000 亿元。

一是电力市场交易中心相继组建，电力市场化交易规模不断扩大。2016

年3月，北京、广州两大电力交易中心成立，标志着电力市场建设迈出关键一步。2016年年底，除海南省外，我国挂牌成立了31家省级电力交易中心。2016年全国包括直接交易在内的市场化交易电量突破1万亿千瓦时，约占全社会用电量的19%。2017年是电改的第二轮爆发期，截至2017年年底，售电侧改革试点扩大到10个省份，累计批复增量配电业务改革试点达到195个。2017年3月，国家发改委、国家能源局印发《关于有序放开发用电计划的通知》，逐步减少既有燃煤发电企业计划电量，计划电量的减少释放电量进入电力交易市场，引导市场交易规模加大。国家电网公司、南方电网公司、内蒙古电力公司所属区域电网企业销售电量合计为4.87万亿千瓦时，市场化交易电量合计为1.63万亿千瓦时，同比增长45%，全社会用电量占比达26%左右，销售电量市场化率上升到三分之一，为工商企业减少电费支出603亿元。分区域看，南方、西北、华北三个区域销售电量市场化率较高，均超过了三分之一。

二是过去三年，按计划全区域推进了输配电价改革。2015—2017年，输配电价改革分三批实现了全国全覆盖，成为“9号文”下发以来首个全面完成的专项改革任务。2014年底，输配电价改革试点首先在深圳市启动。2015年6月，第二批试点在安徽、湖北、宁夏、云南、贵州、内蒙古西部等5省市和地区获得批复。2016年3月，第三批试点在北京、天津、冀南、冀北、山西、陕西、江西、湖南、四川、重庆、广东、广西等12省市和地区获得批复。2016年9月，省级电网（除西藏）输配电价改革全面展开。2017年初，国家发展改革委印发了《省级电网输配电价定价办法（试行）》，规定了省级电网输配电价的定价原则和计算办法，公布了第二批12个省级电网的输配电价，剩余14个省级电网输配电价成本监审的实地审核完成，并转入输配电价测算阶段。2017年6月底，省级电网全部进行了输配电价改革。区域电网、跨省跨区转型工程输电价格定价意见、地方电网和配电网配电价格指导意见均已发布，输配电价格改革及成本监审全部到位，从无到有构建了输配电价监管的基本框架，有效降低了输配电价成本，为电力市场化交易提供了坚实基础。

三是电力辅助服务市场建设规则逐步落地。2017年下半年，山东、福建、甘肃、新疆、山西、河北等6省区相继发布电力辅助服务市场运营规则或试点方案。2017年12月，国家能源局发布《完善电力辅助服务补偿（市场）机制工作方案》，提出2017—2020年分三个阶段全面推进电力辅助服务补偿

（市场）工作，拟在2018—2019年探索建立电力中长期交易涉及的用户参与辅助服务分担共享机制，并在2019—2020年配合电力现货交易试点，开展电力辅助服务市场建设。

## （二）电力系统灵活性不断提升

随着电力系统中间歇性可再生能源比重增加、新兴用电产品的电力需求增加、以及电力系统中信息技术的普及，电力系统的智能性和灵活性近年来成为全球电力转型的重要方向。我国电力系统灵活调节能力不足，调峰总量不足，抽水蓄能等优质调峰机组比例仅为6%左右，远低于发达国家水平。在我国，局部高峰时段的供电安全问题也给电力系统灵活性提出新的要求，火电灵活性改造、储能、需求侧响应等提供电力系统灵活性的电源资产正在逐步获得市场的认可和政策的关注，并取得了积极进展。

一是全面推行火电的灵活性改造。随着可再生能源在电力系统中渗透增加，煤电的角色将逐步向调峰电源过渡。2017年国家能源局对全面推动火电灵活性改造提出了新的目标："十三五"期间，"三北"地区热电机组灵活性改造约1.33亿千瓦，纯凝机组改造约8200万千瓦，其他地区纯凝机组改造约450万千瓦。改造完成后，将增加煤电调峰能力4600万千瓦，其中"三北"地区增加4500万千瓦。火电灵活性改造要求燃煤机组实现在超低负荷（20%~25%负荷）下安全稳定运行、机组负荷快速升降、低负荷脱硝投入，改造主要集中在锅炉侧；并要求合理确定燃煤发电机组调峰顺序和深度，积极推行轮停调峰，探索应用启停调峰方式，提高高效环保燃煤发电机组负荷率。

二是电化学储能产能大幅增长，成本迅速降低。电储能在电力系统的各个环节都可以发挥灵活性和可靠性作用。相比较全国17.8亿千瓦的电力总装机容量，电储能在我国电力系统中应用还处于起步阶段，近年来呈现提速发展趋势。2017年我国累计电化学储能装机总量360兆瓦，增速呈逐年上升趋势（图8-5）。其中技术分布以锂电池为主，铅蓄电、液流电池、超级电容也有部分应用；应用分布以分布式发电及微网、可再生能源电力并网为主，电力输配和辅助服务应用较少。近年来国产电池储能系统价格不断下降。根据本研究调研，2014年磷酸铁锂电池价格为2500~2800元/千瓦时，目前国内厂家生产成本有所不同，其中磷酸铁锂电池价格较低的已经下降到了1200~1400元/千瓦时，比3年前下降了一半。预测未来3年电池成本有望再下降

20%左右，到2020年，主要储能技术相对于2013年的成本降幅均在60%以上。在电动汽车市场预期、电力系统改革、成本降低的多重因素下，我国储能和动力电池产能在2017年大幅度提升至180GWh以上，正在复写太阳能光伏制造业的发展历程，出现了阶段性产能过剩的情况。我们认为目前电储能的产能、技术、成本都在迅速成熟，而国内市场尚未解锁的主要障碍在于电网准入不完善、电力价格机制不灵活、电网调度原则不奖励、大规模储能电站标准不完善等监管问题。电储能正在酝酿突破性增长，预计一旦电力市场具有更为认可储能价值的机制出现，储能系统应用将大幅增加。

三是需求侧管理从试点示范走向全面推行，数字化趋势拉动电气化进程。近年来电力需求侧管理迅速发展。国家发改委于2010年发布了《电力需求侧管理办法》，于2011年发布了《有序用电管理办法》，《电力发展“十三五”规划（2016—2020年）》中也强调了需大力提高电力需求侧响应能力。“十二五”期间，随着电力需求侧管理的推进，累计节约电力1262万千瓦，节约电量549亿千瓦时；通过推广电力需求侧管理技术平台，目前我国用电负荷监测能力已达到70%以上，负荷控制能力已达到15%以上。尽管需求侧管理仍面临电力需求侧响应技术标准缺失、部分依赖补贴等问题，但是未来随着电力消费智能化，将在电力系统发挥更重要的作用。此外，数字化趋势也拉动了我国电气化进程。新型用电技术如数据中心、电动汽车等在智能电网技术支持下成为新兴电力用户。随着云计算、物联网、人工智能、智慧城市等信息通信技术发展与普及，信息系统基础设施逐步建立，各地数据中心成为新的用能大户。

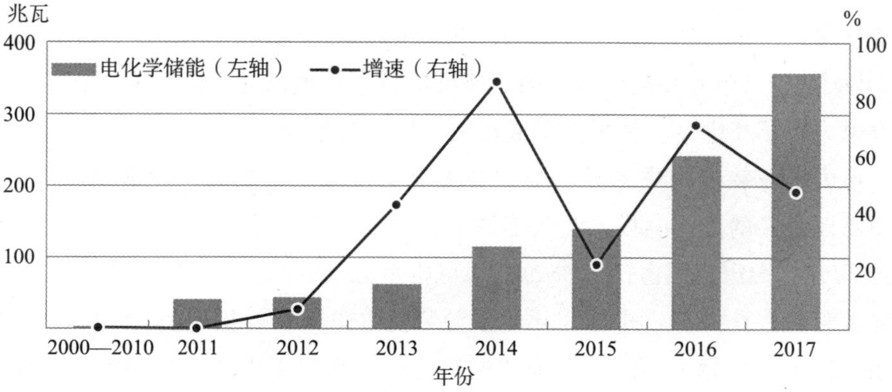


**图8－5　中国电化学储能累计装机规模（2000—2017）**

数据来源：中关村储能产业技术联盟。

### （三）国有电力企业重组实现进展

2017 年国有企业兼并重组全面加速，其中煤炭、电力等产能过剩领域进展尤为突出。煤炭和电力行业是新一轮电力体制改革和本轮国企改革的重要内容。根据国资委规划，发力点将放在加快推进钢铁、煤炭、电力业务整合，探索海外资产整合，加快培育一批具有国际竞争力的世界一流企业等方面，央企将在 2017 年内通过重组整合减少到 100 家以内，尤其是钢铁、煤炭、电力业务整合要加快推进，使专业钢铁煤炭企业做强做优做大，电煤一体企业资源优化配置。

2017 年 8 月，经国务院批准，中国神华与国电电力完成了合并重组为国家能源投资集团有限责任公司。重组前神华集团是国内规模最大的煤炭企业，业务领域以煤炭采掘为基础，同时涵盖电力、铁路、港口、航运、煤制油与煤化工产业。中国国电集团是五大发电集团之一，产业包括电源产业、科技环保产业、金融产业、煤炭产业等。重组后的集团主要业务为煤炭、火电、风电领域。神华和国电合并后煤炭资源量和产量增加，巩固了煤炭产业市场地位，火电装机量达到约 1.8 亿千瓦，成为全球火电装机第一的企业，风电装机达到 3300 万千瓦，占比超过中国风电装机总量的五分之一。另外，神华和国电的合并将形成完整的产业链，有利于破除煤电矛盾和成本下降，形成更强的国际竞争力。

电力企业的合并重组将提升国内电力市场的集中度。目前 102 家央企中，拥有发电业务的能源类央企共有 12 家，因此电力业务的央企集中度提升空间较大。华能、大唐、华电、国电、国电投等五大发电集团在国内电力市场占重要比重，神华、华润电力、国投电力、中广核、粤电等也拥有一定市场份额，以上 10 家企业装机量占全国总装机量超过一半以上。合并重组将进一步提升电力市场集中度，将可能形成区域市场主导地位。

电力企业装机构成差异明显。各大发电集团中清洁能源装机差异较大，其中占比最高的是国电投，清洁能源装机占比 43%。此外华能清洁能源装机量占 29%；大唐集团占比 32%，非水可再生能源装机占比 12%；华电集团清洁能源装机占比 37%，非水可再生能源装机占比 10%；国电占比 31%。神华集团以煤电装机为主，清洁能源装机较低。在我国承诺的减排目标以及将要分配的碳配额的约束下，煤电装机较多、清洁能源装机占比低的企业将面临更多的减排压力。电力企业重组可以在一定程度上使企业能够内部平衡清洁能源装机构成，对冲碳市场成本。

## 三、电力行业展望 2018—2019

预计 2018—2019 年清洁能源装机将延续上一年的增长趋势，“十三五”规划电力装机目标将提前并超预期完成，清洁能源消纳、火电运行效率问题更为严峻。中美贸易战等经济内外部环境变量较多，对用电增长形成不确定性，总体预测电力需求持续反弹。2018—2019 年也是电力市场改革多重规则启动运行的重要时点，电力现货市场、可再生能源配额制、碳交易机制、辅助服务市场等市场机制将推动我国电力市场改革向补贴退坡、市场建设的深层次改革方向迈进。

### （一）经济结构向高质量调整，电力需求持续增长

预计 2018 年全国全社会用电量达到 6. 8 万亿千瓦时，增速上升至 8. 3% 左右，实现快速增长。其中在用电增长中，预计第二产业贡献一半左右，第三产业贡献三分之一左右，城乡居民生活用电贡献五分之一左右；第二产业、第三产业、城乡居民生活用电增速预计分别为 6. 3%、23. 2% 和 12. 3%。预计 2019 年全国全社会用电量增长至近 7. 3 万亿千瓦时，增速回落至 6. 6% 左右。

预计 2018—2019 年经济增长换挡、增速放缓，用电增长持续回暖。从外部经济环境来看，2018—2019 年全球经济维持稳定增长面临地缘政治波动、贸易政策不确定性、财政政策紧缩等风险，面临下行压力。从国内经济来看，2018—2019 年作为十九大之后的开局时段，经济发展将围绕高质量的重点，打好防范化解重大风险、精准脱贫、污染防治“三大攻坚战”，更为强调经济发展质量，预计经济增速将放缓至 6. 5% 左右。从用电影响来看，一方面，淘汰钢铁煤炭等落后产能和环保举措持续推进，促使重工业单位产品耗电量上升，同时受黑色金属行业产品产量较快增长影响，预计 2018 年重工业用电增长较快。预计美国对中国商品加征关税的影响将在 2019 年显现，同时受蓝天保卫战、“十三五”用能目标等政策影响，预计 2019 年重工业用电增速回落。但是受中美贸易战未来走向和“稳投资”政策影响，重工业用电量增长的短期不确定性较大。另一方面，产业结构调整、内需拉动和消费升级政策推动第三产业在经济中比重上升，将促使第三产业和城乡居民生活用电保持高速增长，终端用能电气化水平不断提升。经济换挡将持续创造用电新动能，预计 2018—2019 年新型制造业、高端装备制造业、数据中心、信息软件和服务

业用电量将维持快速增长，成为新的用能大户，数字货币算力用电量将保持快速增长。短期内信息领域用电量增长较大，但中长期而言，随着信息和智能技术的普及和绿色数据技术的发展，其提升经济效率与改变生活方式的作用将日益明显，带来的节能与低碳优势将逐步显现。

预计 2018—2019 年电能替代规模持续上升，夏冬季电力峰值负荷持续增长。预计 2018—2019 年钢铁建材行业电能替代、清洁供暖、铁路电气化、电动汽车等领域电能替代规模持续上升，拉动用电增长。其中近年来空调制冷和电采暖设备普及规模持续上升，制冷与采暖用电增长大幅增加。预计 2018—2019 年迎峰度夏、度冬电力峰值特征明显，用电负荷保持增长。伴随着北方清洁供暖“煤改电”居民取暖工程快速推进，叠加年初部分地区天然气供应紧张，进一步放大气温对用电需求的拉动，其中华北地区在夏冬季高峰供应裕度较小，可能出现区域性时段性供电紧张。

### （二）“十三五”清洁电力目标提前完成，电力供应持续宽松

预计全国电力装机将小幅增长。预计 2018 年全国火电新增装机约 1 亿千瓦，火电机组退役容量逐年增加，去落后产能 0. 5 亿千瓦。水电近几年新增装机速度有所下降，预计 2018 年新增 0. 2 亿千瓦。预计风电和太阳能在我国低碳减排的背景下，未来两年将继续迅猛发展，但受弃风、弃光以及补贴政策调整的影响，新增装机速度将小幅放缓，预计到 2018 年新增装机分别为 0. 35 亿千瓦、0. 7 亿千瓦。核电装机预计到 2018 年新增 0. 14 亿千瓦。到 2018 年底全国电力总装机预计达到 18. 3 亿千瓦。

预计“十三五”规划中清洁能源电力的装机目标将提前完成。我国“十三五”规划中对各种类电力装机提出了预期性目标，由于电源建设需要时间，在建电力装机规模对短期电力装机增长也有非常重要的影响。我国近几年电力装机总体处于过剩，因此未来电力装机增长的速度将有所放缓。而在我国低碳发展的背景下，我国清洁能源发电装机比例将继续提高。2017 年我国太阳能电力装机总规模达到近 1. 3 亿千瓦，提前三年完成了“十三五”电力规划中 1. 1 亿千瓦的预期性目标，预计 2018 年将继续增长至 1. 8 亿千瓦，超额完成“十三五”预期目标，给可再生能源并网提出了更严峻的挑战。

去产能举措进一步实施，电力供应持续宽松，部分地区偏紧。若要达到《关于促进全国煤电有序发展的通知》的预期目标，2017—2020 年平均每年需要淘汰、停建、缓建煤电 5000 万千瓦以上，2018 年煤电去产能形势保持严

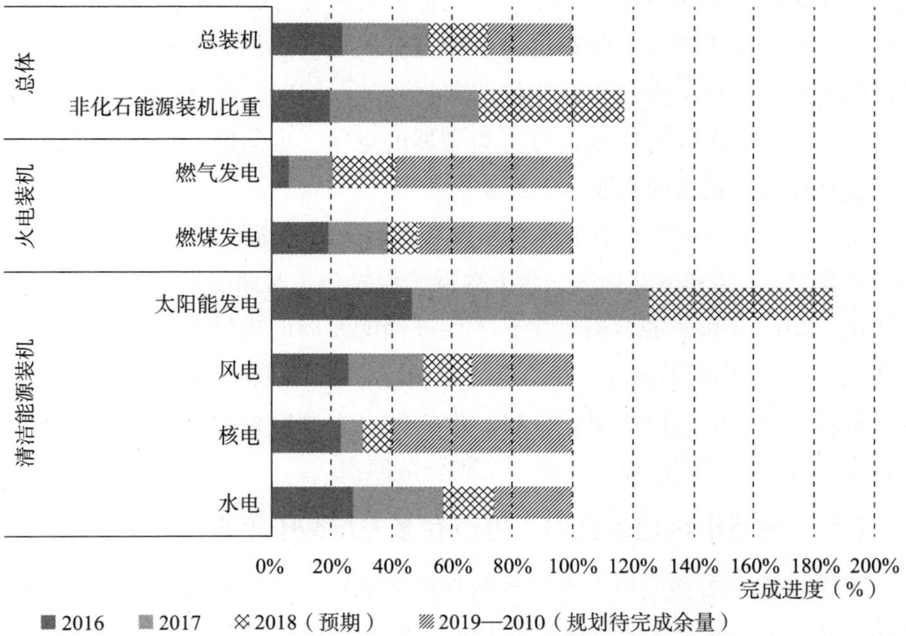


**图 8-6 “十三五”时期规划新增电力装机目标与完成情况**

资料来源：“完成进度”根据“十三五”能源、电力、风能、太阳能等相关规划中 2016—2020 年五年累计完成量规划预期目标、2016 年及 2017 年实际完成量、2018 年预计完成量计算。

峻。同时，预计电煤价格持续高位运行，给煤电联动下电力价格上涨带来压力。预计 2018 年全国电力供需形势总体宽松，但受到电煤、天然气等燃料供应压力影响，河北南网、西藏电网等部分地区在高峰时段可能出现电力供需紧张。

## （三）财政补贴逐步退坡，可再生电力平价上网倒计时

近年来我国能源补贴机制改革不断深化，低效能源补贴逐步退坡。电力体制改革伴随着我国能源政策的思维转变。“十八大”以来“市场起决定性作用”成为改革重点。低效能源补贴带来的问题也不断呈现，可再生能源补贴拖欠逐年增加。近年来我国能源补贴退坡趋势明显，针对页岩气开采补贴、成品油消费补贴、电动汽车销售补贴等补贴政策改革不断发布，既包括取消低效化石能源补贴，也包括优化针对清洁能源的补贴机制。随着国家财政政策优化和能源市场化改革进程，补贴逐步退坡，市场发挥决定性作用将是不可逆转的政策方向。

可再生电力平价上网预计将提前实现。按照《可再生能源发展“十三五”

规划》的目标，2020 年我国风电项目电价将实现与当地燃煤发电同平台竞争，光伏项目电价将实现与电网销售电价相当。从目前市场趋势来看，光伏平价上网的时间可能在未来一至两年提前实现。与此同时，在补贴机制退坡的影响下，可再生能源将与煤电进行更为激烈的竞争，也给电力市场改革、市场机制设计提出了更多的挑战。

电力系统灵活性资产价值体系建设启动，灵活性资源出现新的市场机遇。2017 年和 2018 年初三北地区、南方电网纷纷发布了对储能参加辅助服务的相关规则，2017 年国家能源局也发布了促进储能发展的指导意见，预计政策发布和改革将在 2018 年加速。随着电力市场监管规则创新，对电储能、需求侧响应等灵活性资源的价格更为认可，价格和电力调度机制更为完善，灵活性电力资产有望出现新的市场机遇，实现价值回报。

### （四）现货市场启动在即，电改在多方抗衡中逐步深化

2018 年多个方面的电力市场机制将探索前行，共同发挥作用。一是售电侧从无序竞争向专业化的有序竞争推进。现货市场试点即将启动。《电力发展“十三五”规划》明确提出 2018 年底前将启动现货交易试点，目前已经建立了小范围的现货交易试点。电力现货市场建设试点已经确定南方、蒙西等八个地区作为试点，电力市场交易品种逐步丰富。二是继 2017 年启动的自愿绿证交易后，2018 年将启动可再生能源配额制。三是碳交易市场在 2017 年底启动，2018 年开始将首先在电力行业运行。电力现货市场、碳市场、可再生能源配额制在启动初期对电力市场的作用较为有限，但随着上述市场机制的完善与深入运行，将产生更深远的影响。与此同时，上述市场机制带来了更为多元的电力市场参与方，更为精细化的用电行为，和更为复杂的交易用户构成。随着电改的进行，数千家售电公司进入市场，利益相关方更为复杂，电改进入攻坚阶段。

## 四、市场预警与政策启示

2018—2019 年电力市场将延续我国电力发展不平凡的转型趋势。太阳能引领清洁能源装机超预期发展，光伏、风电引领可再生能源平价上网时代来临，储能市场可能实现突破，电力改革持续深化推进。这些趋势带来市场预警与政策启示如下。

### （一）防范电力产能持续过剩与局部调峰能力不足的双重风险

预计2018—2019年电力产能总体持续过剩，煤价预期较高，如煤电联动下电价调整不到位，火电企业运行面临全面亏损。同时，受煤改电等相关大气污染治理和电能替代政策影响，夏季制冷和冬季取暖用电需求持续上升。供给侧改革在中长期而言将有效升级我国经济结构、促进能源电力结构低碳化转型，短期而言也可能出现阶段性供需不匹配、部分产品价格高企等问题。与此同时，现阶段我国调峰能力不足、供应侧发电调峰机组建设不完善，需求侧响应机制建设也尚不完善，造成电力供应在局部地区、高峰时段紧张。2018—2019年需进一步优化供给侧结构调整步伐和措施，建设电力供需双侧调峰能力，进一步提升电力系统应急保障能力。

### （二）防范新一轮清洁能源技术装备贸易摩擦风险

一是新一轮的光伏电池贸易风险正在酝酿之中。印度太阳能光伏电池中有80%来自中国的出口。随着印度光伏需求的增长，较高的新能源对外依存度和低碳设备进口成本形成问题。印度、美国等国在2018年通过提高关税等方式限制来自中国的进口。

二是预计中国动力电池将在未来3~5年之内主导全球市场。在日本、韩国、美国纷纷扩大产能、抢占市场竞争制高点的情况下。中国动力电池相对于国内市场目前产能过剩严重，过剩量约为三分之二，显示出明显的出口市场特征。在日益激烈的国际动力电池市场竞争背景下，将形成主导趋势，也容易引发与2009年前后年太阳能光伏电池双反相似的贸易纠纷，需及时研判防范。

### （三）疏导电改进程中复杂利益格局，坚定推动市场化改革

随着电改深入推行，电力需求侧增加了大量用户和售电公司，使电力价格传导压力增加，利益协调、转型升级的压力增加。而储能等灵活性资源的利益相关方也较多，给实现其系统价值的市场机制设计提出了挑战。多重电力市场规则协调、有效运行面临挑战。电力现货市场、可再生能源配额制、灵活性辅助服务定价机制、碳交易机制等新兴市场机制将推动我国电力政策向补贴退坡、市场化导向的改革方向推进，但如何协调运行多种市场机制、推动其发挥电力系统转型作用需要进一步的研究。需及时研判、疏导新型电力市场下的多方格局，坚定深化推动市场化改革。

执笔：安琪

# 第九章
# 石油行业分析与展望（2018—2019）

## 一、石油行业回顾

### （一）上游勘探开发投资缩减，原油对外依存度继续上升①

2016 年以来，油价持续变动，导致对上游勘探开发的投入也不断变动。2016 年受油价低迷影响，我国石油公司关停低效井、削减高成本油田产量，油气资源勘查开采投资和实物工作量均出现下滑。2016 年，全国油气勘查、开采投资分别为 527.5 亿元和 1333.4 亿元，同比下降 12.1% 和 29.6%，比 2007 年还分别下降了 14.4 亿元和 197.4 亿元，回到了 10 年前的水平。全国油气资源勘查开采投资开始回升。勘查与开采投资分别为 597.46 亿元和 1629.02 亿元，同比增长 13.3% 和 22.2%。

2018 年国内和全球勘探投资成效明显。2018 年前 10 个月，全球共获得 180 个油气发现，发现储量 8 亿吨油当量。其中，石油新增探明储量 3.8 亿吨，天然气新增储量 5245 亿立方米。在国家加强勘探开发力度、保障国家能源安全战略推动下，我国三大石油公司上游计划投资均大幅增长，中石油、中石化和中海油增幅分别为 8%、55%、51%，全年油气发现明显增多，油气探明地质储量继续大幅度增加。

2016 年，全国石油新增探明地质储量 9.14 亿吨，10 年来首次降至 10 亿吨以下。到 2016 年底，全国石油累计探明地质储量 381.02 亿吨，剩余技术可采储量 35.01 亿吨，剩余经济可采储量 25.36 亿吨，储采比 12.7。2017 年全国石油勘查新增探明地质储量 8.77 亿吨，石油可采储量增加 1.2%。2018 年全国石油新增探明地质储量约 9.12 亿吨。对风险勘探投资力度加大，塔里木

① 国土资源部《2016 年全国石油天然气资源勘查开采情况通报》，以及中国石油企业协会《中国油气产业发展分析与展望报告蓝皮书（2018—2019）》。

盆地中秋1井在秋里塔格构造带打开突破口，沙探1井在准噶尔沙湾凹陷取得突破。我国原油产量连续较快下降的趋势趋缓，预计全年产量为1.89亿吨，产量主要来自长庆油田以及大庆、胜利、新疆等老油区。

中国石油国内上游勘探开发"春季攻势"迅猛高效：高探1井在准噶尔盆地南缘下组合勘探实现重大突破，拓展了增储上产新领域；渤海湾盆地关东地区落实形成亿吨级页岩油增储战场，实现我国陆相页岩油工业化开发重大突破；华北油田大平7井日产量突破1万立方米，深层、中煤阶煤层气勘探取得重要进展，填补世界煤层气1800米以深经济开采空白；国内油气生产增势强劲，2月份国内原油产量同比增长1.34%，天然气产量同比增长8.34%，连续两个月持续增长……这只是中国石油加大国内勘探开发力度取得的阶段性成果。

2016年，全年生产石油1.996亿吨，是2011年以来首次降至2亿吨以下。2017年全国石油产量1.92亿吨，同比下降4.1%。2018年原油产量1.9亿吨同比下降1.3%。产量大于1000万吨的盆地有渤海湾（含海域）、松辽、鄂尔多斯、准噶尔、珠江口和塔里木盆地。到2017年底，全国已探明油气田1009个。其中，油田734个，气田275个，累计生产石油67.67亿吨。

我国原油进口持续增长，主要受国内原油产量下降，炼油能力扩张双重影响。2017年，原油净进口量为4.2亿吨，同比增长10.7%，首次突破4亿吨。2018年原油净进口量达4.6亿吨，与上年相比增长10.9%。2016年原油对外依存度为65.7%，2017年为68.6%①，2018年为69.8%。2018年全年成品油进口同比增长13%，为3350万吨。

2018年，我国石油企业海外油气权益产量突破2亿吨，达到2.01亿吨油当量，较2017年增长3.7%，其中权益原油产量1.6亿吨。2018年，我国石油企业继续深化"一带一路"油气合作，在哈萨克斯坦的卡沙甘油田、巴西的里贝拉油田、俄罗斯的亚马尔LNG等大型项目进展顺利，成功收购阿布扎比石油资产，中标伊拉克、巴西等国的油田项目，完成哈萨克斯坦2座炼厂现代化升级改造。

### （二）炼油能力较快增长，产能过剩问题加剧；成品油产量平稳，出口增加

我国的炼油能力近年来增长平稳。2017年底，我国炼油能力达到为7.72

① 刘朝全，姜学峰．2016年国内外油气行业发展报告［M］．北京：石油工业出版社，2014.

亿吨/年，同比增长 1760 万吨/年，增速较快。其中，新增炼油能力 4000 万吨/年，淘汰炼油能力 2240 万吨/年①。2018 年炼油能力持续快速增长，达到 8.3 亿吨。原油一次加工能力净增 2225 万吨/年，超过全球净增能力的 50%，全国炼厂平均开工率 72.9%，为全球最低。

**表 9－1　2016—2017 年我国炼油能力构成**

| | 2016 年 | | 2017 年 | |
|---|---|---|---|---|
| | 能力（万吨/年） | 占全国能力比例（%） | 能力（万吨/年） | 占全国能力比例（%） |
| 全国 | 75390 | / | 77150 | / |
| 中石化 | 26020 | 34.51 | 26020 | 33.73 |
| 中石油 | 18850 | 25.01 | 20150 | 26.12 |
| 中海油 | 3850 | 5.11 | 4850 | 6.29 |
| 其他炼油企业 | 24766 | 32.85 | 24226 | 31.40 |
| 煤基油品企业 | 1080 | 1.43 | 1080 | 1.40 |
| 外资企业 | 824 | 1.09 | 824 | 1.07 |

数据来源：中国石油集团经济技术研究院。

从经营主体看，我国基本形成了以中石化、中石油为主，中海油、中国化工、中化、中国兵器、地方炼厂、外资及煤基油品企业组成的多元格局。从规模分布看，全国千万吨级炼厂 25 座，合计炼油能力 3.37 亿吨/年，占全国的 43.7%。我国炼厂平均规模约为 413 万吨/年，远低于世界炼厂平均规模 754 万吨/年，其中，中石油为 746 万吨/年，中石化为 743 万吨/年，规模较为集中，而我国仍存在不少小炼油装置。地方炼厂以“两权”放开为契机，发展迅猛，全国地方炼厂（不含央企收购或控股的地方炼油企业，去除淘汰能力）的炼油能力为 1.62 亿吨/年，占比 21%。截至 2017 年底，国家已对 34 家地方炼厂发放了 10563 万吨的原油使用配额，原油进口格局和炼油市场格局均将发生变化②。2017 年 9 月，由核心骨干地炼企业牵头发起组建的山东炼化能源集团在济南正式成立，其目标是经过五年左右时间，投资 1000 亿元，整合形成 8000 万吨/年的原油加工能力。

2016 年原油加工量 52372 万吨，同比增长 9.4%；成品油产量 32372 万吨，同比增长 7.8%。2017 年原油加工量 .1402 万吨，增长 7.7%；成

①② 刘朝全，姜学峰. 2016 年国内外油气行业发展报告［M］. 北京：石油工业出版社，2014.

品油产量 31639 万吨，增长 7.3%。2018 年原油加工量快速增长，达到 6.06 亿吨，与上年相比增长 6.7%；成品油产量为 3.65 亿吨，与上年相比增长 1.8%。

### （三）成品油需求进入中低速增长阶段，汽煤柴需求差异较大

由于我国经济结构调整，机动车销售增长缓慢甚至下降，替代能源发展迅速，国家对新能源与新能源汽车的鼓励政策等多方面因素，我国近期成品油消费增长缓慢，消费品种出现变化。2016 年，我国成品油消费量 28948 万吨，同比增长 5.0%，其中汽油同比增长 12.3%，柴油同比下降 1.2%。2017 年成品油消费量 30661 万吨，同比增长 5.9%。2018 年成品油消费量 32514 万吨，同比增长 6%。

分品种看，2018 年，汽油表观消费量持续缓慢增长，这主要是由于燃油乘用车销量增速回落、新能源汽车延续高速增长、高铁出行快速发展下导致公路客运量大幅下降、共享单车等绿色出行方式推广并受政策鼓励等因素综合影响下，汽油消费增速回落的趋势将继续延续。柴油表观消费量有所反弹，这主要是由于工业生产回暖、公路货物运输回升、运输车辆超载治理趋严等因素影响；然而，抑制柴油需求增长的因素仍然存在，主要表现在，天然气、液化气等清洁能源的使用增加，以及环保督察增加和重污染企业关停等。煤油表观消费量较为平稳，主要受机场等基础设施建设稳步推进、居民收入提升、航空出行继续增多等因素影响。

为平衡国内供需矛盾，成品油净出口量再创新高，2018 年达到 4090 万吨，与上年相比增长 12.4%。此外，上海原油期货挂牌上市交易，成品油零售环节对外资完全开放，市场监管力度加大，地方炼厂的市场份额继续扩大，国内石油市场化进程进一步加快。

### （四）国际油价围绕价值中枢波动，国内成品油价格调整频繁趋势上行

国际石油市场格局纷繁复杂，国际油价经历了从 2014 年中开始的暴跌，2016 年初 WTI 与布伦特现货价格一度跌至 30 美元/桶附近，后逐步回升，2017 年 9 月已在 50 美元/桶附近徘徊，2017 年底突破 60 美元/桶，2018 年初逼近 70 美元/桶，呈现明显的上升趋势。2018 年 11 月，国际油价从 86 美元/桶的高位下跌到 60 美元/桶附近。油价的变化主要是由于全球对石油消费动力不足，同时，供应能力增长明显，特别是美国石油产量的变化。

我国国内成品油定价机制在进一步完善。根据《石油价格管理办法（试行）》规定，国内汽柴油价格根据国际市场原油价格变化每 10 个工作日调整一次，当调价幅度低于每吨 50 元时，不作调整，纳入下次调价时累加或冲抵。2017 年国内成品油价格调整窗口共计 25 个，包括 11 次上调，6 次下调，8 次不作调整。年内汽油累计上调 435 元/吨，柴油累计上调 420 元/吨。

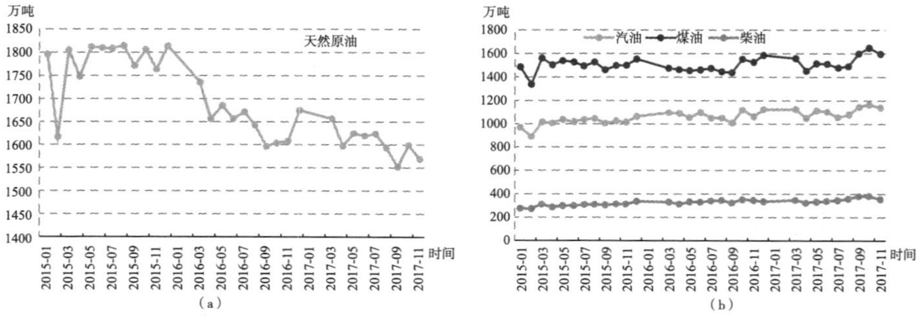


**图 9－1　国际原油现货价格（月均）**

数据来源：WIND EDB 数据库。

## 二、石油行业市场热点与重大政策分析

### （一）油气体制改革方案发布

2017 年 5 月，中共中央、国务院印发了《关于深化石油天然气体制改革的若干意见》，明确了深化石油天然气体制改革的指导思想、基本原则、总体思路和主要任务，部署了八个方面的重点改革任务。

**表 9－2　石油天然气体制改革的八项重点任务**

| 核心构成 | 重点任务 | 主要工作 |
| --- | --- | --- |
| 油气勘查开采体制 | 完善并有序放开油气勘查开采体制，提升资源接续保障能力。 | 勘查区块竞争出让制度；<br>严格的区块退出机制；<br>安全环保资质管理；<br>勘查开采体系。 |
| 油气进出口管理体制 | 完善油气进出口管理体制，提升国际国内资源利用能力和市场风险防范能力。 | 原油进口动态管理制度（规范的资质管理）；<br>完善成品油加工贸易和一般贸易出口政策。 |

续表

| 核心构成 | 重点改革任务 | 主要工作 |
| --- | --- | --- |
| 油气管网运营机制 | 改革油气管网运营机制，提升集约输送和公平服务能力。 | 国有大型油气企业干线管道独立；<br>管输和销售分开；<br>油气管网公平接入机制；<br>管网向第三方市场主体公平开放。 |
| 下游竞争性环节改革 | 深化下游竞争性环节改革，提升优质油气产品生产供应能力。 | 质量、安全、环保、能耗技术标准；<br>油气加工环节准入和淘汰机制；<br>提高国内原油深加工水平，产能优胜劣汰；<br>加大开发培育天然气下游市场，促进配售环节公平竞争。 |
| 油气产品定价机制 | 改革油气产品定价机制，有效释放竞争性环节市场活力。 | 完善成品油价格形成机制，市场决定，政府调控异常波动；<br>非居民用气价格市场化；<br>油气交易平台建设；<br>管道运输成本和价格监管。 |
| 国有油气企业改革 | 深化国有油气企业改革，充分释放骨干油气企业活力。 | 完善法人治理结构，股权多元化与混改；<br>专业化重组整合（工程技术、工程建设和装备制造等业务）；<br>剥离办社会职能，解决历史遗留问题。 |
| 油气储备体系 | 完善油气储备体系，提升油气战略安全保障供应能力。 | 完善储备设施投资和运营机制；<br>加大政府投资力度，鼓励社会资本参与；<br>天然气调峰政策和分级储备调峰机制。 |
| 油气安全环保体系 | 建立健全油气安全环保体系，提升全产业链安全清洁运营能力。 | 开发利用全过程安全监管；油气全产业链安全生产责任体系；全风险应对和防范机制。 |

资料来源：新华社。

该文件针对油气体制长期存在的深层次矛盾和问题，明确了油气体制改革的总体思路，覆盖了油气勘查开采、进出口、生产加工、管网储运、产品配售、产品定价、安全环保等石油行业全产业链，对我国中长期石油行业的发展有深远的意义。而短期来看，其对石油行业的影响主要体现在以下两个方面：

一是对于油气体制长期以来的突出问题与改革诉求针对性强，引导了市场预期。例如：上游矿产许可证在企业间的流转；中游管网独立与第三方准入；下游原油进口权的放开、天然气价格改革等。该文件针对这些行业痛点都给出了解决的框架与思路，虽然后续的执行还需要时间去落地，但是短期已经可以引导市场预期，如鼓励多元化投资主体进入，社会资本积极投资等。

二是对民营企业来说，意味着更多的市场机会。油气体制改革的方向是全产业链放开准入与市场化改革，未来将形成多元化的市场主体格局。对民营企业而言，准入的放开，意味着无论是在上游勘探开发、油服装备，还是中游管网、储库的建设运营，或是下游进出口、炼化和销售领域，业务空间都有所拓展。

2018 年，中国油气行业进入深化油气体制改革意见的实施阶段，围绕市场体系和安全保供体系建设的措施逐步推出，油气行业全产业链扩大开放，民营油气企业进一步分化发展迅速崛起；天然气保障能力建设首次提升到国家战略层面，对冬季天然气保供起到关键作用；外资进入步伐明显加快、力度明显加大。

2019 年 3 月 19 日，中央全面深化改革委员会第七次会议正式审议通过了《石油天然气管网运营机制改革实施意见》，将组建石油天然气管网公司，以推动形成上游油气资源多主体、多渠道供应、中间统一管网高效集输及下游销售市场充分竞争的油气市场体系。

### （二）石油企业混合所有制改革开始尝试

发展混合所有制经济，是党的十八届三中全会确定的重大任务，是深化国有企业改革的重要举措。国有资本、集体资本、非公有资本等交叉持股、相互融合的混合所有制经济，是基本经济制度的重要实现形式。当前，国企改革的总体思路已经确立，国企改革“1＋N”文件体系逐步成型，混合所有制改革成为国企改革的重要突破口。2015 年，国务院发布了《关于国有企业发展混合所有制经济的意见》（国发〔2015〕54 号）。中央明确提出了完善治理、强化激励、突出主业、提高效率的要求。

2017 年是央企混改试点的加速推进之年，已经在央企层面进行了两轮试点。混合所有制改革陆续在省级层面全面铺开，由各省、直辖市、自治区上报第三批改革试点企业。从混改领域看，电力、石油、天然气、铁路、民航、电信、军工等关系国计民生和经济安全的重要领域是混改的重点。

在深化石油、天然气体制、机制改革意见的指导下，加快在油气全产业链范围内开展合资合作项目，积极引入外部资金，推进混合所有制改革工作。据统计，2016—2018 年，累计开展合资合作项目 100 余个，引入外部资金超过 210 亿元。2018 年原油非国营进口允许量突破 1 亿吨。

随着商务部2018年6月第二批原油非国有贸易进口配额下放，共有26家企业拿到允许量，总计1191万吨。加上之前下放的原油非国有贸易进口允许量，2018原油非国有贸易进口允许量累计下放14319万吨，较去年同期(9173万吨)增加56.1%。

在第二批原油非国有贸易进口允许量下放后，超过80%以上的地方炼厂全部拿到与进口原油使用配额相等的原油进口配额，实现原油进口双权并轨。受国家对地炼原油进口政策红利支撑，民营油企逐步成为国际石油贸易领域重要参与者，在国内油气产业链中的影响力日趋扩大。

国家发展改革委、商务部于2018年6月28日发布《外商投资准入特别管理措施（负面清单）（2018年版）》，正式取消外资连锁加油站超过30家需中方控股的限制。这意味着我国油气下游销售领域完全放开，一个更加开放的市场将吸引更多的投资，最终让消费者从中受益，拥有多样化选择并享受到更高质量的产品和服务。国有、民营和外资“三分天下”的油品终端市场竞争更趋激烈。

### （三）上海、重庆油气交易中心起步

建设石油天然气交易中心，既是我国油气市场化改革的重要成果，也是我国更好地参与国际能源合作，提升在全球能源市场的话语权和定价权的重要平台。

2015年3月4日，上海石油天然气交易中心在上海自贸区注册成立，旨在成为具有国际影响力的石油天然气交易平台、信息平台和金融平台。按照规划，上海交易中心将按照“先气后油、先现货后中远期、先国内后国际”的原则，开展天然气、石油等能源品种的现货交易，并提供相关交易服务。2017年11月29日，成品油交易品种在上海石油天然气交易中心上线，当日成交汽油和柴油合计11.01万吨，交易金额6.57亿元，标志着成品油现货交易开始试运行。2018年交易中心天然气交易量突破600亿立方米（双边）。交易中心采用了天然气预售交易、进口LNG窗口期一站通交易、南气北运串换交易等模式，为天然气价格改革政策落地、推动国家天然气产供储销体系建设作出了积极探索。

2017年1月12日，我国第二个国家级大宗能源商品交易中心——重庆石油天然气交易中心正式签约挂牌成立，致力于打造具有国际影响力的石油天然气定价中心和资讯中心。2017年12月20日，交易中心取得开业批复；

2018 年 4 月 26 日首次完成管道天然气交易，5 月 17 日首次完成液化天然气交易，9 月 28 日首次完成境外天然气交易。重庆交易中心发展交易会员超过 1400 家，建立起天然气常态化交易机制。

2017 年 4 月 19 日，新疆维吾尔自治区发展改革委已复函同意克拉玛依市开展新疆油气交易中心前期工作，我国第三个油气交易中心开始酝酿①。

近年来，随着我国能源市场化改革尤其是价格改革的推进，石油价格市场化程度不断提高，成品油价格与国际接轨的机制化调整已成为常态。在这一背景下，我国油气交易中心建设的条件不断成熟，必要性与紧迫性也日益凸显。而国际油气市场发展经验表明，资源地、管网枢纽地、消费地均可能形成石油交易中心，美国、欧洲等都分布着数量众多的油气交易中心。其中，只有极少数能形成具有世界影响力的基准价格与交易规模，如全球范围主要的石油期货市场有纽约商品交易所、伦敦国际石油交易所、迪拜交易所、东京工业品交易所等。我国是全球最大的石油净进口国和第二大石油消费国，在全球石油市场上占据庞大的贸易规模，却并未形成具有全球影响力的石油交易中心。上海和重庆油气交易中心的建立，是我国更深入地参与全球油气市场，发挥国际影响力的开始。

## （四）中国原油期货即上市

在石油期货合约之中，原油期货（OilFut）是交易量最大的品种②。我国原油期货从 2014 年开始筹备，2017 年上海期货交易所子公司上海国际能源交易中心正式发布了原油期货标准合约等 11 个相关业务细则，对我国原油期货的交易品种、交割方式等交易细则进行了规定。2018 年 3 月 26 日我国首个国际化期货品种——原油期货 26 日正式在上海国际能源交易中心挂牌交易。原油期货是我国首个向境外投资者全面开放的期货品种，境外投资者可以通过多种模式参与交易，同时也接受外币冲抵保证金，目前接受的外币为美元，境外参与者的原油期货账户资金“专款专用”，不会对境内外汇市场产生影响。

---

① 此外，我国还有一些其他石油交易所，如 2007 年成立的北京石油交易所是北京市属的石油化工产品现货交易综合服务机构，2011 年成立的深圳石油化工交易所则致力于打造集产品定价中心、交易中心、资讯中心、金融中心与供应链管理中心于一体的要素交易平台。

② 其他石油与成品油期货品种还有取暖油、燃料油、汽油、轻柴油、馏分油、无铅汽油、瓦斯油等。

到2019年3月25日，累计成交金额超过17万亿元。同时，随着我国原油期货合约在亚太地区的价格影响力不断扩大，上海期货交易所（ShFE）还宣布开始发布与原油期货合约价格相关的指数，并将推进原油ETF等创新产品上市。

**表9－3 上海国际能源交易中心原油期货标准合约**

| 交易品种 | 中质含硫原油 |
|---|---|
| 交易单位 | 1000桶/手 |
| 报价单位 | 元（人民币）/桶（交易报价为不含税价格） |
| 最小变动价位 | 0.1元（人民币）/桶 |
| 涨跌停板幅度 | 不超过上一交易日结算价±4% |
| 合约交割月份 | 最近1－12个月为连续月份以及随后八个季月 |
| 交易时间 | 上午9：00－11：30，下午1：30－3：00以及上海国际能源交易中心规定的其他交易时间 |
| 最后交易日 | 交割月份前第一月的最后一个交易日；上海国际能源交易中心有权根据国家法定节假日调整最后交易日 |
| 交割日期 | 最后交易日后连续五个交易日 |
| 交割品质 | 中质含硫原油，基准品质为API度32.0，硫含量1.5%，具体可交割油种及升贴水由上海国际能源交易中心另行规定 |
| 交割地点 | 上海国际能源交易中心指定交割仓库 |
| 最低交易保证金 | 合约价值的5% |
| 交割方式 | 实物交割 |
| 交易代码 | SC |
| 上市机构 | 上海国际能源交易中心 |

资料来源：上海国际能源交易中心。

我国原油期货的基本特点可以概括为“国际平台、净价交易、保税交割、人民币计价”，不仅能够作为一种金融产品为境内外石油产业链企业、各类投资者提供风险管理的工具，还能够建设一个开放型的国际能源衍生品交易平台，对我国未来能源前景具有深远的战略意义。

第一，与国际主流的能源期货品种对比，我国原油期货具备自身特点，属差异化竞争，发展也具备一定的条件。目前世界上交易量最大，影响最广泛的原油期货合约共有3种：纽约商业交易所（NYMEX）的轻质低硫原油即WTI（西德克萨斯中质原油）期货合约，伦敦国际石油交易所（IPE）的BRENT（北海布伦特原油）期货合约，以及新加坡国际金融交易所（SIMEX）的DUBAI（迪拜原油）期货合约。表9－4对比了全球主要原油期货合约的基础情况。

**表 9－4　全球主要原油期货合约比较**

| 国家/交易所/交易品种 | 计价货币 | 结算货币 | 交割方式 | 发展态势 |
|---|---|---|---|---|
| 美国 NYMEX WTI | 美元 | 美元 | 实物交割 | 成功 |
| 英国 ICE BRENT | 美元 | 美元 | 现金交割 | 成功 |
| 阿联酋 DME OMAN | 美元 | 美元 | 实物交割 | 一般 |
| 印度 MCX WTI | 卢比 | 卢比 | 实物交割、现金交割 | 一般 |
| 日本 TOCOM MECO | 日元 | 日元 | 以 Platts 评估的 Oman/Dubai 均价进行现金结算 | 不成功 |
| 俄罗斯 RTSSE URALS | 美元 | 卢布 | 以 Brent 价格和 Platts 评估的 Brent 与 Ural 的价差为基础进行现金结算 | 不成功 |

资料来源：中国石油期货网。

第二，推出原油期货也是争夺亚太地区原油定价权的战略考虑。目前亚太地区仍缺乏一个能反映区域市场状况的定价基准。亚洲各国都在角逐区域性原油定价中心地位，力图建立对本国有利的石油市场交易规则①。而中国在亚太乃至全球市场中都是重要的原油消费国和进口国，具备相当的市场影响力。此时推出人民币计价的原油期货，对于提升我国的市场地位，获取原油定价权都至关重要。

第三，置于整个石油产业市场化改革与市场体系建设背景下看，建设一个机制完善、运行高效、服务完备的原油期货市场，是市场交易品种的丰富、交易机制的改进、市场体系的完善。

第四，短期主要发挥金融衍生品的功能与金融属性，长期可能影响石油行业的供需价展望，但这一影响取决于原油期货的发展状况及其国际影响力。同时，发展原油期货，也可以为战略石油储备和企业商业储备轮换提供套期保值工具，提升我国能源安全。

## 三、石油行业 2019 年展望

2019 年，全球石油市场不确定性更大，仍将处于寻求再平衡的进程之中。

① 如日本 1999 年在东京工业品交易所（TOCOM）上市了成品油期货，2001 年上市了原油期货；印度 2005 年在大宗商品交易所（MCX）上市了原油期货，同年在国家商品和衍生品交易所（NCDEX）上市了原油和燃料油（FURNACE OIL）期货。俄罗斯也上市了原油期货。

全球石油市场供需基本平衡的长期趋势会维持，但是开始出现变化，市场格局也发生较大变化。欧佩克联合减产协议仍将延续，限产保价的市场策略继续维持。非欧佩克产油国石油产量预计将进一步提高，美国原油出口量大幅增加将对全球石油市场格局产生较大影响。总体而言，由于美国对国际贸易政策的变化，导致全球范围内的经济发展的不确定，也给2019年石油需求带来更大的不确定。美国石油出口进一步提升，也进一步给国际石油市场带来一定的冲击。地缘政治仍是最大的不稳定因素，可能驱动油价短期变动。

随着全球应对气候变化努力措施的逐渐显现，石油的未来需求已经处于现行通道的前期阶段。节能汽车、电动汽车的普及，会在未来十年展现的更加充分。预计全球石油消费的峰值会在2025年左右到来，这一点已经在主要产油国有了认识，因此各主要产油国的开采策略近期会出现变化，也会带来更多的不确定性。如果产油国能够协同一致，有可能保持油价的平稳，否则，油价将会长期处于低位。

2019年，由于中国进一步加大对基础设施的投入，主要产品产量保持良好增长状态，对交通用油以及石化原料用油的需求会持续增长。但是，由于大气治理和能源转型的推动，机动车电动化进一步加速，在小汽车、公交汽车、出租车，以及市政车辆的用油方面会出现增长缓慢，甚至下降的格局。从宏观因素看，中国经济在2019年仍将继续良好增长格局，但是中美贸易的争端带来了很大的不确定性。从产业因素看，国内炼油能力较快增长将驱动原油需求量增长；替代能源发展则是成品油需求最大的利空因素。在国内石油定价机制下，国内油价已经实现了与国际油价较好的接轨，预计成品油价格年内将呈稳中略升趋势。

### （一）上游勘探开发趋势向好，原油对外依存度继续上升

2019年，在油价预期较好的情况下，国内油气资源勘查开采投资和实物工作量将会持续较好的格局。全国石油新增探明地质储量预计将维持10亿吨以上。受勘探开发向好影响，国内石油产量将会维持。

尽管国内产量会维持，但受国内炼油产能迅速扩张影响，2019年我国的原油净进口量预计仍将继续增加，有可能会突破4.5亿吨，原油的对外依存度将达到70%以上。

### （二）炼油能力快速扩张，成品油产量增速进一步上升，净出口较快增长

2019 年，我国炼油能力的增加会低于 2018 年。经营主体呈多元化格局，炼油能力的增量主要来源于民营炼厂。地炼炼油能力快速增长，炼厂规模也呈扩大趋势。商务部公布了2018 年原油非国有贸易进口允许量为14242 万吨，比 2017 年的 8760 万吨增加了 63%，获取新增配额的多为大型地炼。我国炼油能力过剩将进一步加剧，地炼的市场份额将进一步扩大。

预计 2019 年，随着大型炼化项目相继投产，全国原油一次加工能力净增3200 万吨/年，我国原油加工量有可能达到 6.34 亿吨，与上年相比增长 4.7%。成品油产量会达到 3.79 亿吨，与上年相比增长 3.8%；成品油净出口量将达到4860 万吨，与上年相比增长 18.8%。原油加工过剩能力达到 1.2 亿吨/年。

受炼油能力扩张与原油加工量稳步增长驱动，国内成品油产量将进一步上升。根据历史数据的趋势分析外推，预计成品油产量（汽柴煤油合计）将达 3.7 亿吨 ~3.8 亿吨，其中，汽油与柴油的产量将呈 4% ~5% 中速增长，而煤油将以接近 10% 的增速增长。

成品油出口将明显增加。由于国内成品油需求不振，而炼油能力扩张驱动成品油产量上升，预计 2018 年成品油净出口量将快速上升，尤其是汽油与柴油。成品油净出口量根据供需差额估算在 0.5 亿吨左右，其中汽油、柴油、煤油分别在 0.15 亿吨、0.25 亿吨，0.1 亿吨左右。

2019 年，我国原油一次加工能力将继续加快增长，拉动石油表观消费量保持较快增长，预计全年石油表观需求量会达到为 6.7 亿吨，与上年相比增长 6.9%。受投资加大，防范中美贸易冲突带来的负面影响，工业基础原材料的生产维持高位，同时企业利润改善等影响，主要用油行业需求将有增加，预计我国成品油需求量将略有回升，全年需求量为 3.3 亿吨，与上年相比增长 1.9%。

### （三）成品油需求增速放缓，汽油柴油需求进入平台期

成品油表观需求的增速将继续回落。预计 2019 年成品油需求量同比增速将下降至 2.5% 以内区间。汽油、煤油、柴油需求的驱动因素不同，在 2019 年将继续呈现分化的走势。

汽油需求量将维持低速增长。我国乘用车市场经过长期发展，已经处于

一个相对稳定的阶段，并没有高速增长的爆发点。而出行方式在不断变化，高铁网络四通八达，出行日益便利，不断挤占城市间公路驾车出行的市场份额；城市内，网约车平台提升了约车的便利度，降低了出租车（包括网约车）的空驶率，共享单车的发展也替代了部分短距离驾车出行的需求。再加上，新能源汽车的支持政策集中释放、乙醇汽油推广力度增强等多重因素影响，2019 年我国的汽油需求增速将进一步下降，根据历史数据与趋势外推，需求量预计在 1.3 亿吨 ~1.4 亿吨左右。

柴油需求量将呈稳中略降走势。国内工业生产平稳增长，大宗商品需求出现反弹，一定程度支撑了柴油需求；然而，环保治理下高耗能行业趋势下行，替代能源的影响也不可小觑。预计 2019 年柴油需求量将与 2018 年持平，在 1.6 亿吨 ~1.7 亿吨左右。

煤油需求量仍将保持前期较快增速。虽然国内高铁出行替代了部分中短距离的航空出行，但是随着社会工作生活节奏的加快，民众收入水平和生活水平的上升，新消费的兴起，航空出行的需求仍呈上升趋势，从而将拉动煤油需求保持较快增长，预计 2019 年在 0.35 亿吨以上。

### （四）油价变动不大，可能会维持平稳状态

影响国际油价的基本面因素与非基本面因素纷繁复杂。2019 年，这些因素对国际油价的影响仍然存在不确定性，但是和 2018 年相比有可能比较平稳。从基本面看，石油需求受全球经济回暖影响将温和复苏，欧佩克产油国限产保价策略的延续将压制供给；然而，既投产的增量产能释放，非欧佩克石油产量的提高，尤其是美国产量与出口量的上升，将制约基本面的改善。需求侧的增加不会明显。预计 2019 年，国际油价整体会比较平稳，布伦特原油价格大概率在 55 ~ 70 美元/桶运行，WTI 原油价格大概率在 50 ~ 65 美元/桶运行。地缘政治因素风险呈复杂趋势，这给 2019 年的油价带来了一定的不确定性。

执笔人：王娟　姜克隽

# 第十章
# 天然气行业分析与展望（2017—2019）

## 一、天然气行业回顾（分品种、分地区）

### （一）近两年天然气需求快速增长

近年来，我国天然气消费量总体呈稳步增长趋势，增量与增速受多重因素影响，在不同年份存在明显差异。2015 年，受低油价、低煤价导致比价关系恶化、需求侧增速放缓等影响，天然气消费增速一度跌至十年最低点，同比增长仅有 3.4%。2016 年同比增幅小幅上涨至 6.4%，全国天然气消费量达到 2058 亿立方米，占全球天然气消费量 5.9%，消费规模居美国和俄罗斯之后，位列全球第三。2017 年以来煤改气、天然气重型卡车、城市居民燃气、天然气发电等多因素驱动，工业生产、燃气发电、化工等领域用气需求快速增长。2017 年，全国天然气消费量达到 2373 亿立方米，同比增长 15.3%。2018 年继续在能源转型和大气雾霾治理的推进下，天然气消费量进一步快速增加，增加到 2803 亿立方米，同比增长 18.1%。

发电、城市燃气、工业用气显著增长，化工用气下降。根据《2018 年国内外油气行业发展报告》，2018 年，估计城市燃气用气量为 990 亿立方米，增幅为 16.2%；工业用气量为 911 亿立方米，增幅为 20.0%；发电用气量为 615 亿立方米，增幅为 23.4%；化工用气由升转降，用气量为 250 亿立方米，降幅为 5.1%。

天然气消费增长呈现明显区域性特点。整体而言，中部和东部的消费增长快，西部尤其是西北地区相对缓慢。2018 年，河北、江苏、广东等省天然气消费量年增量均超过 30 亿立方米。分区域来看，环渤海地区消费量为 590 亿立方米，远高于其他地区，增速为 22.9%；长三角地区消费量为 480 亿立方米，同比增长 20.0%；中南地区消费量为 290 亿立方米，增速达 19.3%；东南沿海、东北、西南和中西部地区天然气消费量增速分别为 16.7%、

16.3%、12.1%和11.2%；西北地区天然气消费增长较慢，增速为6.7%。

从月度数据看，我国天然气消费呈现较明显的季节特征，尤其是北方地区入冬以后采暖带动天然气消费激增，季节峰谷差很大，部分地区天然气供应紧张。近年来，天然气季节峰谷差呈扩大趋势，四季度消费量迅速增加。

## （二）天然气产量平稳增长

天然气进口量快速增长，对外依存度大幅上升。全国天然气供需总体偏紧，季节性供需矛盾明显好转。2017 年到 2018 冬季期间，出现了短期的供应偏紧。而在上年度冬季短缺的警示下，2018 年到 2019 年采暖季，没有出现天然气短缺现象，价格维持相对平稳。

2017 年全年天然气产量 1474.2 亿立方米，同比增长 8.5%。2018 年，估计全年天然气产量为 1573 亿立方米（不含地方企业煤层气），同比增长 6.7%，远低于消费增速。其中，煤制气产量为 23 亿立方米，同比增长 4.5%；煤层气产量为 50 亿立方米，同比增长 6.7%；页岩气产量超过 110 亿立方米，同比增长 22.2%。

2018 年 3 月，我国首个大型页岩气田——涪陵页岩气田建成 100 亿立方米年产能。同时，中国石油在川渝地区的页岩气开发也在加紧进行中。截至 2018 年 12 月 24 日，川南页岩气日产量突破 2000 万立方米，达到 2011 万立方米，同比增加 119.3%，约占全国天然气日产量的 4.2%。预计川南地区 2018 年产气量达到 42 亿立方米，2020 年可以达到 120 亿立方米。

## （三）天然气进口能力快速提升

我国天然气需求的快速增长，拉动了天然气进口量的快速增长。2018 年我国超过日本成为全球最大天然气进口国。估计全年天然气进口量为 1254 亿立方米，同比增长 31.7%，高于 2017 年的 24.7%，对外依存度升至 45.3%。

2017 年末因土库曼斯坦减供影响，全年管道气进口量在 430 亿立方米左右。受市场需求激增与 LNG 接收站投运双重影响，2017 年 LNG 进口量激增。2018 年 LNG 接收站建设持续加快，管道气进口量快速增加。估计 2018 年进口 LNG5400 万吨，同比增长 41%。全年管道气进口量为 520 亿立方米，同比增长 20.6%，增量主要来自哈萨克斯坦和乌兹别克斯坦，两国进口气在我国管道气进口中占比 25%，较上年提升 15 个百分点。

2018 年，中国石油与切尼尔、卡塔尔液化天然气公司和埃克森美孚签署 LNG 进口合同。中国海油与马来西亚石油液化天然气公司签署 LNG 进口合同，加上中国海油早期与 BP 签署的 LNG 合同将于 2019 年履约，新增 LNG 合同量将超过 1000 万吨/年。

2018 年 7 月 19 日，中俄能源合作重大项目——亚马尔液化天然气项目向中国供应的首船液化天然气（LNG），通过北极东北航道运抵中国石油旗下的江苏如东 LNG 接收站。

根据签署的长期购销协议，在亚马尔项目第二、第三条 LNG 生产线投产后，中国石油将从 2019 年起，每年进口亚马尔项目 300 万吨 LNG。

目前液化气进口来源主要为卡塔尔、马来西亚、澳大利亚、印度尼西亚，以及巴布亚新几内亚五国。2018 全年来自卡塔尔的 LNG 进口量达到 923 万吨，同比增长 23.4%；来自马来西亚的 LNG 进口量达到 578 万吨，同比增长 37.3%；来自澳大利亚进口量达到 2352 万吨，同比增长 36.0%；来自印度尼西亚 LNG 进口量达到 490 万吨，同比增长 59.9%。

### （四）天然气储运设施建设进展明显

截至 2017 年底，我国长输天然气管道总里程为 7.6 万 km，其中，中国石油天然气股份有限公司所属管道占比约 69%、中国石油化工股份有限公司占比约 8%、中国海洋石油总公司占比约 7%、其他公司占比约 16%，干线管网总输气能力超过 2800 亿 m3/a。

2017 年，我国新建成天然气管道主要包括中俄东线天然气管道试验段、陕京四线天然气管道（简称陕京四线）、西气东输三线天然气管道（简称西三线）中卫—靖边联络线，以及如东—海门—崇明岛、长沙—浏阳、兰州—定西等天然气管道，长度超过 2000km。

2018 年，全国新增天然气管道里程超过 1000 公里，管道一次输气能力超过 3200 亿立方米/年。到 2018 年底，中国天然气长输管道总里程近 7.7 万千米。鄂安沧输气管道一期、蒙西管道一期、中缅管道支干线楚雄至攀枝花天然气管道投产，加上中俄东线、潜江—韶关天然气管道已部分完工，估计全年建成跨省干线管道 1540 千米。此外，南川水江—涪陵白涛国家重点天然气管道工程开工建设，计划 2019 年 10 月投运，建成后将有利于涪陵页岩气外输。区域管网建设持续推进，广东天然气管网粤东、粤西、粤北三地 6 个主干管网项目动工，计划 2020 年底建成。

LNG 接收站投产明显加快。2018 年，中国石化天津、中国海油深圳、新奥舟山等多个新建 LNG 接收项目投产。目前，我国已经投产 LNG 接收站 22

座，总接收能力每年近 7000 万吨。我国在建 LNG 接收站 7 座，一期接收能力为 1620 万吨/年。

2018 年我国的储气库建设也加快，管网互联互通建设力度加大。2018 年我国出台多项政策鼓励地方自建、合资、参股等多种方式集中建设储气设施，在此带动下，我国新开工储气项目近百个，储气能力新增超 35 亿立方米，总储气能力达到 160 亿立方米。

储气库工作气量显著提升，多储气库项目准备启动。2018 年，我国已建储气库达容扩容稳步推进，国内第一座民营储气库——港华燃气金坛储气库一期投产，中国石油顾辛庄储气库投运，中国石化文 23 储气库初步完工。截至 2018 年底，我国累计建成 26 座地下储气库，调峰能力达 130 亿立方米。

天然气基础设施互联互通工程顺利推进。2018 年 2 月，国家发改委发布《关于加快推进 2018 年天然气基础设施互联互通重点工程有关事项的通知》，部署了十大互联互通重点工程。截至 2018 年底，中国海油蒙西管道一期与天津管网、中国石油大港油田滨海分输站与中国石化天津 LNG 接收站、中缅管道与北海 LNG 接收站等互联互通工程已经完工投运。川气东送管道与西气东输一线联络线工程即将投产，新奥舟山 LNG 接收站外输管道与浙江省管网预计 2019 年建成。

### （五）天然气进口均价上涨，国内 LNG 价格剧烈波动

2017 年，全球市场天然气价格回暖，北美、欧洲气价出现不同程度的上涨。我国天然气进口均价也一定幅度上扬。1－11 月，“LNG 到岸均价 1.83 元/立方米，同比上涨 14.6%，完税价格 2.05 元/立方米；进口管道气到岸均价 1.35 元/立方米，同比上涨 2.8%，完税价格 1.51 元/立方米。其中，缅甸气进口均价 2.26 元/立方米，同比上涨 3.0%，完税价格 2.52 元/立方米；中亚气进口均价 1.28 元/立方米，同比上涨 9.2%，完税价格 1.42 元/立方米。”①

受天然气需求高速增长影响，国内天然气价格也呈上升趋势，在供需紧张的时间段，天然气价格出现剧烈波动。以全国液化天然气市场价为例，如下图所示，2014 年～2016 年，LNG 价格总体走势平稳，运行趋势略微向下，且年度内均呈现一定的季节特征。然而，进入 2017 年四季度，受供需紧张影

① 数据来源：中国石油集团经济技术研究院刘朝全、姜学峰主编：《2017 年国内外油气行业发展报告》。

响，LNG 价格急剧上升，12 月中旬涨至高点；国家立即多渠道采取保供措施，并调整清洁供暖政策，2018 年 1 月初，LNG 价格出现回落，但与往年同期相比，仍处于较高水平。

国内管道气门站价格保持平稳。2017 年 8 月，国家发改委发布《关于降低非居民用天然气基准门站价格的通知》（发改价格规〔2017〕1582 号），决定自 2017 年 9 月 1 日起，非居民用气基准门站价格每千立方米降低 100 元。

各地区民用、工业、车用天然气市场价也基本保持稳定。部分地区 2017 年中气价还出现了一定幅度的下调。

天然气价格市场化步伐提速。政府坚持“管住中间，放开两头”的原则，出台多项政策加快天然气价格市场化进程，加强省内管道运输和配气价格监管，广东、广西、宁夏、山西等多省下调城市管网配气费。2017 年 5 月，国家发改委出台《关于理顺居民用气门站价格的通知》，实施居民和非居民用气门站价格并轨，制定上下游天然气价格联动机制，允许一年后居民用气门站价格可上浮，上浮比例不超过 20%。

多地调整终端用气价格，实施上下游价格联动机制。根据国家《关于理顺居民用气门站价格的通知》，各地政府加强价格传导，按照居民承受能力、燃气企业经营状况等因素调整终端价格。目前，北京、天津、沈阳等地已上调居民终端用气价格，并实施上下游价格联动机制。

2018 年，我国进口天然气价格大幅上涨。1 月至 11 月，进口 LNG 到岸均价为 2.19 元/立方米，同比上涨 19.2%，完税价为 2.46 元/立方米；进口管道气到岸均价为 1.49 元/立方米，同比上涨 9.7%，完税价为 1.65 元/立方米①。

沪渝交易中心快速发展，再创新交易方式。2018 年，上海石油天然气交易中心开展 LNG 接收站窗口期交易，助推我国天然气市场化改革。截至 12 月底，管道气单边交易量为 240 亿立方米，均价为 2.06 元/立方米；LNG 交易量为 228 万吨，均价为 4752 元/吨。

重庆石油天然气交易中心 5 月正式开始交易。截至 2018 年 12 月底，管道气单边交易量为 63 亿立方米，均价为 2.12 元/立方米；LNG 交易量为 3.8 万吨，均价为 3797 元/吨。

① 孙文宇，徐博，等. 中国天然气市场 2018 年回顾及 2019 年展望［J］. 中国石油报，2019-01-24.

在天然气供应市场以及原油期货价格的震荡变化下，2018 年 LNG 价格波动起伏，一度出现“淡季不淡，旺季不旺”的季节脱轨现象，但相比于原油价格及上年 LNG 市场行情，变化幅度明显变小，市场整体趋稳。

截至 2019 年 1 月 29 日，全国 LNG 出厂价格平均指数价格为 4245 元/吨，同比下降 27.5%。进入供暖季后，国内 LNG 均价与气温变化相关性明显增强，但旺季价格仍呈现出大幅回落之态。

## 二、天然气行业市场热点与重大政策分析

### （一）多部委联合推动清洁取暖、煤改气等措施，加快推进天然气利用

由于天然气是一种优质、高效、清洁的低碳能源。大力发展天然气，是我国加快建设清洁低碳安全高效的现代能源体系，推进能源发展绿色转型的必由之路与现实选择。2017 年 6 月，国家发展改革委等十三部委联合印发了《加快推进天然气利用的意见》（发改能源〔2017〕1217 号），该文件的发布，对于拓展天然气利用方式，扩大天然气消费规模，提高天然气在我国一次能源消费结构中的比重，都有积极的促进作用。同时，也将对未来我国天然气供需形势、能源消费结构、能源产业发展等产生深远影响。

该文件设置的总体目标是：“逐步将天然气培育成为我国现代清洁能源体系的主体能源之一，到 2020 年，天然气在一次能源消费结构中的占比力争达到 10% 左右，地下储气库形成有效工作气量 148 亿立方米。到 2030 年，力争将天然气在一次能源消费中的占比提高到 15% 左右，地下储气库形成有效工作气量 350 亿立方米以上。”

加快推进天然气利用，是基本的政策导向。为实现总体目标，该文件指明了多项重点任务，包括：“一是实施城镇燃气工程，推进北方地区冬季清洁取暖，快速提高城镇居民燃气供应水平，打通天然气利用‘最后一公里’；二是实施天然气发电工程，大力发展天然气分布式能源，鼓励发展天然气调峰电站，有序发展天然气热点联产；三是实施工业燃料升级工程，鼓励玻璃、陶瓷、建材、机电、轻纺等重点工业领域天然气替代和利用；四是实施交通燃料升级工程，加快天然气车船发展，加快加气（注）站建设”。文件中的重点任务覆盖全面，针对城镇燃气、工业生产、燃气发电、化工等领域的用气需求都明确了具体的推进措施，预计将对中短期天然气消费的持续增长形成

坚实的支撑。

## （二）天然气定价体系逐渐完善，管输、配气价格监管进一步加强

近年来，我国天然气市场化价格改革呈加速趋势，国家价格主管部门陆续出台了一系列价格政策文件，总结如下表。2017 年，我国发布了《关于全面深化价格机制改革的意见》，为天然气下一步价格改革指出了方面，内容包括：一是“深化非居民用天然气价格市场化改革，适时放开气源价格和销售价格，完善居民用气价格机制，加快上海、重庆天然气交易中心建设”；二是对“天然气管道运输实行严格监管，全面开展定价成本监审，科学合理制定价格”。此外，新出台的天然气价格政策，还包括两方面的具体内容，一是加强配气价格监管；二是核定天然气跨省管输价格。

**表 10－1　近年天然气价格改革政策列表**

| 文号 | 文件名 | 发布时间 |
|---|---|---|
| 发改价格〔2017〕1941 号 | 关于全面深化价格机制改革的意见 | 2017 年 11 月 8 日 |
| 发改价格规〔2017〕1582 号 | 关于降低非居民用天然气基准门站价格的通知 | 2017 年 8 月 29 日 |
| 发改价格规〔2017〕1581 号 | 关于核定天然气跨省管道运输价格的通知 | 2017 年 8 月 29 日 |
| 发改价格〔2017〕1171 号 | 关于加强配气价格监管的指导意见 | 2017 年 6 月 20 日 |
| 发改价格〔2016〕2387 号 | 关于福建省天然气门站价格政策有关事项的通知 | 2016 年 11 月 11 日 |
| 发改价格〔2016〕2350 号 | 关于推进化肥用气价格市场化改革的通知 | 2016 年 11 月 5 日 |
| 发改价格规〔2016〕2176 号 | 关于明确储气设施相关价格政策的通知 | 2016 年 10 月 15 日 |
| 发改价格规〔2016〕2142 号 | 天然气管道运输价格管理办法（试行）、天然气管道运输定价成本监审办法（试行） | 2016 年 10 月 9 日 |
| 发改价格〔2016〕1859 号 | 关于加强地方天然气输配价格监管降低企业用气成本的通知 | 2016 年 8 月 26 日 |
| 发改价格〔2015〕2688 号 | 关于降低非居民用天然气门站价格并进一步推进价格市场化改革的通知 | 2015 年 11 月 18 日 |
| 发改价格〔2015〕351 号 | 关于理顺非居民用天然气价格的通知 | 2015 年 2 月 26 日 |
| 发改价格〔2014〕467 号 | 关于建立健全居民生活用气阶梯价格制度的指导意见 | 2014 年 3 月 20 日 |
| 发改价格〔2013〕1246 号 | 关于调整天然气价格的通知 | 2013 年 6 月 28 日 |
| 发改价格〔2011〕3033 号 | 关于在广东省、广西壮族自治区开展天然气价格形成机制改革试点的通知 | 2011 年 12 月 26 日 |
| 发改电〔2010〕211 号 | 关于提高国产陆上天然气出厂基准价格的通知 | 2010 年 5 月 31 日 |

资料来源：发改委价格司网站，http：//jgs. ndrc. gov. cn/zcfg/index_ 24. html。

截至目前，我国天然气价格改革已取得阶段性进展。天然气产业链各环

节的价格政策总结如下表所示：

**表 10－2　天然气产业链各环节价格形成机制**

| | |
|---|---|
| 进口价格 | 进口 LNG 价格完全放开；进口 PNG 谈判价格。 |
| 门站价格 | 政府指导价，市场净回值法（适用于国产陆上天然气、进口管道天然气）。西气东输供福建省门站价格试点：供需双方协商确定。 |
| 其他出厂价格 | 页岩气、煤层气、煤制气出厂价格，液化天然气气源价格：完全放开，供需双方协商确定。 |
| 管道运输价格 | 1. 跨省输气管道：政府定价，准许成本加合理收益；<br>2. 省内短途管道：省级价格主管部门结合实际制定调整。 |
| 储气设施相关价格 | 储气服务价格供需双方协商确定；储气设施天然气购销价格市场竞争形成。 |
| 销售价格 | 门站价格以下销售价格由省级价格主管部门结合当地实际确定。存量气和增量气价格并轨。天然气直供用户用气门站价格放开，由供需双方协商定价。居民生活用气实行阶梯价格制度。 |

资料来源：发改委价格司网站，http：//jgs. ndrc. gov. cn/zcfg/index_ 24. html。

天然气价格改革的最终目标是放开天然气出厂价格和销售价格，由市场竞争形成，政府只对具有自然垄断性质的天然气管道运输价格进行管理。尽管目前我国天然气价格市场化已取得阶段性进展，但是，考虑到我国天然气消费量快速增长，产地远离主要消费区、气源多元化、用户价格承受能力存在差异等因素，我国天然气的市场化定价机制仍有待进一步完善。下一步要按照“管住中间、放开两头”的总体思路，深化天然气价格改革。天然气产业链上游与下游，属于能够放开的竞争性领域和环节，其价格应循序渐进、稳步放开由市场调节。目前进口价、页岩气等出厂价已放开，天然气直供用户用气门站价、油气交易中心天然气现货价格已放开。而门站价格实行政府指导价，销售价格由省级价格主管部门制定。现行的与可替代能源挂钩的定价机制只是市场化进程中的过渡阶段，未来天然气价格将由供需基本面决定，下一步考虑择机放开。中游自然垄断环节，保留政府定价的，要建立健全成本监审规则和定价机制，推进科学定价。

2018 年 1 月份，我国调整了进口天然气税收优惠政策，相应提高了进口环节增值税的退税额。

### （三）《中长期油气管网规划》发布，天然气基础设施建设日渐完善

在天然气工业中，管道运输是具有明显优势的主流运输方式，所以管道管网是天然气供需和贸易最为重要的基础设施。我国天然气管道建设开始于 20 世纪 60 年代。1963 年，巴渝输气管道投运，全长 55. 6 千米，是我国第一

条天然气管道。1987 年，四川建成的北半环管道与南半环管道相接，形成我国第一个区域性天然气管网。1997 年，陕京输气管道投产。21 世纪以来，以西气东输一线管道建成为标志，我国天然气管道建设进入快速发展期。基本已形成了以西气东输系统、陕京系统、川气东送、西南管道系统为骨架的天然气管网系统。[①] 2017 年，天然气长输管道建设持续推进，陕京四线投运，西二线西段竣工投产；两项国家重点天然气管道工程开工建设，分别是中俄东线天然气管道工程试验段二期、潜江 - 韶关输气管道工程。截至 2017 年底，天然气长输管道总里程近 7.4 万公里。

根据 2017 年 5 月发布的《中长期油气管网规划》所制定的发展目标，到 2020 年，我国的天然气管道里程将达到 10.4 万公里。2025 年，天然气管网里程达到 16.3 万公里，天然气管道进口能力达到 1500 亿立方米，LNG 接卸能力达到 10000 万吨；全国省区市天然气主干管网全部连通，50 万人口以上的城市天然气管道基本接入；全国城镇用天然气人口达到 5.5 亿，天然气消费规模占比达到 12% 左右；天然气应急调峰气量（含 LNG）达到消费量的 8%；天然气（含 LNG）储存能力达到 400 亿立方米。

### （四）上海石油天然气交易中心正式投运，天然气现货交易活跃

2015 年 3 月 4 日，上海石油天然气交易中心在上海自贸区注册成立，经过 1 年多的试运行，2016 年 11 月 26 日，该国家级油气现货交易平台正式投入运行。交易中心实行会员制，符合会员资格要求的国内外交易商都能进场交易，2017 年以来，会员数量稳步上升。

交易中心的发展战略是“先气后油”，所以率先推出了管道天然气现货挂牌交易、管道天然气现货竞价交易、液化天然气现货挂牌交易、液化天然气现货竞价交易等品种；发布了中国华南 LNG 交易价格指数、中国 LNG 出厂价格全国指数、中国 LNG 出厂价格分省指数等价格指数，努力打造中国天然气的价格标杆。交易中心对于推进天然气价格市场化有重要意义。目前，交易中心的管道气交易策略是根据中石油各销售分公司业务覆盖省份，设置区域基准点，结算价格采取“成交价格 + 区域差价”的方式，扩大了下游同时参与竞价的客户数量，形成了竞争更充分的市场环境，竞价场面火爆，首次真

① 参见《天然气发展“十三五”规划》；彭元正、董秀成主编：《中国油气产业发展分析与展望报告蓝皮书》，第 285 页。

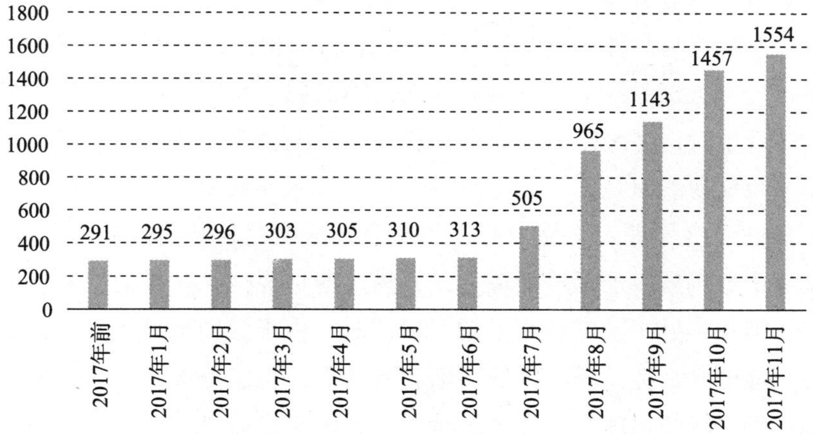


**图 10－1 上海石油天然气交易中心会员数量**

数据来源：上海石油天然气交易中心。

正实现了天然气管道价格的市场化①。液化天然气也形成了一定的交易规模，如下图所示。

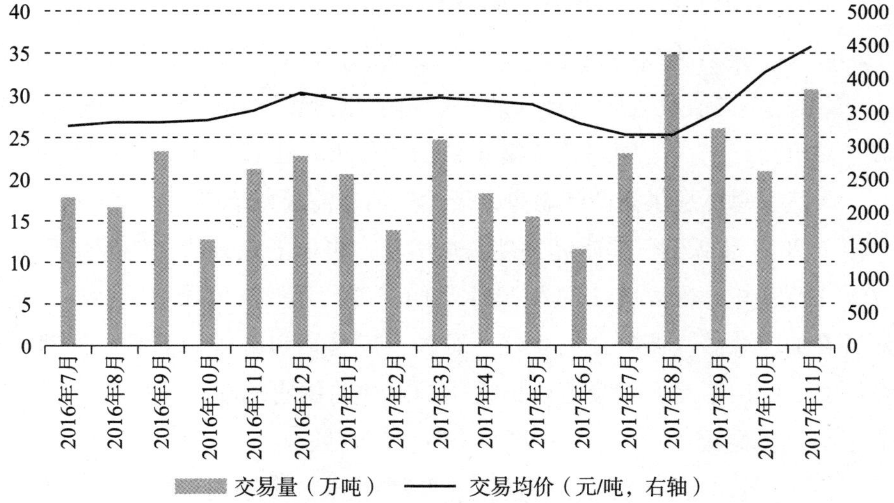


**图 10－2 上海石油天然气交易中心 LNG 交易量与交易均价**

数据来源：上海石油天然气交易中心。

然而，我国天然气交易中心的建设尚处于起步阶段。目前上海油气交易

---

① 资料来源：课题组赴上海石油天然气交易中心调研资料。

中心正式运行接近 1 年，虽然已经推出了管道天然气与液化天然气挂牌交易与竞价交易的交易品种，也发布了 3 种 LNG 价格指数，形成了一定的交易量，但是其市场配置资源和发现价格的功能尚不成熟。我国在出台天然气价格市场化改革政策时，多次提出要鼓励天然气生产经营企业和用户积极进入天然气交易平台交易。但是，目前上市品种还很有限，交易中心的影响力也有待提升，推进天然气进入交易中心，实现公开透明交易，还需要时间。此外，目前交易中心仍集中于天然气现货，天然气期货等衍生品目前交易中心有初步设想，但是仍处于前期研究的阶段。同时，由于我国地域辽阔，天然气供需存在明显的区域性差异，区域市场各有特点，再加上天然气市场有别于其他能源品种市场的物理特性和经济特性，我国在多地发展 2 个或者以上天然气交易中心有其合理性，应重视和开展区域天然气交易中心建设，以支撑上海天然气交易中心的国家级地位和作用。同时，交易中心的布局需要国家层面的统一规划，在定位和功能上有所区分或者侧重，寻求差异化发展，避免出现交易中心数目众多、无序发展的局面。

### （五）天然气季节性供求矛盾开始改善

2017 年，随着大气污染防治工作持续推进，重点地区天然气替代步伐加快，“煤改气”“油改气”和环保政策的落实推进，我国天然气发电、供热、调峰等规模持续扩大。同时，城镇化带动用气人口迅速增加，城市燃气需求飙升。天然气总体呈供需两旺态势，天然气消费需求持续攀升。

由于 2017 年天然气需求超预期高速增长，再加上北方清洁能源供暖“煤改气”工程集中超额完成，进入 2017 年四季度，天然气消费季节性特点表现强烈，叠加应急储气调峰能力不足、国外土库曼斯坦减供等因素，天然气首先在河北、山西等北方供暖地区出现了局地性的供应短缺，随后“气荒”在全面范围出现蔓延之势，南方地区也出现供气短缺。

“气荒”的出现，既有天然气需求超预期增长、冬季用气高峰需求集中飙升等需求侧因素，也有应急储气调峰能力存在“短板”、对外依存度高等供应端因素。中长期来看，在生态文明建设、供给侧结构性改革、能源转型等大背景下，加快推进天然气利用的方向并不会改变，“煤改气”“油改气”等具体举措也将继续稳步推进。为避免“气荒”的出现，下一步改进措施将主要集中在应急储气调峰能力建设、进口气源开拓、市场预测预警等方面。

2018 年，国家和天然气供应公司积极应对可能出现天然气短缺，从年初就开始安排应对措施。加大天然气进口，促进管道互通，2018 到 2019 年采暖季期间，没有出现大的供应短缺情况。

## 三、天然气行业 2019 年展望

### （一）天然气需求展望

展望 2018 年，受市场形势与相关政策双重因素驱动，我国天然气消费仍将延续快速增长的势头，预计增速在 10% 左右，天然气消费总量在 2640 亿立方米左右。从消费结构看，城市燃气、工业燃料、发电用气与化工用气的占比与 2017 年相比仅会有略微调整，其中，城市燃气和发电用气仍将保持快速增长，而工业燃料有望贡献一定增速，但是增速将出现回落，化工用气增长空间有限，增速将出现明显放缓。城市燃气占比将在 40% 左右，工业燃料占比将维持在 30% 左右；发电用气占比将在 20% 以上；化工用气占比可能回落至 10% 左右。政策面看，相关政策将共同发力，不论是目标直指扩大天然气消费规模的《加快推进天然气利用的意见》，还是大气污染治理、环保治理、煤改气等间接促进天然气消费的相关政策，都将继续对 2018 年的天然气消费形成政策利好。

城市燃气需求将保持快速增长，消费规模继续扩大。主要有以下积极因素影响：一是我国城镇化进程稳步推进，2017 年城镇化率为 58. 52%，比上年末提高 1. 17 个百分点，预计 2018 年城镇化率将以类似的增速提升至 59% 以上；加上天然气管网建设不断提升管道气的可及性，城镇用天然气人口规模不断扩大。二是我国人均用气量还处于很低水平，未来城市燃气需求潜力巨大。三是我国北方地区清洁取暖的持续推进，将使采暖用气大幅增长，并将加剧天然气消费淡旺季峰谷差。四是交通气化稳步推进，新增天然气车辆保有量继续增长，尤其是天然气重型卡车市场出现复苏，虽然势头不及 2017 年强劲，但仍将对交通用气形成一定支撑。

工业燃气需求增长将比较温和。环保压力将继续推进工业领域的煤改气进度，2018 年天然气在工业领域的应用仍主要是优化钢铁、冶金等高耗能行业的燃料结构、改造城市中工业锅炉、窑炉的燃料结构等，然而受制于高耗能行业去产能的推进和发展空间的限制，工业燃气需求的增速也将趋缓。

发电用气需求保持平稳，主要受新建燃气电厂投产与天然气分布式项目发展拉动，预计燃气机组发电小时数会有所增加。化工用气需求主要用于化肥、甲醇和制氢，天然气制甲醇和制氢属于相对饱和市场，化肥则供应过剩，受制于化工行业的产能过剩与下游需求回落，其对天然气需求空间则有可能进一步萎缩。

## （二）天然气供应展望

展望2019年，我国天然气供需都将呈平稳向好趋势。

从需求侧来看，我国大气雾霾治理措施一直处于强势状态，而且越来越深入。用天然气替代散煤是一个基本的减排措施。同时纳入国家重点区域的省份也扩展到了陕西、四川、重庆，以及长三角。天然气替代散煤和工业锅炉用煤的前景广阔。从天然气增量来看，仍旧会维持在400亿立方米左右。到2020年有可能达到3600亿立方米，甚至超出。

城市燃气和工业用气保持较快增速。2019年，预计城市燃气将延续快速增长态势，同比增长12.1%，至1110亿立方米。在用气结构中，城市燃气占36.0%，工业燃料占33.8%，发电用气占21.9%，化工用气占8.3%。

从供应端来说，也相对比较乐观。

国内天然气产量将保持平稳增长，主要受益于2017年以来上游勘探开发投资的回升，以及页岩气产量较高速的增长。2019年预计全年国内天然气产量（含煤制气）为1708亿立方米，同比增长8.6%，在供应结构中占比53.5%。

进口天然气已成为我国重要的天然气供应来源，主要包括中亚、中俄西线、中俄东线、中缅等管道天然气来源，以及南海、东海等LNG来源。

2019年，中国海油天津LNG接收站、中国海油防城港LNG接收站、唐山和福建莆田LNG接收站三期将投产，中国LNG接收能力将达到7555万吨/年。部分新签LNG进口合同开始履约，LNG现货进口量有所下降，LNG进口总量保持较高增速。

中俄东线投产、哈萨克斯坦进口管道气量增加将带动管道气进口量稳步增长。预计全年天然气进口量为1430亿立方米，同比增长14.0%，对外依存度为46.4%。

从全球市场天然气供应能力看，相对比较乐观。2019年来自美国、澳大利亚、俄罗斯、加拿大和卡塔尔等国合计超过4000万吨/年的新增LNG供给，较2018年增加13%，进一步扩大全球天然气市场供给规模。美国LNG出口将持续快速增长趋势。2019年中国新增的天然气进口有可能主要来自美国和俄罗斯。2019 年 LNG 进口量将继续保持 10% 以上的增速，预计将在 2018 年 LNG 进口总量 3789 万吨的基础之上，增长至 4400 万吨以上。

中美贸易摩擦给从美国进口 LNG 带来不确定性。如果贸易战持续，中国需要从其他国家增加天然气进口，来替代预期的从美国进口的天然气量。但是目前对中美达成协议比较乐观，在这种情况下，我国可以大量从美国进口天然气和石油，作为减少贸易逆差的一个重要手段。这样长期来讲，如果美国有天然气供应量的情况下，我国从美国进口天然气可以达到 500 亿美元以上。

此外，2019 年是全球天然气项目投入较多的一年，预计总投资超过 270 亿美元的俄罗斯北极 LNG 二期、莫桑比克及美国等多个投资规模较大、前期准备相对成熟的 LNG 项目能够在今年获得最终投资决定。此类项目尽管距正式投产有较长时间，暂时不形成实质性产量，但能通过供给宽松的预期影响市场。

2018 年部分国家和地区获得了多处规模较大的天然气勘探突破，为全球天然气市场供给奠定了较好的资源基础。其中，诺瓦泰克公司在俄罗斯鄂毕湾地区发现约合 9.6 亿桶油当量的大型气田；埃尼和道达尔在塞浦路斯西南海岸 6 区块发现资源量超过 1500 亿立方米的巨型天然气田；道达尔还在英国北海格伦罗纳赫地区发现了资源量接近 300 亿立方米的天然气田。

2020 年前，中国的天然气供应量有望得到大幅增长。从管道气看，年输气量 380 亿立方米的中俄东线，计划于 2019 年 10 月北段投产，2020 年全线贯通。

预计全年中国天然气市场供需平衡，国家将继续推进管道互通和储气调峰体系建设，季节性供需矛盾将持续好转。

天然气价格总体上来讲将显现下降趋势。进口气价格方面，预计 2019 年进口管道气和进口 LNG 价格将小幅下跌。2019 年世界天然气市场出现“供大于求”可能性相对较大，会导致全球天然气特别是 LNG 价格的稳定或者下降。据伍德麦肯兹预测，2019 年欧洲 TTF 天然气期货平均价格约为 6.9 美元/百万英热单位，大幅低于 2018 年的 8.1 美元/百万英热单位；亚洲 LNG 平均价格也将由 2018 年的 10.3 美元/百万英热单位降至 8.5 美元/百万英热单位。但地缘政治因素是 2019 年全球天然气市场上最大的不确定因素，如果地缘事件冲突升级，短期内可能对全球天然气市场均衡态势及价格产生重大影响。

我国在 2018 年大幅度增加 LNG 进口之后，2019 年议价策略和能力会进一步增强，价格确定权势力会强化，在 2019 年继续快速扩大 LNG 进口的情况下，有可能压低进口 LNG 的价格。

预计 2019 年中国天然气需求量较快增长，增速将回落，天然气产量稳定增加，天然气进口量将保持较快增速。

执笔人：王娟

# 第十一章
# 可再生能源行业分析与展望（2017—2019）

## 一、可再生能源行业发展现状

截至2018年底，全国水电发电装机容量达到35226万千瓦，风电并网装机容量18426万千瓦，太阳能发电并网装机容量达到17446万千瓦，生物质能发电并网装机容量1781万千瓦，全国可再生能源发电总装机容量72879万千瓦，占全国规模以上电厂总发电装机容量的38.4%。非化石能源装机占总发电装机比例为40.7%。2018年，全国可再生能源发电量18670亿千瓦时，占全国规模以上电厂发电量的26.7%。

### （一）水电

2018年，全国新增水电并网容量854万千瓦，其中抽水蓄能新增装机130万千瓦（广东和海南分别新增90万千瓦和40万千瓦）。从装机分布来看，云南、四川、广东和甘肃四省新增装机容量均超过60万千瓦，占全国新增装机容量的81.7%。全国水电累计并网容量达到35226万千瓦，同比增长2.5%。分省区来看，累计并网容量超过1000万千瓦的省（区）有10个，占全国累计装机容量的81.9%；水电在当地电源装机中的比重超过50%的省（区）有4个，分别为四川（80%）、云南（71%）、西藏（53%）和湖北（50%）。2018年，6000千瓦及以上电厂发电设备平均利用小时数为3613小时，全国全口径水电发电量为12329亿千瓦时。2018年，全国累计弃水电量约691亿千瓦时，较去年同期减少148亿千瓦时，水能利用率达到94.6%左右，较去年同期提高1.3个百分点。全国弃水形势较去年整体有所好转，特别是云南、广西弃水电量大幅减少，但四川省弃水形势较去年更为严峻。

### （二）风电

2018年，风电发展扭转新增装机下降趋势，全国新增风电装机并网2069

万千瓦，同比上升 37.7%，占全国年度全部新增电力装机的 16.7%。海上风电年度新增装机首次超过 100 万千瓦，2018 年新增装机达到 160.5 万千瓦。从新增装机分布看，受弃风状况改善、部分风电红色预警区域解除限制，“三北”地区新增装机有大幅回升，2018 年新增装机并网 1116 万千瓦，占全国新增装机的 54%。全国风电累计并网容量达到 18426 万千瓦，占全国总发电设备容量的 9.7%。其中，海上风电累计并网容量 363 万千瓦。全国总弃风电量 277 亿千瓦时，弃风率 7%，同比下降 5%，继续保持弃风电量和弃风率的“双降”。分地区来看，大部分弃风限电严重地区的形势均有所好转，其中甘肃和吉林的弃风率均下降超过 14%，但新疆、内蒙古和甘肃弃风仍较为严重，弃风电量分别达到 107 亿千瓦时、72 亿千瓦时和 54 亿千瓦时。

### （三）太阳能光伏

2018 年，在降本去补提质增效的发展思路下，我国光伏发电新增装机趋缓，全年新增光伏发电装机 4426 万千瓦，同比下降 17%，占全国年度全部新增电力装机的 36%。其中，集中式光伏新增装机明显减缓，全国新增装机 2330 万千瓦，同比下降 31%；分布式光伏装机仍保持了稳步增长，新增装机达到 2096 万千瓦，同比增长 8%。从 2018 年新增装机分布来看，中东部仍然是新增装机的集中区域，但同比下降明显，华南地区和西北地区同比增加。2018 年，全国集中式光伏电站平均利用小时数 1205 小时，同比基本持平；利用小时数较高的是蒙西（1645 小时）、蒙东（1537 小时）；利用小时数较低的是天津（904 小时）、广东（729 小时）和重庆（591 小时）。2018 年，光伏发电量达到 1775 亿千瓦时，同比增长 50%，其中集中式光伏电站发电量为 1384 亿千瓦时，同比增长 35%，分布式光伏发电量为 391 亿千瓦时，同比增长 1.5 倍。2018 年，光伏发电在全部发电量中的比重进一步提高，由 2017 年的 1.8% 提高到 2.5%。2018 年，光伏发电弃光率和弃光电量保持双降，弃光率 3.0%，同比下降 2.8 个百分点；弃光电量 54.9 亿千瓦时，同比减少 18.0 亿千瓦时。弃光率超过 5% 的省区为新疆（不含兵团）、甘肃、陕西和青海。

### （四）生物质能

2018 年，全国新增生物质能并网容量 303.3 万千瓦，同比增长 10.7%。分技术看，农林生物质发电新增 102.4 万千瓦，同比下降 6.1%；垃圾发电新增 188.4 万千瓦，同比增加 21.5%；沼气发电新增 12.6 万千瓦，同比增长 26.0%。从新增装机分布看，华东、华北和华中地区新增装机最多，分别达到 95.6 万千瓦、63.7 万千瓦和 62.0 万千瓦；华中和南方地区新增装机增速最快，同比分别增长 49% 和 27%。生物质发电累计装机达到 1781.0 万千瓦，同比增长 18.2%。其中，农林生物质发电累计装机 803.3 万千瓦，同比增长 13.1%；垃圾发电累计装机 915.2 万千瓦，同比增长 22.6%；沼气发电 62.6 万千瓦，同比增长 28.5%。全国生物质能发电量 905.6 亿千瓦时，同比增长 13.4%。其中，农林生物质发电量 393.4 亿千瓦时，同比下降 1.8%；垃圾发电量 487.9 亿千瓦时，同比增长 28.7%；沼气发电量 24.3 亿千瓦时，同比增长 28.7%。分地区看，东部地区的山东、江苏、浙江、广东和安徽发电量较高，占全部发电量的 53.3%。2018 年，全国生物质发电平均利用小时数为 5444 小时，同比减少 244 小时。其中，农林生物质利用小时数为 5056 小时，同比减少 749 小时；垃圾焚烧利用小时数为 5860 小时，同比增加 236 小时；沼气利用小时数为 4736 小时，同比增加 26 小时。

## 二、可再生能源热点问题分析

### （一）可再生能源消纳问题

可再生能源消纳问题主要体现在电源、电网、负荷等三个系统要素方面：电源方面，目前风力和光伏装机主要集中在“三北”地区，占全国的比重分别为 77% 和 68%，且以大规模集中开发为主。“三北”地区电源结构以煤电为主，燃煤热电机组比重高达 56%，采暖期供热机组“以热定电”运行，导致系统调峰能力严重不足，不能适应大规模风力和光伏发电消纳要求。电网方面，“三北”地区大部分跨省跨区输电通道立足外送煤电，输电通道以及联网通道的调峰互济能力并未充分发挥，对风力和光伏发电跨省跨区消纳的实际作用十分有限。负荷方面，电力需求侧管理成效不明显，峰谷差进一步加大影响了风力和光伏发电的消纳。

解决上述问题的根本途径是深化电力体制改革。新能源发电虽然寿命周期成本较高，但边际成本几乎为零，在电力市场中有明显竞争优势。应致力于推进能源价格改革，有序放开发用电计划，建立健全电力市场体系，制定公平有序的电力市场规则，启动现货交易市场，充分发挥市场配置资源的决定性作用。

然而，体制改革至少需要 3 ~5 年才能逐见效果，在此之前，应首先优化可再生能源开发布局。《可再生能源发展“十三五”规划》提出：一是要稳步推进“三北”地区可再生能源发电基地建设，控制开发节奏，要将“弃风弃光”率控制在合理水平，将开发中心向中东南部地区转移，优先发展分散式风电和分布式光伏。二是加强电力系统灵活性，加强电力系统调峰能力建设，提高对可再生能源的消纳能力。应加快推进存量煤电机组灵活性改造试点和推广工作，发掘抽水蓄能及电储能技术调峰潜力，提升“三北”地区的系统调峰能力。三是继续推进“三公”调度，坚持电力调度的公开、公正、公平，倒逼相关电力企业充分发挥自身调峰能力。能源主管部门应做好协调工作，要求省级电网公司公开逐小时负荷、各类电源实际出力、主要联网通道输电功率等，为“三公”调度提供条件。

### （二）可再生能源补贴资金不足问题

随着《可再生能源法》以及一系列配套法规和措施的陆续出台，我国已形成了一套相对完善的可再生能源补贴政策体系。一方面，根据资源条件，对风电、光伏电站、生物质发电执行标杆上网电价。另一方面，由于我国可再生发展尚处于发展的初级阶段，受技术水平制约，其上网电价水平较高，仍需要政府给予补贴支持，为此我国建立了可再生能源电价附加制度，通过电费加价来分摊可再生能源发电超出煤炭发电的成本部分。然而，随着风、光等可再生能源发展规模的快速增长，电价补贴所需资金需求也在不断提高，尽管可再生能源电价附加征收标准不断调高，从最初的 0.001 元/千瓦时，已提高到目前的 0.019 元/千瓦时，但补贴资金缺口仍在扩大，并且存在资金缺口的地区（省级电网企业）也在逐年增多。截至 2017 年年底，我国可再生能源补贴资金缺口已超过 1000 亿元。考虑到可再生能源发电装机增速超过预期，预计未来资金缺口将继续扩大。解决补贴资金问题需要进一步完善相关政策举措，具体包括：一是还原能源商品属性，重构能源价格形成机制，从短期看，价格调整要立足于矫正内部价格扭曲；从长期看，应拉平能源外部差价和比价关系，理顺传统能源与可再生能源产品之间的比价关系。二是坚持价格扶持政策，改变可再生能源发电上网定价机制的粗放状态，制定完善的可再生能源发电上网定价和调整机制；适时适当提高新能源电价附加征收水平，调整补贴期限，调整补贴资金管理机制，简化补贴资金征收和拨付程序。三是从长期来看，加快我国可再生能源价格改革与电力体制改革和电价市场化改革相衔接，根据国内电力市场改革的进展程度，调整可再生能源价格形成体系，建立由市场决定电价的机制。

### （三）实施配额制和绿色证书交易问题

可再生能源配额制（Renewable Portfolio Standard，RPS）是指政府以立法的手段，为缺乏市场竞争力的可再生能源强制设定一定的市场需求空间，用来实现国家（或地区）可再生能源发展目标的一种政策。当前，可再生能源面临经济进入新常态、电力需求持续放缓，可再生能源并网消纳问题长期得不到解决，补贴资金不足问题制约了产业发展等新的挑战，因此，能源主管部门需考虑以配额制政策来解决上述问题。

按照国际通行的系统框架，配额制需以立法为制度基础进行设计，主要包括合格技术、义务承担者、配额义务分摊、监管者等内容。

目前可以作为我国配额制制度基础的文件包括《可再生能源法》《可再生能源中长期发展规划》《关于加快培育和发展战略性新兴产业的决定》等。此外，《可再生能源发展“十二五”规划》也明确提出了要实施可再生能源配额制度。《可再生能源发展“十三五”规划》提出了建立可再生能源开发利用目标导向的管理体系、建立可再生能源发电全额保障性收购制度、建立可再生能源绿色证书交易机制、加强可再生能源监管工作等。

关于义务承担主体，可以考虑将权益装机容量超过 500 万千瓦的大型发电企业作为配额义务主体。而解决并网问题对应的主体就是输电企业和地方政府；解决消纳问题对应的主体是电力消费者和地方政府。随着电力体制改革的深化，我国配电主体（独立售电企业）开始出现，包括发电企业所属的售电企业、直供（售）电企业、保底供电企业等，这就为配额义务责任主体的选择提供了更多选项。

关于政策目标，我国已明确提出 2020 年非化石能源占一次能源消费的比重达 15%、2030 年达 20% 的目标。根据这一战略安排可确定相应阶段的可再生能源发电目标，以此作为配额制的政策目标。在目标落实过程中，还要考虑指标分配方式的公平性问题。我国有两种选择：一是制定全国统一的配额指标要求，比如说资源差、经济实力强的地区要负担更多的义务。二是各省区市实施不同的配额指标要求。这种设计会出现一个问题，即中西部某些资源好但经济实力差的省区市将负担更多的义务，这显然有失公平。关于合格的技术，我国更多的时候是强调非水可再生能源。在弃水严重的情况下，需要讨论是否将水电纳入合格技术。另外就是 2020 年以后，如果海上风电、太阳能热发电、海洋能发电仍需电价补贴，则配额制的技术范围可以考虑暂时不包括上述技术。

关于监管者，这是非常关键的，因为监管者的权威、监管的有效性将决定配额制的成败，因此，下一步如果引入配额制，如何强化国务院能源主管部门的权威性至关重要。

关于绿色证书交易，有两种交易系统可供选择：一是基于强制配额政策基础上的绿色电力交易系统。该系统的优点包括：发展目标明确，既保证了在较长时期内实现可再生能源的量化发展目标，又保证了可再生能源发电的市场需求，可以增强投资、开发和设备供应商的信心；证书交易具有灵活、流通性好的优点，是一种公平竞争的市场机制；绿证交易使资金和资源可以在不同地区之间流动，使可再生能源资源的开发利用在更大范围内实现优化。该系统的缺点是：需要客观公正的认证、有效的监督和强有力的惩罚措施，因而加大了监管的成本；由于确定强制性配额标准、建立可交易的市场体系、制定处罚标准等都比较复杂，增加了政策制定和执行的难度。

另一个是基于自愿认购基础上的绿色电力交易系统，就是我国目前实行的绿色证书交易系统。2017 年 1 月 18 日，国家发改委、财政部、国家能源局发布《关于试行可再生能源绿色电力证书核发及自愿认购交易制度的通知》，标志着我国基于自愿基础上的绿色证书系统的建立。该证书系统的一些方面值得深入讨论：一是参与人购买绿证后能不能再次出售；二是在价格上，是否应该给发电企业自主选择权，既可以上交证书，得到政府补贴，也可以在完成政府配额要求的基础上，多余的证书到市场上自由交易获得更高的回报；三是购买绿证后，如何体现出个人和企业的荣誉感以及某种优先权，对参与人持续购买证书形成正向激励。

## 三、可再生能源重大政策调整

### （一）强化可再生能源相关法律的执行

强化相关立法执行需要从两个方面着手。一是强调以法律手段明确可再生能源优先发展地位。通过制定《能源法》、修改《电力法》和《可再生能源法》工作明确可再生能源优先发展、多发满发的优先地位，改善电力运行调节，促进清洁能源持续健康发展。鼓励清洁能源发展，应该是能源立法遵守的原则之一，明确可再生能源发展在能源结构调整、大气污染防治、应对全球气候变化中的地位与作用，将促进风电、光伏并网消纳作为清洁能源发展的核心内容。二是强调法律执法的严肃性。近年来，国家能源管理部门在风电、光伏等可再生能源发电领域出台了多份文件，鼓励并网消纳、规范行业建设运营等同一问题被多次提及、反复强调，但始终没有得到有效解决，原因是一些地方和能源企业无视相关法律法规的权威性和严肃性，对法律规定的义务拒绝执行。因此，在相关立法制定和执行中需明确责任主体，法律、政策的制定、执行、监管都要有相应的主体，明确其相应的责任、权利和义务。当发生法律规定的责任时，必须对相应的责任主体要进行处罚。三是建立相关立法考核制度。明确各省（区、市）政府、国家及电网企业、发电企业、电力用户发展清洁能源的责任，将可再生能源电力配额责任在《能源法》《电力法》和《可再生能源法》等相关法律中加以明确，并制定明晰的考核体系，将清洁能源发展纳入地方政绩考核、国有能源企业的年度考核。鼓励地方政府、电网企业、电力用户超额完成配额责任，并明确奖惩措施。尤其是，电网企业应认真落实可再生能源发电保障性接入制度，解决好无歧视、无障碍上网问题。有条件的电网，可以开展清洁能源优先调度试点，即以最大限度消纳清洁能源上网电量为目标，联合优化调度，灵活安排运行备用容量。在奖惩措施上，建议可再生能源发展与能源消费总量控制、碳排放、化石能源项目核准、财税补贴等挂钩。

### （二）建立可再生能源发电优先调度制度

建立可再生能源发电优先调度机制，目的是解决当前困扰可再生能源发电的并网消纳问题。政策实施的关键是如何深化我国电力体制改革，建立新的电力调度机制。新的电力调度机制要按照推动能源革命的总体要求，着眼于彻底改变现存的以化石能源为基础的传统的能源结构，代之以低碳、清洁、可再生能源的新型能源结构。要实现这个目标，在发电领域我们应适时取消现行对电力生产的计划调度，保证各类发电公平上网。计划调度属于传统电力管理手段，与中央提出的深化电力体制改革的方向相悖。在2016年国家发展改革委颁布的《可再生能源发电全额保障性收购管理办法》中也提出过要通过发电计划方式优先安排一部分新能源保障性发电量的内容，其实这是权宜之计，等于是说煤电有计划，可再生能源也要有计划，似乎已经为可再生能源争取到了公平地位，但计划电量管理并不符合我国市场经济改革的大方向。发电计划的实质就是一种发电的特权，在市场经济条件下这种特权迟早会被彻底废除。

为保障各类技术的公平上网，就要制定新的发电调度规则，基本思路是：首先优先调度清洁低碳的电力，这样可再生能源发电就会有很大的优势。其次执行节能调度。逐渐淘汰高煤耗的火电厂，仅允许那些低煤耗、技术先进的火电厂继续存在，而将淘汰落后技术后剩下的发电空间更多提供给清洁能源发电。最后考虑那些报价低的发电技术的调度。在初始阶段，对于愿意参与调峰的火电企业，应给予一个调峰电价，保证这些企业能有一定的保底收入，目的是为可再生能源发电提供足够的调峰保障。

如果我们能通过建立新的电力调度制度解决可再生能源的并网消纳问题，真正实现了可再生能源发电的全额保障性收购，那么包括风电、太阳能发电等行业的经济效益必然也会有实质性提升，这也就为下一步调低甚至最后完全取消以补贴为基础的可再生能源上网电价政策打下一个坚实的基础。

### （三）建立新型可再生能源补贴制度

根据《可再生能源法》，我国以电费加价为手段建立了可再生能源补贴制度。但由于可再生能源电价附加水平和征收率都很低，在风能、太阳能和生物质能等可再生能源发电装机容量快速增长的情况下，可再生能源发展基金与可再生能源电价补贴资金之间的缺口呈逐年扩大的趋势。加上缺乏高效的补贴管理程序，导致了补贴支付周期过长，补贴资金发放延迟问题严重，给众多开发商带来了非常大的财务困难。

解决可再生能源补贴资金不足问题可从以下方面着手：一是拓宽可再生能源补贴资金来源渠道。可再生能源发展基金主要来源于国家财政公共预算安排的专项资金和向电力用户征收的可再生能源电价附加，渠道非常单一，下一步应积极加强可再生能源基金与资源环境税收等大的能源环境财税改革衔接。同时强化对可再生能源电价附加征收过程中的监管，取消各地自行出台的可再生能源电价附加减免政策，提高电价附加征收率。二是简化补贴资金发放流程。在审核补贴拨付过程中，建立信息互通、高效的补贴发放流程。根据电力需求增长情况预测，估算补贴资金征收总量。同时加强对可再生能源补贴发放的监管，严格执行“按季预拨，年终清算”的规定，确保补助资金能够按时足额到位。三是建立新型可再生能源补贴制度，提高补贴资金的使用效率。

建立新型可再生能源补贴制度可借鉴国外相关国家经验，如德国的做法。德国自《可再生能源法》（EEG）实施以来，逐步建立了基于成熟电力市场的可再生能源固定电价补贴机制，并随着欧盟对于成员国将可再生能源逐步推向市场的统一要求，持续完善可再生能源电价激励机制，在充分考虑可再生能源技术成本下降及补贴总额对于用户负担等因素前提下，通过 4 次 EEG 改革，提出了由固定电价补贴（Feed - in - Tariff）向市场溢价（Market Premium）补贴，再向可再生能源项目规模拍卖（Auction）试点转变的新思路。具体内容包括：一是改革固定电价补贴制度。充分考虑到可再生能源发电技术，特别是光伏发电技术的进步及成本下降因素以及受到可再生能源规模迅速扩张而导致补贴总额庞大的压力，政府持续下调固定电价补贴费率，特别是 2009 年光伏规模大幅上涨后其补贴也由 48 欧分/千瓦时降至 2014 年的 33 欧分/千瓦时，仅为 2005—2006 年间补贴峰值的约 60%。2014 年版的德国《可再生能源法》中规定了可再生各技术种类固定电价补贴情况。二是实施市场溢价补贴制度。为进一步提升可再生能源发电技术的市场竞争力，2012 年德国对光伏开始实施“市场溢价补贴”政策，并在 2014 年重新规定了“市场溢价”的适用范围，即 2016 年前运行的 500 千瓦及 2016 年开始运行的 100 千瓦以上的全部可再生能源发电项目。此外，为引导光伏科学合理发展并在一定程度上减小补贴总额压力，2012 年版的德国《可再生能源法》率先在光伏发电领域引入了“规模总量控制”（Deployment Corridor）政策，即为每季度可再生能源发展规模设定上限及下限，当实际发展规模超过设定上限时，补贴下降幅度变大；反之，当实际发展规模低于设定下限时，补贴下降幅度缩小。2014 年版的德国《可再生能源法》将这一政策的适用范围由光伏扩展到全部可再生能源发电技术，具体为陆上风电和光伏发电每年新增装机量都为 250 万千瓦。“市场溢价补贴”及“规模总量控制”政策的综合实施，对于促进德国可再生能源，特别是光伏发电的科学安全发展起到了积极的作用，最直观的表现就是 2012 年后光伏一改 2009—2011 年井喷式的发展，进入平稳合理发展区间。从电力用户的角度看，光伏发展速度的放缓使得可再生能源补贴总额增幅相应减小，2013 年后居民电价及工业电价分别维持在 29 欧分/千瓦时和 11.75 欧分/千瓦时左右，没有明显大幅上涨。三是引入招标拍卖机制。为顺应欧盟委员会建立以市场为基础的可再生能源支持机制目标和要求，更好地控制可再生能源发展规模并提高德国乃至欧洲电力供应安全，德国在最新版的《可再生能源法》（2017）中放弃了固定电价补贴政策，结合“规模总量控制”，全面转向可再生能源规模招标拍卖制度。招标拍卖制度是完全建立在欧洲自由电力市场上的可再生能源补贴制度，是可借鉴的国际可再生能源创新激励机制，通过将可再生能源完全推向市场，在准确反映市场及发电成本变化的同时，也有利于减轻政府对于可再生能源补贴的压力，体现了补贴成本的有效性原则。

## 四、可再生能源行业展望

### （一）水电

水电作为技术成熟、出力相对稳定的可再生能源，在可靠性、经济性和灵活性方面具有显著优势，2018 年仍将处于优先开发的战略位置，预计全国水电装机容量平稳增长。我国水电未来继续坚持绿色和谐的开发基调，以大型基地为重点，大中小相结合，推进流域梯级综合开发利用；重视水电消纳市场研究，扩大水电资源配置范围；加快抽水蓄能电站发展，提高电力系统运行的经济性和灵活性，促进风、光等可再生能源发电的有效消纳。根据我国水力资源的区域分布特点和开发现状，我国将继续保持发展西部地区大型水电基地，具体项目包括：乌江、南盘江红水河水电能源基地；金沙江、澜沧江、雅砻江、大渡河大型水电能源基地；黄河上游、雅鲁藏布江中游水电能源基地以及怒江中下游大型水电能源基地和藏东南“西电东送”接续能源基地的建设等；同时西部水电开发利用中大流域梯级水电站群联合调度运行管理还将进一步加强。未来对东中部地区的水电开发利用将根据其水力资源情况，适度加快抽水蓄能电站的建设，建设长江水电能源基地，合理开发剩余水能资源；同时未来对东中部地区的水电在开发利用中要逐渐从“重开发”向“开发、保护与管理并重”转变。

### （二）风电

2019 年和 2020 年对于风电产业是至关重要的时期，一方面风电发展仍面临着来自传统能源行业的排挤，另一方面也需要与光伏等其他可再生能源技术竞争市场空间，风电行业的竞争将愈加激烈，行业也将通过优胜劣汰实现产业升级。通过风电平价上网示范，以及实施竞争性资源配置方式将加速技术优胜劣汰和产业升级，有效降低开发成本并扩大规模。随着部分风资源较好地区的弃风情况好转，部分规模化项目将继续在弃风情况改善的地区落地。同时，随着一批海上风电项目的开工建设，预计到“十三五”末期，大批海上风电项目将并网发电，海上风电技术完全进入规模化阶段。在推动可再生能源成本下降和“平价上网”的大背景下，风电技术的创建和效率提升、风电开发和运行模式的创新和优化、风电开发和应用市场以及政策环境的改善将是这个时期的主要特点，可再生能源行业管理模式和政策框架也将面临着转轨和过渡。大数据、智慧能源等技术的应用，围绕“一带一路”的国际市场布局，EPC 模式的完善以及运行维护和服务平台的壮大将成为风电装备企业 2019 年的着力点。面对这段变革时期，装备制造企业和开发企业考虑到未来的不确定性和竞争性风险，将在短期内形成较强的开发意愿。2019 年，随着“三北”更多地区红色预警的解除和沿海一批海上风电项目的建设完成，新增装机将会较大幅增长，预计全年新增装机容量会达到 2200—2500 万千瓦。

### （三）太阳能

2018 年是光伏行业从政策驱动转向内生增长，规模扩张转向高质量发展的变革之年。在政策的引导和市场驱动下，光伏发电在发展方式、投资布局方面更加合理，产业技术进步和成本下降明显，光伏发电部分具备平价条件，政策逐步落实，弃光限电进一步好转，光伏发电技术不断革新，效率保持提升。

展望 2019 年，随着平价无补贴项目、配额制等相关政策的陆续下发和落实，以及光伏发电成本的下降，光伏发电将进入政策转换的新发展阶段，迎来新的发展机遇。

一是投资布局进一步优化。中东部地区就近消纳条件好、补贴依赖小的分布式光伏发电将实现稳步发展。弃光限电地区的光伏发电将得到有效控制。二是商业模式进一步创新。分布式发电市场化交易的商业模式将开展示范，为破解分布式光伏发电用户不稳定的难题打开新的突破口。三是资源配置模式进一步改进。对于存在不合理收费、费用摊派等问题的地区，减少资源配置规模。四是进一步发挥“领跑者”作用。继续通过光伏“领跑者”计划，引导企业加强光伏发电系统优化设计和先进技术应用，推动产业整体高质量发展。

展望 2019 年的市场发展规模，虽然补贴规模和补贴强度不断降低，但随着光伏发电成本的下降以及平价项目的推进，当年新增并网的市场规模预计维持在当前水平，新增容量预计在 4000 万千瓦左右。

领跑者基地项目仍然是 2019 年集中式电站开发的重要内容，考虑到新一批领跑者基地项目实施，结合前三期没有并网的及技术领跑者基地项目，估计领跑者基地当年总计有 500 万千瓦左右的并网项目。无补贴项目将是 2019 年一个开发热点，随着国家光伏平价上网项目的政策推进以及光伏发电项目的成本下降和弃光限电现象的缓解，在一些接入条件较好、有安装资源的地方将会出现一轮“圈地”热潮。尤其如山东、安徽等具有采煤塌陷区等安装资源且有一定消纳能力的地方，将成为平价上网项目的开发热点区域，预计 2019 年筹划平价上网的项目将会大增，但考虑到实际推进过程中的并网、土地以及观望等因素，能够并网的平价上网项目预计为 300 万千瓦左右。2019 年随着蒙东及青海等地一批特高压项目的建成及张家口等可再生能源示范区的建设，普通地面电站、特高压及示范区建设配套项目预计将有 1300 万千瓦的并网规模。

2019 年是光伏扶贫的一个重要时间节点，考虑到光伏扶贫政策的相关影响，预计当年光伏扶贫项目实现并网规模 500 万千瓦。工商业分布式光伏随着发电市场化交易的推进，尤其在终端销售电价较高的山东、江苏、浙江、广东等以及出台有地方补贴政策的区域，不需要国家补贴的分布式光伏项目将得到较大发展，预计当年并网规模 500 万千瓦左右。户用和普通工商业分布式光伏项目仍需要一定的补贴，预计带补贴的分布式光伏项目总规模约 1000 万千瓦 GW，其中户用分布式 300 万千瓦左右。

### （四）生物质能

展望 2019 年，需要做好以下三个方面的工作：

一是提升生物质清洁供热和生物天然气开发利用效率。生物质资源的高效利用，是推进生物质清洁供热和生物质天然气开发应用的前提和基础，为缓解资源竞争压力、破解产业发展瓶颈、应对大气环境污染，2019 年的生物质开发利用应在逐步加强技术开发水平的同时，提高生物质资源利用效率，推进生物质能产业升级。在专业领域发展规划的基础上，建立完善专业化原料收集体系、创新原料收储运保障模式，建立规范行业生产运营监管标准体系，加强市场化推广等将是提升生物质能供热和生物天然气应用效率的重要方式。

二是大力发展生物质热电联产、稳步推进生物质燃煤耦合发电。近年来，绿色、低碳发展理念逐步深入，新形势下对生物质发电产业发展提出了更高要求。热电联产是生物质发电产业提升效率实现可持续发展的重要途径，已成为生物质发电领域新崛起的力量，大批热电联产改造项目开始实施。生物质热电联产将更多的秸秆转化为清洁能源，在有效抑制秸秆露天焚烧的同时，为当地农村居民提供电力和热力。据国家能源局《关于促进生物质能供热发展的指导意见》，到 2020 年，生物质热电联产装机容量超过 1200 万千瓦。此外，生物质耦合燃煤发电项示范项目已经开始运行，该类技术更适于我国能源结构中以煤电为主的国情，便于广泛推广，实现生物质高效清洁直接替代煤炭。

三是生物液体燃料仍以非粮原料为发展方向。生物液体燃料与化石燃料从经济性角度相比，仍不具备竞争性，但从社会环境效益分析，温室气体排放减少优势明显，在生物液体燃料现有技术经济水平条件下，依靠国家强制法令、税收减免和补贴激励将是近中期保障生物液体燃料产业稳定发展的有效措施。生物液体燃料的可持续发展与土地资源变化、粮食安全、水资源等因素密切相关，以不占用耕地的农林废弃物资源和动植物废弃物油脂等对环境资源、粮食安全影响最小的生物质资源为原料，是未来生物液体燃料产业发展的趋势。根据《关于扩大生物燃料乙醇生产和推广使用车用乙醇汽油的实施方案》，在京津冀及周边、长三角、珠三角等大气污染防治重点区域推广基础上，2019 年实现乙醇汽油全覆盖；2020 年，除军队特需、国家和特种储备、工业生产用油外，全国基本实现全覆盖。

执笔人：任东明　刘坚　郑雅楠

# 第十二章
# 节能形势分析与展望

“十三五”时期，我国制定了到2020年万元国内生产总值能耗比2015年下降15%，能源消费总量控制在50亿吨标准煤以内的“双控”目标，并要求届时煤炭占能源消费总量比重下降到58%以下，京津冀及山东、长三角、珠三角等区域，以及空气质量排名较差的前10位城市要实现煤炭消费负增长。2018年是落实“十三五”时期节能目标任务的关键一年，也是大气污染防治行动的收官之年，通过深化供给侧结构性改革、严格落实约束性目标责任、加快重点领域能效升级、推广节能市场化机制，我国超额完成年度能源强度和能源消费总量“双控”目标任务，为持续推动节能和提高能效奠定了坚实基础。

## 一、中国超额完成“十三五”以来能源总量和强度“双控”目标

2018年，根据国家统计局初步核算数，我国一次能源消费总量约46.38亿吨标准煤，比上年增长约3.3%；单位GDP能耗相比上年下降约3.1%。与2015—2017年相比，我国一次能源消费增长有所加快，增速提高了1.1个百分点，单位GDP能耗降幅有所收窄，下降率减少了1.0个百分点。但从发展趋势来看，2000—2018年我国一次能源需求年均增速6.6%，单位GDP能耗年均下降2.3%，目前一次能源需求低速增长、单位GDP能耗稳步下降的态势没有改变（如图12－1所示）。

从“十三五”目标完成进展看，2015—1018年，我国一次能源消费总量增长了3.39亿吨标准煤，仅相当于“十三五”增量控制目标的48%；单位GDP能耗累计下降11.3%，已经完成总降低任务的68%。2015—1018年，通过持续强化节能降耗，我国以能源消费年均增长2.6%支撑了经济年均增长6.7%，能源消费弹性系数由“十二五”时期的0.46下降到0.38，相当于节约和减少一次能源消费达5.5亿吨标准煤，减少二氧化碳排放11.6亿吨。实

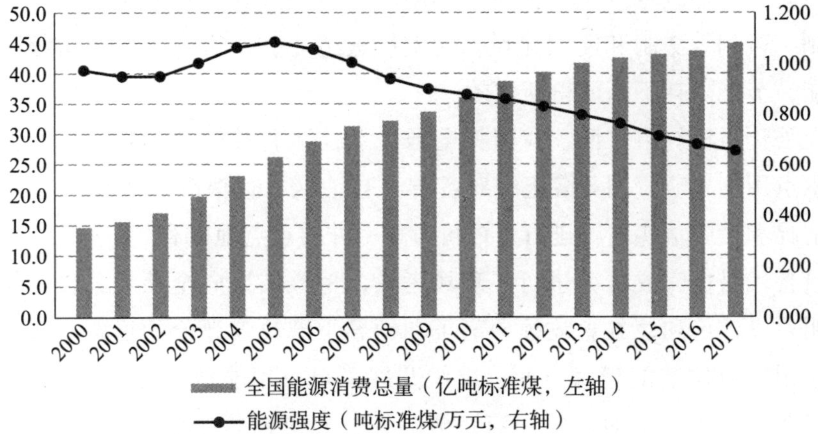


**图 12－1 我国一次消费总量和能源强度发展趋势**

践结果表明，降低能耗强度，控制能耗总量，明显缓解了我国经济增长对能源消耗增长的依赖程度，对从源头上减少污染物排放、应对气候变化发挥了重要支撑作用。

各地区均较好完成国家节能降耗目标任务。从各省（自治区、直辖市）节能目标责任评价考核结果看，2016 年，北京、天津、河北、吉林、安徽、河南、重庆 7 个省（市）考核结果为超额完成等级；山西、内蒙古、黑龙江、上海、江苏、浙江、福建、江西、山东、湖北、湖南、广东、广西、海南、四川、贵州、云南、西藏、陕西、甘肃、青海、宁夏、新疆 23 个省（区、市）考核结果为完成等级；辽宁省考核结果为未完成等级。

重点地区煤炭消费得到有效控制。在煤炭消费减量方面，北京、天津、河北、上海、浙江、珠三角区域 2016 年煤炭消费比 2012 年实现负增长，达到 2013—2017 年煤炭消费减量时间进度要求；江苏 2016 年煤炭消费反弹，比 2015 年增加了 839 万吨，比 2012 年增加了 1300 万吨。山东 2016 年煤炭消费比 2015 年增加了 12 万吨，连续两年不降反增，比 2012 年增加了 706 万吨。总体来看，预期多数地区能够超额完成煤炭消费减量替代目标任务，山东、江苏经过政策努力有望实现煤炭消费减量替代目标。

## 二、重点领域节能政策和实践取得积极进展

2018 年，在全面加快生态文明建设、推动能源生产和消费革命、打赢大气污染防治攻坚战背景下，我国把节能和提高能效作为“第一能源”，作为推

进供给侧结构性改革的主要抓手，不断完善节能降耗各项政策，加强长效节能体制、机制、法制和能力建设，切实推进工业、建筑、交通运输等重点领域节能，节能降耗不断取得新成效。

在强化目标约束方面，我国将全国“双控”目标分解到各地区、主要行业和重点用能单位，国务院组织对各省（自治区、直辖市）2016 年节能目标完成情况和措施落实情况进行了评价考核，并对重点地区和“2 +26”城市煤炭减量替代目标完成情况进行了现场考核，考核结果向全社会公告，作为生态文明建设评价和地方党政领导班子和领导干部政绩评价的重要参考。在加强重点用能单位节能管理方面，组织开展了重点用能单位“百千万”行动，纳入工业、建筑、交通运输、商贸流通、公共机构等领域的重点用能单位，按照属地管理和分级管理相结合原则，由国家、省、地市分别对“百家”“千家”“万家”重点用能单位进行目标责任评价考核。在实施重点节能工程方面，各级政府组织实施了燃煤锅炉节能环保综合提升、电机系统能效提升、余热暖民、绿色照明、节能技术装备产业化示范、能量系统优化、煤炭消费减量替代、重点用能单位综合能效提升、合同能源管理推进、城镇化节能升级改造等节能重点工程。在推行节能市场化机制方面，我国加快建立用能权有偿使用和交易制度，并在浙江、福建、河南、四川四省开展试点；积极推行合同能源管理模式，完善节能降成本市场化机制。在健全节能法规标准方面，健全绿色标识认证体系，开展能效领跑者引领行动；加强节能监督检查，查处违法违规用能行为。在动员全社会节能方面，深入开展全民节能行动，强化宣传引导和社会监督；启动节能自愿承诺活动，引导用能单位自主节能提高能效。

针对工业、建筑、交通运输等重点领域，相关主管部门也出台了一系列节能政策，取得了明显的实施效果，具体而言：

### （一）工业领域

我国实施了工业能效提升工程，在钢铁、电解铝、水泥、平板玻璃、乙烯、合成氨、甲醇、铜冶炼等行业实施能效“领跑者”制度，遴选发布能效“领跑者”名单和能效指标。开展重点行业高效配电变压器节能改造试点示范，发布节能机电设备（产品）推荐目录、“能效之星”产品目录，促进配电变压器、电机能效提升。强化工业节能监察，实施了钢铁、水泥、平板玻璃等行业单位产品能耗水平和能耗限额标准执行情况的专项监察，并对电机、工业锅炉生产和使用企业执行国家强制性能效标准情况进行专项监察。实施了工业领域煤炭高效清洁利用行动计划，推动淄博、德州等重点用煤城市煤炭高效清洁利用。

从2017年实施效果看，主要耗能行业单位产品能耗多数下降。经初步统计，2017年，39项重点耗能工业企业单位产品生产综合能耗指标中8成多比上年下降。其中，合成氨生产单耗下降1.5%，吨钢综合能耗下降0.9%，粗铜生产单耗下降4.9%，火力发电煤耗下降0.8%。目前，我国电力、钢铁、电解铝等行业能效达到世界先进水平，一些企业能效达到世界领先水平，高效煤电机组等已经实现“走出去”发展。

高耗能行业在国民经济中的比重持续下降，工业内部结构优化带来明显节能成效。2016年，全国规模以上工业六大高耗能行业增加值占全部工业的28.1%，比2012年下降1.5个百分点，六大高耗能行业四年累计节能5.9亿吨标准煤，约占全部节能量的69%。六大高耗能行业单位增加值能耗累计降低22.2%，年均下降6.1%，其中，石油加工、炼焦和核燃料加工业累计降低14.1%，年均下降3.7%；化学原料和化学制品制造业累计降低20.8%，年均下降5.7%；非金属矿物制品业累计降低30.7%，年均下降8.8%；黑色金属冶炼和压延加工业累计降低17%，年均下降4.6%；有色金属冶炼和压延加工业累计降低13.2%，年均下降3.5%；电力、热力生产和供应业累计降低15.5%，年均下降4.1%。

### （二）建筑领域

2017年3月1日，我国印发了《“十三五”建筑节能与绿色建筑发展专项规划》，明确要求到2020年，城镇新建建筑能效水平比2015年提升20%，城镇新建建筑中绿色建筑面积比重超过50%，绿色建材应用比重超过40%；完成既有居住建筑节能改造面积5亿平方米以上，公共建筑节能改造1亿平方米，全国城镇既有居住建筑中节能建筑所占比例超60%；城镇可再生能源替代民用建筑常规能源消耗比重超过6%；经济发达地区及重点发展区域农村建筑节能取得突破，采用节能措施比例超过10%。

从实施效果看，截至2016年底，全国城镇新建建筑全面执行节能强制性标准，累计建成节能建筑面积超过150亿平方米，节能建筑占比47.2%，其中2016年城镇新增节能建筑面积16.9亿平方米，北京、天津、河北、山东、新疆、上海、重庆执行高于国家标准要求的地方标准，北京、河北、山东、新疆、黑龙江、江苏超低能耗建筑推广工作走在前列；全国城镇累计建设绿色建筑面积 12.5 亿平方米，其中 2016 年城镇新增绿色建筑面积 5 亿平方米，占城镇新建民用建筑比例超过 29%；全国城镇累计完成既有居住建筑节能改造面积超过 13 亿平方米，其中 2016 年完成改造面积 8789 万平方米；全国城镇太阳能建筑应用集热面积 4.76 亿平方米，浅层地热能应用建筑 4.78 亿平方米，太阳能光电装机容量 29420 兆瓦。全国各省（区、市和新疆生产建设兵团）2016 年完成公共建筑能源审计 2718 栋，能耗公示 6810 栋，对 2373 栋建筑的能耗情况进行监测，实施公共建筑节能改造面积 2760 万平方米；北京、山东、江苏、广东、广西等地公共建筑节能改造规模较大，累计改造面积超过 1000 万平方米，山东、上海、江苏、湖北、广东、广西 2016 年完成改造面积超过 200 万平方米。

此外，李克强同志在 2017 年 3 月的政府工作报告中指出：全面实施散煤综合治理，推进北方地区冬季清洁取暖，完成以电代煤、以气代煤 300 万户以上，全部淘汰地级以上城市建成区燃煤小锅炉。2017 年 9 月 6 日，我国印发了《关于推进北方采暖地区城镇清洁供暖的指导意见》，2017 年 12 月发布了《北方地区冬季清洁取暖规划（2017—2021 年）》，明确要求各地区要根据经济发展水平、群众承受能力、资源能源状况等条件，科学选择清洁供暖方式，加快燃煤供暖清洁化，因地制宜推进天然气、电供暖，在可再生能源资源富集的地区，鼓励优先利用可再生能源等清洁能源，满足取暖需求。到 2019 年，北方地区清洁取暖率达到 50%，替代散烧煤（含低效小锅炉用煤 7400 万吨）；到 2021 年，北方地区清洁取暖率达到 70%，替代散烧煤 1.5 亿吨。

从实施进展看，根据环保部 2017 年 12 月 24 日公布的数据，京津冀及周边“2+26”城市“煤改气”“煤改电”任务已完成 474.3 万户，远远超过年度目标任务。其中有 394.3 万户于 2017 年改造完成，80 万户于 2016 年改造完成。在 2017 年完成改造的 394.3 万户中，列入 2017 年度计划的有 314.8 万户，各地计划外主动多改造的有 79.5 万户。此外，山东、山西、河南、河北四省“2+26”城市以外的其他 30 个城市，还开展了“煤改气”“煤改电”改造 150 万户左右。

### （三）交通运输领域

2017 年 2 月 3 日，我国印发了《“十三五”现代综合交通运输体系发展规划》，明确要求推动交通运输节能低碳发展，通过优化交通运输结构，鼓励发展铁路、水运和城市公共交通等运输方式，完善城市步行和自行车等慢行服务系统，积极探索合乘、拼车等共享交通发展，淘汰老旧高能耗车船，推进新能源运输工具规模化应用等，到2020年实现交通运输二氧化碳排放强度相比2015年下降7%。

从实施进展看，我国积极加快铁路建设，2017年投产新线3038公里，大幅超出2100公里的年初目标，“四纵四横”高铁网已提前建成并投入运营；通过引导中长距离煤炭、矿石等大宗散货由公路运输转向铁路、水路运输，交通运输结构节能取得明显进展。大力推进靠港船舶使用岸电，在桥梁、隧道、服务区等推广节能灯具、智能通风控制等技术装备。新能源汽车加快得到普及推广，2017年销量达77.7万辆，同比增长53.3%；纯电动汽车销量达46.8万辆，同比增长82.1%；插电式混合动力汽车销量达11.1万辆，同比增长39.4%。共享单车加快普及推广，绿色低碳出行方式明显提升。深圳市交通运输委员会的一项报告显示，深圳市共享单车已超过50万辆，已取代了近10%的私家车出行或13%的汽油消费①。

## 三、2019年节能形势展望

2017年10月，党的十九大明确中国特色社会主义进入新时代，提出新的“分两步走”战略，到2035年基本实现社会主义现代化和美丽中国目标，到2050年把我国建成富强民主文明和谐美丽的社会主义现代化强国。十九大报告确定的社会主义现代化建设的时间表、路线图，并没有包括GDP增速目标，突出了要在新发展理念指引下，改变过去“大水漫灌”刺激经济增长的方式，通过深化供给侧改革，培育增长新动能，引领新常态发展。从投资、消费等影响短期经济增长的因素看，我国经济增长正在向高质量方式转变，这为持续推动节能和提高能效创造了良好的宏观环境。

### （一）经济持续平稳增长，新动能发展有利于结构节能

我国经济持续平稳增长，对工业特别是高耗能行业的依赖程度不断下降。2018年我国GDP相比上年增长6.6%，增速下降了0.2个百分点，保持了经

① 资料来源：中国共享单车如何影响世界？英媒：汽油需求增长放缓，参考消息，2017年10月3日。

济稳定健康增长的态势。三次产业结构持续优化，第一产业增加值比上年增长 3.5%，提高 0.6 个百分点；第二产业比上年增长 5.8%，回落 0.3 个百分点；第三产业比上年增长 7.6%，回落了 0.4 个百分点。从工业内部结构看，2018 年，我国六大高耗能行业增加值比上年增长 3.0%，增速低于全部规模以上工业 3.6 个百分点，较上年回落 2.2 个百分点；工业战略性新兴产业增加值比上年增长 11%，增速较上年提高 0.5 个百分点，高于规模以上工业 4.4 个百分点。

在深化供给侧改革特别是“去杠杆”背景下，我国 2019 年经济增速可能有所放缓，但经济结构将进一步改善。从三大需求来看，2018 年最终消费支出对经济增长的贡献率为 76.2%，比上年下降 7.4 个百分点；资本形成总额对经济增长的贡献率为 32.4%，比上年提高了 0.3 个百分点；货物和服务净出口对经济增长的贡献率为 -8.6%，比上年下降了 17.7 个百分点。但从历史趋势来看，近年来我国社会消费品零售总额平稳增长，但固定资产投资增速呈现明显下降趋势（如图 12-2 所示）。

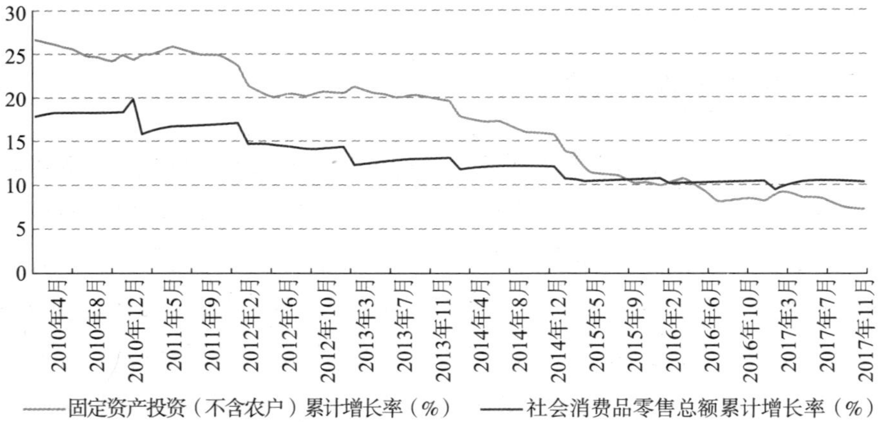


**图 12-2　我国固定资产投资和社会消费品零售总额增速情况**

目前，在固定资产投资中，基础设施建设投资、房地产开发投资和制造业投资占全部固定资产投资的 75% 以上。但从增长空间看，房地产开发投资方面，随着住房需求趋于饱和，限购等措施常态化，以及租售并举等长效机制建立，房地产投资增长可能有所放缓。基础设施投资方面，目前，基建投资占固定资产投资的比重已经达到 27%，为 2009 年以来的最高点，继续扩大投资的空间也很有限。在中央经济工作会议强调要防范化解重大风险背景下，消费对拉动经济增长的作用更加凸显，对投资和出口的依赖将进一步降低。

此外，在制造业领域，先进制造业、战略性新兴产业等持续快速发展，结构节能成效将进一步显现。2018 年，战略性新兴产业和装备制造业增加值分别比上年增长 8.9% 和 11.7%，增速分别高于整个规模以上工业 2.7 和 5.5 个百分点，较上年分别加快 1.8 和 2.6 个百分点。新兴工业产品产量高速增长。2017 年，工业机器人、民用无人机、新能源汽车、城市轨道车辆、锂离子电池、太阳能电池等新兴工业产品产量分别增长 68.1%、67%、51.1%、40.1%、31.3%、30.6%，呈现高速增长态势。伴随新旧动能转换加快，我国经济增长内容和质量显著升级，结构优化带来的节能成效将进一步显现。

## （二）“去产能”深入推进，高耗能行业步入平台和下降阶段

在经济发展新常态下，工业仍是驱动经济增长的主要动力，但随着新旧动能转换效果显现，工业增长将主要来自能耗低、附加值较高的服务业和战略性新兴产业，增长方式由规模扩张为主转变为质量效益提升为主，先进制造、技术创新、品牌提升等成为工业附加值增长的主要来源。随着供给侧结构性改革的深入推进，工业领域去产能、去杠杆的力度将进一步加大，范围将由煤炭、钢铁行业扩大到水泥、平板玻璃、石化、电解铝等。特别是在日益严峻的资源环境和市场需求条件约束下，能耗总量大、污染排放多、附加值低的过剩产能将进一步淘汰，减量化发展将成为高耗能行业发展的长期趋势。以钢铁为例，“十三五”的前两年，钢铁行业去产能已超过 1.15 亿吨，预计到 2020 年去产能总量将远远超过 1.5 亿吨的既定目标。

从能源需求角度看，我国工业发展与能源需求将进一步“脱钩”，工业终端能源需求有望在 2020 左右达到峰值，工业发展将逐渐实现“增产不增能”甚至“增产降能”。从能效水平看，目前，我国火电、钢铁、电解铝等行业能效水平已经达到世界先进。到 2020 年，我国高耗能行业整体能效水平有望达到世界先进水平，到 2030 年，达到世界领先水平。同时，伴随高耗能行业发展饱和以及制造业升级壮大，煤炭在工业部门的直接利用规模不断缩小，工业终端用能电气化进程进一步加快，风能、太阳能等分布式可再生能源在工业领域逐步普及应用。

## （三）建筑总量增长放缓，清洁取暖改造稳步推进

在快速城镇化发展驱动下，我国城乡建筑还将保持较快发展，建筑领域逐渐取代工业领域，成为驱动能源需求增长的主要来源。2018 年，我国常住

人口城镇化率达到 59.6%，但户籍人口城镇化率只有 43.4%，距离发达国家平均城镇化水平还有很大发展空间。但另一方面，经过多年快速发展，我国城乡人均住房面积已经达到较高水平，大幅增长的空间也很有限。2016 年，我国居民人均住房建筑面积为 40.8 平方米，城镇居民人均住房建筑面积为 36.6 平方米，农村居民人均住房建筑面积为 45.8 平方米，已经达到亚洲发达国家水平；2016 年，我国房屋建筑竣工面积已达 42 亿平方米，房地产竣工面积达 10.6 亿平方米，房屋空置、泡沫化、分配不公等问题日趋严重。2017 年，随着棚户区改造货币化安置推进，一些三四线城市房地产快速增长。但伴随“房子是用来住的，不是用来炒的”政策调整，以及北京、上海、深圳等城市推行“租售并举”机制，预计 2018 年我国建筑面积增长将趋于稳定，一些人口饱和、房地产泡沫严重的地区建筑面积增长将明显放缓。

在建筑能源需求方面，目前，我国人均建筑能耗和单位建筑面积能耗明显低于发达国家水平，其中既与我国居民较为节俭的生活方式有关，但主要源于较低的生活舒适度水平。目前，在城镇既有建筑中，我国仍有 60% 左右的建筑为不节能建筑，能效水平和居住舒适度还有很大改进空间。绿色建筑发展迅速，但全国总面积仅有约 5 亿平方米，总量规模偏小，预计今后将进一步加快普及。到 2020 年，城镇新建建筑能效水平比 2015 年提高 20%，绿色建筑比重超过 50%，既有建筑中节能建筑比例超过 60%。

此外，我国城乡区域发展差距较大，欠发达的农村地区建筑用能水平还很低。2016 年我国农村居民平均每百户空调拥有量为 48 台，热水器拥有量为 60 台，电冰箱拥有量为 90 台，洗衣机拥有量为 84 台，分别只有城镇居民平均水平的 39%、68%、93%、85%。此外，我国农村地区尚有 5500 多万贫困人口，用能水平距离小康社会标准还有很大差距。在脱贫攻坚和清洁取暖背景下，尽管天然气和电力替代散煤消费会带来效率水平提升，但随着建筑舒适度大幅改善，我国农村建筑用能需求将快速增长。

### （四）电动汽车加快普及，综合交通运输结构不断优化

我国交通运输基础设施实现跨越式发展，逐渐由“总量不足”向“结构优化”阶段转变，交通运输用能开始呈现高效化、电气化、去油化发展趋势。截至 2017 年底，我国高速铁路通车里程达 2.5 万公里，新能源汽车保有量超过 260 万辆，均居世界第一位，在引领全球交通出行变革方面居于前列。以高速铁路为例，2016 年，全国高铁客运量、旅客周转量分别达到 12.2 亿人和

4641 亿人公里，分别比 2012 年增长 2.1 倍和 2.2 倍，占铁路客运量、旅客周转量的比重比 2012 年分别提高 22.9 和 22.2 个百分点。伴随以高速铁路、公共交通为核心的综合交通运输网络不断完善，为我国客货运输结构不断优化奠定了较好的基础条件。

交通运输需求方面，一方面，伴随我国主要高耗能行业达到饱和发展阶段，以及各地区煤炭减量替代工作不断推进，铁矿石、煤炭等传统大宗货物运输需求明显放缓。2016 年，我国铁路货运总周转量为 2.38 万亿吨公里，与 2011 年相比甚至下降了 19%。另一方面，快递业发展异军突起，成为拉动交通运输服务需求增长的重要力量。2016 年，我国快递业务量完成 313 亿件，稳居世界第一，比 2012 年增长 4.5 倍，年均增长 53.2%，已经连续 6 年保持 50% 左右的高速增长。未来一段时期，我国交通运输需求有望持续快速增长，向高效、便捷运输方式转型进一步加快。

汽车方面，我国已经连续八年成为全世界汽车产销第一大国，2018 年全年乘用车销量 2371 万辆，比上年下降 4.1%，增速远低于 2016 年 15% 的水平。在居民消费升级驱动下，“汽车进入家庭”将持续发展，我国汽车保有量还将不断上升，但产销量已经达到峰值。汽车燃油经济性水平不断提高，2025 年，乘用车新车平均油耗有望达到 4.0 升/百公里，2030 年，乘用车新车油耗达到 3.2 升/百公里，商用车油耗同步国际先进水平。节能与新能源汽车方面，2018 年电动汽车增长迅速，全年新能源汽车产量 115 万辆，比上年增长 66.2%。此外，在治理雾霾和解决交通拥堵背景下，我国已有 8 个省共 100 多个城市出台了传统燃油汽车限行或限购政策，一定程度上也鼓励了电动汽车等新能源汽车加快普及。

### （五）整体展望判断

在深化供给侧结构性改革背景下，2019 年我国固定资产投资增速将有所放缓，消费和进出口继续保持较快增长，预计全年 GDP 增速在今年基础上有所回落。同时，伴随能源消费革命不断深化，治理大气环境、控制煤炭消费总量等措施的进一步落实，非化石能源对煤炭的替代不仅优化能源结构，也有利于提升整体能源利用效率，预计全年一次能源需求总量为 47.5 亿吨标准煤左右。单位 GDP 能耗持续下降，预计相比 2017 年下降 3.2% 左右。

工业领域，伴随去产能和去杠杆全面推进，以及强化环保法规、加快国企整合等措施落实，工业能源消费增长可能有所放缓，行业整体能效水平和利润情况得到改善，单位工业增加值能耗下降可能进一步加快。建筑领域，建筑面积总量增长放缓，清洁取暖改造在北方地区全面开展，煤改气、煤改电和农宅节能改造同步推进，建筑能效水平和舒适度明显提升，全国建筑能源需求仍保持较快增速。交通运输领域，铁路等货运周转量保持较快增速，综合交通运输结构进一步优化，汽车产销量保持稳定，电动汽车等新能源汽车销量大幅增长，全国交通运输能源需求保持较快增速。

# 专题篇

# 第十三章
# 北方地区冬季清洁取暖技术路径和政策建议

冬季取暖是北方地区城乡居民的基本民生需求。长期以来，我国北方地区冬季取暖以煤为主，用能方式较为粗放，污染物排放量较大，在部分地区，采暖对当地冬季 PM2.5 排放的贡献超过 50%，已成为当前雾霾治理的重点和难点。国家高度重视北方地区冬季清洁取暖问题。2016 年 12 月 21 日，习近平总书记在中央财经领导小组第十四次会议上指出，"推进北方地区冬季清洁取暖，关系北方地区广大群众温暖过冬，关系雾霾天能不能减少，是能源生产和消费革命、农村生活方式革命的重要内容。要按照企业为主、政府推动、居民可承受的方针，宜气则气、宜电则电、尽可能利用清洁能源，加快提高清洁供暖比重"。李克强总理在 2017 年政府工作报告中指出，要坚决打好蓝天保卫战，重点地区细颗粒物（PM2.5）浓度明显下降，全面实施散煤综合治理，推进北方地区冬季清洁取暖，完成以电代煤、以气代煤 300 万户以上，全部淘汰地级以上城市建成区燃煤小锅炉。本研究对北方地区冬季取暖的现状、问题和发展趋势等进行了系统研究，并在综合分析评价各种清洁取暖技术的基础上，提出了北方地区冬季清洁取暖的技术路径及相关政策建议，以期为有关部门推进清洁取暖工作提供科学依据。

## 一、北方地区冬季取暖现状和问题

### （一）发展现状

我国北方冬季取暖地区主要是指《民用建筑设计通则》（GB 50352—2005）确定的建筑气候区划中的严寒地区和寒冷地区，包括北京、天津、河北、山西、内蒙古、辽宁、吉林、黑龙江、山东、河南、陕西、甘肃、青海、宁夏、新疆等 15 个省（区、市）的全部地区或部分地区，共涉及 5 亿多人口，占全国人口总数的 40% 左右。

截至 2016 年年底，北方地区冬季供暖面积约 175 亿平方米。其中，城镇供暖面积约 130 亿平方米，农村供暖面积约 45 亿平方米。据估算，北方地区年供暖能耗约为 3 亿吨标准煤（含生物质能），接近全国建筑能耗（含生物质能）的 1/3。其中，城镇供暖能耗 1.9 亿吨标准煤，农村供暖能耗约 1.0 亿吨标准煤（含生物质能约 0.26 亿吨标准煤）。

北方城镇冬季取暖以集中式供暖为主，燃煤比重高。2015 年，北方城镇地区集中供热面积占该地区城镇建筑总面积的比例约为 76%（其中，市县区 88%、镇区 20%）。从热源看，热电联产（含燃煤热电联产、燃气热电联产）占 40% 以上，燃煤锅炉（含区域燃煤锅炉、小区燃煤锅炉）占 40% 以上，燃气锅炉约占 8%，分散小煤炉采暖约占 5%，热泵、电采暖等其他形式约占 2%。

北方农村地区以分户式取暖为主，商品能源以煤为主。由于建筑密集程度较低，目前北方农村基本采用每户分散采暖的方式，采暖用商品能源大多为散煤或型煤，此外还大量使用薪柴、秸秆等非商品能源。采暖设备以能源利用效率低下的小煤炉、柴火炉、土暖气、火炕等为主，节能环保炉具使用率约为 23%，热泵、电暖器等目前普及率尚低。

从近年发展历史看，我国冬季取暖存在以下几个特征：第一，城镇地区集中供暖比例迅速提高，传统的小型燃煤锅炉和分散小煤炉逐渐被取代，占比由 2000 年的超过 40% 下降到 2013 年的不到 5%；第二，城市燃气供暖发展迅速，特别是在一些大中城市发展较快，北京城六区热电联产和锅炉房全部实现天然气供暖，西宁市天然气供暖比例高达 62%，石家庄、济南、银川等城市的天然气供暖也都初具规模；第三，农村生物质供暖仍占相当比重，特别是在薪柴、秸秆等生物质资源比较丰富的东北地区，生物质在农村取暖能耗中所占比重达 40% 以上。

## （二）主要问题

北方各省（区、市）逐步启动冬季清洁取暖工作，但总体上还处于“摸着石头过河”的阶段，存在一些问题，制约了冬季清洁取暖工作的顺利实施。

### 1. 缺乏顶层设计和统筹管理

冬季取暖是一个复杂的系统工程，涉及热源、供热管网、建筑设计、取暖设备等上中下游多个环节，组织实施也涉及多个政府部门。其中，能源管理部门负责煤炭、天然气、电力、热力、可再生能源等能源供应管理和监管，住房和城乡建设部门负责城市供热规划和建筑节能的推进与监管，农业部门负责农村发展规划和农村能源管理，环境保护部门负责环境保护与污染物治理，发展改革部门负责价格制定和节能工作推进，质量监督检验部门负责燃煤锅炉节能环保和安全运行，热力公司负责当地热力管网建设和运营。

长期以来，中央层面都未对北方地区冬季取暖进行过顶层设计，既无专项规划，又没有在国家各类规划中得以充分体现，仅在一些重点环节进行指导，如天然气管网规划建设、电网规划建设、建筑节能标准制定和执行监管、燃煤锅炉节能环保标准制定和实施监管等。地方政府负责本地区冬季取暖工作，但也缺乏牵头管理部门，相关部门各自为政，往往只关注自身职责范围内的某一环节，相互之间难以形成共识和协调一致的行动。可见，就推进北方地区冬季清洁取暖而言，目前尚缺乏顶层设计思路和统筹管理机制，各部门责任分工尚不明确。

### 2. 技术路径不够合理

个别地区在推进清洁取暖的过程中，由于技术路径没有经过充分论证，实施效果并不理想。

有的地区将清洁取暖简单等同于“煤改气”，强制将城区全部燃煤电厂都改为燃气电厂，导致市政府财政负担加大，而且由于脱硝措施不到位，也没能实现预期的治霾效果；还有的地区盲目在农村大规模推广“煤改气”，而没有充分考虑气源保障、居民经济可承受性以及相关基础设施建设等问题。2017 年冬季由于多方面因素，大部分“煤改气”地区都出现了不同程度的供气短缺，个别地区无法保证正常取暖。

有的地区盲目推广直接电加热采暖（如电锅炉、电暖器、电热膜等），能源利用效率低（综合考虑发电效率），居民电费支出大幅增加，地方政府财政负担压力加大，项目经济性差，导致有的项目不可持续。特别是在以燃煤发电为主的地区，直接电采暖虽然末端清洁，但在源头增加了较多的发电污染排放，并不能算作清洁供暖方式。

有的地区在农村只注重推广型煤、兰炭、生物质成型燃料等新型燃料，但没有配套推广高效环保专用炉具，且炉具使用较为复杂，普通农户不易掌握，导致预期的清洁取暖效果未能实现。

### 3. 基础设施仍需完善

从公共服务和基础设施的角度看，无论是上游的供暖设备，中游的供暖管网，还是下游的民用建筑，基础设施都需要进一步改善。

一是仍存在大量不节能建筑。北方城镇地区尚有 8 亿平方米左右的民用建筑需要进行节能改造，农村房屋绝大部分不是节能建筑，若要达到同样的舒适度，单位建筑面积的采暖负荷是城镇建筑的 2 ~3 倍。

二是城镇热电联产供暖能力尚未充分发挥。由于热力管网不完善、热电比例不协调等因素，部分热电机组供热能力未得到充分利用，有些以热电联产名义上马的机组实际并没有有效供热，大部分热电联产机组的乏气余热没有充分利用，且北方地区仍有约 40% 的燃煤电厂没有进行热电联产改造，热电厂巨大的余热资源有待挖掘。

三是城镇供热管网建设、运维和互联互通仍需加强。一些城市内的一次管网和庭院管网缺乏有效连接，导致热网集中供热能力未得到充分发挥。城市中老旧庭院管网占比高，保温性能差、跑冒滴漏多，热损失严重。热网运行调节水平普遍较差，热力失衡问题突出，造成冷热不均和能源浪费。一些小城镇集中供热管网覆盖范围还比较有限。城际间没有形成热力管网的互联互通，限制了长距离、跨地区的低品位工业余热供暖发展。

四是天然气供给及配套设施建设不足。北方地区天然气供应长期比较紧张，天然气输配管网建设滞后，很多地区冬季清洁取暖受到天然气气源不足的制约。近年来，天然气供暖面积越来越大，冬夏峰谷差问题也越来越突出。

五是农村电网容量无法满足“煤改电”需求。我国农村家庭配电容量普遍较低，比如河南省农村家庭配电容量仅为 1.4 千伏安，而满足一户采暖需求的空气源热泵功率基本都在 3 千瓦以上。河北实施“煤改电”后，部分农村曾因电力供应无法保障，出现了农户重新改回燃煤采暖的现象。

#### 4. 机制障碍有待解决

冬季清洁取暖必须坚持企业为主、政府推动原则，但目前的价格机制、热费收缴方法、资金投入机制等还无法满足市场发展需要。

一是煤炭价格未计入环境外部性成本。煤炭生产和消费造成的环境损失和社会成本尚未反映在煤炭价格中，天然气、可再生能源供暖价格明显高于煤炭，不同能源品种之间比价关系不合理，导致清洁取暖成本偏高，很难与煤炭竞争。

二是热费结算机制不利于清洁取暖技术推广。当前仍广泛采用按面积计价的热费制度，这一制度无法让用户从建筑节能改造中获益，更无法激励用户的节能行为。热计量收费制度遇到多种问题，进展非常缓慢。热源企业与热力公司只按热量计算、不考虑水温的热费结算方式，导致无法合理分配余热供热收益，影响了工业余热供暖的推广。

三是以初始投入补贴为主、运行补贴为辅的方式难以持续。目前，各地区主要通过财政一次性补贴，支持居民更换清洁取暖设备，而对未来运行成本增加重视不足。个别地区实施清洁取暖改造后，由于采暖费用增加，出现了居民又重新使用燃煤炉具的现象。

## 二、北方地区冬季取暖发展趋势

未来十几年乃至更长时期，随着我国经济社会发展水平持续提高，群众对生活环境、生活品质的关注程度将越来越高，对蓝天白云、清新空气需求越来越迫切，对冬季取暖的舒适性、便捷性也越来越关注。同时，随着科技创新和商务模式创新不断深入，各种清洁采暖新技术、新模式也不断涌现，必将会为实现清洁取暖创造更多有利条件。

### （一）取暖需求持续增长

随着经济社会发展和城镇化率的提高，我国冬季采暖建筑面积仍将进一步增加。预计我国北方城镇采暖建筑面积将从2015年的130亿平方米左右提高到2030年的200亿平方米，增加近70亿平方米。目前，我国北方农村地区冬季室内温度仅为5℃～10℃，未来随着生活水平提高，取暖需求将进一步释放。此外，农村地区设施农业（如温室大棚）的发展，也将驱动冬季取暖需求增长。从全国看，除了传统的北方采暖地区外，西部高海拔地区、黄河以南地区、长江流域居民等非传统取暖地区的取暖需求也会越来越旺盛。取暖需求的持续增长，更需要找到一条适合我国国情的、经济便捷的清洁取暖技术途径。

### （二）环保约束不断强化

我国二氧化硫、氮氧化物、烟（粉）尘以及可吸入颗粒物等主要污染物排放总量长期高居世界第一位。近年来，我国多地雾霾天气频繁出现，特别是北方地区冬季，已经严重影响了居民身体健康和正常生活。打好蓝天保卫战已成为国家的重要任务之一。北方地区冬季取暖是当地雾霾形成的重要原因之一，是雾霾治理的重点和难点。打好冬季雾霾治理攻坚战，要求必须加快推进北方地区清洁取暖。目前，我国政府已对燃煤锅炉设置了更加严格的污染物排放标准。为加大空气污染治理力度，将京津冀大气污染传输通道上的“2＋26”城市列为清洁取暖规划首批实施范围①，要求北京、天津、廊坊、保定市在2017年10月底前完成“禁煤区”建设任务，其余城市完成小燃煤锅炉“清零”。可见，北方地区冬季取暖面临的环保约束不断加剧，这将倒逼低能效、高污染的取暖方式退出，推动取暖领域率先实现能源革命。

### （三）技术进步方兴未艾

近年来，清洁取暖技术和装备取得重大科技突破，为北方地区实现清洁取暖提供了有力的技术支撑。例如：空气源热泵技术突破了低温环境能效过低的技术难题，在北方寒冷地区快速推广，过去五年间成本下降了50%左右；我国自主开发的吸收式热泵、“大温差”换热技术可以使热电联产电厂在燃煤量和发电量都不变的前提下热量输出提高50%以上，并且使热网经济输送距离从10公里左右提高到100公里甚至更高，使得原先无法利用的工业余热得以经济合理地利用，并已有多个实际成功案例；被动式超低能耗建筑正在被逐步推广，它可以比同地区同类型普通建筑节省70%的采暖能耗；传统的燃煤采暖技术也得到了长足发展，利用兰炭和提质煤炭作为燃料的比重迅速提高，一批高效粉煤锅炉、水煤浆锅炉提高了煤炭利用效率，一些民用炉具技术更新加快，排放可以达到燃煤锅炉的限值标准；互联网、智能控制技术的快速发展，为实现智慧供热创造了条件，也为热量的长距离输送提供了安全保障。

## 三、北方地区冬季清洁取暖技术路径

本研究从能源利用效率、污染排放水平、适用条件、经济性、成熟度、使用便捷程度、基础设施需求、产业化制造能力等多个角度出发，对热电联产、低品位工业余热、热泵取暖、清洁燃煤取暖、天然气取暖、可再生能源取暖等多种清洁取暖技术进行了系统分析和综合评判，并在综合考虑资源禀赋、气候特点、环保要求、居民经济可承受力和能源使用习惯等因素的基础上，秉持因地制宜原则，分别针对城镇地区和农村地区，提出了清洁取暖技

① 包括北京，天津，河北石家庄、唐山、保定、廊坊、沧州、衡水、邯郸、邢台，山西省太原、阳泉、长治、晋城，山东济南、淄博、聊城、德州、滨州、济宁、菏泽，河南郑州、新乡、鹤壁、安阳、焦作、濮阳、开封。

术路径以及具体技术的推荐优先级排序，同时也提出了清洁取暖的具体推进目标。

### （一）城镇地区

城镇地区通常指县城以上（含县城）的大、中、小城市。本研究建议北方城镇地区清洁取暖继续走集中取暖为主、分散取暖为辅的发展道路：

（1）进一步提高建筑节能性能。新建建筑必须达到节能建筑标准，继续对有改造价值的既有建筑实施节能改造，加快超低能耗建筑推广。

（2）努力提升热力管网互联互通能力和经济运行能力。在有关部门统筹下，对北方地区城际供暖管网进行统一规划，再由企业分期分步实施，实现跨区域大联网，为全面利用热电联产余热和工业低品位余热建立基础设施条件。

（3）开展城镇庭院老旧供暖管网节能改造。重点是管网保温、热力平衡，减少输配环节热量损失。

（4）以集中供热为主导方式，科学选择清洁供暖技术。建议城镇大型集中供热管网以热电联产和工业余热为主要热源，以天然气锅炉为调峰热源，构成城镇供热的主导方式；对于不能连接到城镇供热管网的少部分城镇建筑，优先采用各类高效热泵或分散燃气炉。具体如下：

一是继续巩固热电联产在北方城镇集中采暖中的重要地位，充分利用好现有热电联产机组的供热能力。热电联产集中采暖适合北方地区大中型城市及人口 20 万以上的县城。对这类城镇，优先推荐超低排放燃煤热电联产供热，通过余热回收改造充分提升既有机组供热能力，对现存的燃煤热电厂实行热电联产改造，对核电机组进行热电联产改造。热电联产企业，应通过增加储热设施和电动热泵的低品位热量提升设施，实现热电协同。

二是充分利用余热资源取暖，鼓励各地在热力管网联网的基础上，推进热电联产供暖与余热资源供暖系统一体化进程，形成“多热源互补” + “热力管网互联互通”的新型城镇供热系统。余热采暖主要是利用燃煤电厂乏汽余热、高耗能工业企业的低品位工业余热，以及燃气锅炉的烟气余热等资源，为城镇采暖提供服务。在京津冀地区，余热资源丰富，应加大余热取暖推广利用力度，鼓励采用吸收式热泵、大温差换热等先进余热利用技术。在西北、东北等其他地区，需综合考虑当地余热资源、供热需求、经济性等因素，有序推广余热取暖。

三是在没有条件接入燃煤热电联产热源时，应因地制宜优先采用各类热泵技术，重点鼓励发展污水源热泵系统、空气源热泵系统，实现清洁取暖。

四是在没有条件采用以上取暖方式时，可发展分散的小型天然气供暖炉、生物质成型燃料供暖炉。

五是因地制宜推广地热能、生物质能等可再生能源取暖技术。

六是除了不适宜使用空气源热泵的极严寒地区，在一般情况下不应使用直接电采暖。

本研究提出的城镇清洁取暖技术推广优先级见表13－1。

**表13－1　城镇清洁取暖技术**

| 清洁取暖技术 | 推广优先级 | 备注 |
|---|---|---|
| 城镇建筑节能改造 | ☆☆☆☆☆ | |
| 城镇热力管网节能改造 | ☆☆☆☆☆ | |
| 庭院管网改造 | ☆☆☆☆☆ | 解决漏热、漏水、调节不良问题 |
| 城际热网工程 | ☆☆☆☆☆ | 实现跨区域供热互联网 |
| 储热技术及应用 | ☆☆☆ | |
| 热电联产取暖 | | |
| 燃煤热电联产 | ☆☆☆☆☆ | |
| 燃气热电联产 | ☆☆ | |
| 余热取暖 | ☆☆☆☆☆ | |
| 热泵取暖 | | |
| 污水源热泵系统 | ☆☆☆☆ | |
| 空气源热泵系统 | ☆☆☆☆ | 严寒地区☆☆☆ |
| 水源热泵系统 | ☆☆☆ | 严寒地区☆☆ |
| 地源热泵系统 | ☆☆☆ | 严寒地区☆☆ |
| 可再生能源取暖 | | |
| 中深层地热能供暖 | ☆☆☆ | 地热资源丰富地区☆☆☆☆ |
| 生物质锅炉取暖 | ☆☆ | |
| 化石燃料直燃取暖 | | |
| 清洁燃煤锅炉集中供暖 | ☆☆☆☆ | |
| 水煤浆锅炉集中供暖 | ☆☆ | |
| 天然气壁挂炉供暖 | ☆☆ | |

续表

| 清洁取暖技术 | 推广优先级 | 备注 |
|---|---|---|
| 燃气锅炉集中供暖 | ☆☆ | |
| 直接电采暖 | | |
| 电锅炉集中供暖 | ☆ | |
| 分户直接电采暖 | ☆ | |
| 低温辐射蓄热型电采暖 | ☆☆ | |

注：将主要清洁取暖技术进行排序；推广优先级分五级：☆☆☆☆☆(五星)、☆☆☆☆(四星)、☆☆☆(三星)、☆☆(二星)、☆(一星)。☆☆☆☆☆(五星) 表示强烈推荐、推广优先等级最高，后面逐次弱化，☆(一星) 表示基本不推荐、推广优先等级最低。

本研究建议，到 2021 年，我国北方城镇地区冬季清洁取暖应努力完成以下任务目标：

（1）北方城镇建筑采暖面积中集中供热占比达到 80%，即 150 亿平方米北方城镇建筑采暖面积中的 120 亿平方米依靠集中供热，不能接入集中供热管网的 30 亿平方米建筑采用多种热泵方式、天然气壁挂炉以及分散的电热方式。

（2）通过加大城镇建筑节能改造力度和集中供热网末端调节力度，大幅降低城镇建筑供暖负荷，城镇建筑供暖平均最大负荷从目前的平均 50 瓦/平方米降低到 45 瓦/平方米，耗热量平均值从目前的 0.33 吉焦/平方米降低到 0.27 吉焦/平方米。

（3）北方城镇建筑采暖能耗总量控制在 1.36 亿吨标准煤，比现在水平降低 28%。其中，通过改造 70% 既有的热电厂、回收 50% 的五大高能耗工业规模以上工厂低品位余热、在末端设置天然气调峰锅炉实现全天候高质量集中供暖，北方城镇建筑 120 亿平方米的集中供热能耗不超过 1 亿吨标准煤；30 亿平方米的分散供热能耗不超过 0.36 亿吨标准煤。

## （二）农村地区

本研究认为，北方农村清洁取暖不应照搬城镇地区集中式的发展道路，而应力争走出一条分户式为主、高效清洁的能源革命道路。

第一，应做好农村建筑节能保温工作。通过实施农村建筑节能改造，提高农宅保温隔热性能。重点是做好墙体、屋顶的保温，提高门窗热工性能和密闭性，减少地面、地角的传热，大幅降低取暖需求。对既有农宅，有改造价值的要进行节能改造，例如，北京市每户农宅节能改造成本可控制在 8000

元左右，能降低取暖需求 50% 以上。对新建农宅，要引导农户按照节能标准建造房屋，太阳能资源丰富地区鼓励建设被动式太阳房。

第二，优先鼓励采用空气源热泵替代散烧煤取暖。华北地区，特别是京津冀地区，优先采用安装简单、便于维护和可调节使用的空气源热泵热风机取暖，该设备尤其适用于农村居住建筑的“部分时间、部分空间”供暖模式。西北、东北等地区，也可采用空气源热泵取暖，其中寒冷气候区可采用普通空气源热泵设备，严寒气候区可采用以 $CO_2$ 为冷媒的热泵设备，极严寒地区可以采用分室型电热供暖方式。

第三，因地制宜鼓励可再生能源取暖。东北地区，生物质资源丰富，可改变传统秸秆燃烧利用方式，采用秸秆固化成型和高效清洁炉具技术；对居住比较集中的村镇小区，也可采用生物天然气分布式供热方式取暖。西北地区，太阳能资源丰富，可采用主动式和被动式技术结合的太阳能取暖方式。

第四，在非禁煤区可考虑采用新型燃煤炉具取暖，推进洁净型煤、兰炭替代散煤，并配套使用节能环保炉具。

第五，原则上不鼓励直接电加热取暖，只在供暖设计外温低于 -20℃，才考虑直接电加热采暖方式。同时，应优先选择分户使用、具备蓄热功能的电取暖设备。

本研究提出的农村清洁取暖技术推广优先级见表 13-2。

**表 13-2　农村清洁取暖技术**

| 清洁取暖技术 | 推广优先级 | 备注 |
|---|---|---|
| 农宅节能 | ☆☆☆☆☆ | |
| 热泵取暖 | | |
| 　空气源热泵取暖 | | |
| 　　热风型 | ☆☆☆☆ | 严寒地区☆☆，禁煤区☆☆☆☆☆ |
| 　　热水型 | ☆☆☆ | 严寒地区☆，禁煤区☆☆☆☆ |
| 　水源热泵系统 | ☆☆☆ | 严寒地区☆☆ |
| 　地源热泵系统 | ☆☆ | 严寒地区☆ |
| 生物质取暖 | | |
| 　生物质成型燃料取暖 | ☆☆☆☆ | |
| 　生物质天然气分布式供热 | ☆☆ | |
| 　太阳能多能互补取暖 | ☆☆ | 太阳能资源丰富地区☆☆☆ |

续表

| 清洁取暖技术 | 推广优先级 | 备注 |
|---|---|---|
| 清洁燃煤炉具取暖 | ☆☆☆ | 适用于非禁煤区，严寒地区☆☆☆☆ |
| 直接电取暖 | | |
| 电锅炉集中供暖 | ☆ | |
| 分户直接电采暖 | ☆ | |
| 低温辐射蓄热型电采暖 | ☆☆ | |

注：将主要清洁取暖技术进行排序；推广优先级分五级：☆☆☆☆☆(五星)、☆☆☆☆(四星)、☆☆☆（三星)、☆☆(二星)、☆(一星)。☆☆☆☆☆(五星）表示强烈推荐、推广优先等级最高，后面逐次弱化，☆(一星）表示基本不推荐、推广优先等级最低。

本研究建议，到2021年，我国北方农村地区冬季清洁取暖应努力完成以下任务目标：

（1）北方农村地区实现清洁取暖4000万户，清洁取暖比重达到50%以上，取暖散煤消耗减少4000万吨标准煤左右。根据当地的资源和环境状况，优先选择空气源热泵、生物质成型燃料采暖炉和清洁型煤采暖炉三种方式。

（2）北方农村地区累计新增节能环保炉具3600万台，节能环保炉具占比提高到60%以上。

## 四、北方地区冬季清洁取暖重点任务

推进北方地区冬季清洁取暖，需要针对薄弱环节集中发力，本研究建议有关部门近期着力组织开展以下八个方面的重点工作。

### （一）进一步推进建筑节能改造

落实好建筑节能专项规划要求，“十三五”期间，北方地区实施城镇既有居住建筑节能改造面积5亿平方米以上，2020年前基本完成该地区有改造价值的城镇居住建筑的节能改造；实施公共建筑节能改造5000万平方米以上。特别要加快推进农村建筑节能改造，建议在开展清洁取暖替代工程的农村地区，配套实施农宅节能改造；在条件和技术成熟地区，扩大农宅节能改造规模。鼓励和引导农户按照节能标准建造房屋，逐步将农村建筑节能纳入政府监管范围。推广装配式农宅。建立农宅节能改造专项资金，支持改造项目和节能技术产品研发。

### （二）加快推进低品位工业余热供暖

落实国务院关于余热暖民工程的相关要求，推动工业低品位余热用于北方地区清洁取暖。明确余热暖民工程牵头单位，协调相关部门合力推进工程实施，组织编制北方地区余热供暖总体规划。各地区加快开展当地余热资源和热负荷需求调查摸底工作，并在供热规划中将余热作为首要热源，科学编制余热暖民工程实施方案。在北方地区选择 150 个具备条件的市（县、区），开展余热暖民项目示范，通过建设高效采集、管网输送、终端利用供热体系，回收工业低品位余热为居民供热，探索建立余热资源用于供热的典型模式。改革热源与热网之间的热费计价机制，调动各方积极性，实现多方共赢。对余热暖民项目，特别是长距离输配管网建设，给予财政补贴等经济激励。力争到 2020 年替代燃煤供热 20 亿平方米以上，减少供热用原煤 5000 万吨以上。

### （三）实施热电厂“热电协同”改造

热电厂“热电协同”改造可以解决目前北方地区城镇供热热源不足的问题，解决冬季电力调峰能力不足的问题，并有效缓解目前冬季的弃风弃光现象。通过安装大容量蓄热装置和大容量热泵机组，使热电厂具有电力调峰填谷能力，改造后热效率提高到 90% 以上，热电比在 1.5 以上，对外供电能力在 40% 到 100% 之间快速调节。

### （四）建设跨区域热量输送管网

跨区域输热管网工程可以解决热电联产、工业余热的长距离跨区域输送和多热源互联互通，从而改善热源与热量需求之间地理位置不匹配问题，高效、可靠地应用工业余热和热电联产热源。目前可考虑的管网工程有：张家口延京张公路为沿线供热管道，唐山至天津滨海新区供热管道，盘山至平谷供热管道，海兴至雄安新区供热管道，西柏坡至石家庄供热管道，托克托至呼和浩特供热管道，郝集至济南供热管道，银川东至银川老城跨黄河供热管道等数十条距离在 50 公里到 100 公里之间的大容量供热管网。

### （五）开展热力管网升级改造

开展供热管网节能改造，提高老旧管网保温性能，减少管网漏损。实施供热装备升级改造和供热管网智能调控改造，提升装备性能，优化管网调节能力，提升节能运行水平，减少水力失衡损失。通过这些改造，使热网热损失由目前的 15% 降低到 5% 以下，由热网失调造成的过量供热由目前的 15% 降低到 5% 以下。

### （六）实施农村电网扩容改造

编制禁煤区和空气污染重点监控地区农村电网扩容改造规划，会同电力供应企业推进农村电网扩容建设，提高变电站和输配电线路的输送能力和电能质量调控能力。2021 年前，力争完成 1000 万户农村电网改造升级，使农村户均用电容量达到 6 千瓦，支持农村地区热泵的规模化推广应用。同步加快上一级电力设施的提升改造，全面提高农村的供电能力和保障水平。

### （七）推动农村民用炉具升级

加大节能环保炉具市场推广力度，严禁生产和使用劣质炉具。通过能效测评、实地考察、用户实测等，发现一批、推出一批“清洁燃料 + 节能环保炉具”示范点。在华北非禁煤区和东北部分地区，推广“好煤配好炉”，提高煤炭清洁利用水平。在薪柴、秸秆等生物质资源丰富的东北地区，推广“生物质成型燃料配节能环保炉具”，促进农村秸秆资源化利用。在西北地区因地制宜推广节能环保型“柴煤两用”烤火炉或生物质烤火炉。力争使节能环保炉具市场占有率从 2015 年的 23% 提高到 2021 年的 60% 以上。

### （八）开展农村清洁取暖专业化服务

组织实施农村清洁取暖专业化服务工程，通过创新商务模式，推动农村冬季供暖由分户实施、各负其责的传统管理方式，向引入专业化能源管理公司提供清洁供暖服务转变。支持专业化农村清洁供暖企业发展，因地制宜制定农村冬季清洁取暖方案，组织实施农宅节能改造，派专人负责清洁供暖系统安装、调试、运行、维护和技术咨询“一条龙”式服务。鼓励拥有技术优势的热泵、民用炉具制造龙头企业延长产业链，成立专业化清洁供暖服务公司，促进二产与三产融合发展。

## 五、北方地区冬季清洁取暖政策建议

推进北方地区冬季清洁取暖，还必须在体制机制方面实施一系列必要变革。为此，本研究提出以下八个方面的政策建议。

### （一）加强组织领导

将城乡供暖工作提高到中央政府管理层级，由国家能源主管部门负责城乡供暖工作，将城乡清洁取暖纳入能源规划范畴和日常管理工作。建立健全中央、省（区、市）及市县三级的供暖管理体系，形成上下联动的供暖管理新格局。建立北方地区冬季清洁取暖部际联席会议制度，由国家发展改革委、能源局、科技部、财政部、自然资源部、住房和城乡建设部、生态环境部、农业农村部等相关部门共同参加，协调解决重大问题，推进清洁取暖工作。

### （二）统筹清洁取暖与地区发展规划

将清洁供暖纳入地区发展规划，在城乡发展规划以及北方农村散煤替代、城镇新区建设、旧城区改造、新农村建设、异地搬迁、产业园（区）建设工作中，以地区整体取暖需求为导向，以优先发展工业余热、可再生能源和常规能源清洁化利用为原则，统筹开展各类清洁供热资源评估，统筹安排工业余热、燃煤集中供暖、天然气、电力、可再生能源等多种清洁取暖方式，以及热力、电力、燃气调峰能力，加强热网、电网和气网等基础设施建设。在城镇地区逐步形成以热电联产、工业余热承担供暖基荷，以燃气锅炉负责调峰，各种热泵及其他高效清洁供暖方式为辅的新体系。

### （三）健全取暖技术标准体系

研究制定清洁取暖相关技术标准，如节能环保炉具标准、农村燃气设施建设标准规范、生物质锅炉污染物排放标准等。研究调整终端取暖设备的暖通设计标准，如适当降低室内供水温度等。加快建立余热供暖、可再生能源供暖、热泵供暖等关键技术装备的标准体系，推动供暖装备技术进步和产品规范。建立健全供暖项目的能评、环评体系，适时提高清洁取暖项目的准入门槛。

### （四）深化取暖体制机制改革

优化城镇取暖管理流程模式，细化供热质量、服务、安全、价格、收费和环保等事项的管理规定。将农村取暖纳入政府取暖工作管理体系，夯实北方地区居民清洁取暖的管理制度基础。启动研究“按温计价”新模式，改革热源厂和热力公司之间的计价机制，推动工业余热利用。深化城镇供暖收费机制改革，全面实行按热计量收费，对分户计量有难度的，研究采用分栋计量与分户分摊收费机制。

### （五）制定完善价格财税激励政策

将清洁取暖项目纳入国家投资重点支持范围，中央和地方财政分别按一定比例给予补贴，支持清洁取暖热源和管网基础设施项目建设和运营。通过电网企业让利、取消公用事业附加费、免税或绿色债券、低息贷款等方式，降低清洁取暖项目成本。对于余热供暖项目，给予财政补贴支持管网建设和余热利用改造项目。对于可再生电力取暖，探索取消取暖用阶梯电价。对于天然气集中取暖，统一执行居民用气价格；对于天然气分户取暖，探索取消取暖用阶梯气价。对完全回灌、环保达标的地热供暖，免收或减收水资源费、矿产资源补偿费等。鼓励和支持生物质发电企业改造为热电联产，对改造企业给予一定投资支持。对农村用户购买空气源热泵、新型清洁燃煤炉具等设备，给予财政补贴，用电给予一定的价格优惠。加大农村建筑节能改造财政支持力度。加强政府资金对城乡低收入群体清洁取暖的支持力度。

### （六）充分发挥供暖企业主导作用

对热源、管网一体化供暖企业，允许通过特许经营权等模式，确定供暖区域和价格。鼓励大企业发挥专业化、集中式、综合性优势，开展热源、管网及炉具、物流配送、运行维护等“一条龙”服务。通过引入“托管式”合同能源管理、PPP、设备租赁、以租代建等方式，创新清洁取暖领域投资运行模式。探索建立风电等可再生能源供暖商业模式，将热力企业引入电力交易平台，与热力企业开展市场化交易，促进低谷富余可再生能源电力供暖。创新农村清洁供暖服务商务模式，鼓励设备生产商提供设计、建设、运维综合服务。

### （七）强化取暖全过程全链条监管

深入开展余热资源和热负荷需求调查摸底工作，对拟申报的新建热电联产机组和供热锅炉房项目，在项目核准阶段，要求开展既有余热资源利用情况评估论证，对尚未充分利用既有余热资源的，不予核准新建项目。开展热电联产供热情况专项检查，充分发挥好既有燃煤热电联产机组的供热能力。加强部门联动，严格散烧煤流通监管，严禁劣质煤使用和低效劣质炉具流通销售，实行生物质能源供暖项目全过程环境监管。建立实时监测体系，加大燃煤、燃气、生物质供暖锅炉排放监管力度。完善地热能利用的市场和环境监测体系，加强尾水回灌监管力度。实行清洁取暖装备生产、安装和运行全链条质量监管，建立与信用体系相衔接的清洁取暖设备制造商、设备销售商和服务提供商信息监测平台。

### （八）加强能力建设和宣传培训

广泛利用广播、电视、互联网等媒体，宣传清洁取暖的重要性和紧迫性。

建立清洁取暖宣传工作队伍，在广大农村组织开展新型取暖设备使用方法的宣传培训。积极总结先进经验，宣传清洁取暖成效与成功做法，加大信息公开和信息推广力度。

执笔人：张有生　白泉　高虎　康艳兵　张建国　苏铭　谷立静
肖新建　李际　胡润青　裴庆冰　廖虹云　杨晶　窦克军

## 参考文献

［1］清华大学建筑节能研究中心．中国建筑节能年度发展研究报告 2015［M］．北京：中国建筑工业出版社，2015.

［2］清华大学建筑节能研究中心．中国建筑节能年度发展研究报告 2016［M］．北京：中国建筑工业出版社，2016.

［3］清华大学建筑节能研究中心．中国建筑节能年度发展研究报告 2017［M］．北京：中国建筑工业出版社，2017.

［4］国家发展和改革委员会．关于印发《“十三五”全民节能行动计划》的通知（发改环资〔2016〕2705 号）.

［5］国务院．关于印发《“十三五”节能减排综合性工作方案》的通知（国发〔2016〕74 号）.

［6］住房城乡建设部．关于印发《建筑节能与绿色建筑发展“十三五”规划》的通知（建科〔2017〕53 号）.

# 第十四章
# 中国用能权交易制度现状与展望

## 一、用能权交易制度背景

### （一）我国建立用能权交易制度的背景

探索建立用能权交易制度是党中央、国务院的决策部署，是在加快生态文明建设、贯彻落实生态文明体制改革的背景下提出的重要举措。2015 年 9 月，中共中央、国务院印发的《生态文明体制改革总体方案》提出："推行用能权和碳排放权交易制度。结合重点用能单位节能行动和新建项目能评审查，开展项目节能量交易，并逐步改为基于能源消费总量管理下的用能权交易。建立用能权交易系统、测量与核准体系。"2016 年 3 月，《"十三五"规划纲要》提出："实施能源和水资源消耗、建设用地等总量和强度双控行动，强化目标责任，完善市场调节、标准控制和考核监管。建立健全用能权、用水权、碳排放权初始分配制度，创新有偿使用、预算管理、投融资机制，培育和发展交易市场。"2016 年 7 月，国家发展改革委印发《关于开展用能权有偿使用和交易试点工作的函》（发改环资〔2016〕1659 号），决定在浙江省、福建省、河南省、四川省开展用能权有偿使用和交易制度试点工作，并对试点内容进行了部署安排。

用能权交易制度是与能源消费强度和能源消费总量控制制度（简称"双控"），以及"双控"目标分解和考核机制一脉相承的，丰富了能源消费总量控制的实现手段。

建立用能权交易制度有其必要性和紧迫性。从一方面看，我国长期以来敞口式能源消费带来资源压力，情况亟须转变。我国能源资源人均拥有量低，受技术经济条件制约，煤、油、气、水力等资源可科学开采规模有限，资源约束日益凸显。在国际能源供需和地缘政治环境变化的复杂形势下，我国的能源安全面临极大压力和挑战。对能源消费总量进行控制目的是有针对性地解决能源开发和利用中的不科学行为，遏制能源浪费现象，避免敞口式能源消费一直持续。从另一方面看，仅靠“末端治理”解决环境问题作用有限，在现阶段结合前端手段对能源消费进行管理会取得更好效果。能源资源从开发利用到废弃物处理整个生命周期过程中都存在着不同形式的环境影响，能源资源开发利用引起的生态破坏和环境污染问题在长期积累之下愈显突出和严重。理论通常认为，通过“末端治理”方式可以解决环境问题。但在现实情境中，由于管理体制、能源价格形成机制等都没有达到理论所预设的理想形式，靠“末端治理”解决环境问题效果较为有限。长期以来，尽管中央及各地出台了大量针对污染排放、碳排放的管理政策，很多企业也更换了先进的设备，但是生态环境问题特别是大气污染问题仍然非常严峻。通过对能源消费的管理进行“前端控制”，不断提高能源效率，并与“末端治理”相配合，是现阶段解决资源环境问题的更佳手段。

### （二）建立用能权交易制度的重要意义

第一，探索建立用能权交易制度顺应了绿色发展理念不断深化的趋势。用能权有偿使用和交易制度是加快生态文明建设、贯彻落实生态文明体制改革的重要举措之一，也是按照资源环境生态红线管控要求落实“资源消耗上限管控”的主要途径。建立用能权交易制度有助于强化保护和节约能源资源的意识，改善日益严峻的生态环境问题。

第二，探索建立用能权交易制度是政府管理方式转变的新尝试。在全面深化改革的背景下，转变政府职能要求处理好政府和市场的关系，处理好管理和服务的关系。具体到节能管理和促进能效提升领域，政府部门也在从主要依靠行政指令为企业设定目标向采用行政与市场相结合的手段转变，这种转变可以留给企业更多的决策空间，通过市场化机制强化企业自主节能动力，从而促进能源资源高效配置。

第三，用能权交易制度有助于地方政府推动产业结构优化升级。在进入“新常态”后，经济发展的重要特征是更注重发展质量和效益，去产能是这一时期的重要任务。用能权制度为“新常态”下的经济转型服务，有利于地方政府使用政策工具将更多发展空间和资源配置给经济效益更好的企业，推动“腾笼换鸟”，提高当地经济发展质量。

第四，建立用能权交易制度也是节能工作在新时期的延续发展。我国长期以来一直对资源节约高度重视，“节约优先”是我国能源战略的基本内容。

伴随着节能工作长期、广泛开展，从事节能工作的人员水平不断提升，企业能源管理不断走向精细化。探索建立用能权交易制度有益于巩固已有成效，并可以与能效标准等节能制度相衔接，发挥政策的协同作用。

### （三）用能权交易制度的历史发展

用能权交易制度产生经过一段探索过程，有其自身发展脉络。从政策延续的角度看，用能权交易制度的提出与我国能源消费强度和总量“双控”制度是分不开的。（见图 14－1）

“十一五”时期，我国提出能源消费强度控制。我国 2006 年发布的《国民经济和社会发展第十一个五年规划纲要》（以下简称《“十一五”规则纲要》）中，明确提出了“十一五”期间单位国内生产总值能源消耗下降 20%左右的约束性指标，首次把节能目标作为约束性指标纳入国家规划。为落实节能强度控制目标，国家实行节能目标责任制和节能评价考核制度，省级地方政府每年要向国务院报告节能目标责任的履行情况。

“十二五”时期，我国从能源消费强度控制转向能源消费强度和总量“双控”。在能源强度控制目标的约束下，我国节能降耗工作取得很大成绩，但由于强度目标是一个相对值，在经济增长快的情况下，能源消耗较快增长的势头难以控制。由于我国环境容量已处临界值，对能源消费总量进行一定约束成为必要。2011 年 3 月，《“十二五”规划纲要》提出“合理控制能源消费总量”；2012 年 11 月，党的十八大报告提出“推动能源生产和消费革命，控制能源消费总量”；2014 年 6 月，习近平总书记在主持召开中央财经领导小组第六次会议时发表重要讲话，就能源生产和消费革命提出五点要求，其中提到“坚决控制能源消费总量，有效落实节能优先方针，把节能贯穿于经济社会发展全过程和各领域，坚定调整产业结构，高度重视城镇化节能，树立勤俭节约的消费观，加快形成能源节约型社会”。按照总量控制的要求，2014 年，国务院办公厅印发《2014—2015 年节能减排低碳发展行动方案》明确了各地区能源消费总量控制目标，对 2014—2015 年各地区能耗增量以及能耗年均增速进行限定，并将总量控制纳入节能目标责任评价考核机制中。

从时间维度上看，用能权交易制度与地方先期试行的制度采取的做法有密切联系。在“十二五”期间，我国一些地区开展了节能量及用能权交易制度，具有代表性的包括：2013 年 2 月，北京环境交易所进行了项目节能量交易，成交了三个节能项目的部分节能量。2013 年 11 月，山东省出台《山东省节能量交易管理暂行办法》，是全国首个地区节能量交易管理办法；此后，2015 年，江苏省和福建省相继出台了《江苏省项目节能量交易管理办法（试行）》和《福建省节能量交易规则（试行）》，同年，浙江省出台《关于推进我省用能权有偿使用和交易试点工作的指导意见》并进行了用能权交易实践。节能量及用能权交易制度的地方实践，为国家层面推进用能权交易制度提供了宝贵经验。

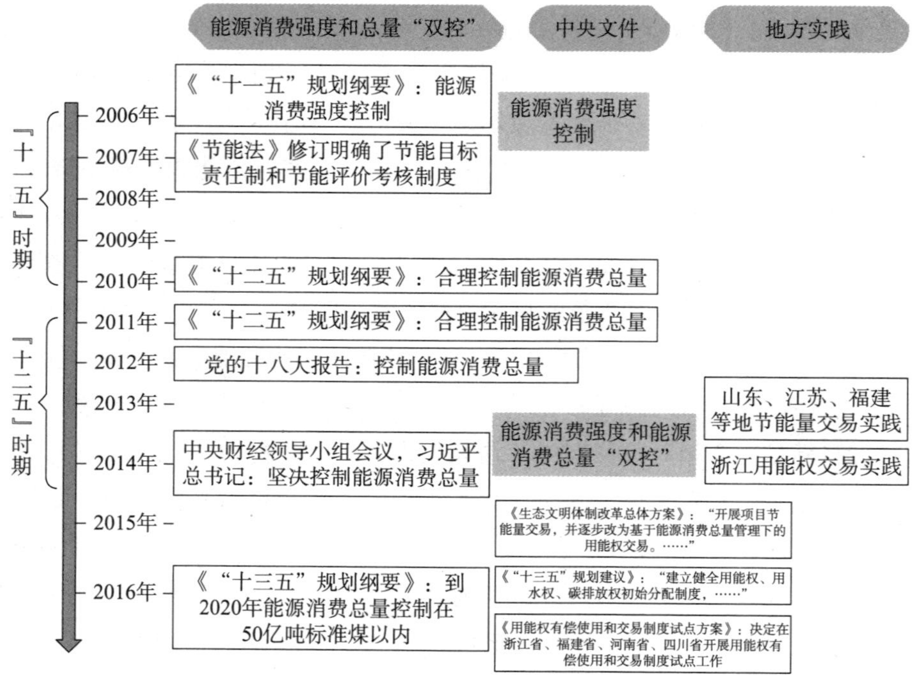


**图 14－1 中国用能权交易制度的政策和实践发展过程**

## 二、“十二五”时期中国节能量交易及用能权交易实践

“十二五”时期，我国一些地区尝试运用节能量交易及用能权交易等制度手段来促进节能工作开展，其中以山东、江苏、福建、浙江等省份最具代表性。本节从交易模式、规制对象与交易主体、初始分配及交易价格形成等方面对典型交易模式进行介绍和评述。

### （一）交易模式

从时间上看，山东省 2013 年年底出台了《山东省节能量交易管理暂行办法》，办法有效期为两年；江苏、浙江、福建均先后在2015年出台了交易指导意见。从名称和内容上看，浙江省提出进行用能权交易，山东、江苏、福建三省提出的均是节能量交易，但“节能量交易”所指内容并不完全相同。

山东省交易办法中“节能量”可以分为两类：一是目标节能量，分为基于节能量目标的节能量，即与政府签订节能目标责任书的用能单位在规定时限内完成的节能量，以及基于能源消费总量的节能量，即参加能耗总量管理的用能单位，在满足自我能源需求后剩余部分能耗量。二是项目节能量，即节能服务公司或用能单位通过实施节能技术改造，提高能源利用效率而形成的节能量，不包括扩大或压缩生产能力、调整产品结构等途径产生的节能效果。

江苏省交易办法中“节能量”也分为两类，与山东省的规定相同的是把项目节能量纳入交易范围；不同的是在江苏省的交易办法中，没有纳入用能单位节能量，而是纳入了淘汰生产装置的能耗削减量，要求用能单位新建、改建或扩建固定资产投资项目新增能耗与上述两类节能量进行交易，从而实现能耗增量控制和能耗等量、减量置换的目的。

福建省所指“节能量”是在设定行业标杆值后，经计算得出节能量。以发电行业为例，以第三方机构对各企业能源审计的同类燃煤火力发电机组的全省平均综合供电煤耗作为节能量交易的标杆值，各企业的火电机组供电煤耗优于该标杆值产生的节能量，可进行出售交易；反之，劣于该标杆值多消费的能源量，该企业应购入后视同完成节能量目标。

浙江省的用能权通过区分既有项目和新增用能来分别确定。既有项目的用能权，主要通过三种方法确定：一是采用历史法与综合经济效益排序相结合的方法；二是采用历史法与工业增加值能耗相对水平相结合的方法；三是委托第三方机构进行确权。对于新增用能部分，能评审查是企业新增项目和新上企业初始用能权确权的主要依据。

因此，“十二五”时期我国典型省份的用能权交易及节能量交易制度可以概括为四种模式：一是浙江模式，即“产能控制型用能权交易模式”；二是山东模式，即“重点用能单位节能量+项目节能量交易模式”；三是江苏模式，即“项目节能量+产能置换节能量交易模式”；四是福建模式，即“基于能效标杆的节能量交易模式”。

### （二）规制对象与交易主体

浙江省用能权交易要求将年耗能3000吨标准煤以上的重点用能单位纳入用能权有偿使用和交易体系。山东省纳入的对象是重点用能单位，与重点用能单位目标责任管理进行结合。江苏省节能量交易所列出的两类节能量可与新进入企业或新上项目进行交易，由于地区对新增能耗进行控制，所以新上项目需要进行等量减量置换才能使地区能源消费总量完成目标，因此规制对象主要是新进入企业或新上项目。福建省选取的规制对象是所选行业年耗能量5000吨标准煤及以上的重点用能单位。

除规制对象不同外，对可参与市场交易的主体也有不同规定。浙江省的交易主体与规制对象相同，没有引入其他交易者，目前覆盖的是试点地区年耗能3000吨标准煤以上的重点用能单位，今后会扩展到年耗能1000吨标准煤以上的重点用能单位。山东省除了规制对象外，还允许项目交易量的提供者参与交易，包括节能服务公司、用能单位以及银行、投资公司等机构。江苏省也是如此，除规制对象外，交易对象还包括节能量的提供者，即节能量所有权人，包括各类企业、节能服务公司、银行、投资公司等机构组织和符合条件的个人。福建省的交易主体与规制对象范围相同。

### （三）初始分配及交易价格

用能权初始分配是制度设计的关键问题，浙江省初始用能权分配主要基于历史法，并根据亩产综合效益评价打分进行调整，按存量部分免费获得、新增用能有偿申购的方式进行。其他地区制度设计并不涉及初始分配问题，是以实际发生量为基础考虑如何核定。例如，山东省的主体是重点用能单位，考虑实际量与目标责任的差额；江苏省规定用能单位实施节能改造项目、淘汰生产装置的节能量达到一定标准的，通过审核可获得节能量证书；福建省规定节能主管部门每年根据产业发展政策、行业单位产品能耗水平和交易主体的节能潜力等因素综合确定节能量交易标杆，作为节能量交易的指标依据。

对于交易价格，各省交易办法中也有相应说明。浙江省办法中提出用能权交易初期的交易价格按照政府设定的交易指导价进行，逐步过渡到市场定价。山东省的交易形式分别根据两类节能量界定，用能单位自愿进行节能量交易。江苏省办法中根据地区能源消费总量要求，对新进入者要求进行节能量交易购买节能量进行能耗平衡替代，未对价格进行具体说明。福建省的政策设计对于纳入企业是强制性的，要求企业按照能源审计形成的节能量核查报告进行节能量交易。

## （四）小结

对比分析浙江、山东、江苏、福建四省制度设计的特点，对用能权制度设计有以下结论：首先，国内开展的用能权交易和节能量交易有密切关系，尽管从概念本义上看，节能量和用能权有一定差别，但从制度设计来看，两者有着较强的共通性。其次，典型省份实践中交易内容实际所指不尽相同，各地区结合自身需要进行了灵活性的政策设计。最后，多数地区“交易”仍依靠政府确定价格，并在政府指导下进行，还没有实现主要依靠市场来优化资源配置。（见表 14－1）

**表 14－1 典型省份节能量及用能权交易制度对比**

| 地区 | 浙江 | 山东 | 江苏 | 福建 |
|---|---|---|---|---|
| 交易名称 | 用能权交易 | 节能量交易 | 节能量交易 | 节能量交易 |
| 交易类型 | 产能控制型用能权交易 | 重点用能单位节能量＋项目节能量交易 | 项目节能量＋产能置换节能量交易 | 基于能效标杆的节能量交易 |
| 省发指导文件名称 | 《关于推进我省用能权有偿使用和交易试点工作的指导意见》 | 《山东省节能量交易管理暂行办法》 | 《江苏省项目节能量交易管理办法（试行）》 | 《福建省节能量交易规则（试行）》 |
| 发文时间 | 2015 年 5 月 28 日 | 2013 年 11 月 4 日（有效期至 2015 年 12 月 14 日） | 2015 年 3 月 28 日 | 2015 年 8 月 21 日 |
| 交易标的物界定 | 年度能源消费总量指标 | ①重点用能单位节能量；②项目节能量 | ①节能改造项目节能量；②淘汰生产装置的能耗削减量 | （没有明确界定） |
| 规制对象 | 年耗能 3000 吨标准煤以上的重点用能单位 | 重点用能单位 | 新进入企业/新上项目 | 部分行业年耗能量 5000 吨标准煤及以上的重点用能单位 |
| 可参与市场交易的主体 | 仅规制对象 | 规制对象＋其他交易主体（节能服务公司、用能单位以及银行、投资公司等机构） | 规制对象＋其他交易主体（企业、节能服务公司、银行、投资公司等机构组织和符合条件的个人） | 仅规制对象 |

续表

| 地区 | 浙江 | 山东 | 江苏 | 福建 |
|---|---|---|---|---|
| 交易形式 | 自愿。初期交易价格按照政府设定交易指导价进行，逐步过渡到市场定价 | 自愿 | 自愿。需要符合能耗增量控制和能耗等量或减量置换有关规定要求 | 强制 |
| 直接动力 | 能源消费总量控制 | 重点用能单位节能量目标 | 能源消费总量控制 | 促进企业提升能效 |

## 三、“十三五”时期中国用能权交易制度进展及评述

“十三五”时期，我国节能量交易逐步转变为用能权交易，根据国家发展改革委印发的《关于开展用能权有偿使用和交易试点工作的函》，浙江省、福建省、河南省、四川省进行了用能权有偿使用和交易制度试点工作，本节将主要结合近期四试点省份制度设计思路，对政策最新进展进行介绍和评述。

### （一）我国用能权交易试点省份政策最新进展

截至 2017 年下半年，浙江、福建、河南、四川四个试点省份已初步形成了用能权试点工作实施方案。①

浙江省方案设计思路主要考虑选择部分市县先行试点，将高耗能行业的重点用能单位纳入交易范围，存量企业初始用能权采用历史法核定后无偿取得，新增用能权经申购以有偿方式取得，并设计了“引逼结合、鼓励先进”的分类指导、差别化对待机制。

福建省方案设计思路主要是在已有节能量交易的基础上，先行将火力发电和水泥制造两个行业的重点用能单位纳入交易范围，并考虑未来将有色、石化、化工、平板玻璃、钢铁等重点用能行业纳入范围。在用能权指标分配方法上，对既有产能采用基准法或历史法核定，对新增产能综合考虑固定资产投资项目节能审查意见进行核定；指标先期以免费分配为主。

河南省方案设计思路主要是考虑选取部分地区（初步考虑选择郑州、平顶山、鹤壁、济源等市），将重点行业年耗能 5000 吨标准煤以上的重点用能单位纳入范围，进行先行先试。

① 本文完成于 2017 年底，所述情况均为试点省份政策方案初步设计思路，未来或将会有修改变化。

四川省方案设计思路主要考虑初期将部分工业和具有较好基础的非工业行业重点用能单位纳入范围，交易产品以初始用能权指标为主；在用能权指标分配方法上，对于产能严重过剩行业、高耗能行业采用基准法确定初始用能权，对于其他用能行业采用历史法；对于新增产能，结合固定资产投资项目节能审查制度从严确权。

### （二）我国用能权交易试点省份政策特点

试点省份方案的差异性和特点主要体现在关键环节设计上。用能权制度包括对象界定、能源消费报告审核核查制度、配额分配方法、交易和市场调节制度、履约制度、监管制度等主要内容，此外还必不可少交易平台建设、组织实施、能力建设、宣传引导等辅助性工作。其中，对象界定、配额分配方法、履约制度等关键环节设计上的区别，最能体现各试点方案的差异性。综观四试点省份的制度设计思路，有以下三个方面的差异。

第一，对主体限定有一定差异。对责任主体的限定上，浙江、福建、河南主要从工业行业中选择重点行业，如浙江初步计划选择10个重点行业，福建计划先期选择火力发电和水泥制造两个行业，河南也采取类似思路；四川除考虑工业行业外，还计划将具有较好基础的非工业行业的重点用能单位也纳入用能权交易。从允许参与交易的主体限定上看，四试点省份主要还是将交易主体界定为重点用能单位，同时也提出积极探索引入其他主体，允许自愿参与的企业法人加入。此外，四试点省份拟选择的空间范围也有所区别，福建、四川初步界定为全省范围内；浙江在初始阶段选择部分市县；河南初步计划选取郑州、平顶山、鹤壁、济源四市。（见表14-2）

**表14-2 四试点省份纳入的责任主体比较**

| 地区 | 行业、门槛 | 地区范围 |
| --- | --- | --- |
| 浙江 | 重点行业5000吨标准煤以上的用能单位 | 初始阶段选择部分市、县 |
| 福建 | 先行纳入火力发电和水泥制造两个行业的用能单位；逐步纳入有色、石化、化工、平板玻璃、钢铁等重点用能行业 | 全省 |
| 河南 | 重点行业年耗能5000吨标准煤以上的重点用能单位 | 郑州、平顶山、鹤壁、济源等地 |
| 四川 | 省内重点用能单位，初期考虑纳入部分工业和具有较好基础的非工业行业的重点用能单位 | 全省 |

第二，从四试点省份用能权配额分配（用能权确权）方法比较来看，四

试点省份方案设计中均对既有产能和新增产能进行了区分；对既有产能部分，浙江主要考虑采用历史法进行配额分配，福建主要考虑采用基准法或历史法进行配额分配，四川考虑对高耗能行业采用基准法、对其他行业采用历史法进行分配；对新增产能部分，浙江、福建、四川都考虑结合固定资产投资项目节能审查意见来核定用能配额。对于初始配额是否进行收费问题，浙江考虑采取既有部分无偿分配、新增部分有偿获得的方式，其他省份主要考虑初始分配为无偿分配。

**表 14－3　四试点省份配额分配方法比较**

| 地区 | 配额分配方法（确权方法） | 分配形式（是否收费） |
| --- | --- | --- |
| 浙江 | 存量部分采用历史法，新增用能权按照节能审查文件确定的用能量进行核定 | 初始用能权核定后无偿取得；新增用能权有偿取得 |
| 福建 | 对于既有产能，采用基准法或历史法核定用能权指标；对于新增产能，综合考虑固定资产投资项目节能审查意见核定用能权指标 | 先期以免费为主，适时引入有偿指标 |
| 河南 | — | — |
| 四川 | 对于产能严重过剩行业、高耗能行业采用基准法，确定初始用能权；对于其他用能行业采用历史法。结合固定资产投资项目节能审查制度从严确定新增产能的初始用能权 | 采取免费分配与有偿分配结合的方式，以免费分配为主 |

注：“－”表示尚不明确。

第三，从履约制度上看，四试点省份一般考虑按年度履约，差异在于，浙江用能权可延续时期规定尚不明确；河南初步考虑配额存续期限为两年，履约期结束后用能指标清零；四川提出每年结算一次，并提出探索实行分行业多次清算进行滚动履约的设想。

**表 14－4　四试点省份履约制度比较**

| 地区 | 履约期、履约形式 |
| --- | --- |
| 浙江 | 逐年履约 |
| 福建 | 逐年履约 |
| 河南 | 一年一分配，每年清缴一次，可以结转至下一年度，履约期结束后用能指标清零，履约期为两年 |
| 四川 | 原则上每年清算一次，探索实行分行业多次清算进行滚动履约的方式 |

## （三）四试点省份政策进展评述与展望

四试点省份的制度设计思路存在不同，与各省省情做了一定程度结合。

浙江省经济发展面临资源要素紧缺的突出问题，用能权制度设计与其资源要素市场化配置改革相联系，制度设计中的分类指导和差别化对待机制是一个不同于其他试点省份的创新尝试。福建省之前进行过节能量交易工作，选取行业为火力发电和水泥制造两个行业，用能权制度延续已有工作基础，并考虑后续逐步增加纳入行业、扩大范围。河南省探索将用能权制度与大气污染防治等工作相结合，选择煤炭消费控制重点城市进行试点。四川省方案考虑到多样化主体的培育，并尝试探索用能权制度和碳排放权交易制度的衔接。总的来说，四试点省份的方案在符合国家要求的基础上各具一定的特色，这在政策试点阶段是具有积极意义的。

根据国家发展改革委发布的《用能权有偿使用和交易制度试点方案》，对试点时间的安排是：到2019年，试点任务取得阶段性成果，形成可复制可推广的经验、做法和制度；2020年，开展试点效果评估，总结提炼经验，视情况逐步推广。从时间上来看，目前用能权制度试点工作仍需进一步推动，预期用能权制度试点省份会陆续发布地区用能权有偿使用和交易制度试点方案的总体安排及配额分配、市场监管、平台建设、报告核查制度等各项配套细则，并在条件成熟的情况下将工作推进到实践层面。

## 四、用能权制度建设关键问题探讨及政策建议

对于用能权制度建设，目前普遍存在的关切有两个方面：一是如何通过用能权制度设计实现预期政策目标；二是用能权制度与碳交易制度间关系如何考虑。

对于第一点，首先应明确用能权制度的目标是什么。本文认为，在我国能源资源压力仍然较大、环境问题依然突出，并且还缺乏足够有效解决手段的情况下，能源消费总量控制是解决上述问题的一个可行、适用的方法。为使宏观管理目标能最大程度调动微观主体企业的积极性，并为企业创建一定程度的灵活性，用能权制度在实践中产生，成为一个可供考虑的选择。因此，开展用能权制度尝试的主要目的，应当定位为以富有灵活性的机制实现能源总量控制目标。其次，在明确政策目标的前提下，如何通过制度设计来实现目标。本书认为，开展用能权制度尝试对于政策制定者来说首先是一个制度设计的过程，与其他经济制度设计一样，用能权交易制度设计中应遵循一定流程，符合稳定性、开放性、协调性等一般原则；具体而言，需要明确用能

权交易制度的组成形式和运作机理，可以将制度拆分为不同的功能模块，如对象界定，配额分配，市场规则，履约机制，登记注册、报告与核查等，通过研究不同模块的可选形式，以及如何对政策目标产生影响来逐步建立并完善用能权制度体系。

对于第二点，用能权制度与碳交易制度间关系问题，目前争论较多。主要原因在于碳排放大部分来源于能源消费，两者有很大重合性，如果同一企业既纳入碳交易体系又纳入用能权交易体系，且两个体系独立运作的情况下，会产生对同一企业的“双重管理”，很有可能造成重复奖励或重复惩罚的情况；而这种情况一般认为是缺乏合理性的。目前处于探讨中的解决思路是通过会计核算的手段剔除重复计算，使企业仅处于单一体系之中。另外，两种制度是否可以从用能或排放规模等方面进行不同划分，对管制主体做出区分，也是在探讨中的一种思路。整体来看，如何处理两项制度的关系目前仍存在较大讨论空间，面临着不确定性。

基于本文所考虑到的现阶段情况，对下一阶段用能权制度建设有三方面建议：一是要处理好用能权有偿使用和交易制度与能耗总量和强度“双控”目标的关系。建立用能权制度的一个重要目的，是以较低成本实现能耗总量和强度“双控”目标任务。从目前四试点省份制度设计思路看，建立用能权制度能够对能耗总量和强度“双控”目标完成起到一定促进作用；但总体而言，用能权交易制度与能源消费“双控”制度之间的联系程度还不够紧密，支撑效果比较有限。下一步制度设计中应更加重视用能权配额总量设置与能耗总量控制目标的关系。

二是四试点省份应进一步完善方案，尽快制定与方案配套的各项细则。目前试点省份政策设计思路已逐步明晰，都提出了用能权制度框架安排，但对制度关键环节的设计尚不明确，接下来仍有很多细节需要进一步明确，特别是在确定企业名单、确定配额分配方法等方面仍有很多具体工作要做。建议试点地区在初始阶段制度设计时尽量避免过于复杂，按进度做好相关工作，加强与其他地区及业内专家的交流；同时建议国家层面应进一步加强跟踪评估，对试点地区的工作进展情况进行定期指导，对试点工作中出现的问题及时纠正，分析总结先进做法，传播经验，避免走弯路。

三是要加强研究“用能权有偿使用和交易制度”与“碳排放权交易制度”的关系。从目前四个地区制定的试点思路看，都没有过多涉及用能权交易制度与碳排放权交易制度的关系如何处理。用能权制度与碳排放权交易制度的关系是一个较为复杂的问题，从长期来看是无法回避的问题。在当前全国碳排放权交易市场尚未全面成熟的情况下，应允许地方政府结合自身特点对用能权交易制度进行试点试验。在此过程中，需要认真研究两种制度在行业覆盖范围、市场覆盖区域、管控能源品种等方面的区别和联系，建立协调机制，避免对同一企业进行重复管控造成行政资源浪费。

执笔人：裴庆冰

# 第十五章
# 美国能源政策转变对全球和中国的影响

## 一、美国能源政策转变

### （一）从能源独立到谋求全球能源主导权的“能源新现实主义”

特朗普上台后提出或实施了包括“美国能源优先计划（America First Energy Plan）”、宣布退出《巴黎协定》和争夺能源主导权等一系列政策举措，虽然目前政策实施的力度、进度还有待观察，但体现其利益至上的执政理念的能源政策指导思想与奥巴马时期存在显著差异。一是通过大力发展化石能源产业，实现促进就业、刺激国内经济、主导世界能源市场、巩固全球霸主地位等多重目标，在实现自身能源独立的同时更积极谋求全球能源主导权；二是放松环境管制和去气候变化，为发展化石能源产业可牺牲气候领域的影响力；三是大幅削减能源科技预算及补贴，弱化政府支持、鼓励市场竞争；四是“美国优先”弱化全球治理参与度，合作重点由多边转向双边。

2018 年 3 月，在美国休斯敦举办的剑桥能源周期间，美国能源部长里克·佩里第一次阐述了美国的“能源新现实主义”（New Energy Realism），强调美国正在通过技术创新提升能源开发利用水平，实现经济发展和环境保护的协调。美国“能源新现实主义”实质是基于美国国情，依托科技创新，采取灵活、务实的财税、产业政策，以市场化手段为主推动能源开发和节能增效，减少能源对外依存度，降低能源利用成本，提升产业竞争力，以增加对外战略的腾挪能力，服务国家核心利益。在特朗普执政近 14 个月后，美国能源部长抛出“能源新现实主义”，这是美国谋求“能源主导权”战略的战术延伸，一定程度上更是针对前期一些政策落实后的一个更扎实、更清晰的美国能源发展路线图。

特朗普能源政策指导思想调整与美国在世界能源市场中的地位变化密切相关。美国曾长期是全球最大的能源消费国与进口国，但近年来已成为世界第一大石油和天然气生产国，并正在加速从能源净进口国向能源净出口国转变。这使得美国将同时具备能源消费大国、能源生产大国和能源出口大国三重属性，利益取向更加多元化，既要保持其国内油气勘探开发企业有一定的盈利水平，又要为其下游产业、消费者提供尽可能廉价的能源供给，同时还要充分发挥出口国优势为其谋取全球范围的战略和商业利益。未来在其能源从大量进口转向大幅出口的过程中，美国能源政策将逐步从维护进口国利益转向部分谋取出口利益最大化，呈现出不同以往的全新特点，形成新的能源安全政策模式，值得中国高度关注。

### （二）放松环境管制和去气候变化

特朗普与气候变化相关的政策调整主要体现在三个方面。一是通过放松环境管制对原有环境和气候政策约束直接“解绑”：上任之初便删除白宫网页上所有“气候变化”相关文件；2017 年 2 月底颁布的总统政令要求对清洁水法进行审评，试图缩小联邦政府职权范围；2017 年 3 月 28 日发布“能源独立”政令，取消《总统气候行动计划》，暂缓和修改《清洁电力计划》（CPP），修改和去除土地和溪流保护条例中对煤炭开采的限制，放弃奥巴马政府关于“碳排放社会成本”（目前36 美元/吨）的概念，取消相关的政府工作小组。二是削减预算。特朗普的首个预算提案将美国国务院和环保局的援助资金削减 30% 左右。在此次预算提案中，美国能源部下属的高级能源研究计划 ARPA - E 被叫停。另外，特朗普政府目前已经暂停了额度高达 250 亿美元的可再生能源贷款担保计划，而此计划支持了数个大型可再生能源项目的开发。三是 2017 年 6 月 1 日正式宣布退出《巴黎协定》，不再实施国家自主决定贡献的减排目标，也不再向绿色气候基金注资。退出的口头原因是协定损害美国经济、对美国“不公平”；2017 年 8 月 4 日，美国正式向联合国提交了有意退出协定的照会。

美国能源和气候政策几近全面“翻盘”，主要目标直奔降低能源成本、拓展本土化石能源产量、寻求国际能源市场主导地位，进而提升产业竞争力、扩大就业、缩小贸易顺差，所有阻碍这一目标的政策都在取消或重新评估之列，环境和气候变化政策首当其冲。

### （三）多管齐下主推化石能源发展

特朗普政府将石油和天然气看作是美国“能源新现实主义”的核心，同时支持煤炭行业发展。一是重启有争议的石油管道建设。特朗普政府致力于推动 Keystone XL 项目和 Dakota Access 项目的管道建设，这两个项目在奥巴马治下均因环境问题和民众反对而被阻止。特朗普于 2017 年 1 月签署了两份单独的行政命令来推动 Keystone XL 项目和 Dakota Access 项目的管线施工，并于 3 月 24 日正式批准加拿大管道公司承建连接美国和加拿大两国的 Keystone XL 输油管道项目。二是放松原油开采区域限制。2017 年 4 月，特朗普签署了《美国优先海上能源战略》的总统行政命令，该行政命令指示内政部重新审查当前 5 年石油勘探计划和新的石油租赁许可程序，使海上钻井扩展到大西洋（中部与南部）、北极（楚科奇海、博福特海、库克湾海域）、墨西哥湾（中部与西部）等海域，并撤销了 2016 年 12 月奥巴马签署的“白令海北部地区应对气候变化”行政命令。此外，特朗普政府还通过放松金融监管为化石能源企业创造有利环境。2017 年 2 月 3 日，特朗普签署了《关于规范美国金融体系的核心原则》的总统行政命令。2017 年 2 月 14 日，特朗普签署废除了《多德—弗兰克法案》涉能源的部分条款。作为《多德—弗兰克法案》的一部分，该条款名为《卡丹—卢格修正案》，要求在美股上市的石油、天然气和采矿公司公开自己对外国政府支付金钱的细节，旨在消除美国能源企业担负不合理的合规成本。

### （四）“美国优先”弱化全球治理参与度

相比于奥巴马通过主导全球治理机制、推动区域贸易协定，主导国际规则制定，特朗普则热衷于通过双边谈判实现美国利益的最大化。自参与竞选以来，特朗普一直宣称，多边贸易协定严重损害美国工人的利益，一上任就宣布废除 TPP、退出《巴黎协定》、重谈北美自贸协定（NAFTA），在 G20 汉堡峰会宣布美国的能源与气候变化政策与其余 19 国存在较大分歧。此外，特朗普出售美国约 7 亿桶石油储备一半的提议，将对 IEA 战略石油储备系统产生重大冲击。特朗普政府试图为美国获取更多的近期利益的一系列政策调整，必将弱化其在全球能源治理中的地位和作用。

随着美国从最大的油气进口国转变为能源出口国，其全球能源战略布局正在发生重大改变。一方面，美国对中东地区油气依赖度将明显下降，其中东政策不确定性增加。特朗普竞选总统时，曾指责伊朗核全面协议是最糟糕的协议；2017 年 7 月 18 日，美国宣布对伊朗实施单边制裁。种种迹象显示，特朗普不仅有大幅度调整甚至颠覆奥巴马政府时期的中东政策的战略意图，在伊核问题、打击 IS 以及叙利亚问题上，政策已日趋强硬。另一方面，特朗普政府正在加强与加拿大、墨西哥能源合作，北美地区或将形成合作更为紧密的能源出口市场。此外，特朗普政府还在积极推动路易斯安那州查尔斯湖的 LNG 出口以及美国煤炭出口，并已启动与韩国 LNG 贸易谈判。

## 二、美国能源政策转变对全球的影响

### （一）地区及全球能源市场“大洗牌”

重塑区域和全球能源供需格局。特朗普对美国本土能源生产与出口的刺激政策，将冲击区域和全球能源供需既有格局与平衡。对于全球煤炭市场，特朗普振兴煤炭产业的系列政策将刺激煤炭开采量的提升，新增煤炭产量将通过出口涌向全球市场，加剧全球煤炭市场过剩问题。对于全球石油市场，放松原油开采限制、加强油气管道建设、放松环保监管、加强页岩油开发等一系列政策调整，可能促使石油产量井喷式增长，驱动美国从石油净进口国变为净出口国。2017 年，美国原油出口量约为 110 万桶/天（见图 14 - 1）。据美国能源署（EIA）预测，2020 年美国原油出口量将达到 300 万桶/天，届时美国将成为非 OPEC 主要供应方之一。对于全球天然气市场，2009 年美国已超过俄罗斯成为全球最大的天然气生产国，2016 年美国更由天然气净进口国变为净出口国，2017 年美国天然气出口量接近 900 亿立方米（见图 15 - 2）。据 EIA 预测，2020 年，美国 LNG 出口量在全球天然气跨区域贸易所占比重将达到 8%。由于成本优势，美国天然气在国际市场上具有很强的竞争力，再加上特朗普政府对美国天然气生产与出口的强力支持，将促使美国天然气产量与出口量进一步飙升，美国将成为全球天然气市场举足轻重的生产与供应中心，全球天然气市场供应也将进一步宽松。

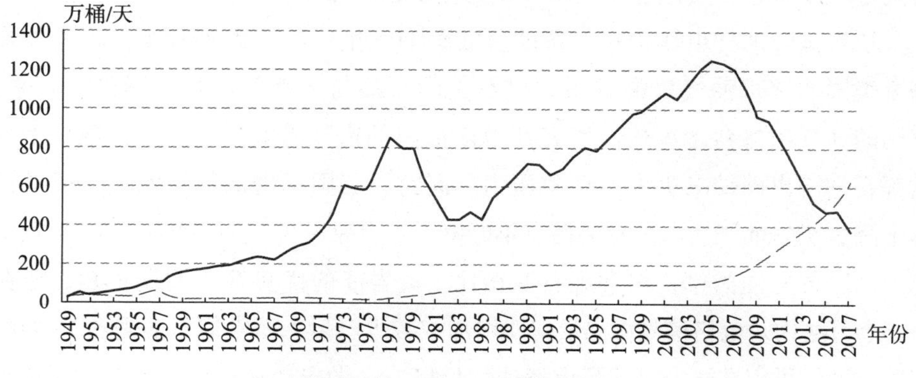


**图 15 - 1　1949—2017 年美国石油出口及净进口情况**

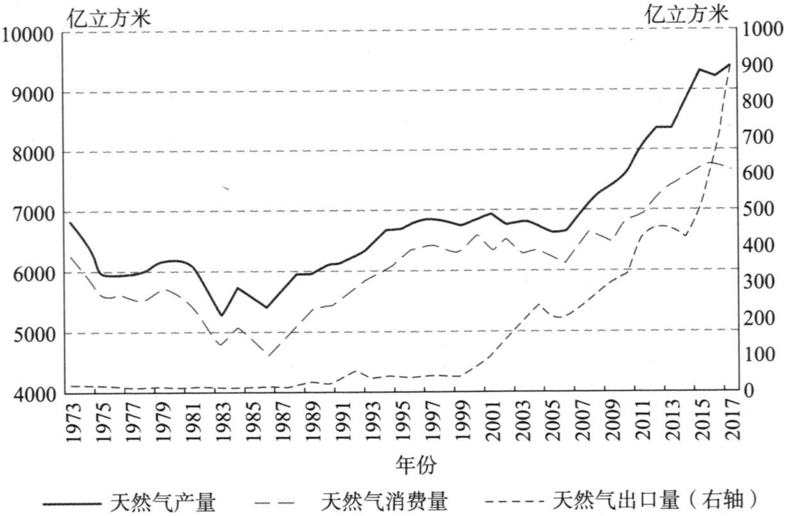


**图 15－2　1973—2017 年美国天然气产量、消费量及出口量情况**

改变区域和全球油气贸易流向。第一，美国能源政策调整加快能源独立，北美能源版图也将得到进一步整合与强化；第二，出于地缘政治和战略安全的考虑，欧洲将寻求减少对俄罗斯油气的依赖，“欧洲—俄罗斯”油气贸易板块或将被压缩，鉴于欧盟油气需求巨大，俄罗斯和欧洲这一全球重要的能源伙伴关系短期内仍将维系，北美这一新兴能源供应地将是其长期优先选择方向，而美国扩大能源出口，寻求和开拓国际市场，将有助于“欧洲—北美”板块的形成；第三，全球油气贸易将加速向亚太转移，油气贸易的“中东—远东—亚太”板块将进一步强化，亚太在全球石油贸易重要进口方的地位将得到进一步强化，美国也将逐步演变为重要供应方。

拉低国际油气市场价格。特朗普鼓励油气生产的一系列政策，将进一步刺激美国非常规油气资源开采，以及美国石油与天然气产量的增加。未来，美国的油气出口会逐步挤占世界其他产油国的市场份额，给中东地区、俄罗斯等石油输出国带来更大的竞争压力。同时，美国页岩油气技术进步驱动成本下降，页岩油气生产盈亏平衡点不断降低。非常规油气对市场具有快速反应能力，以页岩油为例，与常规石油相比，页岩油的优势在于周期很短，能在3～6个月之内对价格信号做出反应，增加或减少产量；而常规石油需要2～4年。美国的油气供应有能力对国际市场油气价格波动做出迅速反应，将有利于压低地区及全球石油和天然气市场价格，同时降低国际油气市场价格波动。

## （二）全球应对气候变化挑战增大

中美的积极作为是《巴黎协定》顺利达成的重要因素。《巴黎协定》的宗旨是希望全球努力共同遏制全球气候变暖，主要内容包括各国自主国家贡献（NDC）、适应气候变化、资金支持和技术转让等。长期以来，美国在国际气候谈判中表现并不好，相对来说，民主党派比较重视气候问题和多边机制，在国际谈判中比较积极。克林顿时期，美国签署了《京都议定书》；奥巴马时期，美国也做出了令世人欢迎的承诺。而共和党派则相反，小布什当政时，宣布美国退出《京都议定书》，而特朗普则宣布退出《巴黎协定》。美国的退出将对全球应对气候变化产生较大冲击。美国是世界第一经济强国，也是第二大碳排放国，在全球协作应对气候变化中影响力很大。美国的退出是对全球应对气候变化行动的严重“背叛”，将对全球共同努力改善环境的士气造成打击，不仅在资金援助、机制设计上“搅局”，而且可能会开恶劣先例，其他国家也可能会以此为借口，放弃已有承诺，从而危害到全球应对气候变化和保护环境的努力。

由于后续政策的落地仍存在较大不确定性，美国政策调整对全球气候治理的影响或许并没有想象的严重。一是协定既坚持公约原则又具有开放灵活的特点，国际社会普遍接受，能够抵御一般性风险；二是美国是否真正退出还存在不确定。根据程序，美国退出过程需四年，从目前的政治现实看这四年将充满悬念，最终的选择或许将由选民和届时的当选总统做出；三是美国宣布退出不会影响协定的谈判程序安排。小布什退出《京都议定书》时，该议定书尚未生效，其他缔约方不得不在其他方面（例如：减排义务轻重，碳汇的核算方法，俄罗斯的市场经济地位）做出妥协。而《巴黎协定》已于2016年10月生效，马拉喀什会议也确定了为期两年的技术细节谈判时间表，2017年5月的波恩会议进一步细化了程序性安排，尽管存在美国“搅局”的风险，但其他缔约方仍有可能团结一致按期完成协定规则磋商。此外，通过页岩气革命和科技创新，美国天然气、核电等低碳能源在美国能源消费中占比不断提高，据EIA统计，2017年与2005年相比，天然气、可再生能源、核电在当年美国一次能源消费量中占比分别增加了6.1、4.9和0.5个百分点（见图15－3）。天然气、核电和可再生能源占比增加使得美国在实现经济增长的同时，一定程度上降低了$CO_2$排放，对应对气候变化有一定积极作用。

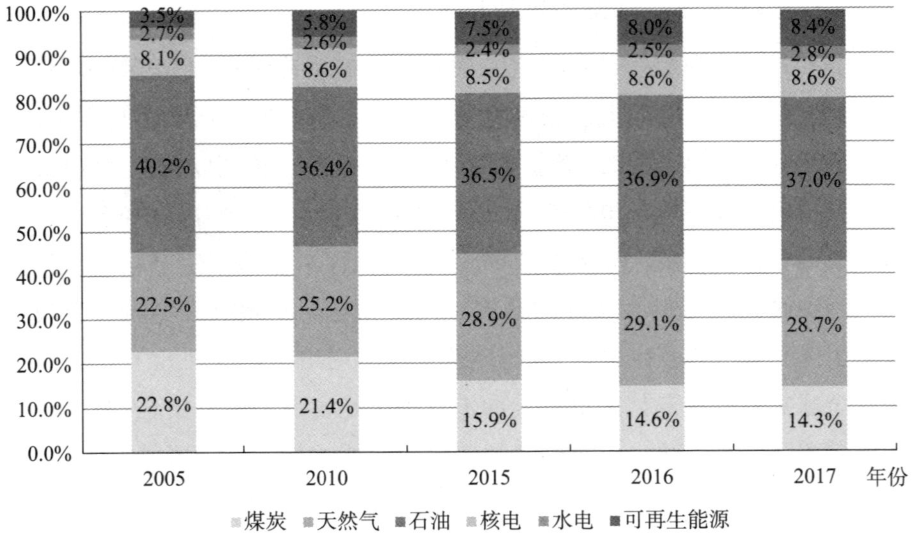


**图 15－3　2005—2017 年美国一次能源消费构成演变**

## （三）全球能源地缘政治格局趋向复杂

随着美国从全球最大原油进口国转变为全球最大的原油生产国，特朗普政府首次提出将能源关系作为地缘政治工具，随着美国逐渐能源独立，美国意欲把持世界能源主导权，必将重塑区域和全球能源地缘政治格局。首先，美国逐渐减少和摆脱对中东石油依赖，中东将面临更多的不确定性。过去几年，页岩油成为全球石油产量增长的主要来源。随着美国石油产量的增长，美国逐步减少和放弃对中东国家石油的进口，更多转向对加拿大和墨西哥石油的进口。加拿大已成为美国原油主要的来源地，而中东地区在美国石油进口格局中的地位大大下降，大国在中东的战略布局和影响力或将调整。对美国而言，过去美国在中东起仲裁者角色，尽管能源不是美国在中东寻求的唯一战略利益，但在美国走向能源独立自给的背景下，势必影响其对中东的战略定位；对俄罗斯而言，为了强化在中东的影响，其已开始在大中东地区进行地缘部署，形成一条从地中海到波斯湾再到阿拉伯海的战略之弧。中东是中国重要的油气供应国，也是“一带一路”倡议的重要节点，加强与中东合作是中国重要的战略目标；对印度而言，随着印度能源需求上升，印度与中国在中东的竞争或将加大，同时中印将面临如何在沙特与伊朗之间寻求一个平衡点。上述大国因素无疑增加了中东地缘形势的不确定性。其次，北极圈地区的能源地缘博弈恐将加剧。特朗普解除对北极圈和大西洋海岸新钻探区的限制，不仅对油气生产带来重大影响，同时恐将催生北极圈地区能源地缘博弈，尤其是俄美北极博弈或将加剧。再次，特朗普能源新政还将影响美国和 OPEC、俄罗斯等国的关系。美国将逐步摆脱对 OPEC 的石油依赖，美俄也将在世界油气市场上成为竞争对手。最后，美国能源政策调整将影响世界能源秩序，催生国际油气市场发展新格局及新摩擦。将对依赖油气出口的中东、北非、拉美国家财政收入产生较大影响，一旦油气收益下降，高福利将无法满足，国家运行中的体制机制问题将暴露出来，引发区域动荡的可能性将逐步提高。

### （四）全球能源治理机制局限性凸显

第二次世界大战以来，美国一直是全球能源治理机制的实际掌控者，但特朗普政府选择以双边合作替代多边合作，体现出了很强的“逆全球化”特点，将对全球能源治理机制产生重大冲击。

一是全球能源治理机制或将动摇。2016 年，美国石油进口量约为 730 万桶/日，随着特朗普政策的逐步落地，美国石油进口量将逐渐降低，甚至从净进口国转变为净出口国，美国或将成为全球能源供应市场的主要参与者和控制者。据中国国际石油化工联合有限责任公司测算，2020 年，美国石油出口量将达 200 万桶/日。以美国为主导的 IEA 是全球能源治理中的重要力量，由于其成立背景是为了应对石油供应危机，为此，其对成员国最重要的要求是至少拥有 90 天石油进口量的储备。然而，随着美国能源自供能力的增强，从经济性考虑，美国必将大量削减石油储备。同时，随着美国这个曾经最大的石油进口国转变为出口国，IEA 作为主要石油消费国团体与 OPEC 竞争的能力将更趋弱化。从消费端来看，未来新兴经济体油气消费占比将进一步提升，全球能源治理改革的迫切性将更加强烈。

二是全球层面的能源治理合作或将放缓。美国作为世界头号大国，过去一段时期在全球能源治理中发挥了重要作用，特别是在 G20 框架下，积极推动全球取消化石能源补贴、能源转型、提高能源利用效率、减少能源贫困等议题。然而，特朗普政府或将改变这一局面。一方面，取消化石能源补贴、推动能源转型等议题与特朗普大力发展化石能源的发展方针相悖，特别是美国之前提出 16 条亟待改革的低效化石能源补贴政策，均与煤、油、气开发和利用过程中享受的税收优惠、权利金减免等内容相关。可预见的是，这些议题很快将从美国感兴趣的列表中被排除。另一方面，特朗普政府选择“收缩”战略，减少对国际事务的资金支持，也必将影响提高能效、减少能源贫困等议题的推进。特别是在2017年德国汉堡G20峰会上，美国与其他19个成员国在气候政策方面存在很大的分歧，在G20峰会宣言中的气候与能源部分，美国的主张与其他19个成员国的主张被分开提出。G20既涵盖发达国家又包括发展中大国，且囊括主要油气出口国和进口国，有望在全球能源治理中发挥重要作用，但目前来看，这种期望或将大打折扣。

## 三、美国能源政策转变对中国的影响

### （一）美国油气供应能力增加有利于中国能源供应安全

增加中国进口资源多元化。中美两国在全球能源体系中的角色正在发生变换，两国在能源领域的传统竞争关系有望得到缓和，合作潜力将逐渐凸显。包括美国在内的北美地区非常规油气资源丰富、开发技术先进、政治相对稳定，原油产量提升迅速、出口规模增长较快，尤其天然气方面，是与澳洲、非洲、俄罗斯并列的未来重要的LNG资源供应地，美国的角色变化有助于中国实现进口资源更加多样化，降低对中东等传统供应源的依赖度。

降低中国能源进口成本。对于全球石油供需格局而言，在经济尚未实现全面复苏背景下，美国原油出口将加剧供应过剩局面，为油价走势定下长期的利空基调。同时全球石油市场将进一步呈现“供应多极化、需求中心化”的格局，中东、里海、非洲、美洲等供应源多点开花，而需求则愈发集中于亚太地区，尤其是中国。中国若增加从美国这个新供应方的进口，将有助于遏制传统供应方的要价。随着中国从美国进口原油增长，沙特已经降低了销往亚洲的部分原油的定价。但更值得关注的是，美国已成为OPEC之外最重要的国际原油市场的“机动生产者”，随着美国对国际油价的影响力的增强，未来国际能源市场将处于相对稳定的低油价时代。

降低进口天然气成本。天然气方面，相对于管道天然气贸易，液化天然气（LNG）不涉及跨境基础设施建设运营，资产专用性相对较低，运营相对灵活，进一步扩大液化气进口对中国改善天然气贸易地位不可或缺。美国LNG出口量的增加，一方面将增加全球LNG市场的灵活性，促进美国、欧洲、亚洲三足鼎立的多元化天然气定价中心的形成，缩小全球天然气价格差异，降低中国承受的亚洲溢价。另一方面，若中国能够从美国这个国际天然气市场的价格洼地大量进口 LNG，不仅有助于压低包括中国在内的东亚天然气市场价格，也会抬高美国国内市场过低的天然气价格，中美能源价差缩小甚至消除，既能减轻、消除中国制造业的能源成本劣势，又能削弱中国制造业向美国转移，以获取其廉价油气能源、原料供给的动因。

### （二）能源地缘政治博弈或将增加中国开展国际能源合作成本

随着对中东地区油气资源依赖性的下降，美国不仅将减少在地区油气稳定供应体系的维护投入，还将根据自身需要制造各种事端影响该地区局势，使中东、北非局势复杂常态化。与此同时，美国更多的经济、军事力量将向中亚、亚太等地区转移，加大对俄罗斯、中亚等油气出口国的制衡力度。美国会利用亚洲国家对中东地区油气资源依赖程度的上升，增加其地缘政治博弈筹码，加大中国利用中东、中亚等的资源风险。不仅在资源获取方面，为稳定供应，在维护中东地区安全方面投入也可能大幅增加。

特别是，美国能源政策调整后，地缘政治博弈或将日趋复杂，区域发展潜在不确定性增加，这些对中国推进“一带一路”倡议落实带来了较大的风险。首先，美国“能源独立”目标的实现将为美国在国际能源地缘政治战略博弈中创造更大空间。由于能源带有强烈的政治、金融属性，美国能源独立将使美国在国际政治和金融领域的政策更加游刃有余，增强地缘政治博弈主动权。其次，从大国战略考虑，美国不会放松与中国在南海等重要能源安全通道的博弈力度，中国能源运输通道安全面临挑战。中国 50% 以上的石油进口需要经过霍尔木兹海峡与马六甲海峡，未来相当长的时间内，经过这两个海峡的石油和 LNG 运输量还将进一步增加。为实现“美国优先”战略，逼迫对手出让更多经济利益，特朗普政府会在该地区投入更多的力量，增强对能源运输通道的控制，势必会加大中国推动“一带一路”互联互通的难度，甚至威胁中国能源运输通道安全，增加中资企业海外经营风险。

### （三）中美能源合作利弊共存

特朗普能源政策调整将为美国在国际能源地缘政治战略博弈中创造更大空间，同时也为中国推进“一带一路”提供机遇。美国对中东油气依赖的下降，使其对“伊斯兰国”、伊朗、苏丹、叙利亚等的制裁和打击更加从容，增加地区油气供应的不确定性；同时也更有余力加强对能源运输通道的控制，威胁中国能源运输通道安全。另一方面，美国战略东移后，在中东、非洲等区域关注下降，为中国选择“一带一路”沿线的重要能源支点开展油气贸易及通道建设提供了机会。

美国“能源新现实主义”争夺能源主导权目标的实现将重塑世界能源供需版图，美国本土能源成本降低将有利于中美产能合作。美国“能源新现实主义”增强了全球战略和政策的操作空间和灵活性，为其从能源供应方面占据主动权，并与中国进行战略博弈掌握了先机，2018 年 3 月起，美国先后提出对进口钢铁和铝产品、对从我国进口的总金额约 500 亿美元的 1300 多种商品加征关税，以及制裁中兴等一系列贸易战行为就有其国内能源发展做支撑。但另一方面，美国“能源独立”客观上会增加全球油气资源供应，为中国多元化、多源化利用国际资源带来利好消息，特别是中美油气贸易有望在缓解两国贸易摩擦中发挥积极作用。与此同时，美国相对低廉的能源价格优势有可能吸引制造业投资回流，带动“铁锈地带”的高耗能产业发展，一旦两国经贸关系缓和，中国可利用美国土地、水资源和能源价格低的优势，鼓励部分高资源消耗类企业在美建厂，提高能源投资多元化水平。

特朗普能源政策将影响全球低碳领域合作，但中国与美国州级、企业层面节能、低碳领域合作不会受到实质性影响。特朗普能源政策不可避免会增加全球气候变化领域合作不确定性，也会对中国在“一带一路”地区开展风电、光伏等领域合作和推广产生负面影响。另一方面，美国将加大化石能源开发、煤炭清洁利用和油气出口，加强相关领域合作，特别是扩大美对中 LNG 出口对于提升中国能源进口来源多元化意义重大，在行业和区域层面的能效技术交流与项目合作仍有发展潜力。

## 四、政策建议

### （一）认清美国“能源新现实主义”实质，及时做好应对工作

美国将成为非 OPEC 成员中继俄罗斯之后的另一个重要油气出口国，外交上也将摆脱中东国家的制约，同时借助其拥有的全球政治军事掌控力，以及页岩油气对市场反应迅速的短期价格平抑作用，强化对全球能源市场的影响。中方不仅要对此有清晰的战略判断，更需立即着手做好如下应对工作：短期看，可逐步增加北美油气资源进口占比，降低未来油气进口风险与成本；中长期看，我国需加快推动能源转型，与美进行路线比拼。美国已初步实现“能源独立”，且对全球能源市场的影响力逐步加大，已具备搅动重点能源供应地安全形势从中渔利的能力，而我国可再生能源技术业已取得突破性进展，

太阳能发电成本有望在2020年之前先于风电达到与煤电竞争的水平。在供应侧，应加快风电、光伏、核电、智能电网、储能等领域技术创新和相互匹配，加快向以可再生能源为主导的能源结构转变；在消费侧，加大电动汽车、无人驾驶与5G网络、共享经济与大数据、智慧物流与智能配送等新技术、新业态深度融合并示范推广，推动终端能源消费由油、气向电快速转变，加快构建现代能源体系。

### （二）充分评估美国能源政策调整带来的地区性潜在风险，提前展开相应布局

面对美国油气领域“脱中东、控北美”的能源战略调整，以及其中东政策从保障稳定的油气供给，向打击IS、伊朗弃核弃导弹的重大转变，中东地区的地缘政治风险将会大增，未来美俄两大非OPEC能源供应国在中东地区的博弈也将更加激烈。为此，中方须提前做好如下布局：加快推进中国在印度洋、南海等油气战略通道上的基地建设，努力提升对油气战略通道的掌控力；在加强与中东各国经贸、金融合作的同时，力争近期签署中国—海合会自贸协议；与主要油气供应国建立信息共享机制，及时了解其油气产量及出口量变动情况，并且预测预警能源市场变化和能源安全形势，降低个别国家或地区对我能源供应突然减少而对我造成的冲击。

### （三）密切关注美国相关经贸、金融政策动向，努力化解风险并主动作为

跟踪和研判好美国向非OPEC重要油气供应国转变中，对本国市场与国际市场价格接轨、国际油价合理水平预期，以及WTI国际原油期货市场定位与对冲基金管理等的相关政策取向。要辩证、全面地看待美国能源政策调整，要看到美国既存在压低和稳定油气价格，支撑“美国优先”战略的需求，也存在抬高价格、降低贸易逆差，通过对冲基金和WTI国际原油期货市场等更多获益的需求；既有反映其商人本性的忽视意识形态、注重商业利益、实现中美互利共赢的务实政策，又存在来自美国国内反华势力的不同声音。再加上特朗普本人性格决定的其政策具有更多的多变性和不可捉摸性，未来美国能源政策调整在具体政策措施、效果大小等方面仍存在打折及发生变化的可能。为此，我们应密切关注并持续跟踪美国“能源新现实主义”的政策调整进程，分析可能动向及执行力度，并对其政策效果及影响进行预判与评估，确保我对其能源政策调整的准确把握，并及时做出必要的应对。

### （四）扬长避短，对接特朗普部分战略需求

抓住美国油气出口能力增强有利时机，积极与美对接，扩大两国能源领域合作，提升我国油气进口来源和能源投资目的地多元性，同时缓解两国贸易紧张形势。积极开展贸易协商，主动扩大自美进口油气规模，尤其是重点扩大 LNG 进口，发挥油气贸易在缩小中美贸易逆差中的积极作用，同时提升我国油气进口来源多元化水平。如果贸易战紧张形势有所缓和，可适当对美国非敏感地区页岩油气勘探开发以及油气接收站、储运站等领域开展投资，与特斯拉、GE 等科技企业加强能源技术领域合作，甚至可以利用美国土地、水资源和能源价格低的优势，鼓励部分高资源消耗类企业在美建厂。通过合作，提升我国能源多元化投资水平、促进能源技术创新、加快国内产业升级步伐，减少国内资源、环境压力，推动经济高质量发展。

### （五）抓住全球能源治理变革机遇，提升中国在多边治理中的话语权

中国应抓住特朗普政府实行弱化多边机制、注重双边机制的机遇，积极参与全球能源治理，提升话语权和影响力。强化与现有国际组织加强合作的同时，充分利用 G20、APEC、IEA、IEF、OPEC 等重要平台，推行政策主张，尽可能在大范围内形成共识，继续推动全方位治理；探索构建“一带一路”框架下能源治理机制。加强与沿线国家在油气勘探开发、能源基础设施互联互通、可再生能源技术、能源金融等领域合作，增加区域能源供应能力，紧密区域能源贸易合作，探索建立区域油、气、电定价机制，打造区域能源命运共同体。基于已有上海期货交易所原油期货交易，不断提升交易活跃度，完善制度细则、交割仓等配套机制及设施建设，形成亚太地区原油定价中心。强化在应对气候变化领域合作，特别是促成发达国家向我技术转让与共同研发方面取得更多成果。通过扩大对外合作，输出我国能源发展理念和发展经验，推动实现全球经济高质量发展。

执笔人：刘建国　蒋钦云　朱跃中

## 参考文献

［1］蔡会明. 特朗普重塑美国贸易政策对我国的影响［J］. WTO 经济导

刊，2017（5）.

［2］陈继勇，刘卫平. 美国经济政策转向对全球经济的影响［J］. 人民论坛·学术前沿，2017（6）.

［3］陈晓晨. 特朗普新预算彰显“美国财政大转向”［N］. 第一财经日报，2017-03-21.

［4］范尔为，王生升. 美国中东石油战略的霸权属性及中国的应对方略政治经济学评论，2017（2）.

［5］韩晓平. 莫名其妙的特朗普能源政策［J］. 能源思考，2017（2）.

［6］贺东伟. 特朗普的税收战及其对中国的影响［J］. 特区经济，2017（5）.

［7］济民. 特朗普“新政”下的能源发展路线［N］. 中国石化报，2017-01-06.

［8］景婉博. 特朗普新政引发全球资产“大轮动”［J］. 财政科学，2017（3）.

［9］李超民，胡怡建. 特朗普税制改革取向及其影响［J］. 税务研究，2017（1）.

［10］李万甫，易明翔. 热议中的美国边境调节税影响评析［J］. 国际税收，2017（3）.

［11］刘新. 特朗普新政对我国经济的影响［N］. 第一财经日报，2017-01-23.

［12］刘旭. 特朗普宣布退出巴黎协定 美国能源政策将何去何从［N］. 中国国土资源报，2017-06-10.

［13］马洪范. 特朗普美国“优先战略”带给中国新机遇［J］. 财政科学，2017（3）.

［14］梅冠群. 美国特朗普政府对华经贸政策走向及对策［J］. 中国经贸导刊，2017（6）.

［15］任继球. 特朗普经济政策对我国产业发展的影响［J］. 宏观经济管理，2017（6）.

［16］宋泓. 特朗普上台后美国贸易及相关政策的变化和影响［J］. 国际经济评论，2017（1）.

［17］陶镜羽. 特朗普能源独立政策影响几何?［N］. 中国电力报，2017-04-01.

［18］王铭槿，高歌，李之媛．中国应该如何应对特朗普税改［J］．商业经济，2017（4）．

［19］王孝松．特朗普的贸易政策立场及中美贸易发展前景展望［J］．中国工业经济，2017（6）．

［20］王遥．特朗普能源政策将带来的连锁反应［J］．中国经济周刊，2017（6）．

［21］王震，赵林，张宇擎．特朗普时代美国能源政策展望［J］．国际石油经济，2017（2）．

［22］吴涧生，金瑞庭，姚淑梅．特朗普新经济政策的特点、影响及对策建议［J］．中国发展观察，2017（6）．

［23］余家豪．后巴黎协议时代低碳转型的新能源安全观［J］．能源，2017（5）．

［24］翟东升，赵宇轩．特朗普政府经济政策趋势与中国应对之策［J］．现代国际关系，2017（5）．

［25］张玉国．特朗普政权与美国亚太再平衡战略［J］．东北亚论坛，2017（2）．

［26］赵勇强．国际可再生能源发展与全球能源治理变革［J］．宏观经济研究，2017（4）．

［27］赵勇强．特朗普难阻能源绿色低碳转型［N］．中国能源报，2017-04-03.

［28］赵志君．特朗普政府减税方案的可行性及其可能后果［J］．中国发展观察，2017（2）．

［29］中国银行国际金融研究所全球经济金融研究课题组．基础设施建设：全球经济增长新动力——中国银行全球经济金融展望报告（2017 年第二季度）［J］．国际金融，2017（4）．

［30］周兰君，楚树龙．特朗普政府内政外交政策趋向［J］．国际经济评论，2017（1）．

# 第十六章
# 京津冀交通运输部门大气污染和温室气体排放控制政策与展望

自2013年年初全国大范围雾霾污染引起中央和民众高度关注以来，京津冀地区作为国家区域协同发展战略的重要一环，如何按照《京津冀协同发展规划纲要》要求，在京津冀交通一体化、生态环境保护、产业升级转移等重点领域率先取得突破，成为落实国家战略的重要内容。交通运输部门作为大气污染物和温室气体排放的重要部门，如何通过政策组合在实现交通一体化的同时，协同控制大气污染物和温室气体排放，成为京津冀地区大气污染防治和实现低碳发展的重要内容。

## 一、京津冀交通运输部门能源消费和排放

2015年京津冀交通运输部门总共消耗能源约2850万吨标准煤，占该地区终端能源消费总量不足7%，低于全国13%的平均比重，更是远小于长三角、珠三角地区（接近20%）。京津冀交通运输部门用能总体比重偏低，但是其中北京交通运输部门用能比重约为18.5%，而天津和河北的交通运输部门用能比重分别仅为6.2%和3.3%，津冀两地相对滞后的城镇化进程是导致地区整体用能比重偏低的主要原因。

2015年京津冀交通运输部门能源按能源品种的消费量详见表16－1。其中，油品消费最多，比重约占74.2%，这是由京津冀地区以公路运输为主，而绝大部分道路机动车消耗汽油或柴油决定的。其次为电力和天然气，两者消费量分别占总能耗的19.1%和3.3%，这与全国范围交通运输部门“多气”（消费比重约为7.7%）、“少电”（3.6%）的局面完全相反。这种能源格局一方面由三地“少气”的能源资源禀赋决定，另一方面同京津冀较为发达的铁路系统不无关联。

**表 16-1　2015 年京津冀交通运输部门能源消耗情况**

| 地区 | 煤合计（万吨） | 油品合计（万吨） | 天然气（亿立方米） | 热力（万百万千焦） | 电力（亿千瓦时） | 其他能源（万吨标准煤） |
|---|---|---|---|---|---|---|
| 北京 | 12.36 | 708.59 | 2.11 | 594.20 | 47.31 | 3.30 |
| 天津 | 24.57 | 251.06 | 1.14 | 187.95 | 34.47 | — |
| 河北 | 30.19 | 483.43 | 3.90 | 551.74 | 87.55 | — |
| 京津冀 | 67.12 | 1443.08 | 7.15 | 1333.89 | 169.33 | 3.30 |

资料来源：《中国能源统计年鉴 2016》。

从二氧化碳排放看，2015 年京津冀交通运输部门二氧化碳排放量约为 4800 万吨，占全部能源活动二氧化碳排放量的比重约为 5.2%，其中北京这一比例约为 24.0%，天津和河北分别为 5.2% 和 2.5%，表现出很大的差异性。如果计入农业、工业、建筑业、商业、生活等其他部门的相关交通运输排放，则这一比例将从 5.2% 上升至 9.1%，而北京的这一比例将上升至 36.0%。

从大气污染物排放看，2015 年京津冀区域 $SO_2$、$NO_x$ 和烟粉尘排放量分别为 136.55 万吨、173.52 万吨和 172.55 万吨，分别占全国的 7.3%、9.4% 和 11.2%，单位面积排放强度分别是全国平均水平的 3.5 倍、4.3 倍和 5 倍。① 机动车产生的空气污染中，首要污染物为 $NO_x$。根据生态环境部机动车排污监控中心的有关研究，在燃煤、机动车排放和工业三类污染源中，区域内机动车 $NO_x$ 的占比最高，为 31%。而根据生态环境部发布的《大气颗粒物来源解析技术指南（试行）》，北京、天津、石家庄等相继发布了对本辖区大气 PM2.5 污染的来源解析研究成果，主要来源包括燃煤、机动车、工业生产、扬尘，餐饮、汽车修理、畜禽养殖、建筑涂装、海盐粒子等对大气 PM2.5 的贡献相对较小，合计为其他，见表 16-2。

**表 16-2　京津冀主要城市大气 PM2.5 污染来源解析**

| 城市 | 本地来源 | 其中： | | | | | 区域传输 |
|---|---|---|---|---|---|---|---|
| | 合计 | 燃煤 | 机动车 | 工业生产 | 扬尘 | 其他 | |
| 北京 | 64% ~72% | 22.4% | 31.1% | 18.1% | 14.3% | 14.1% | 28% ~36% |
| 天津 | 66% ~78% | 27% | 20% | 17% | 30% | 6% | 22% ~34% |

① 根据《中国统计年鉴 2016》中分地区废气中主要污染物排放情况表中的 $SO_2$、$NO_x$ 和烟粉尘排放量计算而得。

续表

| 城市 | 本地来源 | 其中： | | | | | 区域传输 |
|---|---|---|---|---|---|---|---|
| | 合计 | 燃煤 | 机动车 | 工业 | 扬尘 | 其他 | |
| 石家庄 | 70% ~77% | 28.5% | 15.0% | 25.2% | 22.5% | 8.8% | 23% ~30% |

资料来源：北京市环保局，2014；天津市环保局，2014；人民网，2015①.

研究结果发现，北京 PM2.5 成分和来源呈现两个突出特点：一是二次颗粒物影响大，影响不可忽视。PM2.5 中的有机物、硝酸盐、硫酸盐和铵盐主要由气态污染物二次转化生成，累计占 PM2.5 的 70%，是重污染情况下 PM2.5 浓度升高的主导因素。二是机动车对 PM2.5 产生综合性贡献。首先，机动车直接排放 PM2.5，包括有机物（OM）和元素碳（EC）等；其次，机动车排放的气态污染物包括挥发性有机物（VOCs）、氮氧化物（$NO_x$）等是 PM2.5 中二次有机物和硝酸盐的“原材料”，同时也是造成大气氧化性增强的重要“催化剂”。因此，控制交通运输部门的大气污染物排放是京津冀大气污染防治的重要领域。

京津冀交通运输部门的污染现状一方面由其过分依赖陆路运输的方式决定。公路上行驶的汽油车和柴油车，相比铁路、船舶和飞机，在相同运载量的情况下会消耗更多的化石能源，产生更多的化石燃料燃烧引致的污染排放。例如，柴油车的能耗是铁路的 10 倍，而北京机动车排放 $NO_x$ 中 60% 是由柴油车引起的，河北甚至高于这个比例②。

此外，三地机动车排放标准和油品使用标准不统一也是影响京津冀大气污染防治，影响雾霾治理的重要原因。北京已于 2013 年起执行国 V 机动车排放标准，而天津和河北分别于 2015 年和 2016 年才开始执行国 V 标准；北京 2013 年已开始执行油品国 V 标准，并于 2017 年开始执行京 VI 标准，而天津和河北执行的油品标准一直相对较低。考虑到区域大气易传输的特性，尤其是北京地区输移污染比重大，如果不实施统一管控，即使北京执行较高标准，区域整体的大气污染防治也不会有明显成效。

① 北京市环保局．北京市正式发布 PM2.5 来源解析研究成果［EB/OL］．［2017－08－29］．http：//www.bjepb.gov.cn/bjepb/323265/340674/396253/index.html；天津市环保局．天津召开新闻发布会发布颗粒物源解析结果，扬尘成为首要污染物［EB/OL］．［2017－08－29］．http：//www.tjhb.gov.cn/news/news_ headtitle/201410/t20141009_ 570.html；人民网．河北绝大多数市已完成 PM2.5 来源解析［EB/OL］．［2017－08－29］．http：//he.people.com.cn/n/2015/0428/c192235－24661797.html.

② 谭琦璐．中国主要行业温室气体减排的共生效应分析［D］．北京：清华大学，2015.

## 二、京津冀交通运输部门大气污染和温室气体排放及控制措施分析方法

### （一）交通运输部门大气污染和温室气体排放匡算范围

京津冀交通运输部门温室气体及污染物排放核算的完整系统如图 16－1所示。以运输方式（运输设施）划分，包括公路、轨道、水路和航空四部分。每种运输设施同特定运输工具匹配：公路运输工具包括载客汽车、载货汽车、摩托车和低速农用车。轨道运输工具又分为两个层次：一是城市内的地铁/轻轨等；二是城市之间的铁路运输，包括国家干线、市郊铁路等。水路和航空运输则以船舶和飞机为主要运输载体。

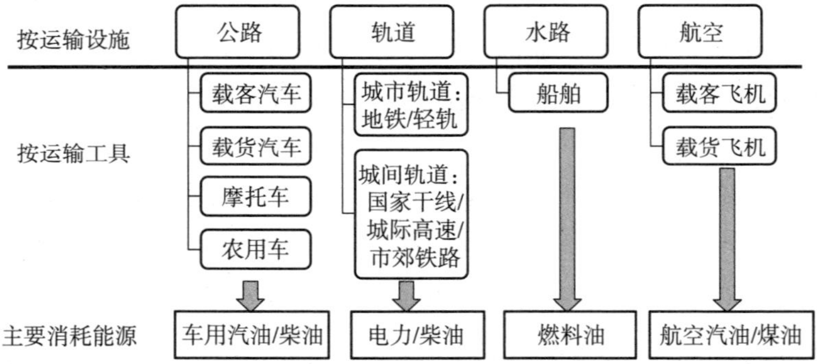


**图 16－1　京津冀交通运输部门温室气体及污染物核算完整系统**

运输工具所使用的燃料动力是其产生温室气体和空气污染物排放的主要来源。各种运输工具采用的驱动力不尽相同，道路交通运输工具利用车用汽油或柴油；轨道运输中，城市轨道几乎全部为电力机车，城间轨道既有电力车又有一定比例以柴油为动力的内燃机车；船舶和飞机分别使用燃料油和航空汽油或煤油为动力来源。

本研究选取公路和轨道（铁路）作为京津冀交通温室气体及空气污染物测算的系统边界，具体又分为道路交通、城间铁路运输和城市轨道交通三个子部门。选择的理由如下：

#### 1. 公路和铁路是京津冀地区运输的绝对主力

在公路、铁路和水路三种方式中，无论从运量还是周转量来看，公路和铁路的贡献率都达到了 80% 以上，为京津冀地区运输的绝对主力。其中目前，同铁路相比，公路运输的地位更加重要。例如，2015 年三地客运量的 80% 和

货运量的85%由公路运输完成，其次为铁路运输。

2.《京津冀协同发展一体化规划》明确指出未来要打造“轨道上的京津冀”

京津冀轨道网包括四层，分别为干线铁路、城际铁路、市郊铁路和地铁。目前，该地区的干线铁路网相对比较发达完善，而城际铁路和市郊铁路相对薄弱。根据京津冀交通一体化中长期规划，未来将建设20多条城际铁路，以形成以京津冀重要城市为中心的“1小时通勤圈”，“十三五”规划中已经将京唐、京滨、京石等城际铁路作为重点建设项目。与此同时，京津冀市郊铁路网亦将进一步完善，用以加强中心城与新城及北京周边主要城镇之间的快速交通联系。由此可见，铁路运输在京津冀地区的地位将愈发重要。另一方面，从节能减排角度考虑，铁路运输应当扮演主要角色。这是因为我国铁路运输，尤其是客运多采用电力机车，电力机车同汽车相比更加节能，且仅产生间接污染排放。

3. 船舶和飞机产生的排放存在“逸出”

在研究京津冀交通运输部门温室气体及污染物排放时，本研究不考虑水路和航空运输的原因除了两者占比较小之外，还包括船舶和飞机移动路径长，范围大，行驶所产生的排放不易界定地域边界，可能会对明确京津冀地区的排放带来很大不确定性。即，船舶和飞机行驶过程中产生的排放相对京津冀的地理区域存在较大程度的“逸出”，并且逸出量是无法准确测算的。

与测算边界对应的，本文研究的能源种类包括车用汽油、车用柴油、铁路内燃机车用柴油和电力。温室气体种类包括二氧化碳、甲烷和氧化亚氮。油品消耗产生的温室气体排放为直接排放，电力消耗的温室气体排放为间接排放。结合我国进行总量控制的污染物种类和油品的化学特性，将氮氧化物、二氧化硫、颗粒物（PM）作为研究的空气污染物种类。

## （二）道路交通温室气体及污染物排放测算

本研究采用COPERT模型测算道路交通温室气体及污染物排放。COPERT模型由欧洲环境署（EEA）资助EMISIA公司开发，是目前欧洲使用最广泛的计算道路排放的模型，最常用于国家或区域宏观层面排放清单编制。COPERT模型的实质是机动车排放因子模型，即对基于FTP（Federal Test Procedure）的台架测试结果进行统计回归，综合考虑汽车的行驶里程、新车技术水平、劣化系数、行驶速度、气温、I/M制度以及燃油品质等因素对排放的影响，得到各种条件下的排放因子。对于非FTP工况下的排放因子，COPERT模型采用速度修正因子来计算，用平均速度替代车辆其他复杂的行驶特征。在计算机动车排放因子的基础上，通过调查手段或者根据客货运量计算的方法获取当地机动车的年均行驶里程，两者之积乘以车辆保有量即为当地机动车综合排放量。

本研究结合京津冀地区实际情况对 COPERT 原模型中的技术系统（车队信息）进行了本地化的处理，以及确定技术系统中每种技术数量信息（细分车型保有量）的方法。（见表 16－3）

**表 16－3　京津冀车型分类同 COPERT 模型分类的匹配关系**

| 京津冀车型分类 | | | COPERT 模型分类 |
|---|---|---|---|
| 乘用车（除出租车） | 汽油 | <1.61 | 0.8～1.41 |
| | | 1.6～2.01 | 1.4～2.01 |
| | | ≥2.01 | >2.01 |
| | 柴油 | <1.61 | <1.41 |
| | | 1.6～2.01 | 1.4～2.01 |
| | | >2.01 | >2.01 |
| | 其他 | CNG | CNG |
| 轻型商用车 | 汽油 | | <3.5t |
| | 柴油 | | <3.5t |
| | 其他 | CNG | CNG |
| 中大型客车 | 柴油 | 城市公交车 中型 | 标准公车 15～18t |
| | | 城市公交车 大型 | 大型公车 >18t |
| | | 公路车 中型 | 标准公路≤18t |
| | | 公路车 大型 | 大型公路 >18t |
| | 汽油 | 汽油公交车 | 汽油 >3.5t |
| | 其他 | CNG | CNG |
| 农用车 | 柴油 | | 柴油 <3.5t |

| 京津冀车型分类 | | | COPERT 模型分类 |
|---|---|---|---|
| 重型货车 | 柴油 | 中型 | 7.5～12t |
| | | 重型 | 分配到 12～14t，14～20t，20～26t，26t～28t |
| | | 半挂车 | 分配到 12～14t，14～20t，20～26t，26t～28t |
| | 汽油 | 中/重型 | 汽油 >3.5t |
| | 其他 | CNG | CNG |
| | | LPG | LPG |
| 出租车 | 汽油 | <1.61 | 0.8～1.41 |
| | | 1.6～2.01 | 1.4～2.01 |
| | | ≥2.01 | >2.01 |
| | 柴油 | <1.61 | <1.41 |
| | | 1.6～2.01 | 1.4～2.01 |
| | | >2.01 | >2.01 |
| | 其他 | 混合动力 | 混合动力 1.4～2.01 |
| | | LPG | LPG |
| | | CNG | CNG |
| 轻便摩托车 | 汽油 | <50cm³ | <50cm³ |
| 普通摩托车 | 汽油 | ≥50cm³ | <250cm³ |

除细分车型保有量外，COPERT 模型计算所需主要参数还包括年均行驶里程，车辆在城市、农村、高速三种路况下行驶分担率及平均行驶速度等。

年均行驶里程的计算采用两种途径，一是利用客/货运周转量、客/货运量、客位/吨位三个参数计算。该方法的缺陷是只能获得出租车、公交车和货车总体的数据，无法更加细化。另一个数据来源是生态环境部机动车排污监控中心，它们有更加细致分类下的车辆年均行驶里程数据，然而该来源的缺陷是只有 2010 年的截面数据，没有动态更新。综合两种数据来源，同时参考国家发展改革委能源研究所在编制我国温室气体排放清单时使用的数据，最终确定京津冀三地各车型年均行驶里程数值见表 16 -4。

**表 16 -4 2014 年京津冀各车型年均行驶里程数值（公里/年）**

| 车型分类 | 北京 | 天津 | 河北 |
|---|---|---|---|
| 出租车 | 108000 | 108000 | 108000 |
| 基本乘用车 | 11000 | 11000 | 13000 |
| 轻型商用客车 | 16000 | 16000 | 20000 |
| 中大型客车（汽油） | 50000 | 50000 | 50000 |
| 中型公交客车（柴油） | 55000 | 55000 | 55000 |
| 大型公交客车（柴油） | 55000 | 55000 | 55000 |
| 中型公路客车（柴油） | 55000 | 55000 | 55000 |
| 大型公路客车（柴油） | 60000 | 60000 | 60000 |
| 货车（汽油） | 40000 | 40000 | 40000 |
| 微、轻型货车（柴油） | 35000 | 35000 | 35000 |
| 中型货车（柴油） | 45000 | 45000 | 45000 |
| 重型货车（柴油） | 60000 | 60000 | 60000 |
| 半挂牵引车（柴油） | 80000 | 80000 | 80000 |
| 摩托车 | 1000 | 1000 | 2000 |
| 农用运输车 | 500 | 500 | 1000 |

对于城市、农村、高速三种路况行驶分担率及平均行驶速度，除出租车外的乘用车（包括轻型商用车）的确定方式为：假定乘用车在城市和高速路况上的行驶负荷相同，认为城市实用道路长度占所有公路里程的比值为城市路况分担率，高速公路长度占所有公路里程的比值为高速公路路况分担率，剩下即为农村路况分担率。以上所有参数数值均能从相关年份《中国统计年鉴》中获得。出租车城市路况分担率在上述基础上适当增加。大中型客车中，

公交客车主要在城市路况中行驶而公路客车主要在高速路况中行驶，据此确定两者的分担率。认为货车主要行驶在高速和农村路况中，并且随着吨位增加，高速路况的分担比例增加，而农村路况的分担比例减少。摩托车无法在高速上行驶，由于城市采取的限摩措施，主要行驶在农村道路上。认为农用运输车全部行驶在农村道路上。基于这些考虑，并进一步参考 COPERT 模型的一些应用案例，确定各车型三种路况的分担率（见表 16－5）。同时，平均行驶速度的设定也主要参考 COPERT 模型应用的一些成熟案例和专家判断。

**表 16－5　2014 年各车型三种路况分担率及平均行驶速度**

| 车型分类 | | 道路分担率（%） | | | 平均行驶速度（km/h） | | |
|---|---|---|---|---|---|---|---|
| | | 城市 | 农村 | 高速 | 城市 | 农村 | 高速 |
| 摩托车 | | 25 | 75 | 0 | 40 | 30（轻便）；<br>40（普通） | 50 |
| 乘用车 | 轿车 | 40/40/40 | 30/30/40 | 30/30/20 | 30 | 60 | 90 |
| 乘用车 | 出租 | 50/40/40 | 20/30/40 | 30/30/20 | 30 | 60 | 90 |
| 轻型商用客车 | | 35 | 35 | 30 | 30 | 60 | 80 |
| 公交车 | 汽油 | 35 | 30 | 35 | | | |
| 公交车 | 城市公交（柴油） | 100 | 0 | 0 | 30 | — | — |
| 公交车 | 公路（柴油） | 5 | 45 | 50 | 30 | 50 | 80 |
| | 汽油 | 20 | 40 | 40 | | | |
| 货车 | 轻型（柴油） | 15 | 40 | 45 | 30 | 50 | 80 |
| 货车 | 中型（柴油） | 10 | 40 | 50 | 30 | 50 | 80 |
| 货车 | 重型（柴油） | 5 | 40 | 55 | 30 | 50 | 80 |
| 货车 | 半挂牵引车（柴油） | 5 | 40 | 55 | | | |
| 农用车 | | 0 | 100 | 0 | — | 30 | — |

此外，模型中用到的燃料信息来自相关年份《中国能源统计年鉴》，气象信息来自相关年份《中国气象统计年鉴》。使用 COPERT 模型自带的燃料平衡校核模块对模型参数取值进行检验表明，本研究设定的京津冀参数都是比较合理可靠的。

## （三）铁路运输温室气体及污染物排放测算

本研究采用LEAP模型测算铁路运输温室气体及污染物排放。铁路运输LEAP模型的技术系统第一层级是按照客、货运进行分类；第二层级中，城间铁路客运被划分为干线铁路、城际铁路和市郊铁路三类。根据《京津冀协同发展规划纲要》交通一体化部分，这三类铁路被分别赋予不同半径的运输功能。干线铁路负责联络150公里及以上区域，城际铁路用于点对点连接京津冀主要城市群，通常负责联络70～150公里的区域，市郊铁路（或者称为市域铁路）连接中心城及周边乡镇，负责联络30～70公里的区域。

京津冀三地铁路客、货运量及周转量数据均可直接从相关年份《中国统计年鉴》中获得。对于客运细分的三种线路运输周转量，采用运输周转量＝运量×平均运距的方式确定。其中城际线路和市郊线路的平均运距为100公里和50公里。由于本研究根据中国铁路北京局下辖范围我国铁路内燃机车和电力机车工作量比重(1∶9)，结合对铁路部门专家的调研访谈，确定客、货运及客运细分线路下内燃机车和电力机车的比重。

内燃机车$CO_2$和$CH_4$排放因子参考IPCC2006年温室气体排放清单编制导则中铁路运输部门使用的常规燃料缺省排放因子，柴油的二氧化碳和甲烷排放因子分别为74100千克/太焦和4.15千克/千兆焦。内燃机车$N_2O$和$NO_x$排放因子采用LEAP技术与环境数据库（TED）的值，该值分别由欧盟和美国环境部门相关研究提供，为0.03千克/千兆焦和0.9千克/千兆焦；$SO_2$的排放因子采用蔡惟瑾①等对3种内燃机车试验测试的平均值，为2.2克/千克；粉尘排放因子采用铁道部劳动卫生研究所及铁道科学研究院机车车辆研究所的试验数据，② 为15.2克/千克。

电力机车$CO_2$排放因子参考中国区域电网基准线排放因子，选取华北区域电网的OM值；空气污染物排放因子通过发电技术排污系数确定。

## （四）城市轨道交通温室气体及污染物排放测算

城市轨道交通排放以地铁车辆牵引功率和车辆运行情况的数据为基础计算。城市轨道使用的能源几乎全部为电力。牵引系统能耗一般占车辆总能耗

① 蔡惟瑾，赵春亭，杨玉森．内燃机车用柴油机排放气态污染物的试验研究［J］．铁道劳动安全卫生与环保，1996，23（2）：136－138.

② 铁道部劳动卫生研究所．陇海线郑州—宝鸡段铁路电气化改造工程环境影响报告书（大气环境影响评价）［R］．北京：铁道部劳动卫生研究所，1988.

的 70% ~85%；空调通风、设备风机、空气压缩机等辅助设备的能耗和控制及照明系统能耗占 15% ~30%。[①] 运营情况从相应运营公司网站获得。城市轨道交通产生的温室气体和空气污染物主要为电力消耗引起的间接排放。排放因子同本区域铁路运输部分采用的数值相同。

## （五）京津冀交通运输部门温室气体及污染物排放控制措施协同效应计算

本研究提出协同率指标作为温室气体和大气污染物协同效应的量化参数。将政策情景下大气污染物排放量同基准情景相比的削减量作为分子，将政策情景下温室气体排放量同基准情景相比的削减量作为分母，两者相比即为协同率。虽然协同率在本研究中是以削减量度量的，但它也可理解为成本效益指标：温室气体排放同能耗密切相关，能源消耗是成本的重要组成部分，而大气污染物排放的负外部性决定对其的削减能产生效益。

协同率具有方向（正负性）和大小两个属性。从协同率方向看，在协同率为负的情况下温室气体或大气污染物某一方不能得到削减，此时两者不具有协同效应。在协同率为正的情况下，温室气体和大气污染物同时削减或增排，说明两者具有协同效应。尤其的，对于同时削减的情形，协同效应体现为效益。因为只有在产生协同效应的前提下讨论协同大小才有意义，所以协同大小均针对协同率为正的情况。协同率数值越大，则意味着单位温室气体减排所能削减的大气污染物量越大，显然这种政策情景在同时削减温室气体和大气污染物排放时能获得最大的综合效益，能够以最经济的方式同时实现温室气体和大气污染物排放削减目标。

为便于分析，本文将 $CO_2$、$CH_4$ 和 $N_2O$ 三种温室气体以及 $NO_x$、$SO_2$ 和 PM 三种大气污染物分别加总，形成综合协同率。温室气体和大气污染物当量值计算方法分别见式（16 -1）和式（16 -2）：

$$E_{GHG} = GWP_{CO_2} \times E_{CO_2} + GWP_{CH_4} \times E_{CH_4} + GWP_{N_2O} \times E_{N_2O} \qquad (16-1)$$

$$E_p = E_{NO_x}/W_{NO_x} + E_{SO_2}/W_{SO_2} + E_{PM}/W_{PM} \qquad (16-2)$$

其中，$E$ 表示排放量，$GWP_i$ 表示全球变暖潜力值，$W_j$ 表示排污税推荐的污染物当量，$i$ 表示温室气体种类，$j$ 表示大气污染物种类。

本文采用的温室气体 GWP 和大气污染物当量值详见表 16 -6。

① 张燕燕．城市轨道交通系统牵引及车站能耗研究［D］．北京：北京交通大学，2008.

表 16－6 温室气体 GWP 和大气污染物当量值

| | 种类 | GWP 数值 | | 种类 | 污染当量值（kg） |
|---|---|---|---|---|---|
| 温室气体 | $CO_2$ | 1 | 大气污染物 | $NO_x$ | 0.95 |
| | $CH_4$ | 25 | | $SO_2$ | 0.95 |
| | $N_2O$ | 296 | | PM | 4 |

资料来源：温室气体 GWP 来自 IPCC 报告，大气污染物当量值来自生态环境部污染物排放收费规定。

## （六）京津冀交通运输部门温室气体及污染物排放控制措施情景设置

本研究采用情景分析的方法建立政策同排放之间的联系。情景分析的基准年为 2014 年，预测年份为 2020 年，即“十三五”末期。

本文共设置三类情景：基准情景、单独政策措施情景、政策措施综合情景。基准情景是用来衡量某特定政策措施对温室气体及污染物的削减效果的比较对象。单独政策措施情景确定的主要依据是京津冀“十三五”期间交通运输部门一体化发展政策以及节能、减碳、控污的需要，在此基础上梳理出几项典型且关键的能够同时削减温室气体和污染物排放的政策举措。政策措施综合情景是将所有的政策举措叠加，它理论上是相对基准情景温室气体及空气污染物削减效果最强的情景，即减碳控污力度最强的情景。

根据北京、天津、河北三地已经出台的同交通运输部门相关的“十三五”规划，本文共设置 6 个单独政策措施情景，分别涵盖道路运输、城间铁路运输和城市轨道交通三个道路交通运输子部门，具体包括实施严格的机动车排放标准、新能源汽车推广、私家车限购、发展城市轨道交通、加强京津冀公路路网建设、发展京津冀城际高速/市郊铁路。

其中，前 3 项政策措施影响城市内部的道路交通，第 4 项主要影响城市内部的轨道交通，第 5 项影响城市之间的道路交通，第 6 项主要影响城市之间的铁路运输。在总交通需求一定的情况下，轨道运输的发展会对公路运输产生替代作用，因此，第 5 项和第 6 项政策措施也会间接影响道路运输交通子部门。

具体的，从政策影响模型变量的角度考虑，第 1 ~3 项政策措施均会影响 COPERT 模型中的车辆保有量，例如，机动车排放标准的实施势必会使符合新排放标准车辆比重增加，同时旧标准的车辆逐步淘汰；第 4 项政策措施除影响城市轨道计算方法的客运量之外，还会使公共汽车年均行驶里程下降；第 5 项政策措施影响 COPERT 模型中的道路分担率、路网的加强，尤其是高速路网的建设会导致高速公路路况比重增加；第 6 项政策措施同时影响道路交通中公路客车年均行驶里程和城间铁路运输 LEAP 模型中城际铁路和市郊铁路对客运量的贡献。（见表 16－7）

**表 16－7　情景分析中涉及的京津冀交通运输部门政策措施**

| 编号 | 所属部门 | 具体措施 | 影响的模型/模型变量 | 变化趋势 |
|---|---|---|---|---|
| 1 | 城市内部/道路交通 | 实施严格的机动车排放标准 | COPERT/保有量 | 符合新机动车排放标准的车辆比重增加；同时旧标准的车辆逐步淘汰 |
| 2 | | 新能源汽车推广 | COPERT/保有量 | 出租车、公交车和私家车中纯电和混电车比重增加 |
| 3 | | 私家车限购政策 | COPERT/保有量 | 私家车保有量增速降低 |
| 4 | 城市内部/轨道交通 | 发展城市轨道交通 | COPERT/年均行驶里程；城市轨道模型/客运量 | 公共汽车年均行驶里程降低（城市轨道交通替代）；城市轨道交通运输量增加 |
| 5 | 城市之间/道路交通 | 加强京津冀公路路网建设 | COPERT/三种路况分担率 | 高速路分担率增加 |
| 6 | 城市之间/轨道交通 | 发展京津冀间城际高速/市郊铁路 | COPERT/年均行驶里程；LEAP/客运量、城际高速和市郊铁路分担率 | 公路客车年均行驶里程降低（轨道运输替代）；城际高速和市郊铁路客运量分担率增加 |

## 三、京津冀交通运输部门温室气体及污染物排放分析结果

### （一）基准情景

基准情景下，2014—2020 年，除 $CH_4$ 外，京津冀交通运输部门温室气体排放持续增长，2020 年排放总量达到 1.31 亿吨 $CO_2$－eq，年均增速约为 4.3%。$CH_4$ 排放的年均增速约为－0.2%。按当量计，$CO_2$ 占比最大为 95.4%，其次为 $CH_4$ 为 3.85%，$N_2O$ 的比重仅为 0.7%。按直间接排放划分，直接排放占绝大多数，比重约为 95%。

将温室气体排放量按京津冀区域划分可知，河北对温室气体排放贡献最大，比重接近 64%，北京以贡献率 24% 位居第二，天津比重最低为 12%。在无控制的情况下，河北排放比重相比 2014 年进一步增加。

道路交通运输子部门因主要使用化石燃料，对直接排放的贡献极为显著（比重约为90%），其次为城间铁路运输排放。此外，道路交通在$CO_2$的排放中贡献最大，约为93%，但在$CH_4$的排放中仅占6%；而对$CH_4$排放贡献最大的为城间铁路运输，比重超过90%。同2014年相比，道路交通$CO_2$的排放比重在增加，城间铁路运输的$CH_4$排放贡献也在增加。在无控制情形下，机动车保有量增加显著以及铁路运输机车结构未向更深程度电力化调整是导致上述结果的主要原因。

表16－8展示了2020年基准情景下京津冀交通三种温室气体按不同划分标准的排放分布结果。

**表16－8 2020年基准情景下京津冀交通温室气体排放量**

| 种类 | | $CO_2$（万吨） | $CH_4$（万吨） | $N_2O$（吨） |
|---|---|---|---|---|
| 划分标准 | 总排放 | 12544 | 20.2 | 3338 |
| 按区域划分 | 北京 | 3158 | 3.0 | 666 |
| | 天津 | 1598 | 1.8 | 361 |
| | 河北 | 7788 | 15.4 | 2311 |
| 按直间接划分 | 总直接排放 | 11914 | 20.2 | 3338 |
| | 总间接排放 | 630 | 0.0 | 0 |
| 按交通运输子部门划分 | 道路交通 | 11574 | 1.3 | 1940 |
| | 城间铁路 | 767 | 19.0 | 1398 |
| | 城市轨道 | 203 | 0.0 | 0 |

2014—2020年，京津冀交通三种主要污染物排放持续增长，2020年排放总量达到59.9万吨，年均增速分别为3.5%、2.4%和1.5%，其中，$NO_x$占比最大为86.9%，其次为PM和$SO_2$，比重分别为8.8%和4.3%。

同温室气体类似，河北对空气污染物排放的贡献也最大，比重接近70%，北京以贡献率19%位居第二，天津比重最低为11%，基本保持同2014年相同的排放结构。空气污染物中的直接排放亦占绝大多数，贡献率达到97%。

从交通运输各子部门来看，道路交通部门对于$NO_x$和PM的贡献位于第一，贡献率分别为89%和64%。在无控制情形下，道路交通部门对$NO_x$和PM的排放比重相比2014年有所增加。尤其是PM，其比重从2014年的

55.9%上升到64%。这说明道路交通部门不仅排放 $NO_x$ 和 PM 的数量多，不加控制时的增加率也非常高，从这一点看，对于道路交通 $NO_x$ 和 PM 更应该采取严加管控的态度。城间铁路运输和城市轨道对 $SO_2$ 排放的贡献之和超过50%，其中绝大部分为间接排放，比重同2014年基本无变化。

表16－9展示了2020年基准情景下京津冀交通三种空气污染物按不同划分标准的排放分布结果。

**表16－9　2020年基准情景下京津冀交通空气污染物排放量**

| 种类 | | $NO_x$（万吨） | PM（万吨） | $SO_2$（万吨） |
|---|---|---|---|---|
| 划分标准 | 总排放 | 52.1 | 5.3 | 2.6 |
| 按区域划分 | 北京 | 10.1 | 1.0 | 0.7 |
| | 天津 | 5.7 | 0.6 | 0.3 |
| | 河北 | 36.3 | 3.7 | 1.5 |
| 按直间接划分 | 总直接排放 | 50.7 | 4.9 | 1.2 |
| | 总间接排放 | 1.4 | 0.4 | 1.3 |
| 按道路交通运输子部门划分 | 道路交通 | 52.1 | 5.3 | 2.6 |
| | 城间铁路 | 10.1 | 1.0 | 0.7 |
| | 城市轨道 | 5.7 | 0.6 | 0.3 |

## （二）政策措施综合情景

在政策措施综合情景下，2014—2020年，京津冀交通温室气体排放持续下降，2020年排放总当量达到9511万吨 $CO_2-eq$，年均增速约为－1.3%。$CO_2$、$CH_4$ 和 $N_2O$ 的年均增速分别为－0.3%、－2.6%和－1.0%。这说明在该情景下温室气体排放总量得到有效控制，排放总量得以持续降低。

从直接排放和间接排放结构看，政策措施综合情景由于能够显著降低道路交通运输部门能源消费（大部分产生直接排放），故其直接排放比重在各情景中下降到最低，约为90%。此外，在这种情景下，河北温室气体排放得到极为有效的控制，在三地间的排放比重由基准情景下的63%下降到58%。

表16－10展示了政策措施综合情景下京津冀交通三种温室气体按不同划分标准的排放分布结果。

**表 16－10 2020 年政策措施综合情景下京津冀交通温室气体排放量**

| 种类 | | $CO_2$（万吨） | $CH_4$（万吨） | $N_2O$（吨） |
|---|---|---|---|---|
| 划分标准 | 总排放 | 9005 | 17.1 | 2639 |
| 按区域划分 | 北京 | 2440 | 2.5 | 516 |
| | 天津 | 1337 | 1.5 | 309 |
| | 河北 | 5228 | 13.0 | 1815 |
| 按直间接划分 | 总直接排放 | 8087 | 17.1 | 2639 |
| | 总间接排放 | 917 | 0.0 | 0 |
| 按道路交通运输子部门划分 | 道路交通 | 7793 | 0.7 | 1432 |
| | 城间铁路 | 820 | 16.4 | 1207 |
| | 城市轨道 | 392 | 0.0 | 0 |

政策措施综合情景下，2014—2020 年，除 $SO_2$ 外，京津冀交通三种主要污染物排放有明显降低，2020 年排放总量达到 39.6 万吨，$NO_x$ 和 PM 年均下降率分别为 3.1%、1.6%，两者的排放在政策措施综合情景下得到有效控制。$SO_2$ 排放年均增速为 3.1%，仅低于发展城市轨道交通情景，增速在所有情景中排名第二。政策措施综合情景下，城市轨道和铁路运输的规模化是导致 $SO_2$ 排放剧增的原因。轨道运输同时大力发展使得 $SO_2$ 排放中间接排放的比重（67%）也达到最大。

表 16－11 展示了政策措施综合情景下京津冀交通三种空气污染物按不同划分标准的排放分布结果。

**表 16－11 2020 年政策措施综合情景下京津冀交通空气污染物排放量**

| 种类 | | $NO_x$（万吨） | PM（万吨） | $SO_2$（万吨） |
|---|---|---|---|---|
| 划分标准 | 总排放 | 32.8 | 4.0 | 2.9 |
| 按区域划分 | 北京 | 10.0 | 1.0 | 0.8 |
| | 天津 | 5.6 | 0.6 | 0.3 |
| | 河北 | 36.0 | 3.6 | 1.7 |
| 按直间接划分 | 总直接排放 | 30.8 | 3.4 | 0.9 |
| | 总间接排放 | 2.0 | 0.6 | 1.9 |
| 按道路交通运输子部门划分 | 道路交通 | 7.8 | 0.9 | 1.0 |
| | 城间铁路 | 4.0 | 0.5 | 0.4 |
| | 城市轨道 | 21.0 | 2.6 | 1.5 |

## （三）2014—2020 年京津冀交通运输部门温室气体和大气污染物排放趋势

2014—2020 年京津冀交通运输部门温室气体和大气污染物排放趋势如图 16－2 所示。除 $CH_4$ 和 $SO_2$ 外，对于大多数温室气体和大气污染物而言，基准情景下各种物质排放仍持续增长，而政策措施综合情景下排放增长趋势得到控制，甚至出现比较明显的降低，说明本文所探讨的政策措施在综合使用的情况下，确实能够有效削减京津冀交通温室气体和大气污染物排放。

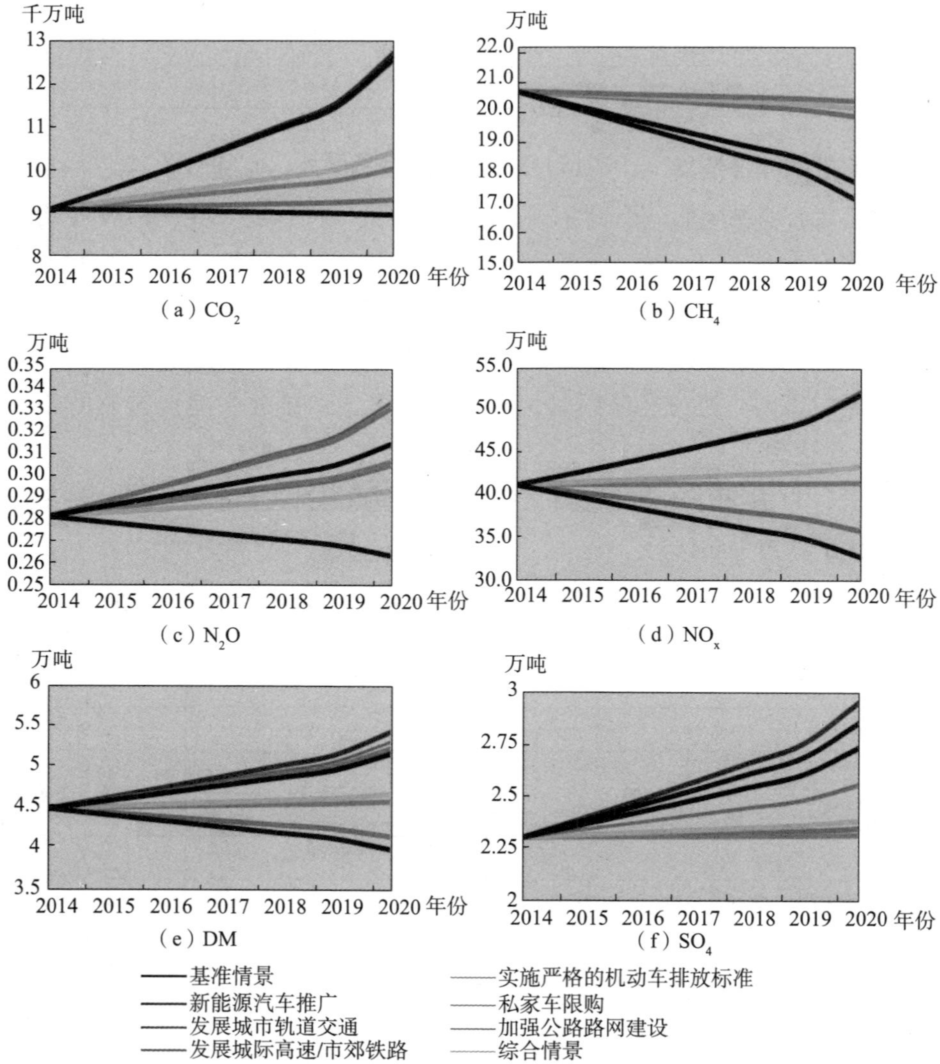


**图 16－2　2014—2020 年各情景下京津冀交通温室气体和大气污染物排放量**

对于 $CH_4$ 而言，即使在基准情景下其排放仍略有下降。据测算，城间铁路运输子部门是 $CH_4$ 排放最主要的贡献者，比重在 90% 以上，基准情景设定的城间铁路运输规模适当扩大是导致该趋势的主要原因。

从 $SO_2$ 排放趋势可以看出，政策措施综合情景下排放不但未得到削减，反而以较快速度增长，增长幅度仅次于发展城市轨道交通。一方面，本文所探讨的 $SO_2$ 多来自电力消耗的间接排放，在我国轨道运输电气化程度较深的情况下，扩大轨道运输规模意味着增加电力消费，必然会排放可观的间接 $SO_2$。另一方面也反映出在京津冀地区现有电源结构下，从全生命周期角度看，发展轨道交通是否能够具有节能减排效果值得商榷。

### （四）2020 年各情景下京津冀交通运输部门温室气体和空气污染物削减量

按照式（16－1）和（16－2）所示，本研究在排放总量数据的基础上进一步计算 2020 年各情景下温室气体和大气污染物相对基准情景的削减当量（见图 16－3）。

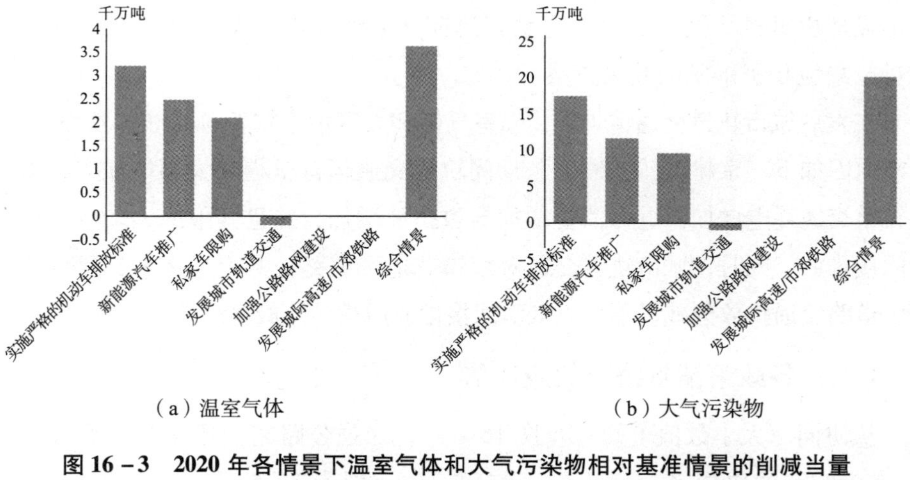


（a）温室气体　　　　（b）大气污染物

**图 16－3　2020 年各情景下温室气体和大气污染物相对基准情景的削减当量**

对于温室气体而言，采取最强力度的政策措施（政策措施综合情景下）的削减量最大，可使得 2020 年京津冀交通运输部门温室气体排放量削减约 3620 万吨当量。在各单项政策措施情景中，作用于道路交通运输部门的政策措施对温室气体排放的削减程度大于其他措施，削减量均达到千万吨级水平，按照由大到小排序依次为：实施严格的机动车排放标准 3215 万吨、新能源汽车推广 2482 万吨、私家车限购 2104 万吨。发展城际高速/市郊铁路和加强公路路网建设实现的温室气体排放削减量相对减小，分别为 36. 8 万吨和 32. 7 万吨。发展城市轨道交通政策并不能实现温室气体排放总当量的削减，相对基准情景它将增加约 180 万吨的排放。

同时，采取最强力度的政策措施亦可获得最大程度大气污染物削减，据测算约 20. 3 万吨污染物当量。在各单项政策措施情景中，实施严格的机动车排放标准、新能源汽车推广及私家车限购为大气污染物总当量削减程度最大的三个政策措施，其削减量分别为 17. 6 万吨、11. 7 万吨及 9. 7 万吨污染物当量。发展城际高速/市郊铁路和加强公路路网建设对于大气污染物的削减量相对较小，分别为 3300 吨和 3700 吨污染物当量。发展城市轨道交通政策措施虽然不能实现污染物总当量削减，但对于其中的直接排放部分，最终能产生约 613 吨的削减。

综上，除发展城市轨道交通措施外，其余情景均能实现温室气体和大气污染物双重削减。政策措施综合情景无疑是削减量最大的情景，而在单项措施中，实施严格的机动车排放标准的削减效果最显著，且与政策措施综合情景的效果差别不大。如果考虑政策措施的实施成本，实施严格的机动车排放标准显然更具经济性。因此，它是京津冀交通运输部门温室气体和大气污染物排放最应积极落实的政策方案。

在发展城市轨道交通情景下，温室气体和大气污染物相对基准情景均增排，可能原因如下：京津冀“十三五”期间轨道交通运营里程要大幅增加，必然导致轨道交通耗电增加。电力消费增加导致排放增加，并且其中绝大多数增排量为间接排放。同时，城市轨道交通对京津冀地区道路公共交通运量替代程度有限，道路交通排放削减量不足以抵消间接排放增量导致最终结果为增加排放。

### （五）各政策情景协同效应评估

从协同率大小数值可知（见图 16 – 4），加强公路路网建设及发展城际高速/市郊铁路的协同效应大小位于前两位，分别为 11. 5 千克二氧化碳当量、8. 8 千克二氧化碳当量。这两个政策措施情景削减温室气体和大气污染物绝对量小，协同效应却高。可见，基础设施建设以及城间铁路运输的加强在以较经济的方式实现温室气体和大气污染物削减目标上有重要地位。此外，这两项措施落实需要高投入资金和高维护费用，若以达到特定的减碳及控污目标考量，该结果也意味着在同时达到两方面目标下能够显著节约综合实施成本。

综合政策措施的协同效应大小为 5. 6 千克二氧化碳当量，位于第三。实施

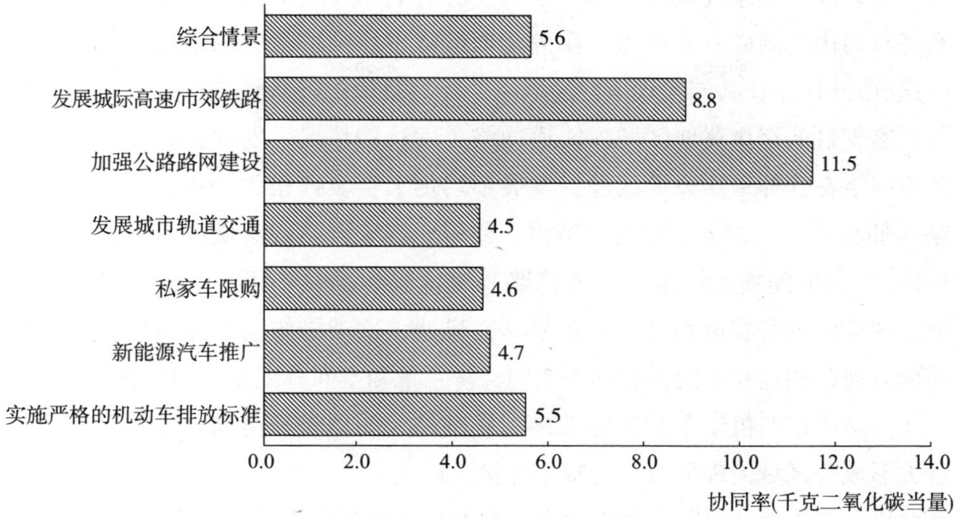


**图 16－4 2020 年各政策情景下协同率大小比较**

严格的机动车排放标准、新能源汽车推广、私家车限购政策这三种作用于道路交通部门机动车保有量的政策措施协同效应大小同最强力度的情景量级相当，分别为 5.5 千克二氧化碳当量、4.7 千克二氧化碳当量、4.6 千克二氧化碳当量。

三项作用于道路交通子部门的措施虽然协同率大小居中，但因能够带来可观的削减量，它们在京津冀交通控污减排上也是极为关键的。在三项措施之中，私家车限购的协同效应最小，这是因为河北作为京津冀地区温室气体和大气污染物排放占比最大的区域，尚未实施限购政策，故对排放总量及协同效应产生的影响必定要大打折扣。

发展城市轨道交通的协同效应在政策情景中最小。由于该措施实施之后温室气体和大气污染物相对基准情景均产生增排，所以它所指代的协同效应不具有效益内涵。因此，从削减量和协同效应两方面考虑，它应是最不被推荐的政策措施。

## 四、京津冀交通运输部门温室气体及污染物排放控制政策建议

根据削减量及协同效应大小，京津冀交通运输部门控制温室气体和大气污染物排放的政策措施最应优先落实的依次为发展城际高速/市郊铁路、实施严格的机动车排放标准、加强公路路网建设，它们是京津冀交通能源环境与应对气候变化综合管理的关键措施。

大力发展京津冀城际铁路，是以经济有效的方式实现减碳控污，并促成经济布局优化的最有效措施。作为几项措施中协同率最大的措施，发展城际高速/市郊铁路在共同实现节能、减碳、控污目标的经济性方面毋庸置疑。此外，鉴于目前京津冀地区城际轨道网络欠发达的情况，发达且有层次的城际轨道网络在弥补京津冀地区经济发展不均衡上会发挥很大效用：城间快速铁路（如高铁）会加大城市交流范围，使得所有未设站的县城成为可达性较差地区①，而城间慢速铁路（市郊铁路）则能确保高铁不可达地区的联系，从而实现区域内所有市县经济同步发展。显然，这项措施在节能减排和经济发展两方面是相辅相成的，有利于实现经济总量和空间分配布局的优化。

实施严格的机动车排放标准措施减碳控污的体量及协同效应均很大，应着力形成跨区域治理平台及机制，确保三地统一实施严格的机动车控制体系。针对机动车管控，府际治理平台和机制的构建首先应当借助现有大数据平台，如北京市交通节能减排实验室，以此为基础进一步完善京津冀保有量与排放总量数据库，力争做到机动车活动水平与排放信息的实时化和动态化②。其次，在新车、在用车及能源管理上要与排放标准同步实现法规标准的统一。着重统一新车制造与检测、在用车检测与维护以及能源品种与燃料经济性等法规标准。在资源分配上要充分结合地区优势，实现资源整体规划、合理利用，避免重复建设；同时要充分考虑地区劣势，适当给予政策倾斜。

京津冀地区轨道交通（城际及城内）的减碳控污效果并不突出，应提高该地区电源清洁化程度使轨道交通“低碳低污染”特征凸显。对城际轨道而言，尽管其具有极大的协同效应，但对温室气体和大气污染物的削减作用十分有限，这主要是由极高的电力消耗间接排放导致的。而城市轨道交通由于几乎完全使用电力，电源结构更是显著影响它的减碳控污特性。由于京津冀三地在“十三五”期间都拟定了雄心勃勃的市内轨道交通发展规划，加之政府将会重点建设区域间城际铁路网络，未来在京津冀地区交通运输部门中，由轨道交通产生的温室气体和大气污染物排放比重会愈来愈大。电源清洁化程度将会是影响轨道交通，更是影响整个交通运输部门排放最重要的因素，因此，提高电源清洁化程度对于京津冀地区交通运输部门节能减排的意义重

---

① 郝宁．高速铁路对京津冀地区发展影响研究［D］．北京：中国地质大学，2014.

② 李莹莹．京津冀机动车污染物排放总量测算及减排防控策略研究［D］．天津：天津理工大学，2015.

大，也是迫在眉睫的举措。

京津冀地区的城市轨道交通发展应定位于提高交通资源利用率，减少城市交通拥堵，因此在量的前提下更要保证质的达成。从本文研究结论可以看出，发展城市轨道交通措施对温室气体和大气污染物削减的协同效应及绝对量均很小，这意味着该项措施在提高交通利用率、应对交通拥堵、减少私家车增长方面的作用甚于节能减排。提高运输效率是一项系统工程，为了达到这个目的，在发展城市轨道交通时不应只关注量，而应充分保证质的达成，确保城市轨道交通能够切实减少拥堵、提高效率。基于此，应在发展轨道交通自身规模的同时，完善其与公共汽车等机动公共交通，以及与非机动公共交通的衔接，如建设城市慢行区域，普及共享单车使用等。

应进一步加强协同效应研究，使其切实融入京津冀地区交通运输节能减排政策制定的实践中。例如，应当拓展协同效应研究对象，从存在“同源性”的温室气体和大气污染物之间拓展至温室气体与其他污染物，甚至水资源、土地资源的协同；其次，要基于国内各省市经济运行、技术应用和政策执行现状开发或（基于国外已有成果）完善协同效应分析方法、模型和工具，使协同效应相关的定量化结果更具说服力。此外，要使协同效应的研究测算结果切实融入决策应在行政机构顶层设计上创造有利于成果输出的机制，其中最主要的内容是加强政府跨部门的协调，这方面可依托府际治理平台及机制的构建进行加强。

执笔人：谭琦璐　高翔

# 第十七章
# 发展完善中国碳市场，助力电力行业转型

——碳市场对电力行业转型的影响分析

## 一、推动电力转型势在必行

电力工业是建设现代化国家的支撑和保障。改革开放以来，为有效支撑经济保持高速增长，我国电力工业的发展规模不断迈上新台阶，成功解决了制约经济发展的电力短缺问题，但也带来了与规模扩张相伴的资源环境问题。党的十九大明确提出全面建设社会主义现代化国家及其“两步走”战略安排，完整勾画了社会主义现代化建设的时间表和路线图，开启了生态文明建设的新时代。新时代电力工业发展需转变保障供应背景下的“铺摊子”，加快适应以生态文明建设为出发点的“上台阶”，构建清洁低碳、安全高效的现代电力工业体系，惠及国计民生，为全面建成现代化国家提供坚实支撑和保障。

从国内发展来看，推动高质量发展必须加快电力转型。当前我国经济已由高速增长阶段转向高质量发展阶段，作为经济的晴雨表，电力消费已明显降速换挡，电力供应呈现相对宽松、局部过剩特点，以往高速增长阶段被掩盖或忽视的问题更为突出，主要表现为：煤电产能过剩风险与非化石能源消纳受限并存，电力结构优化增速放缓，制约质量变革；电力设备利用效率不高与实体经济用电成本偏高并存，电力市场机制尚未建立，制约效率变革；煤电生态环境代价认识不足与清洁能源产业可持续发展受限并存，公平的市场竞争环境缺失，制约动力变革。

从国际趋势来看，电力转型居于应对全球气候变化的核心。《巴黎协定》提出的“不超过2℃”的温升目标，要求21世纪下半叶全球实现温室气体净零排放，基本明确了“电源结构去碳化、终端用能电气化”的电力转型方向和要求。我国向国际社会承诺二氧化碳排放将于2030年左右达到峰值并争取尽早达峰，但电力碳排放占总排放的比重近40%，电力转型进度不仅对支撑

碳排放达峰影响重大，还将深刻影响达峰之后的趋势走向。当前阶段若仅以尽早达峰为目标部署电力转型，将难以有效应对达峰后推进深度减排的严峻挑战。

持续推动电力转型的体制机制仍有待完善。《电力发展“十三五”规划》的发布结束了电力规划十年缺位的历史，站在经济发展新常态的关键时点重新审视电力转型的综合协调问题。以印发《关于进一步深化电力体制改革的若干意见》为标志，我国电力体制改革再次起航，在“还原电力商品属性”的顶层设计思想指导下，加速破解制约电力转型的“量和价”两个关键要素。信守应对全球气候变化承诺，发布《全国碳排放权交易市场建设方案（发电行业)》，以电力行业为突破口率先启动全国碳排放交易体系，迈出推动经济向绿色低碳转型升级的关键一步。由此，我国在“十三五”中期基本构建了“规划引领、改革驱动、市场导向”的电力转型体制机制。启动可喜、去路犹长，持续推动电力转型、不断完善体制机制的难度不容低估，还需以更大的魄力和勇气，立足当下直面转型进程中的前瞻性、战略性问题。

## 二、电力转型正处于新旧驱动力转换的关键期

### （一）仅以行政管理为驱动的转型机制难以为继

由于我国长期电力供应不足，“扩张保供”一直是我国电力发展的主基调，调整电源结构、推动电力转型等相关工作在确保电力供需平衡的基础上稳步推进，但总是规划赶不上变化，项目核准等行政手段在电力需求快速增长的背景下成为主要驱动。

从煤电来看，项目核准、年度发电计划、标杆上网电价、煤电联动等制度自成体系，在成功解决电力短缺问题的同时也为地方政府、发电企业投资煤电提供了稳定的盈利预期，导致电力投资相关主体对现有制度形成依赖，过分注重短期盈利能力，在外部形势发生变化的情况下难以改变原有发展惯性，使煤电投资增速在近年来逆势上扬。为适应形势变化，国家主管部门多次强调中发〔2015〕9 号文颁布实施后核准的煤电机组，原则上不再安排发电计划，不再执行政府定价，投产后一律纳入市场化交易并由市场形成价格，但在新旧驱动力转换时期难以完全落实到位。

从风电、光伏等可再生能源发电来看，项目核准、标杆上网电价、全额保障性收购、电价补贴等制度同样自成体系，仅通过补贴标准与煤电标杆上

网电价存在一定联系，这样的制度设计确保了企业投资风电的利益，强有力地支撑了我国可再生能源产业实现规模化发展。但随着产业发展跨过初级阶段，可再生能源补贴缺口逐年扩大，固定电价的弊端进一步凸显，现有制度难以支撑可再生能源产业再上新台阶，推出可再生能源配额制、绿色电力证书交易等适用于产业成熟阶段政策的呼声不断加强，以期望通过政府管制和市场机制的有效结合，促进全社会加快构建优先开发利用低碳能源的机制。（见图 17－1）

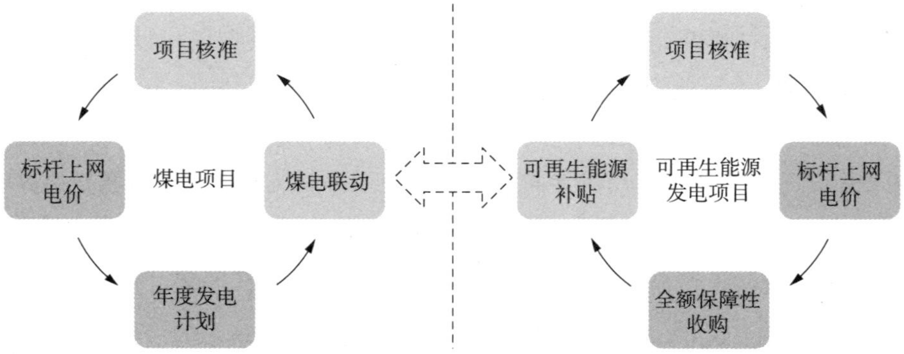


**图 17－1　以行政管理为驱动的电力转型机制**

以上制度设计构成了我国以保障电力供应、促进可再生能源产业化发展为前提的电力转型机制，更加注重发展的规模和速度，在推动过程中各自为政，对促进各类电源协同优化的考虑有诸多不足。随着经济发展进入“新常态”，电力需求高速增长时代并不突出的结构性矛盾逐渐凸显。不同电源之间的利益平衡成为制约电力转型的关键问题，当前以行政管理为驱动的制度体系难以为继，需根据外部环境和内在要求变化进行较大调整。

## （二）以市场与监管并重的转型机制正在加快构建

“十三五”时期以来，为适应经济发展阶段转换，我国电力转型机制开始发生转变，以启动新一轮电力体制改革、明确建立全国碳市场时间表等重要事件为标志，以建立清洁低碳、安全高效的现代电力工业体系为导向，市场与监管并重的电力转型机制正在加快构建。（见表 17－1）

从实现“清洁低碳电力”来看，在修订并提高火电厂大气污染物排放标准的基础上，进一步全面实施燃煤机组超低排放改造，使燃煤发电机组大气污染物排放浓度基本达到燃机排放水平。率先在火电行业核发排污许可证，并从2018年开始针对大气、水、固体和噪声四种污染物征收环境保护税，不断提高对火电行业的环保要求。在煤电投资过热、难以适应低碳发展要求的背景下，探索建立了煤电规划建设风险预警机制，并以火电行业为切入点启动碳市场，逐步加强对煤电等重点单位的碳排放监管。计划推出可再生能源配额制，完善可再生能源电力绿色证书及交易机制，形成促进可再生能源电力生产和消费的新发展模式。

从实现“安全高效电力”来看，进一步强化规划对引导电力供需两侧协调发展的重要作用，推动电力需求侧管理理念适应新的电力供需形势，以煤电灵活性改造、需求响应等工作为代表逐步重视电力系统调峰能力建设，因地制宜推动建立电力辅助服务市场。按“合理成本+准许收益”模式有序开展输配电价体系改革，推动电网回归公共事业属性。加强电力市场化交易规则制定及监管，不断扩大电力中长期交易规模，启动电力现货市场试点，逐步构建完善的电力市场体系。

**表17-1 以市场与监管并重的电力转型机制**

| 导向 | 政策 | 监管 | 市场机制 |
|---|---|---|---|
| 清洁低碳 | 提高排放标准 | 污染物排放监测 | 绿色证书交易<br>碳排放权交易 |
| | 环境保护税 | 排污许可证 | |
| | 抑制高碳投资 | 煤电规划建设风险预警 | |
| | 引导低碳投资 | 可再生能源配额制 | |
| | 碳排放定价 | 碳排放总量控制 | |
| 安全高效 | 综合资源规划 | 电力需求侧管理 | 中长期市场与现货市场<br>辅助服务市场 |
| | 提升调峰能力 | 辅助服务标准 | |
| | 市场化交易 | 市场交易规则 | |
| | 优化电网结构 | 成本收益监管 | |

资料来源：本研究整理。

## （三）碳市场是链接新旧驱动力的核心制度

### 1. 行政主导下的市场化转型机制

从碳市场本身来看，碳市场是政府为低成本实现控排目标而创造出的市场，是一项结合行政手段和市场手段的混合政策，是由政府主导的对既定碳排放空间进行合理利用从而实现更大经济效益的过程。主要包括以下两大方面：

强制性的碳排放权分配和考核过程，是形成碳市场的重要前提。政府通过采取行政或者法律的强制性手段，给排放主体分配碳排放空间的使用权（碳排放权），并通过考核手段强制要求排放主体的碳排放量不得超过其持有的碳排放权，从而实现政府承诺的总体减排目标。

自愿性的碳排放权使用和交易过程，是发挥碳市场的重要基础。通过制度安排，允许排放主体通过交易碳排放权完成任务，按照市场规律配置碳排放权资源，使排放主体在总体上以相对较低的成本实现履约，也使政府在既定的控排目标下实现更大的经济效益。

**2. 与转型驱动力转换相契合**

以可再生能源发展为例（见图 17－2），在不同发展阶段，由于技术水平的差异，在发展初期，可再生能源成本明显高于常规能源成本，但随着技术学习与扩散，市场规模的不断扩大，可再生能源成本将逐渐趋向于考虑外部性的常规能源成本，并在达到商业化阶段后低于常规能源成本，但如果不考虑外部性，常规能源仍然具有较强的经济优势。这就对政府在推动电力转型中的作用提出了更高的要求。

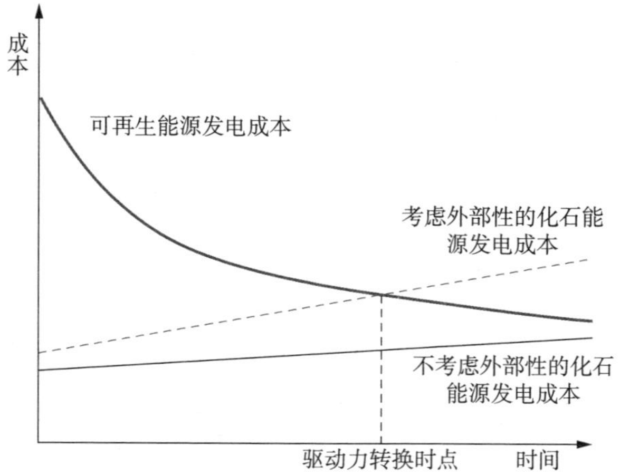


**图 17－2　电力转型驱动力转换的一般过程**

在研发示范阶段，政府需投入资金加大对可再生能源项目的扶持力度。在工程化推广应用阶段，政府的政策着力点在于出台政策鼓励社会资本投资可再生能源产业，并通过给予财政补贴和税收优惠等广泛吸引资金。而从商业化推广到成熟，政府应将市场机制引入到电力行业中，推动实现碳排放等外部成本内部化，营造可再生能源与常规能源公平竞争的环境，实现政府角色从市场参与者转型为市场监管者。在这一要求下，碳市场可谓正当其时。

### 3. 需适应电力转型进程

不可否认的是，碳市场并不仅仅聚焦电力行业，易游离于电力转型的其他市场机制之外，若不积极适应电力转型进程，将陷入不会发力、不敢发力的境地。（见图 17 –3）

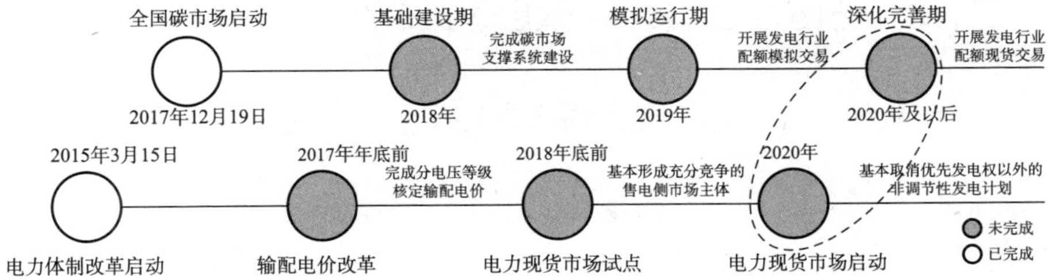


**图 17 –3　碳市场与电力市场建设时间表**

资料来源：《电力发展“十三五”规划》《全国碳排放权交易市场建设方案（发电行业）》。

不会发力，机制设计与电力生产运行一般规律相违背。特别是我国率先启动的碳交易制度是基于我国原有电力体制而设计。国家发展改革委于 2011 年发布《关于开展碳排放权交易试点工作的通知》，正式同意在广东、湖北、北京、上海、天津、重庆和深圳等“两省五市”七个地区开展碳交易试点，为建立全国碳市场开展积极探索。无论是先期启动的碳交易试点，还是积极推进的全国碳市场，均在制度设计层面充分考虑了我国电价、发电计划等制度安排对电力行业减排的影响，一方面既考虑了各排放主体的直接排放，也考虑了其用电带来的间接排放，在碳价难以传导的背景下以控制间接排放的方式提升参与主体的节电意识；另一方面淡化了发电量、负荷率等指标变化对化石能源发电机组碳排放带来的影响，使机组效率成为发电侧应对碳交易的核心问题。

不敢发力，电力转型推动电力行业各相关方利益调整。进入 2016 年，煤炭行业去产能带动煤价迅速反弹，使燃煤发电企业普遍陷入经营困境。与此同时，为加快适应自身角色定位转换，煤电行业积极开展灵活性改造，为非化石能源充分消纳提供支撑保障。以上诸多因素叠加，对现阶段我国电力行业的平稳发展带来深刻影响，更对建设电力市场与碳市场的节奏和力度提出更高要求。从当前进展来看，电力市场面临省间壁垒，碳市场又是新生事物，推进进度面临较大的不确定性，两个市场后续可能存在时间、空间的不统一，将对不同区域发电、用电企业带来差异化影响，加强协同的紧迫性进一步增强。

由此可见，关于碳市场改革顶层设计的讨论并未结束。展望 2020 年，碳市场深化完善期与电力体制改革“基本取消标杆上网电价、放开发用电计划”重叠。基于原有电力体制设计的碳市场制度框架，面临一运行即过时的风险，能否助力电力转型还将面临诸多考验。

## 三、碳市场助力电力转型：从启动到成熟

### （一）从无到有，初期碳市场培育转型意识（见图 17－4）

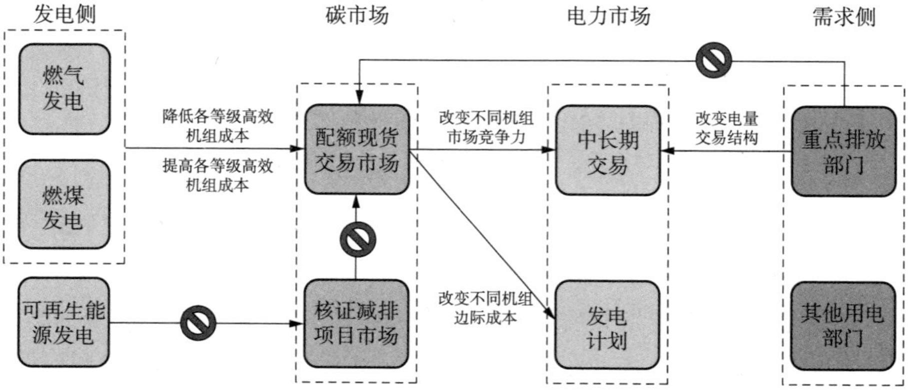


**图 17－4　初期碳市场模式**

#### 1. 发电行业首当其冲，率先试水现货交易

经国务院同意，国家发展改革委于 2017 年 12 月发布了《全国碳排放权交易市场建设方案（发电行业）》，标志着全国碳市场正式启动。方案提出要坚持将碳市场作为控制温室气体排放政策工具的工作定位，遵循稳中求进的工作要求，以发电行业为突破口率先启动全国碳排放交易体系，分阶段、有步骤地逐步推进碳市场建设。2018—2020 年的主要任务是建立并运行碳市场，引导发电行业逐渐适应市场规则并积极参与，确保市场运行趋于顺畅。

初期碳市场是在发电行业内部开展配额现货交易，暂不引入国家自愿核证减排量（CCER），仅聚焦发电行业高效煤电与低效煤电之间的市场出清，对非化石能源发电的促进作用极为有限。预计发电行业配额分配将采用“基准线法＋预分配”的方式，即以历史发电量为基准，初始分配一定比例配额，实际配额待核算出该年实际发电量后多退少补。根据容量等级、冷却方式的

不同，对燃煤、燃气发电机组进行分类，按基准碳排放强度免费分配初始配额。每台发电机组在其同类机组中的碳排放强度排位将直接决定其是否需要为每度电支付额外碳排放成本。

初期碳市场特色鲜明，淡化了发电量、负荷率等影响碳排放的关键指标，仅考虑了机组能效对电力行业碳排放的影响。各等级优于基准碳排放强度的高效机组将更具有竞争优势，每度电均将产生剩余配额，可卖出产生收益；而各等级落后于基准碳排放强度的低效机组将处于劣势，每度电均将产生配额缺口，需要为购买配额而增加成本。

**2. 配额总量适度从紧，政策力度相对温和**

碳市场配额总量设定既要自上而下地考虑应对气候变化和国内碳减排的宏观要求，也要自下而上地考虑企业的实际承受能力，初期碳市场已明确遵循配额总量“适度从紧”的原则，以确保碳市场在发挥作用的前提下不对企业带来较大冲击。由此可以预计初期碳市场价格将相对较低，以降低可能存在的系统性风险。参考北京、天津、上海、重庆、广东、湖北、深圳等“两省五市”碳市场试点的经验，全国碳市场价格水平预期与七个试点基本接近，即 30 ~ 50 元/吨 $CO_2$。

综合考虑各省、各区域电力体制改革进度，预计该阶段电力体制改革将处于由计划转向市场的过渡阶段，个别省市将启动电力现货市场，大部分地区仍将在留有一定发电计划的基础上以中长期交易为主。在这一假设下，计划电量部分仍采用管制电价，碳市场的建立将改变不同机组的边际成本，导致收益有增有减；中长期交易电量部分将以双边合同确定价格，虽然双边合同的形式多种多样，但碳市场的建立将改变不同机组的市场竞争力，对其双边商定价格带来影响，主要表现为各等级优于基准碳排放强度的高效机组将可能以更低的价格签订更多的电量，各等级落后于基准碳排放强度的低效机组将难以保住一部分市场电量份额，这将改变双边交易的电量成交结构，但初期碳市场增加的碳减排成本将主要在火电行业内部消化，难以实现实质传导。

根据中电联数据，分别以大型发电集团各容量等级机组利用小时数、火电机组能效对标结果为依据，按碳价预计在 30 ~ 50 元/吨 $CO_2$ 的区间，由此计算得出初期碳市场对煤电行业增加的额外成本预计在 0.31 ~ 0.51 元/兆瓦时，占煤电行业平均上网电价的比重不足 0.2%，从整体上看对煤电行业的影响微乎其微，更类似于电力行业“能效对标收费版”。此外，由于初期碳市场的配额缺口较小，也缺乏将可再生能源发电通过项目减排信用机制引入全国碳市场的空间，对促进低碳电源发展的作用相对有限，与电力体制改革等其他转型机制加强协同也并不具有紧迫性，仍重在培育火电行业的转型意识。

## （二）从行业局部到整体，中期碳市场接棒转型推力（见图17－5）

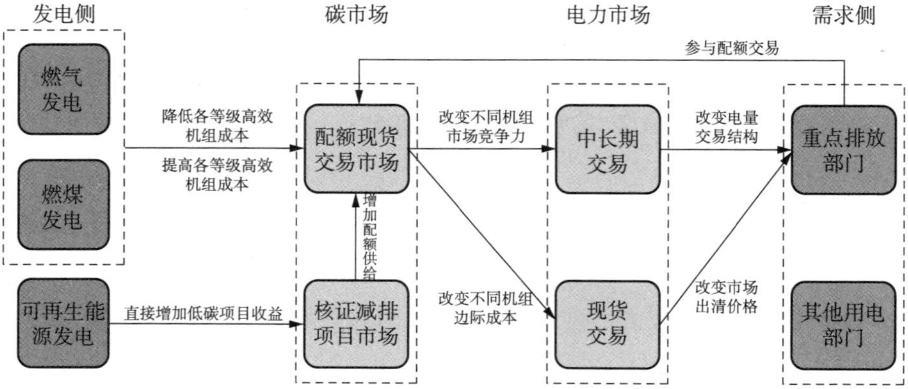


**图17－5　中期碳市场模式**

将国家自愿核证减排量纳入，覆盖更多市场交易主体，实现从火电行业到电力行业整体、从电力供给侧到电力供需两侧的跨越，将标志着全国碳市场跨过初期阶段，进入对电力转型产生实质影响的中期阶段。迈入这一阶段将面临更多抉择，例如纳入国家自愿核证减排量需进一步收紧配额，覆盖更多市场交易主体需妥善处理间接排放问题。此外，碳市场与电力体制改革等其他转型机制加强协同的紧迫性也进一步增强。

### 1. 交易产品丰富，鼓励低碳发电技术

通过进一步收紧碳排放配额总量，中期碳市场对化石能源发电成本的影响将更为明显，碳排放成本将成为火电企业生产经营的重要成本之一。此外，启动核证减排项目市场，将国家自愿核证减排量纳入，将直接增加风电、光伏发电等低碳项目收益，提升可再生能源发电的竞争力。“一增一减”将对电力行业长远格局带来影响。

从火电来看，中期碳市场在收紧配额总量的同时，还存在简化基准线的可能，这将进一步降低对发电侧成本造成人为扭曲的风险，更为合理地为火电机组的碳排放定价。若基准线直接简化为1条，将直接改变不同化石能源

发电的定位，碳排放强度较低的燃气发电机组将从控排对象转变为受益对象，可以从碳市场中持续获得收益。燃煤发电机组的视角也将从同容量机组转变为全煤电行业，在更大尺度范围内寻找自身在碳市场中的定位。

从可再生能源发电来看，引入国家自愿核证减排量将为可再生能源发电项目提供额外的经济激励，提升可再生能源发电项目的经济性。此时引入国家自愿核证减排量，一方面将与逐步退出的可再生能源发电补贴政策形成良好接续，另一方面还将在火电行业碳排放成本未完全内部化的背景下，营造更为公平的电力行业内部竞争环境。由此可见，中期碳市场将全面发力，成为后补贴时代促进风、光、生物质等可再生能源发电发展、引领低碳投资方向的强有力机制。

**2. 交易主体扩围，推动供需两侧转型**

通过纳入其他高耗能、高污染和资源型行业，中期碳市场将覆盖电力供需两端，市场主体更加多元化。由于我国电力行业以国有企业为主，拥有火电装机的 19 家中央及地方大型国有火电企业发电量占全国火电总发电量的比重高达 70%，这将导致碳排放配额过于集中，市场活跃度偏低，而扩大市场覆盖范围将有助于改变这一不足。

交易主体扩围将有助于创新商业模式。重点耗能行业既是最先参与电力市场直接交易的大用户，也将是除电力行业以外最先纳入全国碳市场的重点排放单位；在电力市场中是与电力企业开展市场交易的供需双方，在碳市场中则共同作为碳排放配额的交易主体。两个市场可以通过创新商业模式更好地加强协同，利用好“高耗能也是高载能”的运行特点，挖掘需求侧灵活性资源，推动电力供需两侧转型。

交易主体扩围也将促进解决间接排放等问题。间接排放是我国碳市场根据现有电力体制而采取的特有处理方式，在电价难以传导的情况下通过引入电力碳排放因子，激励终端排放部门重视用电带来的间接碳排放。随着碳市场和电力市场的推进，这一方式需寻求妥善的解决办法。一方面，我国电源结构调整步伐加快，电力碳排放因子逐年改善明显，是否调整易陷入两难境地，调整则规则变换频繁，不调整则与现实脱节严重。另一方面，推进电力市场建设为电价、碳价传导创造了可能，特别是 2020 年后，非调节性发电计划基本放开，以中长期市场规避风险、以现货市场发现价格的电力市场体系基本建立，将有助于促进碳市场回归理想模式。

## （三）从控排行业到国计民生，远期碳市场凸显转型成效

在碳市场规范运行后，适时推出碳排放配额拍卖机制，逐步提高电力行业配额拍卖比例，直至全部以拍卖形式分配，让发电企业作为独立的决策主体，基于自身真实成本买卖配额，形成更为合理的全成本碳价，拍卖收益再循环到减排相关事业，融入到绿色低碳发展的方方面面，这将是远期碳市场（或称为目标碳市场）的发展方向。可以预计的是，电力体制改革也将实现对电力转型机制的深刻变革，以市场和监管并重的转型机制将成为推动电力转型的核心力量，碳市场与其他机制协同并进，将进一步凸显转型成效。

### 1. 配额以拍卖形式分配，与电力市场深度融合

随着电力市场体系建立，电量分配和电价形成将依靠市场决定，以拍卖方式分配电力行业碳排放配额将必要且可行。拍卖将导致发电企业需为排放的每一吨碳支付成本，碳成本将成为发电企业运营成本中不可忽视的一部分。从中长期交易来看，发电侧在与终端电力用户开展中长期双边交易时，为合理规避风险，会将碳成本纳入决策范畴，双方商定价格将有助于实现向终端用户传导减排成本。从现货市场来看，引入碳成本将推高市场统一出清价格，非化石能源边际成本低的优势将更为明显，低排放电源优先中标的地位也将得到进一步巩固，并适当给予其合理的额外收益。（见图 17－6）

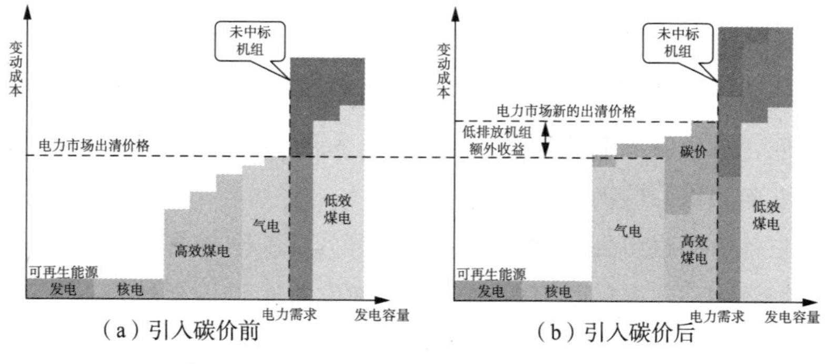


**图 17－6　碳价影响下的电力现货市场**

### 2. 配额拍卖收益再循环，推动减排并促进公平

碳市场拍卖收益的再循环将是碳市场从单一控排手段转变为关乎国计民生的重要标志。一方面，拍卖收入可再循环到受碳市场影响的相关项目中，例如支持能效项目和可再生能源发展，加强不同能源政策之间的互动，既降

低发电总成本，也能减少电力行业碳排放配额需求，协同推进供需两侧低碳转型。另一方面，拍卖收入还可用于补贴低收入群体和支持适应气候变化项目，适当降低减排成本传导带来的终端用户电费上升幅度，在保障民生的前提下进一步降低全社会的转型成本。通过多方面努力，形成政策闭环，实现“低碳+低成本”转型效益最大化。（见图17-7）

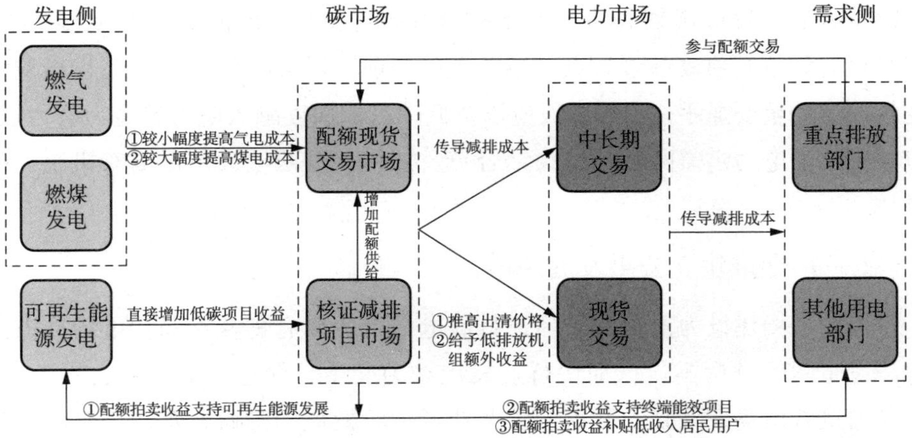


**图17-7 远期碳市场模式**

## 四、进一步完善中国碳市场的思考

建立并发挥碳市场作用，是一件复杂且充满挑战的事业。在坚持将碳市场作为控制温室气体排放政策工具的工作定位的同时，还应注重推动碳市场建设融入电力转型进程，系统解决在发展阶段转换、新旧机制变换中暴露出的不平衡、不协调、不可持续的矛盾和问题，重点从以下三个方面当好电力转型的助推器。

### （一）引导电力投资结构优化

一是通过碳市场形成科学有效的碳排放定价机制，确保碳价维持在合理区间，逐步实现化石能源发电碳排放外部成本内部化，不断强化电力行业碳排放的成本意识，抑制高碳投资，防止资产搁浅风险。二是通过碳市场进一步完善优先开发利用低碳能源的机制，率先支持仍处于工程示范阶段的可再生能源发电技术，有序扩大对可再生能源发电技术的支持范围，与绿色电力证书交易形成有效互补，共同实现对可再生能源补贴退坡的良好接续，提高低碳能源的经济性和竞争力，积极引导绿色低碳投资。

### （二）加强与电力体制改革协同

电力体制改革与建立碳市场应注重加强改革方案、改革落实、改革效果的协同，推动电力市场与碳市场形成合力。一是综合考虑两项改革对电力转型的影响，深入研究“十四五”及中长期两项改革工作的协同发展方向，推进改革方案的整体规划与协调，互相留有制度接口，时间节点要衔接得上。二是适时调整两项改革着力点和结合点，当前阶段应共同作为推动供给侧结构性改革的重要抓手，后续阶段应以将低碳目标深度融入电力转型为着力点，以协同推动电力供需两侧转型为结合点，加快促进两项改革形成有机统一的整体。

### （三）促进建立公平发展环境

以碳市场建设为重要突破口，打破电力行业固有利益格局，市场推进与保障民生两促进两不误，加快行业发展动力变革，促进社会发展公平公正。一是通过碳市场破除制约低碳能源产业可持续发展的障碍，营造公平的市场竞争环境，加快培育低碳能源产业，有效支撑经济社会发展，实现电力行业发展的动力变革。二是在推动实现电价、碳价协同传导的基础上，稳妥引入电力碳排放配额拍卖及收益再循环机制，抑制中高收入群体的不合理用能需求，精准补贴低收入群体，实现全社会转型成本的公平承担、合理分配。

执笔人：姚明涛

## 参考文献

［1］姚明涛，赵盟，康艳兵. 协同推进电力市场与碳市场建设　促进改革形成合力［J］. 中国发展观察，2017（21）.

［2］徐燕. 制度—政策—技术交互下的电力转型理论与规划方法研究［D］. 北京：华北电力大学，2016.

［3］李昂. 改善电力调度机制　助力全国碳市场发挥功效［EB/OL］. 中国碳交易网.［2017－01－19］. www. tanjiaoyi. com/artide－20426－1. html.

# 第十八章
# 中国电动汽车发展热点问题与未来趋势展望

## 一、电动汽车产业发展现状

我国已成为全球最大电动汽车产销市场及保有量国①，部分企业在市场规模及核心技术方面居于全球前列，但电动汽车的进一步发展也面临补贴依赖、充电设施不足、产品竞争力弱、环保争议等问题。

### （一）全球汽车电动化进程日益加快

为应对各国日益严苛的能耗及排放标准，欧美和日本等传统汽车强国近年陆续投放电动汽车产品，技术日臻成熟，市场规模不断扩大。根据国际能源署统计，2016 年全球电动乘用车保有量已超过 200 万辆，电动汽车已成为当前发展最快的新能源汽车技术。德国、英国、荷兰、法国、挪威、印度等国及部分汽车企业更是提出燃油汽车禁售目标，为电动汽车的持续发展营造了有利的政策环境。

在我国，2017 年 9 月，工业和信息化部表示已启动燃油汽车退出时间表研究。同月，工业和信息化部、财政部、商务部、海关总署、质检总局联合公布了《乘用车企业平均燃料消耗量与新能源汽车积分并行管理办法》，要求 2019 年度、2020 年度，汽车企业新售电动乘用车积分占比分别达到 10% 和 12% 。“双积分”政策是当前全球唯一一个国家层面的新能源汽车配额政策，该政策的实施意味着传统车企在中国每生产一辆燃油车，就必须拿出一定比例资金用于购买新能源汽车积分；对于电动汽车企业，每生产一辆电动车，除了获得正常的收益外，还可得到传统车企的补贴，其政策信号不言而喻。

---

① 本报告所指电动汽车包含纯电动汽车、插电式混合动力汽车及燃料电池汽车等以驱动电机作为主要动力来源的车辆。

## （二）我国电动汽车产业发展已取得先发优势

在传统汽车领域，我国车企与国际知名品牌存在巨大差距。当前大众、丰田、通用、雷诺—日产等国际老牌车企全球整体销量都在 1000 万辆左右，而 2016 年销量最大的国内品牌长安仅 100 万辆。反观电动汽车产业，长期的政策扶持有力地推动了产业发展。我国新能源汽车推广历程可分为 2009—2012 年和 2012—2015 年两期节能与新能源汽车示范推广工程阶段及 2015 年以后新能源汽车规模发展阶段。2009—2012 年，在中央财政购车补助引导和科技计划重点支持下，全国 25 个试点城市总计推广 44 个整车企业（17 个乘用车企业、27 个商用车企业）自主研发生产的节能与新能源汽车[①] 27432 辆（《节能与新能源汽车示范推广应用工程推荐目录车型》），其中公共领域推广节能与新能源汽车 23032 辆，应用范围从示范初期的公务、公交、出租等领域扩展至邮政、物流、环卫和电力工程等领域，私人购买领域推广 4400 辆。基础设施方面，2009—2012 年全国共建成 174 座充换电站，8107 个充电桩，分散充电桩、集中充电桩、快换电站三种方式都得到应用。

2012 年之后，在节能与新能源汽车示范推广“十城千辆”工程基础上，又将新能源汽车推广应用的示范城市从原来的 25 个扩大到 39 个，2013 年至 2015 年 9 月底，全国 39 个示范推广城市（区域）又累计推广新能源汽车 18.1 万辆，其中公共服务领域共推广新能源汽车 10.07 万辆，私人领域共推广新能源汽车 8.02 万辆。2015 年全国新能源汽车产量达到 33.14 万辆，首次超过全部汽车产量的 1%，并超越美国成为全球最大新能源汽车市场。

进入 2016 年，我国新能源汽车行业进入全面调整升级阶段，全年新能源汽车产量达到 51.70 万辆，市场规模接近全年汽车产量的 2%，稳居全球新能源汽车最大市场地位，新能源汽车保有量超过 100 万辆。截至 2017 年 2 月，全国公共领域共建设充电桩数量约 15.11 万个。

我国现已连续三年成为全球最大电动汽车产销市场，电动汽车年销量占比超过全球一半。2017 年我国电动汽车销量达到 77.7 万辆，为全球电动汽车总销量的 55%，是美国市场规模的近 4 倍，占我国全部汽车销量的比重接近 3%，且几乎全部为本土车企生产和销售。截至 2017 年，全球电动汽车累计销量突破 340 万辆，我国占比超过 50%，率先步入对传统燃油汽

① 包括混合动力汽车、纯电动汽车、插电式混合动力汽车、燃料电池汽车。

车规模替代阶段。（见图 18 - 1）

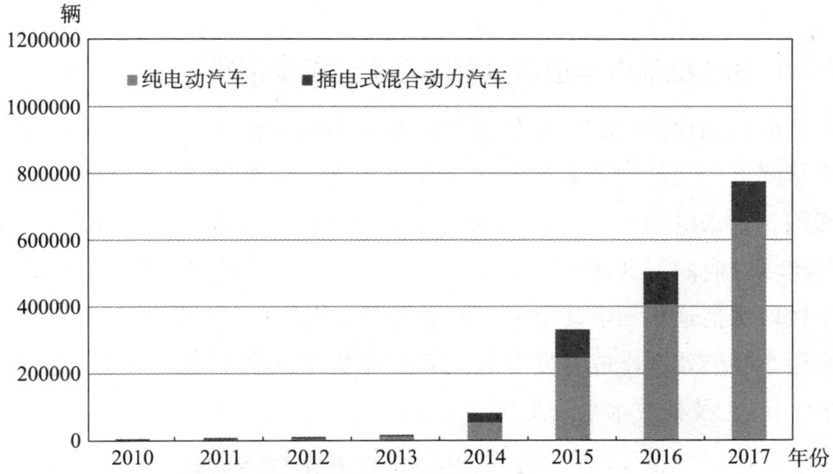


**图 18 - 1　2010—2017 年度中国电动汽车销量及汽车销量**

我国动力电池产业规模同样居全球第一，2017 年动力电池产能达到 200 吉瓦时。全国已有 151 家动力电池单体配套企业，配套产量为 276.6 亿千瓦时，占市场总量的 98%，配套量排名前 20 位企业国内企业占据 19 位①。2016 年全球动力电池销量排名前 10 位中，我国占了 5 席，其中比亚迪、宁德时代分列第二名和第三名。2017 年更多的中国动力电池制造商进入全球出货量排行前列。充电基础设施方面，目前中国已建充电桩突破 45 万个②，超过欧洲、美国和日本数量总和。可以说，中国现已形成完备的新能源汽车产业链，在部分动力电池技术路线和充电基础设施方面甚至处于全球领先。

## （三）我国电动汽车进一步发展仍面临挑战

总而言之，我国电动汽车技术及产业整体发展速度较快，特别是在以锂离子电池为基础的纯电动汽车方面进展尤为迅速，目前已形成完整产业链，部分环节已处于国际先进水平，市场规模领先全球。然而就整体产业而言，一些关键发展障碍仍需克服，如全生命周期环境影响争议、动力电池成本与整车经济性、充电设施建设与运维等。后文我们将就上述热点问题与未来电动汽车发展趋势进行分析。

---

① 唯一一家国外企业为韩国 SK 创新公司（SK Innovation）。

② 其中私人充电桩约 24 万个，公共充电桩约 21 万个。

## 二、电动汽车发展趋势及热点问题

### （一）加速燃油汽车退出显著降低交通能源消费

由于电机相比内燃机具有显著的能源转换效率优势，电动汽车的加速推广将直接降低交通部门终端能耗。受电池成本、充电设施、政策激励等诸多因素影响，未来电动汽车增速呈现较大不确定性。本研究基于内燃机技术退出销售市场的时间（2050 年后、2050 年、2040 年、2030 年），采用 BASS 扩展模型按四类情景预测电动乘用车数量规模变化趋势（见表 18－1），再根据电动乘用车辆能效及排放强度分别测算对应数量规模下全部乘用车能源消费（见图 18－2）及排放水平（见图 18－3）。

表 18－1　2017—2050 年中国电动汽车保有量

| 年份 | 2017 | 2020 | 2025 | 2030 | 2035 | 2040 | 2045 | 2050 |
|---|---|---|---|---|---|---|---|---|
| 2050 年后（万辆） | 119 | 623 | 3522 | 9888 | 17749 | 24078 | 26935 | 27720 |
| 销量占比% | 2 | 7 | 20 | 35 | 48 | 54 | 55 | 55 |
| 2050 ICEV 退出（万辆） | 119 | 629 | 3950 | 11016 | 20559 | 31107 | 40460 | 47235 |
| 销量占比% | 2 | 8 | 22 | 40 | 60 | 79 | 94 | 99 |
| 2040 ICEV 退出（万辆） | 119 | 728 | 5230 | 16388 | 31150 | 43675 | 49414 | 50651 |
| 销量占比% | 2 | 9 | 32 | 62 | 87 | 99 | 100 | 100 |
| 2030 ICEV 退出（万辆） | 119 | 1110 | 9604 | 28744 | 45064 | 50479 | 50631 | 50674 |
| 销量占比% | 2 | 15 | 60 | 98 | 100 | 100 | 100 | 100 |

如图 18－2 所示，电力化速度将直接影响乘用车部门整体能源消费水平，其中最为乐观的“2030 ICEV 退出”情景是“2050 ICEV 退出”情景能源消费量的不足 50%，其交通能源消费峰值也将从 2027 年左右提前至 2023—2024 年。然而就从最终能耗及排放来看，三种 ICEV 退出情景在 2050 年的效果趋同，届时燃油乘用车保有量占比将达到 0～7%，其在交通运输部门的能源消费量影响较为有限。

### （二）电动汽车环境效益将逐步提升

虽然电动汽车在运行过程中无末端尾气排放，但由于当前我国电源结构以火电为主，大规模发展电动汽车仍存在一定全生命周期排放问题。国内外专家对不同车辆技术路线的能源使用和污染物排放情况进行了较多研究，并

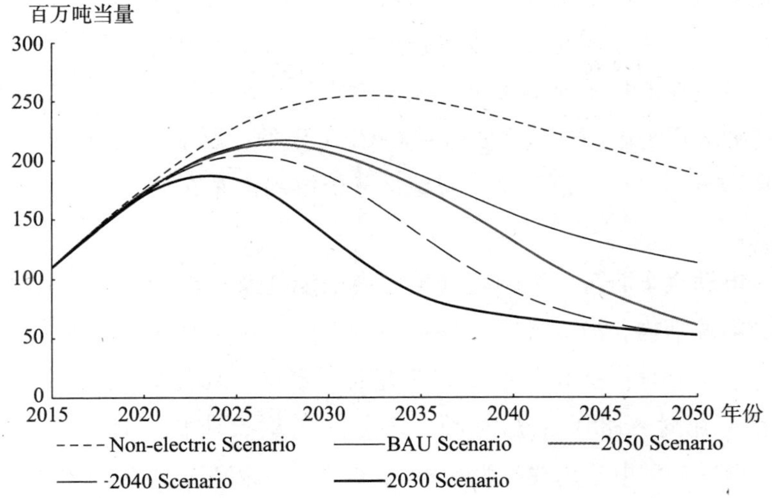


**图 18－2　不同情景下乘用车部门终端能源消费变化**

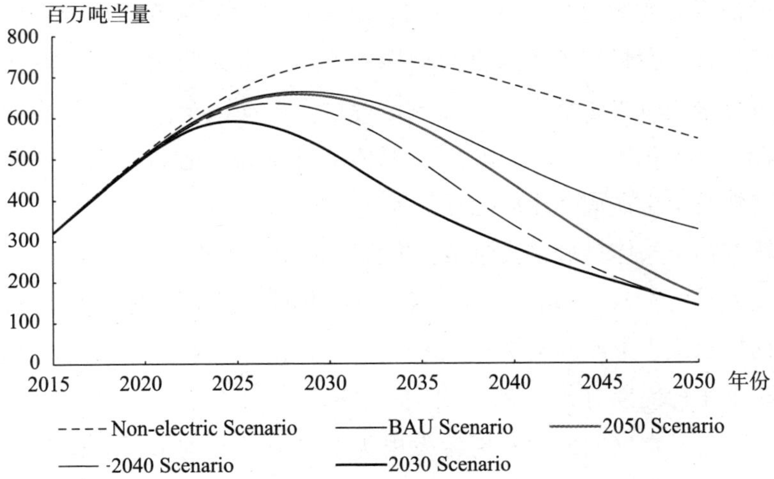


**图 18－3　不同情景下乘用车部门直接排放（电动汽车含发电厂排放）变化**

建立起了专门的全生命周期分析（Life Cycle Analysis，LCA）模型①。全生命周期分析一般由能源及车辆两条循环路径构成，其中能源循环包括能源生产、储运、消费环节，车辆循环主要考虑车辆生产、车辆回收环节。对于常规燃料汽车的全生命周期分析包括能源资源开采、资源运输、燃料生产、燃料运

① 如 GREET（Greenhouse Gas，Regulated Emissions and Energy Use of Transportation Energy）、LEM（Life Cycle Emission Model）模型等。

输、分配和储存，燃料加注过程，以及车辆行驶中的能耗和排放。对于电动汽车而言，其能源循环能耗及排放强度主要取决于发电燃料开采与运输、发电结构、各类发电技术排放强度、输配电损耗、充电效率以及车辆能效等因素。本研究采用美国阿贡国家实验室 GREET 模型，以中国电源结构、输配电损耗及典型电动汽车车型为研究对象，分析电动汽车在全生命周期的能耗及排放情况。

对于电动汽车而言，影响其全生命周期能耗及排放的核心因素为上游发电环节的电源结构。2015 年全国发电量为 5.6 万亿千瓦时，其中火电发电量为 4.1 万亿千瓦时，核电为 1695 亿千瓦时，水电、风电及太阳能发电量分别为 1.1 万千瓦时、1851 千瓦时和 383 亿千瓦时，非化石能源发电占比为 26.7%，全国输配电平均线损为 6.6%，此时电动汽车全生命周期能耗强度为 1760 千焦/公里，为同等燃油汽车的 50%，同时也低于包括生物燃料在内的几乎所有替代燃料技术路线①。同理，目前电动汽车全生命周期温室气体排放为同等燃油汽车的约 85%，但逊于油电混合动力汽车的节能减排效果。分别对比了各类替代燃料汽车的全生命周期单位运行里程的能耗及温室气体排放水平，可见采用可再生能源作为充电电源后，电动汽车的能源与环境影响都将明显低于燃油汽车。特别是在温室气体减排方面，电动汽车与可再生能源的结合将使其全生命周期排放趋近于零（见图 18－4）。

车辆的污染气体排放主要包括挥发性有机物（VOC）、一氧化碳、氮氧化物、可吸入颗粒物及二氧化硫等。与温室气体排放类似，电动汽车的有害气体排放同样取决于上游发电结构。采用地热能发电、风电及太阳能发电技术，电动汽车全生命周期有害气体排放降低为零。

总体而言，在当前以化石能源发电为主的电源结构下，电动汽车的单位里程碳排放水平在某些情况下（地区）甚至高于传统汽车。对于内燃机车型技术，若上游液体燃料采用基于乙醇、生物柴油等替代燃料，则内燃机汽车仍然具有显著二氧化碳减排潜力。因此，电动汽车相比传统汽柴油车辆虽具有减排优势，且会起到一定的排放转移效果，但从全生命周期的角度而言，电动汽车减排效益的提升仍需上游发电部门的协同发展。

---

① 采用 GREET（v1.3.0.13100），电源结构及输配电线路采用中电联 2015 年数据，结果包含车辆制造环节。车型采用纯电动乘用车，锂离子动力电池，充电转换效率为 85%，运行环节单位公里能耗为 644 千焦/公里。

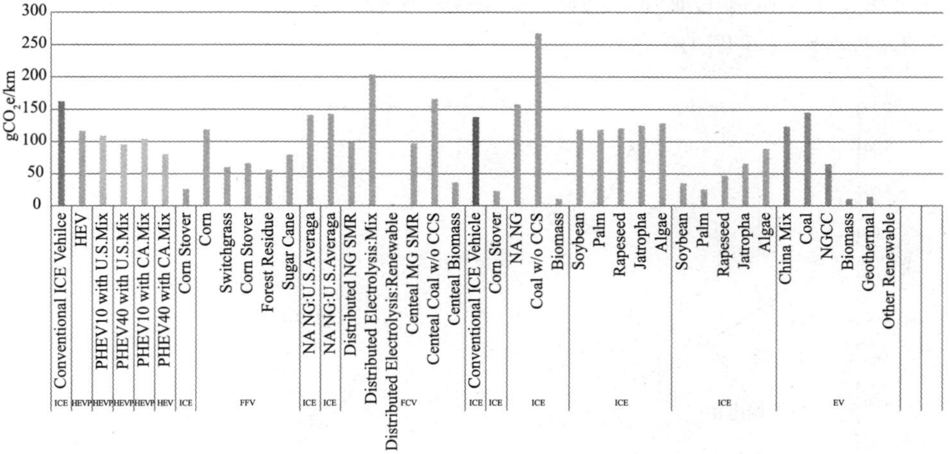


图 18 -4　各类车型全生命周期单位公里温室气体排放水平

## （三）当前电动汽车成本偏高，但下降空间巨大

随着动力电池等电动汽车核心技术不断进步，我国纯电动和插电式混合动力汽车已初步实现产业化，充电技术及基础设施网络不断完善，① 但综合成本仍高于同级别燃油汽车。目前，国内动力电池系统成本约为 2 元/千瓦时，导致纯电动汽车成本约为同级别燃油汽车的两倍以上，其中约一半成本源自动力电池，成为制约电动汽车经济性的重要因素。

在我国，随着电动汽车市场规模快速发展，动力电池成本呈现快速下降趋势。本研究根据 2012—2017 年含动力电池在内各类储能技术成本学习曲线进行了对比。研究发现，相比其他储能技术，电动汽车动力电池呈现更快的成本下降速率（ER =30%），按此成本降速预计到 2030 年（超过 1 亿辆电动汽车累计产量），动力电池成本可下降至 0. 3 元/千瓦时，在各类电化学成本储能技术中成本最低。② 虽然大规模生产同样会极大削减其他电池技术（如铅

---

① 例如，北汽 EU 400 在保持售价与老款 EU 260 基本持平的情况下，采用了孚能三元材料锂电池，电池容量达到 54. 4 千瓦时（ +31. 4%），能量密度达到 125 瓦时/千克，标定续航里程 360 公里（ +38. 5%），60 公里/时等速行驶工况下续驶里程可达到 460 公里；又如，秦 2017 款插电式混合动力车型电池组容量达到 17 千瓦时（较 2015 款车型提高 31%），纯电动续航里程达到 100 公里（较 2015 款车型提高 43%）。

② 学习曲线成本方法预测的成本下降极限为电池材料成本，锂电池材料中碳酸锂、镍盐、钴盐、锰盐、铜、铝等价格受市场波动影响较为明显。根据 Bloomberg Professional ［Online］ 数据估算，镍钴锰酸锂电池材料成本为 0. 47 ~0. 56 美元/千瓦时。

碳电池、全钒液流电池等）的成本，但其市场需求增速对产量的拉动存在较大不确定性。（见图 18－5）

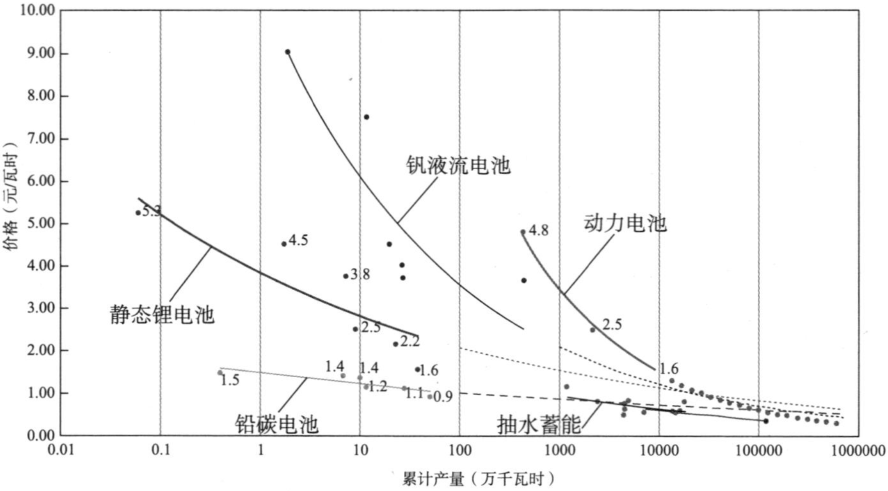


**图 18－5　锂离子电池与各类储能技术投资成本下降趋势**

从总拥有成本（TCO）而言，电动汽车具有低用电及运维成本优势。Schmidt 等人对电动汽车与燃油汽车 TCO 进行了对比，基于动力电池成本学习率为 16% 的预测，若充电价格和汽油价格维持在 12 美分和 550 美元/桶不变，则当动力电池成本下降到 150 美元/千瓦时时，电动汽车与燃油汽车 TCO 持平，平价时间出现在 2025—2030 年。（见图 18－6）

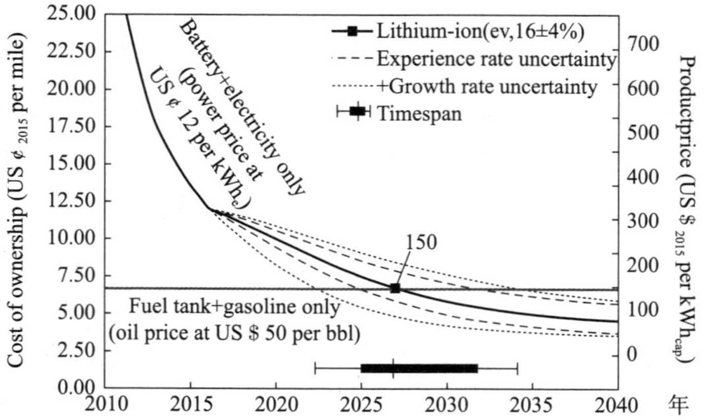


**图 18－6　电动汽车与燃油汽车总拥有成本（TCO）平价时间预测**

## （四）锂电池技术路线可支撑乘用车100%电动化

续航能力是目前影响电动汽车市场接受度的关键因素。目前我国动力电池单体比能量水平已达到260瓦时/千克（三元材料）和160瓦时/千克（磷酸铁锂），2017年销售车型续航能力普遍达到300公里。随着锂电池技术的不断进步，电动汽车的续航里程还有巨大进步空间。根据日本新能源产业技术综合开发机构（NEDO）的预测，到2030年锂离子电池将全面采用全固态体系，届时电池比能量①可达到500瓦时/千克；美国能源部同样预测未来采用锂硫、锂空气技术后，锂电池比能量可达到800瓦时/千克以上，实现单次充电超过800公里的续航能力，与目前普通燃油乘用车持平。（见图18－7）

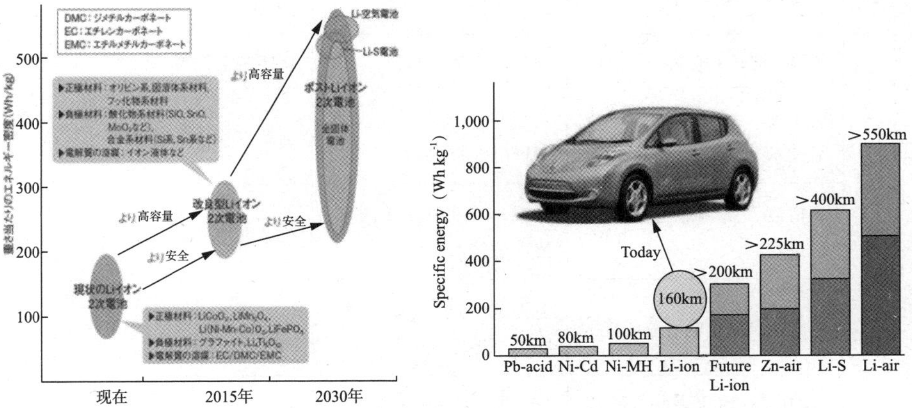


（a）日本　　　　（b）美国

**图18－7　各类电池材料体系与相应比能量**

国内也对未来电动汽车动力电池技术发展制定了较为详细的路线图。例如，国务院2015年5月印发的《中国制造2025》将新能源汽车作为重要领域，提出2020年前发展高比能量、高安全性的锂离子电池材料技术，2025年发展锂二次电池材料、固态电池及低成本高精度电池管理技术，目标到2025年，动力电池系统电池单体比能量达到400瓦－时/千克以上，电池系统成本降至1元/瓦－时；到2030年电池单体比能量要进一步提升到500瓦－时/千克，电池系统成本降至0.8元/瓦－时（见表18－2）。此外，

① 单位质量储电量（Wh/kg）。

中国汽车工程学会《路线图》提出到2030年，动力电池技术要满足车辆500公里续航的要求，电池单体比能量要达到500瓦－时/千克，系统比能量达到350瓦－时/千克；电池单体成本降至0.4元/瓦－时，系统成本降至0.8元/瓦－时。

**表18－2 《中国制造2025》制定的电池相关技术路线图**

| 年份 | 2020 | 2025 | 2030 |
|---|---|---|---|
| 动力电池系统 | 单体比能量达到300瓦－时/千克 | 单体比能量达到400瓦－时/千克 | 单体比能量达到500瓦－时/千克 |
| | 系统寿命达到10年 | | |
| | 单体成本达到1元/瓦－时；系统成本达到1.3元/瓦－时 | 单体成本达到0.8元/瓦－时；系统成本达到1元/瓦－时 | 单体成本达到0.6元/瓦－时；系统成本达到0.8元/瓦－时 |
| 能量存储技术 | 高容量锂离子电池材料技术 | 锂二次电池材料技术 | 新体系电池材料技术 |
| | 高比能、高安全锂离子电池技术 | 宽温度、长寿命、全固态锂电池技术 | 全新材料体系电池技术 |
| | 高精度、高可靠性电池管理技术 | 低成本、高集成化学电池管理技术 | 新型电池电池管理技术 |
| | 高比能、安全电池总成技术 | 电池总成与集成车身、底盘一体化技术 | |
| | 自动化制造工艺及装备技术 | 数字化、智能化制造技术 | |

综合以上观点，锂离子电池技术路线本身仍有较大的技术进步空间，即使在电化学体系的根本性技术突破的情况下，单纯通过改良现有电化学材料配比及制造工艺，亦可大幅提升锂电池比能量，从而帮助电动汽车实现与当前燃油汽车相当的续航水平。（见表18－3）

**表18－3 2020—2050年锂电池技术成本进步空间**

| 年份 | 2020 | 2030 | 2050 |
|---|---|---|---|
| 技术路线 | 液态NCM，NCA－高镍、石墨负极－硅负极 | 全固态电解液（聚合物、硫化物、氧化物）＋硅碳负极 | 全固态硅碳负极－锂负极：LiS，$LiO_2$ |

续表

| 年分 | 2020 | 2030 | 2050 |
| --- | --- | --- | --- |
| 性能参数 | 单体 300 瓦－时/千克，系统 200 瓦－时/千克 | 单体 500 瓦－时/千克，系统 400 瓦－时/千克 | 800 瓦－时/千克以上，系统 500 瓦－时/千克以上 |
| | DoD 80% 3000 次 | DoD 80% 4000 次 | DoD 80%4000 次 |
| 成本下降 | 单体成本 0.8 元/千瓦－时，系统成本 1 元/千瓦－时 | 单体成本 0.3 元/千瓦－时，系统成本 0.4 元/千瓦－时 | － |

## （五）电动汽车与可再生能源协同发展潜力巨大

对于电动汽车而言，由于当前我国电源结构以火电为主，大规模发展电动汽车一直存在环保争议。对于储能而言，我国已建储能装机容量仅占全国发电装机的不足 1.5%，考虑到国内天然气发电、库容式水电等传统调峰资源贫乏，有限的抽水蓄能资源无法满足未来能源转型的巨大储能需求。虽然近年来电化学储能技术（如锂离子电池、液流电池等）得到一定发展，但其装机规模仅占全部储能装机的 1%，仍不足以在短期内实质弥补储能供应的不足。（见图 18－8）

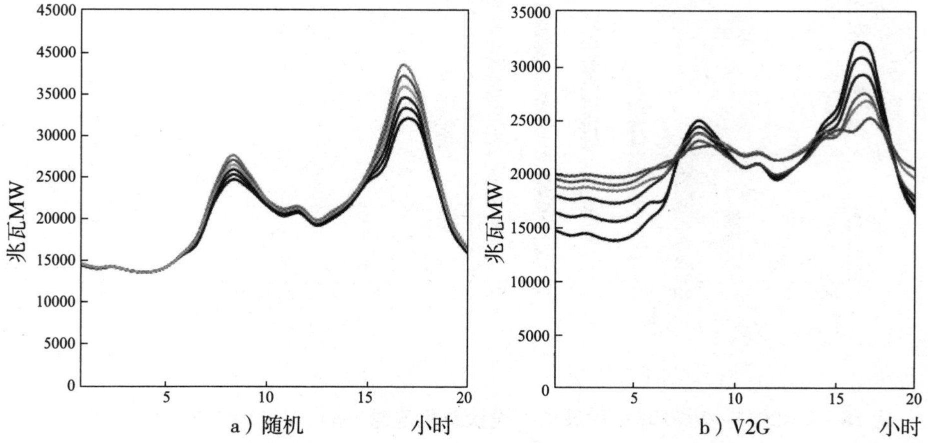


**图 18－8 北京市 100 万～500 万辆电动汽车随机（a）和 V2G（b）接入对电网负荷的影响**

电动汽车与储能实则存在巨大融合发展潜力。随着电动汽车数量不断增加和电动汽车与电网互动技术日益成熟，电动汽车可作为分散式灵活负荷和储能设施，从而大幅提升电力系统灵活运行能力，平抑用电负荷峰谷波动，破解能源系统可再生能源消纳难题。另一方面，提高可再生能源渗透率将从根本上解决长期困扰电动汽车发展的全生命周期排放问题。特别是随着电动汽车市场的快速成长，我国已具备电动汽车与储能融合的先发优势，利用电动汽车进行储能可极大弥补传统储能资源不足的制约，为我国能源生产消费革命和低碳经济转型提供保障。

综合市场潜力、技术经济性、基础设施等影响因素，若 2030 年我国电动汽车年销量占汽车总销量的 50% 以上，则保有量将超过 1 亿辆；考虑动力电池技术进步及车型差异，届时全部电动汽车理论储能容量接近 9 亿千瓦，理论储电能力约 42 亿千瓦时；到 2050 年电动汽车保有量有望达到 5 亿辆，理论储能容量超过 42 亿千瓦，理论储电能力高达 360 亿千瓦时。若 2050 年风电、光伏发电装机容量分别达到 24 亿千瓦及 27 亿千瓦，则 2050 年全国电动汽车可满足波动性可再生能源连续 33 小时发电存储，切实保障高比例可再生能源并网需求（见图 18－9）。远期而言，由于氢能具备能量型储能、储能时间长、自放电率低的特点，基于氢能体系的燃料电池汽车技术有助实现未来更长时间尺度的储能需求。

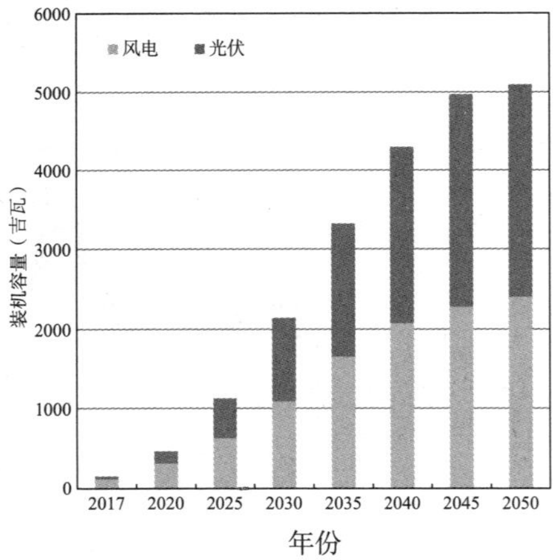

（a）

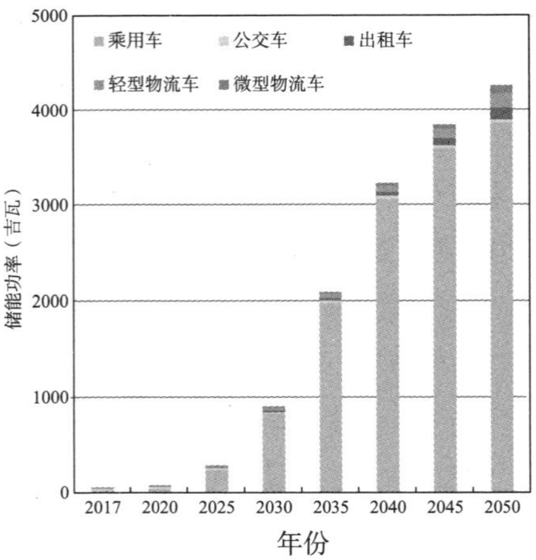

（b）

**图 18－9　2015—2050 年中国风电、光伏装机容量（a）与电动汽车储能功率（b）**

此外，当前的能源网络由热网、电网、油气管网构成，各自分离运行，彼此间几乎没有内在关联，能源系统的优化往往也局限在各自网络内。凭借燃料电池技术，氢能可以在不同种类能源介质（天然气、甲醇、可再生能源、电力、热力）之间进行转换，基于氢能的燃料电池汽车为实现不同能源网络之间的协同优化提供了可能性，未来能源体统的优化空间也将可大幅提升（见图 18－10）。

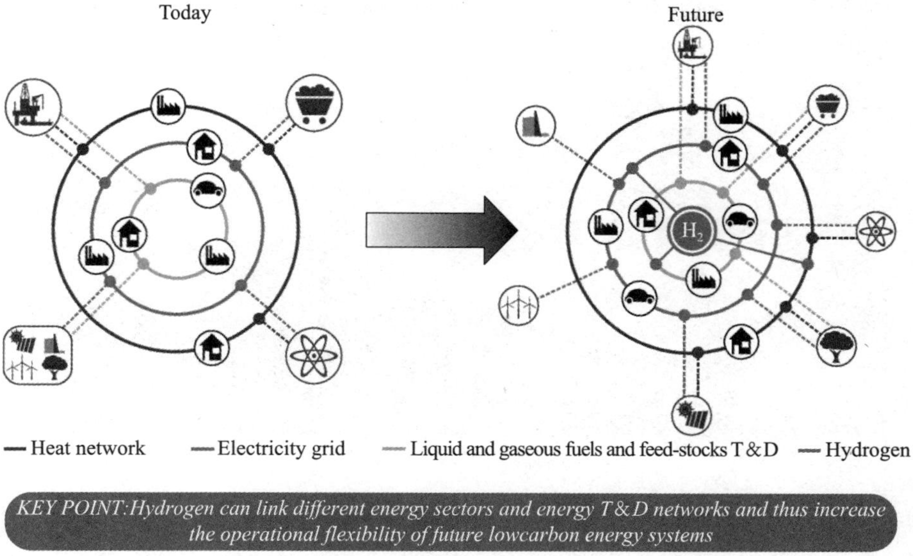


**图 18－10　当前能源网络与基于氢能的能源体系**

## （六）电动汽车具备智能化与网联化基因

电动汽车与智能化技术的融合将对未来交通能源体系产生深远影响。从1985 年美国 Autonomous Land Vehicles（ALV）计划到 2017 年 Waymo 测试 L4 级别无人驾驶汽车，自动驾驶技术实现了自我快速迭代。美国高速公路交通安全管理局（NHTSA）将自动驾驶分为了六个等级：Level 0：非自动化，所有驾驶任务都由人类驾驶员进行操控；Level 1：辅助驾驶，在特定的驾驶模式下由一个辅助驾驶系统根据驾驶环境信息控制转向或加减速中的一种，并期望人类驾驶员完成所有其他动态驾驶任务，即人类驾驶员和系统通力合作，支持部分路况和驾驶模式；Level 2：部分自动化，在特定驾驶模式下由一个或多个辅助驾驶系统根据驾驶环境信息控制转向和加减速等，并期望人类驾驶员完成所有其他动态驾驶任务；Level 3：有条件的自动驾驶，在特定的驾驶模式下由一个自动驾驶系统完成所有动态驾驶任务，但期望驾驶员能正确响应请求并接管操控；Level 4：高度自动化，在特定驾驶模式下由一个自动驾驶系统完成所有动态驾驶任务，即使人类驾驶员无法及时或者正确响应请求并接管操控；Level 5：全自动化，自动驾驶系统在全部时间、全部路况和环境下（可由人类驾驶员管理）完成所有动态驾驶任务（见图

18－11）。产业方面，全球也已形成了以 Google、百度为代表的科技公司，以 Tesla、沃尔沃为代表的汽车企业，以博世、英伟达等为代表的核心零部件企业。

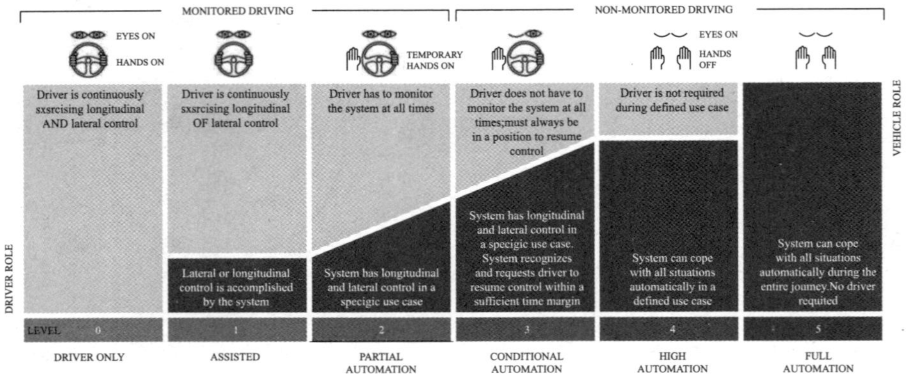


**图 18－11　美国高速公路安全管理局自动驾驶技术等级划分**

融合自动驾驶技术的电动汽车对能源消费的整体影响体现在车辆数、出行里程、车辆能效三个方面。引入自动驾驶技术后，车辆共享等商业模式或将得到快速发展，从而可能改变当前以私家车为主的用车出行方式，单车的运营效率有所提升，满足相同出行需求所需的车辆数量将有所下降。同样，自动驾驶技术也有助于改善车辆驾驶行为、降低风阻、减少拥堵、降低车辆性能需求、促进轻质小型车推广等提升车辆能效的作用。然而，因自动驾驶技术不断成熟，尤其是无人驾驶技术的出现将充分释放原本被人为驾驶所占用的时间，从而大幅提升出行便利性和降低出行成本，激发新生出行需求。同理，原本受驾驶年龄、身体条件限制人群的出行需求也将被释放，加之一定空驶因素影响，自动驾驶技术的发展也可能将增加总体出行里程。图 18－12列举了自动驾驶技术对车辆能源消费的影响方面及正负影响效果。

目前，自动驾驶技术对车辆能源消费的量化分析仍处于早期探索阶段，其中较具代表性的是美国国家可再生能源实验室（NREL）的 Stephens T. S 及 Gonder J 等人基于美国车辆用户典型车型与驾驶行为所做的研究。研究发现，虽然自动驾驶技术在更多层面下降低了用能需求，但由于出行便利性提升及用车人年龄层扩大等因素带来的出行需求提升，最终的车辆能源消费将提升近一倍（见图 18－13）。美国能源信息署赴（EIA）基于此进一步分析了自动驾驶技术对全美乘用车整体能源消费的影响。研究发现，随着自动驾驶层级

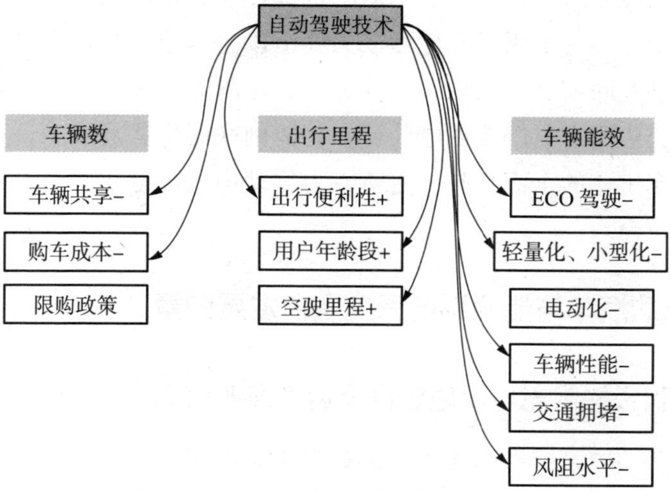


图 18-12 自动驾驶技术对车辆数、出行里程及车辆能效的影响

的不断提升，车用能源消费水平将呈现先降（能效因素为主）后升（出行需求因素为主）的趋势，而最终车辆用能强度的下降仍需要与电动技术的结合。

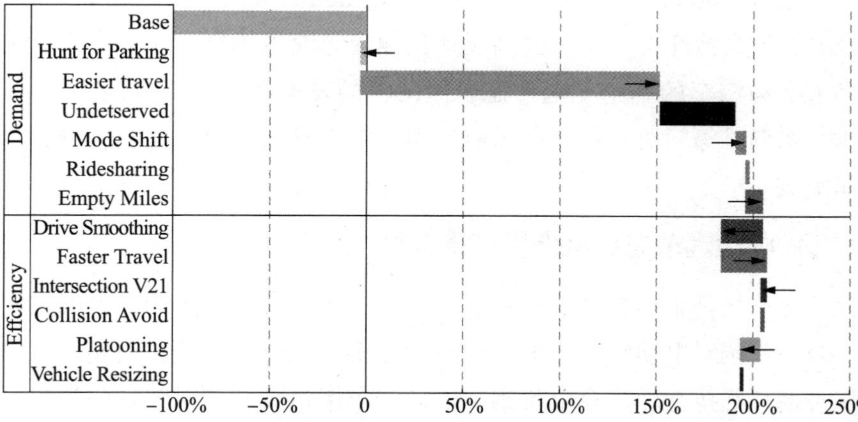


图 18-13 自动驾驶下各类影响因素对车辆能耗的影响百分比

总而言之，电动汽车具有与生俱来的智能化和网联化基因，相比燃油汽车更能适应未来智能交通转型趋势。近年来，智能化技术已逐步渗透内燃机汽车，混合动力技术、电子控制单元、自动循迹稳定等电气化和智能化技术已被越来越多的高端燃油车型采纳。随着未来自动驾驶、汽车共享、无人驾驶等新兴技术与业态的发展，各类先进传感器将分布整车，以实现对车辆运行的瞬时监测和精准操控。以内燃机为核心的传统汽车动力系统不论在响应

速度和调节精度方面与智能化技术的融合都存在瓶颈，只有以电池与电机组成的驱动系统才能与车辆智能化形成无缝衔接。智能汽车是决定一个国家人工智能、移动互联网、大数据、云计算、芯片制造、先进传感器等核心技术的集中载体，中国汽车产业在电动化和智能网联的优势叠加后，不仅是帮助实现中国汽车工业的全面反超，更将有力推动中国信息化、人工智能等战略新兴产业的革命。

## 三、电动汽车与能源系统深度融合发展前景

### （一）积极探索充电设施建设及运维商业模式

电动汽车的健康发展取决于产业链上下游的协同发展，此前的示范推广和购置补贴政策有效开启了早期市场。未来电动汽车推广政策将逐步从“购置补贴”向“生产积分”过渡，政策发力点逐渐从消费侧过渡到生产侧，导致产业下游激励力度减弱。特别是当前电动汽车末端消费市场仍未充分开启，充电设施不足等问题将严重阻碍电动汽车应用。免限行、免限号等扶持政策虽然在短期可以起到立竿见影的作用，但终究无法解决电动汽车充电难题。住宅及办公地交流充电为主、公共场地快速应急充电为辅，应成为未来绝大多数私人电动汽车的基本充电形态，但两者的发展都面临投资高、效率低、用地少、协调难等问题，亟待市场通过私人充电桩共享等商业模式创新和价格机制突破。

### （二）电动汽车充放电价格有待调整

充放电价格是影响充电运营效益与电动汽车电力系统应用价值的决定性因素。目前我国对电动汽车充电征收目录电价和充电服务费，而实际操作中充电服务商往往执行固定充电价格。电动汽车用户具有相对较强的电价承受能力，且充电和用车时间分离，用电负荷可调节性较高，实行固化的价格政策显然难以发挥电动汽车储能潜力。电动汽车专用充电价格设计可基于当地负荷及新能源发电特性，也可给予充电设施运营商一定灵活定价空间。对于车电互联（V2G）及退役电池储能等具有放电能力的并网方式，可以参考用户侧峰谷电价设计制定放电价格，以引导合理放电行为。

### （三）动力电池、退役电池循环利用、快速充电技术发展趋势

第一，电动汽车产业的发展依赖于技术的持续进步。当前电动汽车续航

水平总体上与同级别燃油车型仍有一定差距，因此近中期动力电池技术仍需要持续研发突破，通过采用高镍正极、富锂锰基、硅碳负极等方式进一步提高锂电池能量密度，部分企业和研究机构正在布局全固态锂电池技术，力争在五年内实现固态锂电池产业化。第二，目前动力电池编码制度已经发布，未来将围绕该编码形成覆盖动力电池全生命周期的可追溯管控，因此相关材料循环利用技术开发、商业模式创新势必引导废旧电池回收、拆解、评价、资源化利用；快速充电和智能充电是保障高质量电动汽车充电服务和参与电力需求响应的基础，特别是在共享经济、自动驾驶等新业态、新技术的推动下，快速充电和智能充电需求将不断提高，反映新技术市场价值的灵活商业模式及价格体系将有助于进一步推动上述技术的市场推广。

### （四）电动汽车与储能深度融合技术路线

电动汽车储能是推动未来能源系统整体革命的重要机遇。车电互联（V2G）、退役电池梯次利用及电制氢都可通过与大规模储能的融合实现高比例可再生能源体系。然而，各类电动汽车储能技术路线存在较大差异且依赖完全不同的基础设施。对于车电互联（V2G）而言，兼容电力与信息双向传输的充电桩及配电网设施是实现融合发展的前提，而退役电池储能需要在汽车制造企业、电池企业、电池回收与重组企业、储能电站之间形成合力。目前两种路线的技术可行性、成本效益及发展前景仍存在较大不确定性，未来可能将存在多种路线并行局面，充电服务商应基于车队运行特点选择其最适合的储能及电力市场交易方式。

执笔人：刘坚

## 参考文献

［1］德国 2030 年禁售燃油汽车提案通过参议院［EB/OL］. https：//auto. ndtv. com/news/germany – to – ban – sale – of – petrol – and – diesel – vehicles – from – 2030 – 1630021.

［2］英国计划 2040 年禁售燃油车车（尚未通过法令）［EB/OL］. https：//www. theguardian. com/politics/2017/jul/25/britain – to – ban – sale – of – all – diesel – and – petrol – cars – and – vans – from – 2040.

[3] 荷兰 2025 年禁售燃油车提案通过众议院 [EB/OL]. http: //www. businessinsider. com/dutch – ban – on – gas – and – diesel – cars – by – 2025 – 2016 – 4.

[4] 法国提出 2040 年禁售燃油汽车（尚未开始法定程序）[EB/OL]. https: //www. theguardian. com/business/2017/jul/06/france – ban – petrol – diesel – cars – 2040 – emmanuel – macron – volvo.

[5] http: //www. independent. co. uk/environment/climate – change/norway – to – ban – the – sale – of – all – fossil – fuel – based – cars – by – 2025 – and – replace – with – electric – vehicles – a7065616. html.

[6] 印度开始 2030 年禁售燃油汽车可行性研究 [EB/OL]. https: //www. greentechmedia. com/articles/read/what – country – will – become – the – first – to – ban – internal – combustion – cars.

[7] 宝马、戴姆勒、通用、大众、沃尔沃、丰田 [EB/OL]. http: //auto. sina. com. cn/news/hy/2017 – 07 – 05/detail – ifyhrxsk1846062. shtml.

[8] O. Schmidt, A. Hawkes, A. Gambhir and I. Staffell. The future cost of electrical energy storage based on experience rates. Nature Energy. PUBLISHED: 10 JULY 2017 | VOLUME: 2 | ARTICLE NUMBER: 17110.

[9] 国务院. 关于印发《中国制造 2025》的通知 [Z]. http: //www. gov. cn/zhengce/content/2015 – 05/19/content_ 9784. htm.